高等院校市场营销系列教材

# 服务营销学

主编 ◎ 李克芳 聂元昆
副主编 ◎ 费明胜

Services
Marketing

机械工业出版社
CHINA MACHINE PRESS

# 图书在版编目（CIP）数据

服务营销学 / 李克芳，聂元昆主编 . —北京：机械工业出版社，2020.7（2025.1重印）
（高等院校市场营销系列教材）

ISBN 978-7-111-65885-6

I. 服⋯　II. ① 李⋯　② 聂⋯　III. 服务营销 – 高等学校 – 教材　IV. F713.50

中国版本图书馆 CIP 数据核字（2020）第 105379 号

  本书结合北美学派和北欧学派的最新研究成果，紧扣服务的特性，围绕如何提高服务质量这一核心问题，以国际公认的服务质量差距模型为基本框架，从了解顾客期望、设计服务和流程、传递服务和履行服务承诺这些方面展开论述，系统地介绍了顾客行为、顾客关系、服务补救、服务设计与标准、服务流程、有形展示、内部营销、服务供需管理、服务分销、服务定价和服务促销等内容，另外还增加了电子服务和体验营销等服务营销领域中的前沿知识。本书力图以完整的知识体系、经典的理论、精练的内容和大量鲜活的案例来展现服务营销的原理与实务。

  本书既可以作为高等院校市场营销、工商管理、旅游管理、公共管理等专业的本科生和研究生教材，也可以作为企业界人士的参考读物。

---

出版发行：机械工业出版社（北京市西城区百万庄大街22号　邮政编码：100037）
责任编辑：程天祥　　　　　　　　　　　　责任校对：殷　虹
印　　刷：北京捷迅佳彩印刷有限公司　　　版　　次：2025年1月第1版第11次印刷
开　　本：185mm×260mm　1/16　　　　　　印　　张：20.75
书　　号：ISBN 978-7-111-65885-6　　　　　定　　价：49.00元

客服电话：(010) 88361066　68326294

版权所有·侵权必究
封底无防伪标均为盗版

# 前言

　　自 2012 年 8 月出版以来,本书累计印刷十余次,得到了广大师生和服务行业管理者的认可与支持。根据服务营销理论的发展与国内外企业最新的营销实践,我们在第 2 版的基础上做了修订。本书的重点在于提高服务企业的服务质量,更好地满足消费者的需要,弘扬"构建优质高效的服务业新体系""推动现代服务业同先进制造业、现代农业深度融合""推动高质量发展""推进质量强国建设""提高人民生活品质"的二十大报告精神。

　　本书以服务质量为主线,以经典的服务质量差距模型为基本框架,分为五大模块 12 章。第一模块包括第 1 章和第 2 章,概述服务营销的基本概念与理论,并提出了本书的整体理论框架。第二模块包括第 3 章、第 4 章和第 5 章,主要阐述如何了解顾客期望。这一模块介绍了服务中的顾客行为、如何发展顾客关系和服务补救。有效的服务营销需要以顾客为中心,通过了解顾客的购买行为、强化顾客关系以及对服务失误进行补救,企业可以更好地了解顾客需求及期望。第三模块包括第 6 章、第 7 章和第 8 章,主要介绍服务设计和服务流程。这一模块阐述了服务设计与服务标准、服务流程和有形展示等内容。通过开发新服务、设计服务流程和有形展示,企业能够按照顾客期望采取行动。第四模块包括第 9 章和第 10 章,主要阐述如何有效地传递服务。这一模块介绍了服务人员的管理、顾客行为管理以及服务供需管理。通过对这些项目的管理,企业可以确保按照设计的服务产品与服务标准来提供服务。第五模块包括第 11 章和第 12 章,主要阐述服务承诺的履行。这一模块介绍了服务分销与服务定价:企业需要通过分销来传递服务价值,通过定价来实现服务价值的交换,以兑现其服务承诺。此外,还简述了电子服务和体验营销等服务营销发展的新趋势。

　　全书融合了北美学派、北欧学派的经典理论与国内外最新研究成果,以应用为导向,在框架结构与内容上突出服务营销的独特性。本书具有以下特点:

　　1. 突出服务营销的独特性。由于学习服务营销课程的学生通常已经学过市场营销学课程,为尽量避免与市场营销学课程的内容重复,本书针对服务的特殊性,以经典的服务质量差距模型为基本框架,引入国内外服务营销研究的新成果,系统地介绍了服务营销理论,尤其是详细阐述了服务补救、服务流程、有形展示、内部营销、服务供需管理等服务营销所特有的内容，在框架结构与内容上强调服务营销的特色。

2. 注重案例的典型性和新颖性。新版增加了许多新案例并更新了原有案例，使案例更加经典和新颖。每章开篇的导入案例和章中大量的小案例介绍了国内外企业的服务营销管理实践，使学生了解服务营销理论在实践中的应用，加深对服务营销知识的理解。各章末的案例分析可作为教学案例使用，以培养学生分析问题、解决问题的能力。

3. 强化理论知识的应用。每章均设计一项实践活动，这些实践活动包含实训、实验、角色扮演和情景模拟等多种形式，实践内容更为明确具体，操作性更强。除了 12 项实践活动外，全书还设置了二十多个应用练习，有助于学生将服务营销理论运用于实践，增强其实战能力。

4. 强调新技术在服务中的使用。除了在第 12 章专门介绍电子服务营销外，本书还将一些新观点和新内容融入其他各章之中。本书通过大量的案例、专栏和知识链接等形式，展现了新技术所带来的挑战与机会，介绍了新媒体营销、二维码营销、App 营销、人工智能、O2O 模式、SoLoMo 模式对服务的影响及其在服务营销领域的应用。

5. 提供全面而丰富的教学资源。本书配有教学课件，课件中包含知识点、图形、表格、图片、案例和应用练习。此外，本书还提供教学大纲、教案、各章的习题和 4 套试卷及其答案。

本书由来自全国相关高校的教师共同编写而成，我们长期从事营销教学与研究工作。本书由李克芳、聂元昆任主编，费明胜任副主编。具体编写分工如下：云南财经大学李克芳副教授编写第 1、4、5 章，云南财经大学聂元昆教授编写第 2、3 章，广东省五邑大学费明胜教授编写第 6 章，浙江财经大学吴诗启副教授编写第 7 章，上海大学王志良博士编写第 8 章，澳门理工学院纪春礼博士编写第 9 章，云南财经大学崔海浪博士编写第 10 章，贵州财经大学钟帅副教授编写第 11 章，云南财经大学李正雄副教授编写第 12 章。云南财经大学研究生张龙铭和南京农业大学张艺霖参与了课件的制作。全书由聂元昆教授审稿，李克芳负责校对、修订和统稿工作。

本书的出版得到了机械工业出版社的大力支持，在此表示衷心的感谢！本书作为国家自然科学基金项目（71462035，71662036，71462034，71362015）的研究成果之一，在编写中得到了核心团队成员的大力支持，特此感谢！本书的编写与修订参考了国内外营销学者的最新研究成果，也向他们表示感谢。

由于编者水平有限，书中可能存在不当之处，在此恳请各位专家和读者不吝赐教，以便再版时修订。

李克芳　聂元昆

# 目 录

前言

## 第1章 服务营销概述 ... 1

导入案例 华为的全球化服务营销 ... 1

引言 ... 2

1.1 服务的特征与作用 ... 2

1.2 服务营销及其职能 ... 8

1.3 服务营销组合 ... 21

本章小结 ... 28

思考题 ... 29

案例分析 上海迪士尼乐园的服务营销 ... 29

实践活动 ... 32

## 第2章 服务质量差距模型 ... 33

导入案例 宜家如何缩小服务质量差距 ... 34

引言 ... 34

2.1 顾客服务期望 ... 35

2.2 顾客的服务感知 ... 44

2.3 服务质量差距模型 ... 51

本章小结 ... 58

思考题 ... 59

案例分析 一次滑雪旅行 ... 59

实践活动 ... 60

## 第3章 服务中的顾客行为 ............................................ 62

导入案例 梅西百货利用"移动+地理位置"决战购物季 ............................................ 63
引言 ............................................ 64
3.1 顾客行为概述 ............................................ 64
3.2 服务购买决策过程 ............................................ 67
3.3 服务购买决策理论 ............................................ 72
本章小结 ............................................ 75
思考题 ............................................ 75
案例分析 闲鱼号 ............................................ 75
实践活动 ............................................ 76

## 第4章 发展顾客关系 ............................................ 78

导入案例 人工智能魔力有限 亚马逊和迪士尼用它做了些什么 ............................................ 78
引言 ............................................ 80
4.1 关系营销 ............................................ 80
4.2 创建忠诚关系 ............................................ 87
4.3 顾客流失管理 ............................................ 100
本章小结 ............................................ 104
习题 ............................................ 105
案例分析 孩子王的用户关系经营 ............................................ 105
实践活动 ............................................ 108

## 第5章 服务补救 ............................................ 109

导入案例 美联航驱逐乘客事件 ............................................ 109
引言 ............................................ 110
5.1 服务失误 ............................................ 110
5.2 服务补救 ............................................ 117
5.3 服务保证 ............................................ 129
本章小结 ............................................ 135
习题 ............................................ 136
案例分析 小冰柜收费引来的麻烦 ............................................ 136
实践活动 ............................................ 137

# 第 6 章 服务产品与服务标准 … 138

- 导入案例　主打内容＋电商，这家公司垂直于 500 亿元的"猫经济" … 139
- 引言 … 140
- 6.1 服务产品的概念 … 140
- 6.2 服务产品创新 … 147
- 6.3 服务品牌 … 151
- 6.4 服务标准 … 159
- 本章小结 … 163
- 思考题 … 163
- 案例分析　卓越服务：汇丰银行的服务之花 … 164
- 实践活动 … 165

# 第 7 章 服务流程 … 167

- 导入案例　新加坡图书馆的服务流程再造 … 167
- 引言 … 168
- 7.1 服务流程概述 … 168
- 7.2 服务蓝图 … 173
- 7.3 服务流程设计 … 177
- 7.4 服务流程再造 … 180
- 本章小结 … 184
- 思考题 … 185
- 案例分析　温州医科大学附属第一医院的流程再造 … 185
- 实践活动 … 188

# 第 8 章 有形展示 … 189

- 导入案例　美豪·丽致：一家去了会上瘾的酒店 … 190
- 引言 … 191
- 8.1 有形展示与服务场景 … 191
- 8.2 服务场景与顾客反应理论 … 196
- 8.3 服务场景设计 … 201
- 本章小结 … 204
- 思考题 … 205
- 案例分析　亚朵酒店：体验经济下的新住宿时代 … 205
- 实践活动 … 207

## 第 9 章　服务营销中的人员 ·········································································· 209

导入案例　为顺丰总裁点赞：管理就是向下负责 ······················································ 209
引言 ················································································································ 210
9.1　服务人员的重要性及角色 ············································································ 210
9.2　内部营销 ··································································································· 217
9.3　服务人员管理策略 ······················································································ 222
9.4　顾客行为管理 ····························································································· 228
9.5　人工智能机器人对服务人员的影响 ································································· 233
本章小结 ········································································································· 237
思考题 ············································································································ 237
案例分析　感动员工比感动顾客重要：海底捞的制胜之道 ········································· 238
实践活动 ········································································································· 241

## 第 10 章　服务供需管理 ············································································· 242

导入案例　夏季真的是滑雪胜地的淡季吗 ································································· 243
引言 ················································································································ 243
10.1　服务能力管理 ··························································································· 243
10.2　服务需求管理 ··························································································· 250
10.3　排队等候管理 ··························································································· 254
本章小结 ········································································································· 261
思考题 ············································································································ 261
案例分析　芝加哥第一国民银行减少顾客等待时间 ··················································· 261
实践活动 ········································································································· 262

## 第 11 章　服务分销、定价与促销 ································································ 264

导入案例　新东方的变革 ······················································································· 265
引言 ················································································································ 266
11.1　服务分销渠道 ··························································································· 266
11.2　服务定价 ·································································································· 271
11.3　服务促销 ·································································································· 277
本章小结 ········································································································· 284
思考题 ············································································································ 285
案例分析　拼多多的成功之道 ················································································ 285
实践活动 ········································································································· 287

# 第 12 章　服务营销发展的新趋势 ·················································· 288

导入案例　饿了么：基于场景的服务营销 ·············································· 288

引言 ··································································································· 289

12.1　电子服务营销 ············································································· 289

12.2　体验营销 ···················································································· 306

12.3　服务营销研究概况 ······································································ 313

本章小结 ···························································································· 317

思考题 ································································································ 317

案例分析　营销创造《捉妖记》票房新纪录 ········································· 317

实践活动 ···························································································· 318

# 参考文献 ························································································ 320

# 第1章
# 服务营销概述

## 学习目标

本章简述了服务营销的概念,主要介绍服务、服务营销和服务营销组合。通过本章应该能够:
1. 掌握服务的定义与服务的特征。
2. 理解对服务营销知识的需求日益增加背后的动因。
3. 认识服务营销与商品营销的差异。
4. 理解服务营销的职能。
5. 认识服务营销组合。

## 本章结构

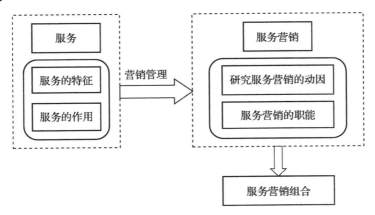

## 导入案例

### 华为的全球化服务营销

华为是有史以来第一家年营收达千亿美元级的电信与网络通信设备公司,如今在全球170多个国家运营,为世界1/3的人口提供服务。在智能手机市场,华为稳居全球前三,在中国市场份额位居首位。除此以外,华为成功跻身世界500强企业,并多次进入全球最有价值品牌榜。而华为之所以能从一家民营通信科技公司发展成为全球领先的ICT(信息与通信技术)解决方案供应商，正是得益于企业为了适应信息行业正在发生的革命性变化而做出的面向客户的战略调整，这一战略调整就包括了从产品营销到服务营销的升级与转变。

在全球营销的策略上，华为定位为服务导向型企业，创新性地采用一种解决方案，成功构筑了全球合作伙伴网络以及客户需求响应体系，其核心目标就是紧紧围绕客户需求，提高客户的满意度，增强客户忠诚度。

华为构建了遍及全球的客户需求响应体系。华为在全球范围内建立起销售和客户服务中心，包括设立22个海外地区部、上百个分支机构以及28个区域培训中心；在德国、瑞典、美国、法国、印度等国家及地区设立了16个研究所。华为积极为当地培养技术人员，并大力推行员工本地化。全球范围的本地化经营，不仅加深了华为对当地市场的了解，也为华为扩大所在国家和地区的影响力奠定了基础。同时，华为在对企业客户的支持服务管理中进行从问题到解决的流程变革，优化资源配置，实现以客户需求为导向的服务体系，通过差异化服务提高客户满意度和忠诚度。

华为采用了个性化解决方案的营销模式。在从产品营销到服务营销的升级过程中，华为将产品与服务打包作为整体解决方案向客户提供。华为积极通过参股、并购等方式整合产业链，并利用自身在通信领域的技术和品牌优势，加上其在本土化建设中所收获的海外市场经验，使得华为能充分迎合客户的差异化需求，提供一站式服务及个性化定制服务，以此提高客户的转换成本。与此同时，通过提供咨询服务，华为在获得增值收益的同时也为企业在全球IT领域信息化市场和终端消费市场打响了品牌。

概括华为全球化服务营销的成功经验，可以总结为两点：一是以客户需求为导向，致力成就客户的同时成就自身品牌形象；二是提升行业影响力，在企业层面以整体品牌形象做全球化传播输出。而这也恰恰是服务营销战略的精髓，以增值服务助力产品影响，以增强客户满意度和忠诚度来实现企业的长期发展。华为全球化市场拓展的案例分析进一步验证了选择服务营销策略是迎合当前市场发展局面的必然之举，企业只有将市场营销的格局从产品、业务线提升到企业层面，以客户需求作为服务的核心及导向，才能在为客户带来附加价值的同时提升企业影响力和品牌力，最终实现企业与客户的双赢。

资料来源：叶建成. 华为的全球化服务营销研究：产品营销转型服务营销的探索 [J]. 现代营销（经营版），2019（2）：112.

## 引言

服务业迅猛发展，在全球经济中所占的比重日益增加。服务给企业带来了更多的利润，然而，顾客对服务的满意度并不高，企业面临的挑战是如何对服务进行营销和管理。掌握服务营销的基本理论、工具和方法，对于服务营销者来说极其重要，它使营销者知道应该如何对服务进行营销，从而在顾客满意的基础上提高企业的收益。

## 1.1 服务的特征与作用

服务的概念和独有的特征，是服务营销学中的基础知识，也是服务营销学得以独立、发展和完善的关键所在。正是基于服务的特征及其所引发的营销挑战，发展出很多相关概念、理论和工具，从而形成了一个完整的服务营销体系。本节将介绍服务的定义、特征和作用。

### 1.1.1 服务的内涵

从 20 世纪 60 年代以来，服务的界定备受关注，很多营销学者从不同角度给出了服务的定义。但要给服务下一个准确的定义是很困难的，因为服务是一种比较复杂的现象，在不同行业中的表现形式各异。到目前为止，还没有一个能被所有人接受的服务的定义。尽管如此，了解一些有代表性的服务的定义，对我们掌握服务的内涵仍是很有帮助的。

菲利普·科特勒（Philip Kotler）在《市场营销教程》一书中认为，"服务是一方向另一方提供的任何活动或利益，它基本上是无形的并且不会产生所有权"。

霍夫曼（Hoffman）和贝特森（Bateson）在《服务营销精要》中从理解商品和服务之间差异的角度指出："商品可以定义为一个物品、装置或事物，而服务可以定义为一种需要、努力或操作。"他们认为服务与商品之间的基本不同之处在于服务缺乏物质实体。

洛夫洛克（Lovelock）和沃茨（Wirtz）在《服务营销》中对于如何定义服务提出了自己的看法，给出了一个比较全面的定义，"服务是一方向另一方提供的经济活动。在特定时间内，服务的'演出'会给服务接受者（人、物或资产）带来预期的结果。顾客付出金钱、时间和精力，期望通过服务组织提供的货物、劳动力、专业技能、网络和系统等获取到价值。但对于服务过程中所出现的任何有形要素，顾客通常都无法获取其所有权"。

泽丝曼尔（Zeithaml）和比特纳（Bitner）在《服务营销》中指出，"服务是行动、过程和表现，由一方向另一方提供或合作生产"。这个定义简单干脆，很容易理解。此外，该书还给出了与这个定义相一致但更为明确的定义："服务是包括所有产出为非有形产品的全部经济活动，通常在生产时被消费，并以便捷、愉悦、省时、舒适或健康的形式提供附加价值，这正是其第一购买者必要的关注所在。"

---

**人物小传**　　　　　　　　　**克里斯廷·格罗鲁斯**

克里斯廷·格罗鲁斯（Christian Gronroos）教授，芬兰市场学家，执教于芬兰赫尔辛基瑞典经济与工商管理学院，曾任该校学监、市场营销学系主任、管理教育中心主任。该校始建于 1909 年，是北欧成立最早的商学院，其中最强的是市场营销学系，在世界上享有盛誉。

格罗鲁斯教授才思敏捷，治学严谨，著作等身，通晓芬兰语、瑞典语、英语和德语四种语言。在过去十几年中，他用英文撰写的论文达数十篇，分别刊登在《欧洲市场营销学学报》《工业营销管理》《国际经营与生产管理学报》《商业研究学报》《管理决策》《国际服务管理学报》《营销管理学报》等世界一流的学术刊物上。他先后出版了《服务营销学》《工业服务

营销学》《战略管理与服务业的营销》《如何销售服务产品》《服务营销：诺丁学派的观点》《公共部门的服务管理》《全面沟通》和《服务管理与营销》等数十部著作。其中，《服务管理与营销》一书问世不久，即被翻译成西班牙文、瑞典文和俄文，成为国际一流商学院服务营销课程的首选教材。

由于在营销学方面的突出贡献，格罗鲁斯教授荣获欧洲最有影响的阿塞尔（Ahlsell）营销学研究奖，被聘为美国斯坦福大学、亚利桑那州立大学的客座教授和美国第一州际服务营销中心特邀研究员，并数次前往澳大利亚、加拿大、美国、西欧及中国的高等学院访问讲学。格罗鲁斯教授作为全球权威管理学家被国际学术界和实务界誉为"服务营销理论之父"、世界 CRM 大师。

资料来源：根据百度百科资料整理，http://baike.baidu.com/view/2192772.htm。

芬兰学者克里斯廷·格罗鲁斯是服务营销学的创始人之一，也是北欧服务营销学派的代表人物，他在《服务管理与营销》一书中将服务定义为："服务是由一系列或多或少具有无形特征的活动所构成的过程，这个过程是在顾客与服务提供者、有形资源的互动关系中进行的，这些有形资源（或有形产品、有形系统）是作为顾客问题的解决方案而提供给顾客的。"[一]这个定义比较全面地揭示了服务的内涵，在营销学界得到了普遍认同。本书也采用这一定义作为服务的定义。

根据这一定义，我们可以从以下几个方面来理解服务的内涵。

### 1. 服务是一种过程

服务是由一系列活动构成的过程。例如，一位游客到餐馆就餐的过程，包括将车停到餐馆外的停车场、进入餐馆就座、向服务员点菜、服务员上菜、用餐、结账、离开餐馆等活动。在服务过程中，顾客是服务的接受者，也是服务的合作生产者，顾客消费的不仅仅是服务结果，更是整个服务过程。顾客不但根据服务结果来评判服务质量，还会从服务过程中的每个细节来感知服务质量。即使顾客得到了预期的服务结果，但在服务过程中，如果企业员工服务态度恶劣、行为粗鲁，仍会影响顾客的消费体验和服务评价。因此，顾客更主要是从所进行的活动来感知服务质量的。服务本身具有过程性，这使得服务营销有其独特性。

### 2. 服务是在互动关系中产生的

服务通常是在互动关系中创造出来的。在服务行业中，互动现象十分常见。这里的互动不仅仅是指顾客与服务人员的互动，还包括了顾客与顾客之间的互动，以及顾客与服务系统和服务环境的互动。Gummesson 认为，把所有这些互动组合在一起，就构成了顾客的整个服务经历。在任何服务过程中，顾客与企业都存在互动关系。通过与顾客的合作和互动，服务提供者与顾客共同创造价值。例如，在理发过程中，顾客与理发师之

---

[一] 克里斯廷·格罗鲁斯. 服务管理与营销：服务竞争中的顾客管理（原书第3版）[M]. 韦福祥，等译. 北京：电子工业出版社，2008：37.

间会进行沟通，顾客需要告诉理发师自己喜欢的发型及要求，理发师则要根据顾客要求及顾客的脸型特征来设计发型，双方可能需要多次交流才能设计出一个令顾客满意的发型。顾客与服务提供者只有通力合作和相互配合，才能使服务生产过程顺利进行，从而使顾客从服务过程中获得所需要的利益。企业与顾客有效互动的基础是双方互利互惠和相互信任。在互动中，服务人员与顾客会建立起关系。服务的本质特性是互动关系特性，服务营销就是要与顾客建立互动关系。

**3. 有形资源是用来帮助顾客解决问题的**

有形资源的运用是为了向顾客提供解决方案。这些有形资源就是服务的生产资源，包括企业的人力、物品、设备、网络、系统和基础设施等资源。通过租借或付费，顾客获得了实物的使用权、服务人员的雇用权、机构或网络的进入权。顾客享有这些资源的使用权，并通过使用这些资源来获得价值，但他们通常并不拥有所涉及的这些资源的所有权。当顾客因得到想要的解决方法而获益时，价值就创造出来了。服务一般是以方便快捷、省时省力、愉悦、舒适或健康的形式向顾客提供附加价值，它能给人带来某种利益或满足感。企业应当为价值创造提供强有力的有形资源支持，帮助顾客生成他们需要的价值，从而实现顾客满意和顾客忠诚。

### 1.1.2 服务的特征

从服务营销研究的早期开始，许多学者就对服务与商品之间的差异进行了深入探讨，他们对服务特征的描述大同小异，归纳起来，服务主要有无形性、异质性、同步性和易逝性等四个基本特性（见图1-1）。

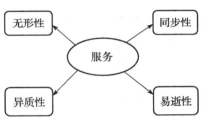

图1-1 服务的特征

**1. 无形性**

无形性是指服务不能像实体商品那样被看到或触摸到。例如，到电影院去看电影时，看电影的感受是无形；看完电影，我们获得的是对电影的感受与记忆。又如，要外出旅游时，我们会向旅行社购买旅游服务，我们付了很多钱，但我们无法看到、听到或触摸到旅游服务，也不知道会经历什么，当旅游结束后，我们得到的只是一种体验和记忆。而购买实体商品则不然，如服装，我们可以摸一下衣服的布料，可以看到衣服的款式、颜色，买下衣服后还可以带回家或直接穿在身上继续逛街，我们最终得到的是服装这个有形的商品。

服务包含了许多重要的无形元素，如员工的态度与技能、基于互联网技术的交易、服务流程等，这些无形的元素在服务过程中创造了大量的价值，而顾客是无法品尝、嗅到或触摸这些无形元素的。无形性是服务的基本特性，但并不是说服务是绝对无形的，服务的无形性是相对的，它也包含有形的实体元素，只不过是说，无形性作为服务的基本特征，是强调服务比有形商品包含更多的无形元素。

### 2. 异质性

异质性是指服务质量存在着一定的差异性。世上没有两种服务会完全一样，同一个服务供应商某一次提供的服务与另一次提供的可能不一致。异质性主要是由员工与顾客之间的相互作用及与之相关的其他因素造成的。不同的服务人员有不同的性格和服务经验，提供的服务会存在差异。顾客的个性和需求偏好也各不相同，对同样服务的感受也会不一样。人们在不同时间可能会表现出不一样的行为，服务人员在不同时段提供的服务也会不同。在服务过程中，服务人员与顾客的心情会出现波动，精力与体力也在不断变化，这些因素都会影响服务的质量。由于服务是由人来创造并提供的，很难实现服务质量的一致性，因此，异质性是服务生产过程中固有的特性。

### 3. 同步性

服务的生产与消费通常是同步进行的。一般来说，大部分商品是先由制造商在工厂生产出来，然后销售给顾客进行消费。而大多数服务通常是先出售，再同时进行服务的生产与消费。也就是说，服务的消费是在创造服务的过程中进行的，生产与消费具有不可分离性。例如，一位昆明的顾客要乘飞机到上海，首先就需要向航空公司购买机票才能登机。这位乘客接受飞行服务的过程也就是航空公司提供运输服务的过程，两者是同时进行的。同步性给营销者带来了一系列的独特挑战。首先，在很多场合，服务提供者需要实际在场为顾客提供服务，服务提供者会影响到服务传递的过程与结果。其次，顾客参与了服务的创造过程，会影响到服务效率和服务质量。再次，其他顾客出现在服务过程中，顾客之间会相互影响。最后，服务难以进行大规模生产。

### 4. 易逝性

服务难以被储存、转售或者退回。商品卖不掉可以先存放起来，以后还可以再销售出去。如果顾客购买商品后不满意，可以退货，也可以转卖他人。而服务不能被积攒起来，当天没有出售的服务以后可能就不再存在了，没有使用的服务能力也无法留到以后再使用。例如，餐馆中的位子、飞机上的座位、旅馆中的床位，如果在当时没有售出，那么是不可能储存起来，并在今后使用或者再卖出去的。做完美容后，即使顾客认为服务太差劲，也无法退货或转卖给其他人。预约的客人没有按时到达，发型设计师浪费掉的一个小时也无法收回再次使用。服务的易逝性造成了需求与供给匹配的复杂化，给企业的服务营销带来了挑战（见表1-1）。

表 1-1 服务的特征及其带来的营销挑战

| 服务的特征 | 引发的营销挑战 |
| --- | --- |
| 无形性 | • 服务不易进行展示，难以沟通<br>• 服务不能受到专利保护<br>• 缺乏存储能力<br>• 难以定价 |
| 异质性 | • 服务质量控制是难题 |
| 同步性 | • 员工参与服务的过程<br>• 顾客参与服务的过程<br>• 顾客之间相互影响<br>• 难以进行大规模生产 |
| 易逝性 | • 服务不能退货或转售<br>• 服务的供应和需求难以同步进行 |

### 1.1.3 服务的作用

不少企业的管理者将服务和服务质量视为一种成本，不愿意改善和创新服务，反而采取各种措施来降低成本。其实，服务不但能为企业带来利润，还能帮助企业留住老顾客、吸引新顾客。

**1. 服务具有防御性营销作用：留住老顾客**

企业防御性营销的目的是留住现有的顾客。在服务业，顾客流失的现象很常见。在顾客成批流失后，企业往往需要寻找新的顾客代替那些失去的老顾客，而这种替换的成本是非常高昂的。为了获得新顾客，企业需要开展大量的促销活动，支付许多促销费用；同时，要让竞争者的顾客转向企业，可能还需要改进企业原有的服务。而在激烈的市场竞争中，这些做法并不一定就能保证企业得到新顾客。即使能获得新顾客，在最初的一段时间内，由于还要弥补销售成本，企业也不能从这些新顾客身上获得利润。因此，顾客大量流失，企业往往得不偿失。

优质服务有利于企业留住老顾客。卓越的服务质量是使顾客满意的重要方法，而顾客满意是顾客忠诚的必要条件。顾客留在企业的时间越长，他们给企业带来的利润就会越多。企业通过留住顾客得到的利润来自以下四个方面。第一，留住老顾客的成本更低。研究显示，吸引一个新顾客的成本是维系一个老顾客的 5 倍。还有研究表明，不同行业的企业只要多保持 5% 的老顾客，就可以增加 25%～85% 的利润。第二，购买量增加。优质的服务使顾客愿意增加支出，向这家企业购买更多的服务产品。第三，溢价。研究证明，如果顾客看重企业的服务，就愿意为得到优质服务支付高价。第四，口碑传播。这种传播可以为企业节省促销成本。服务的防御性营销对利润的影响如图 1-2 所示。

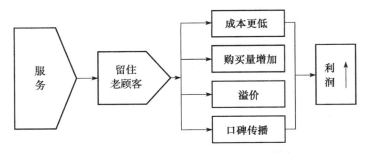

图 1-2　服务的防御性营销对利润的影响

**2. 服务具有进取性营销作用：吸引新顾客**

企业的进取性营销主要是为了吸引新顾客。优质服务有助于企业吸引到更多、更好的顾客。如果能向顾客提供他们所需要的优质服务，企业通常会赢得较高的声誉。良好的企业声誉是一笔宝贵的无形资产，能帮助企业吸引更多的新顾客，使企业的市场份额增加，并且还能使企业制定比竞争对手更高的服务价格。对市场营销战略的利润影响的研究证明，那些向顾客提供优质服务的企业可以获得超常的市场份额增长，同时，高质量水平的服务还能支撑较高的价格（见图 1-3）。

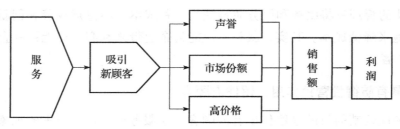

图 1-3　服务的进取性营销对利润的影响

### 3. 服务和盈利性密切相关

高品质的服务对企业盈利具有积极作用。从企业实践来看，服务与企业的盈利性有着直接的关系。20 世纪 80 年代，迪士尼、联邦快递等一批优秀的服务企业将服务作为竞争战略，率先投入各种资源，不断创新服务产品，提高服务质量，获得了丰厚的回报。在进入 90 年代后，美国通用电气公司、IBM 公司等优秀的制造企业进军服务领域，从服务业务中得到了可观的利润。很多营销学者对服务与盈利性的关系进行了研究，但早期的研究结果很难显示两者之间存在直接关系，这并不令人振奋。而近年来的研究更为深入，营销科学学会赞助的一项研究表明，公司战略聚焦于服务质量和顾客满意度比关注成本节约能使公司获得更多利润。很多学者的研究也表明，实施有效的服务战略可以为企业带来大量的利润。

## 1.2　服务营销及其职能

洛夫洛克认为服务是买卖双方之间的经济活动，这就意味着市场上的买卖双方之间存在着价值交换——企业提供给顾客的服务被视为满足顾客需求的解决方案，而顾客通过金钱、时间、精力和体力来交换所需的服务。因此，服务营销是创造和交换服务以获得企业和顾客所需所欲的一种管理过程。服务营销的目标是建立、保持并加强顾客关系，它的对象是服务，基石是服务质量。

### 1.2.1　研究服务营销的动因

经过上百年的研究，市场营销学已经构建了一个完整的理论体系，并在制造业中得到了广泛的应用。然而，在使用市场营销理论来指导服务业的营销和管理时，却遇到了一系列新的问题与挑战，这引发了人们对服务营销理论的需求。当然，还有许多因素共同促进了服务营销的快速发展。

#### 1. 服务在经济中的主导性日益增强

随着服务业的快速发展，其规模不断扩大，对本国经济和全球经济变得越来越重要，从而引起了人们对服务和服务营销的更多关注。

目前，许多国家已经或正在步入服务经济。从全球经济的发展趋势来看，一个国家首先是从农业经济向工业经济转变，然后由工业经济转变为服务经济。当服务部门所创造的价值在国民生产总值（GNP）中所占的比重大于50%时，一国就进入了服务经济时代。历史上，英国率先完成转变，美国、日本、德国和法国等相继完成了转型。现在，许多国家在以更快的速度进行这种转变，走向服务经济。

服务业在很多国家的经济中越来越重要，这体现在两个方面：一是服务业对国内生产总值（GDP）的贡献不断增大。1990年，欧盟服务业产值占到GDP的60%，日本服务业产值占到GDP的58%；2004年，这一比例分别上升到70%与73%。在大多数发达国家，服务业产值占GDP的比重在2/3~3/4，而且这一比例还在不断增大。二是服务业提供了很多就业岗位。以美国为例，1900年，美国服务业雇用的人数只占总就业人数的30%；而到2018年，这个比例已近80%（世界银行数据）。

---

**知识链接　　　　　中国三次产业的划分及服务业分类**

**1. 中国三次产业的划分**

根据社会生产活动历史发展的顺序对产业结构进行划分，产品直接取自自然界的部门称为第一产业，对初级产品进行再加工的部门称为第二产业，为生产和消费提供各种服务的部门称为第三产业。这是世界通用的产业结构分类，但各国的划分不尽一致。我国的三次产业划分如下。

第一产业：农业（包括种植业、林业、牧业、副业和渔业）。

第二产业：工业（包括采掘工业、制造业、自来水、电力、热水、煤气）和建筑业。

第三产业：除第一、第二产业以外的其他各业。由于第三产业包括的行业多、范围广，根据我国的实际情况，第三产业又可分为两大部门：一是流通部门，二是服务部门。

**2. 服务业的分类**

服务业又称第三产业，具体包括以下四个层次。

第一层次：流通部门，包括交通运输业、邮电通信业、商业、饮食业、物资供销和仓储业。

第二层次：为生产和生活服务的部门，包括金融保险业、地质普查业、房地产、公用事业、居民服务业、旅游业、咨询信息服务业和综合技术服务业，农、林、牧、渔、水利服务业和水利业，公路、内河湖航道养护业等。

第三层次：为提高科学文化水平和居民素质服务的部门，包括教育、文化、广播电视，科学研究事业，卫生、体育和社会福利事业等。

第四层次：为社会公共需要服务的部门，包括国家机关、政党机关、社会团体，以及军队和警察等。

资料来源：根据MBA智库资料改编，http://wiki.mbalib.com/wiki/%E4%B8%89%E6%AC%A1%E4%BA%A7%E4%B8%9A.

## 2. 服务成为制造企业获取竞争优势的重要手段

随着经济的发展，顾客的期望提高了，他们不但希望买到好的商品，还希望企业能提供系统的服务方案，以及在整个购买过程中都能获得优质的服务。同时，技术的快速发展和市场竞争的白热化，使制造企业很难只通过实体商品来保持长期的竞争优势。

一些优秀的制造企业意识到优质服务对顾客和企业的重要性，于是不断提高服务水平，甚至进军服务领域。例如，通用电气公司从制造业向服务业转移，业务扩展到金融服务、管理咨询、广播、医疗保健和公用事业服务等领域，通过向顾客提供各种专业服务提高了公司的竞争力，也创造了更多的利润。现在，越来越多的传统制造商，如汽车、计算机、复印机、手机等制造商，正在将它们的业务拓展到服务，通过服务获得了新的收入来源；同时，它们也把服务作为企业实现差异化战略的手段，通过服务来获得长期的竞争优势。

---

**专　栏　　　　　　　　怎样组合产品和服务**

大多数公司尝试将产品和服务捆绑销售，以增加收入和平衡现金流。例如，苹果公司将 iPod 与 iTunes 音乐服务组合在一起，施乐公司将打印机、复印机与维修保养组合在一起。混合方案（产品和服务的创新组合）能给客户创造更高的价值，帮助公司吸引新顾客，增加老顾客的需求。

产品与服务组合的前景尽管不错，但执行起来很容易误入歧途。作者分析了上百个成功的混合方案，发现市场上存在四种常见的类型。

（1）灵活型捆绑。这种类型使客户能够定制他们的购买内容。产品和服务本身高度独立（客户可以轻易地分开购买），却又高度互补（灵活组合能大幅提升其价值）。例如，甲骨文公司的 Oracle CRM on Demand 就能够让客户定制数据库软件及咨询服务。

（2）安心型捆绑。这种类型适合追求最佳完整组合的客户。尽管产品和服务互补性低、独立性高，公司仍能利用强大的产品品牌，吸引客户使用其无差异的服务，或者利用强大的服务品牌，吸引客户使用其无差异的产品。例如，奥的斯公司的客户相信奥的斯电梯的品质，因此觉得把维修保养服务交给它很放心。

（3）多利益捆绑。这种类型的产品和服务高度互补且互相依赖，能提供给顾客众多附加功能和利益。例如，TiVo 在数字录像机产品的基础上附加了许多广受欢迎的服务，如支持用户浏览 YouTube 视频、高清录像、下载音乐、视频点播等。

（4）一站式捆绑。这种类型主要着重于购物的便捷。尽管产品和服务互补性很小，且互相独立，但公司只需在零售网点提供产品或服务，就能增加顾客消费。比如，许多发廊都同时销售美容美发产品。

要选择最匹配的产品与服务组合，企业需遵循以下四条法则。

法则一：寻找产品和服务的差异点。如果产品高度大众商品化（commoditization），就需要设法提供高质量的附加服务来提升价值；反之，如果服务高度大众化，就需要提供高质量的产品来提升服务价值。如果客户面临的问题很复杂,可以考虑提供灵活型捆绑的定制化解决方案。

法则二:扩大服务范围和产品规模。混合解决方案唯有规模化扩展方能提高市场份额和利润率。复杂的解决方案需要将产品与服务融合起来,这时就很难进行规模化。聪明的企业会设法形成范围经济,比如在同一个地点提供多种服务,以降低总成本。

法则三:评估不同组合的收入和利润潜力。产品和服务的相对市场潜力及利润潜力可能相去甚远。设计成功组合的一种方法,便是找出利润潜力最大的产品或服务,然后与顾客最常购买的产品或服务捆绑。例如,数字音乐或 MP3 播放器(产品)的市场很大,但是音乐下载(服务)的市场更大。通过以 iTunes 音乐商店配合 iPod 营销,苹果公司极大地拓宽了收入来源。然而,数字音乐的利润率比播放器小,因此,苹果公司主要通过 iPod 赚取大部分的利润。

法则四:投资于品牌建设。一旦确定了可行的产品与服务组合,就应当考虑对它进行品牌或子品牌的塑造,以利用品牌的光环效应。企业必须做好准备投资于品牌建设活动,以加强产品和服务之间的联系,增强公司的可信度。对于独立性高的混合方案,品牌投资尤其重要。

资料来源:文卡特什·尚卡尔,伦纳德·贝里,托马斯·多泽尔.怎样组合产品和服务[J].市场营销,2010(4):17.

### 3. 非管制行业与服务企业对营销的需求增加

以前,有些国家的政府对某些服务行业进行管制,如美国对航空、证券、保险、银行、电信等的管制。政府掌控了许多大型服务企业的营销决策。例如,美国政府全权决定了航空公司的航空路线、航空服务的价格以及其他方面,在这种情况下,航空公司是不需要考虑如何开展营销活动的。随着经济的发展,人们认识到,市场才是有效决定资源配置的主角。因此,许多国家纷纷放松或取消了对许多服务业的管制。例如,美国从 20 世纪 70 年代末开始对大型服务业放松管制,结果,服务企业可以全部或部分地控制服务的营销决策。例如,美国政府对航空业的管制取消后,各大航空公司可以自由地确定飞行路线、决定向乘客提供什么服务产品以及不同服务产品的价格。在转向市场化运作之后,这些非管制服务业的经营方式也发生了急剧的变化,迫切需要服务营销理论的指导。

随着传统服务业的发展,许多服务企业希望能不断提高自身的竞争力,要求开展有效的服务营销活动,从而产生了对服务营销的需求。服务营销早期的研究成果主要源于人们对银行和医疗等服务业的分析。新型服务企业也在不断出现。例如,肯德基、麦当劳、7-11 便利店等利用特许经营进入了全球许多国家和地区,它们通过不断发展加盟店来迅速扩张,并树立良好的企业形象和品牌形象。新型服务业的兴起和迅猛发展,加速了服务营销的发展。

### 小案例 1-1　　北京故宫博物院的新媒体营销

北京故宫博物院（以下简称故宫）位于原紫禁城内，成立于 1925 年，是我国最大的古代文化艺术博物馆。虽然是非营利机构，但是故宫也需要有较高的知名度从而吸引更多观众了解历史、了解博物馆；故宫还需要有良好的形象获得社会各界的支持和信任，以确保拥有更多的途径获取文物和资金支持，因此故宫同样需要先进的理念和方法去宣传和营销自己。然而，长期以来，由于经验缺乏、观念陈旧、平台创新难等问题，故宫的营销一度陷入尴尬，营销内容单调晦涩，与新时代文化传播严重脱节，极大地影响了故宫在民众中的认知。

近年来，故宫抓住机遇积极开展新媒体营销，将传统文化丰富、有趣、生动地传递给公众，拉近了故宫与公众的距离，获得了极好的口碑。不仅其文创产品销量节节攀升，更促使越来越多的年轻人愿意主动走进故宫，感受中华文化的博大精深，其成功的营销经验值得其他博物馆学习和借鉴。北京故宫博物院新媒体营销策略主要包括如下方面。

**网站营销**

网站是实体组织在虚拟网络上的门面，是网络用户了解一个组织最便捷的渠道，因此国内外许多博物馆都很重视网站建设，以树立自身良好形象，与公众良好互动。故宫的网站营销主要有官方网站和淘宝网站。

官方网站是故宫品牌传播的窗口，通过这个窗口，故宫发布权威信息，介绍故宫的历史、文物收藏和古建筑等相关内容。为扩大官方网站的知名度和增加客流量，故宫采取进入渠道多元化，通过百度、谷歌、360 搜索等搜索引擎，用户都可以搜索到链接。此外，为了方便观众在馆际之间了解参观并加强与其他博物馆的合作交流，故宫还增添了与官方微博、淘宝及国内外其他著名博物馆网站的链接。

故宫于 2010 年开设的淘宝网站迎合了市场的需求，不仅通过 B2C 平台在线销售故宫文创产品，也达到了传播故宫文化的目的，吸引了大批"粉丝"，让更多人爱上了中国传统文化。几年来，故宫通过网站建设打破了知识封锁，促进了资源实时共享，达到了提升故宫知名度、方便公众了解故宫文化、拓宽经济来源等多重效果。

**微博营销**

故宫的微博营销主要有"故宫博物院"和"故宫淘宝"两个平台，两个微博以完全差异化的风格向公众传递信息与互动。其中，"故宫博物院"作为官方微博，主要发布故宫博物院内的展出、风景、文物和文化知识，风格以正统稳重为主。"故宫淘宝"主要服务于"故宫淘宝"网店，以诙谐调侃的风格进行传播。两个微博每日都会发博，以姐弟相称并经常互动。截至 2018 年 10 月，共有"粉丝"671 万，强大的"粉丝"力量为故宫文化的宣传起到了重要作用。例如，2016 年故宫官方微博发布一组图片"紫禁城的雪"，被"粉丝"纷纷点赞并转发。紫禁城雪景的魅力让大众有漫步于斯的诱惑，也为故宫赢得了"故宫出品，必属精品"的好口碑。

**微信营销**

目前，故宫的微信营销既有自建微信平台的方式，也有与知名微信号合作的方式。

（1）自建微信平台。故宫建立了很多官方微信号，其中"淘宝故宫""微故宫"两个微信号依然以一个诙谐、一个正统的风格进行内容传播。"微故宫"是其"粉丝"量最大、运营最好的微信号，运营人员创作了大量原创的内容，并通过表情包的形式将故宫最新文创产品以新奇有趣、富有创意的标题进行推送，其推送基本上都有"10万+"的阅读量，对微信用户产生了良好的营销效果。此外，故宫还有故宫票务服务、故宫书店、故宫文化珠宝、故宫食品等微信号，各个平台之间的分工不同，定位于不同的客户群体。

（2）与知名微信号合作。与微信"大V"联合营销，将自身的文化和生产优势与对方的新媒体渠道优势结合，达到强强联合的效果，是故宫的另一种微信营销方式。例如，2016年和2017年，故宫与知名自媒体"黎贝卡"两次合作，"黎贝卡"负责设计和在公众号推广，故宫负责生产制造和提供销售平台，两者共同推出"故宫·异想"系列，其产品一经推出就被热抢，两品牌联合也一度成为自媒体界高转化率的美谈。

**App营销**

App是人们可以在手机、平板电脑等移动设备上使用，满足其社交、购物、娱乐、游戏和运动等需求的应用程序。随着智能手机和平板电脑等移动终端设备的普及，人们逐渐习惯了使用App上网的方式，这不仅为企业增加了流量，同时也因为手机移动终端的便捷性，使企业用户忠诚度和活跃度都得到了大幅度提升，为企业的创收和发展起到了关键的作用，App也因此成为越来越多企业营销的重要渠道。

故宫自成立新媒体公司以来，共开发了9款App，如游戏类"皇帝的一天"、向导类"故宫"、文化类"胤禛美人图"等。通过App，故宫从多角度诠释传统文化和藏品，达到了极好的宣传效果。例如，故宫出品的第一款应用"胤禛美人图"，从书画、陶瓷、工艺、美术等方面对宫廷生活进行360度还原，用户通过滑动手指就可以全方位欣赏App内展示的藏品，并查看相关背景知识。该App使用户在体验清朝华丽宫廷的同时还进一步了解了清代历史，所以一上架就受到了"粉丝"们的喜爱和疯狂下载，并获得了"Apple Store 2013年度中国区优秀应用奖"。

故宫App以其良好的触感和交互体验带给人们直观感受，拉近了与观众的距离，全方位传播了故宫文化。例如，游戏类"明帝王图""皇子的课表""太和殿的脊兽"等更使故宫的用户和受众年轻化；向导类"故宫"则因其专业的语音导览和逼真的虚拟场景吸引了顾客游览的兴致，进一步提升了故宫的知名度。

**视频营销**

视频营销的表现形式有纪录片、宣传片、直播、微电影和短视频等，其中纪录片和直播是故宫主要采用的营销形式。

（1）纪录片。2016年出品的《我在故宫修文物》，作为故宫90周年的献礼，重点记录了故宫许多稀世珍奇文物的修复过程，详细展示了故宫文物修复者的匠心精神。该片一经播出迅速走红网络，引发了爱国青年在新媒体上的热烈讨论，豆瓣评分高达 9.3 分，并被各大媒体争相报道，成为一次绝佳的视频营销。

（2）直播。随着互联网的发展，故宫将其持续多年面向公众的讲座《故宫讲坛》延伸到线上，通过网上分享满足线上人群对故宫文化知识的吸收，同时又因为线上直播观众可以点赞、打赏、评论，可与观众进行良好的互动，拉近了与公众之间的距离。

视频营销是将视频与互联网结合，既有电视短片感染力强、内容形式多样、创意新颖的优点，又有互联网营销的互动性、传播速度快、成本低廉的优势。故宫通过视频营销，很好地达到了与公众沟通、宣传故宫传统文化形象的目的。

资料来源：赵伟晶.北京故宫博物院新媒体营销策略[J].经营与管理，2019（7）：90-92.

#### 4. 服务营销具有独特性

在对服务进行管理和营销的过程中，出现了许多人们在商品营销中不曾遇到的问题。以快餐店为例，快餐服务的创造与传递是在员工与顾客互动的过程中进行的，员工和顾客都很重要，那么，应该如何对员员工进行有效的管理，使之热情、高效率地向顾客提供服务？企业又该如何引导顾客，使他们能参与服务过程，主动配合员工，以提高工作效率？如果出现服务失误，如何处理顾客抱怨？在需求的高峰期或低谷期，应该如何使企业的生产能力与顾客的需求相匹配？还有，当快餐店采取特许经营方式向全世界扩张时，如何保证各个加盟店提供稳定的服务质量？服务业中的营销者逐步认识到，制造业中的市场营销策略难以解决服务业中的这些问题。

随着服务业的快速发展，有些服务企业开始从宝洁公司、卡夫公司这些优秀的制造商中招聘营销人员，当这些人从制造业中转到服务业中，在对服务进行营销时，他们发现自己以前丰富的商品营销经验变得没用了。服务营销中出现了这么多新的问题，企业逐渐意识到服务营销与商品营销是不同的，需要专业的服务营销人员来帮助企业开展服务营销实践活动。企业对掌握服务营销专业知识人员的需求不断增加，促进了服务营销的研究和服务营销人员的培养。

现在，服务营销已经成为一门独立的学科，有了自己的理论框架、相关概念、基本理论与操作方法。作为一门新兴的学科，服务营销学还在随着实践的发展而不断完善。其中，服务营销中不同于市场营销的概念与理论主要有：服务的定义、服务的特征、关系营销、服务质量、服务人员和内部营销、顾客参与的管理、服务流程、有形展示、供需平衡管理、服务补救等，使得服务营销独具特色。

#### 5. 顾客对优质服务的需要

随着社会和经济的发展，人们的生活方式发生了变化，顾客收入不断增加，许多人越来越愿意付钱来获得服务。人们对服务需求的增加，推动了服务业的快速发展。但收入增加并不只是意味着人们需要更多的服务，而是需要多样化和个性化的服务。同时，人们对服务的要求提高了，期望得到优质的服务。

但是，人们普遍认为服务企业提供的服务很糟糕。无论是个人还是组织，购买服务后都可能产生很多不满，抱怨服务提供商不了解顾客需求，收费很高，却只提供劣质的服务；服务人员态度恶劣、行为粗暴；服务中差错频出，投诉时手续烦琐；自助服务设备总出故障，服务地点太远，等候服务的时间太长，服务场所脏乱，接受服务时拥挤不堪，以及其他一系列的问题。

服务能给企业带来更多利润，顾客需要更多更好的服务，但是，顾客感知到的服务质量在下降，其满意度也在不断降低。服务企业需要服务营销工具和策略的指导，以帮助它们改变糟糕的服务状况，使顾客满意并使企业获利。

## 1.2.2 服务营销与商品营销的差异

服务有着不同于商品的特征，因此服务营销也有别于传统的商品营销。服务营销与商品营销的差异具体表现在下列几个方面。

**1. 服务营销与商品营销的性质不同**

商品是一种物品、工具和东西，是消费者可以摸到或看见的实物；而服务是一种行为、表现或努力，是无形的。然而，很多服务也包含实体元素。那么，我们应该如何区分商品与服务呢？林恩·肖思塔克（Lynn Shostack）率先提出了一种方法来区分商品与服务，他将各种产品由有形元素占主导到无形元素占主导依次排列成一个连续谱系（见图1-4）。

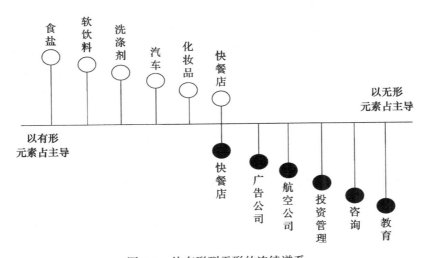

图 1-4　从有形到无形的连续谱系

资料来源：G. Lynn Shostack. Breaking Free from Product Marketing[J]. *The Journal of Marketing*. April 1977:77.

该图反映了从有形商品过渡到无形服务的变动趋势。通常，企业向市场提供的东西可以分为五大类。①以有形产品为主，如食盐、软饮料等商品。企业向市场销售的主要是实体物品，不涉及明显的服务。②附带服务的有形产品，如汽车、电脑等商品。企业主要提供的是实体物品，附带有一定的服务。③混合产品。这类产品包括有形产品与无形服务，两者相互配合，缺一不可。例如，裁衣店既要为顾客提供裁剪服务，又要提供服装。④附有商品的服务。例如，大多数航空公司向乘客提供服务的过程中都附带有饮料、食物等商品，但航空公司主要出售的却是无形的东西。⑤以服务为主，如咨询和教育等。企业提供给顾客的主要是服务，顾客获得的是非实体的东西。

这种分类为我们提供了划分商品与服务的一种新思路，但是，在图 1-4 的中间部分，存在着一些界限模糊的产品，如快餐店，向顾客提供的到底是商品还是服务呢？有些学者提出区分商品与服务的方法，可以根据超过半数的价值是否源于无形的服务元素这一经济测量法来判断。如果无形元素创造了大部分的价值，那么这种产品就属于服务产品。例如，对于一家餐馆而言，假如食物的成本只占到餐费的 25%～35%，而服务人员的专业技能和态度、食物的准备与烹饪、就餐服务等主导了价值的创造，很明显，这家餐馆提供的是服务而非商品。在现实中，很少有产品是完全无形或纯粹有形的，服务并非只是指纯粹的服务，我们在本书中讨论的是图 1-4 中右边的那些服务。

由于服务缺乏有形的特性，顾客通常是依靠服务场景来判断服务的特色和质量。因此，企业往往会运用实物来展示服务的特征，告诉顾客服务所提供的利益，使用物证与塑造良好的企业形象都会使服务变得更加有形。在服务营销中，如何设计有形展示成为一个重要的营销问题。而商品营销则不存在类似的问题，也不需要进行有形展示。

### 2. 顾客参与服务的生产过程

商品通常是在工厂里生产出来的，顾客一般不参与生产过程，企业在生产中管理的对象是员工。而对于大多数服务产品，核心价值是在服务提供者与顾客互动的过程中产生的，顾客加入服务的创造过程并可以观察到服务的创造过程，他们会对服务结果产生积极或消极的影响。所以，如何有效地管理顾客成为服务营销管理的重要内容之一。

对于不同的服务，顾客参与服务生产过程的程度是不同的，具体有下列几种情况：①在接受服务时需要顾客本人在场。例如理发、美容、拔牙和外科手术等服务，顾客与服务提供者直接接触，顾客需要配合服务提供者才能得到服务。②在服务开始和完成时顾客才需要到场，如汽车修理、快递和干洗等服务。③顾客只需要精神上在场即可，如远程课程的学习。

顾客参与服务生产过程会对服务营销者提出一系列独特的挑战。顾客参与生产过程的程度越增加，生产进度的不确定性越会随之增大，对服务效率的影响也越大。所以，服务营销者需要对顾客进行有效的管理。服务营销者应该设计出方便顾客使用的服务提交系统，选择合适的目标市场，并对顾客进行培训与激励，提高顾客的能力，使他们能获得良好的服务体验和结果。

### 3. 人是服务的一部分

服务过程是服务提供者与顾客互动的过程，两者都会影响到服务质量和服务体验，因此，人成为服务的重要组成部分。这里的人不仅指服务人员，还包括顾客与出现在服务场景中的其他顾客。

对于许多专业服务与个人化服务，服务人员本身就是服务。例如，在法律服务、咨询服务、资产评估服务、教育服务、维修服务、清洁服务、照看老人与小孩等服务中，服务的提供者就是企业的员工，服务人员的素质决定了服务质量与顾客的服务体验。因此，要提高服务质量就需要加大对人力资源的投资。顾客也是服务必不可少的一部分。在许多情况下，顾客参与了服务的创造与传递，其他顾客也可能出现在服务场所，这些都会影响到服务质量与顾客满意度。

服务人员与顾客共同构成了服务的重要部分，这给我们带来的营销启示是很清晰的：服务企业应该对人进行有效的管理。服务企业不仅要对服务人员进行管理，让员工愿意并能够为顾客提供优质的服务，还要对顾客进行管理和引导，使其他顾客在共享的服务场所中表现出得当的行为，从而提升顾客的服务体验。

### 4. 质量控制的难度更大

制造企业在生产商品时，生产条件是可控的，可以用统一的质量标准来衡量商品，通常是在质量检验合格后才销售给顾客。然而，服务产品的生产与消费往往是同时发生的，无法在销售给顾客之前进行检验。由于人是服务的一部分，难以用统一的质量标准来测量服务，服务中的不足之处也就不容易被发现和改进。不同的员工、同一员工和不同的顾客、一天不同的时段等都会使服务存在差异，员工的工作质量、态度和提供服务的速度也会产生很大的变化；在服务过程中，顾客已经出现在服务场所，一旦出现什么差错就会影响到顾客的感受，要使顾客免于承受服务失误的结果是很困难的。在这些不可控因素的影响之下，服务企业很难控制服务质量。

尽管如此，不少服务企业还是采取了各种方法努力加强服务质量控制，并取得了一定的成效。一种方法是利用服务中的变异，向每位顾客提供定制服务。与生产商品不同，由于顾客参与了生产过程，服务提供者可以更加容易地按照顾客的特定要求，为其提供个性化的服务。另一种方法是向全部顾客提供标准化的服务。服务企业采取了标准化的服务流程，制定服务标准，积极培训员工，或者使用机器代替人工，其目的就是向顾客提供一致性的服务产品，使顾客获得相同内容和水准的服务。

### 5. 顾客评价更困难

服务更多的是靠顾客去感受，而顾客对服务的评价是很困难的。以顾客购买帽子与购买旅游服务为例，两者购买评价的难易程度是有很大差距的。当购买帽子时，由于帽子是实体商品，顾客在购买前就可以很容易地对帽子做出相对客观的评价。顾客可以拿着帽子仔细地看，观察帽子的颜色、款式，了解到制作帽子的材料和帽子的质量，还能戴在头上试试是否合适和好看。而购买旅游服务则复杂得多了，在购买之前我们很难把握旅游服务，不知道旅行社会提供怎样的服务，这些服务能否满足我们的需求；在购买旅游服务后，每个人对旅游的感受也是不同的，有人觉得糟糕透顶，有人觉得还行，也有人认为很不错。也就是说，人们对服务的评价更为主观。尤其对一些专业性较强的服务，即使接受了服务，我们也难以评价，不知道服务供应商所提供的服务效果如何。例如，由医院向患者提供医疗服务，即使手术已经做完，患者出院了，但是患者及其家属不一定能理解医院已经提供的服务，在当时也很难评价手术的效果。

由于服务缺乏有形的特性，顾客购买服务前难以了解服务的特色和评价服务，由此也难以分辨各个服务供应商的优劣，很难预见他们将获得什么，因此，顾客在购买服务的过程中感受到的风险更大。

### 6. 大多数服务产品不可储存

商品可以大规模地生产，生产出来之后可以储存，在顾客需要的时候再销售出去。而服务具有无形性和同步性的特征，服务往往是转瞬即逝的，大部分服务不能像商品那样储存起来。服务产品无法储存会对供需平衡形成严峻的挑战。顾客在特定时刻的需求是难以预见的，当他们需要企业提供服务时，又没有库存的服务产品，就会出现服务的供需矛盾。如果顾客的需求超过企业的供应能力，顾客必须等待很长时间，这往往会造成顾客的不满。一旦等待时间超过顾客所能忍耐的限度，顾客就会失望地离开企业，转向竞争者。而当顾客需求低于企业的供应能力时，企业的人员、设施等生产资源不能得到有效的利用，会造成成本上升，利润减少。因此，服务营销要解决的一个关键问题，就是如何使服务产品的供应与需求相一致，服务的供需管理也就成为服务营销学中的重要内容之一。

### 7. 时间因素的重要性

由于大多数服务是服务提供者在现场向顾客实时提供的，时间因素对顾客就显得特别重要。我们到大医院去看病，需要排队挂号，挂号后又需要在诊室外长时间等候，还可能拿着医生开的化验单到处检查，待医生开完处方后再排队交费和取药。就医过程中的到处排队等候，浪费了我们的大量时间，使我们为获得大医院的医疗服务支付了较高的时间成本。这种等待现象在服务业中比比皆是。在服务行业中，时间成本已经成了顾客总成本中的一个重要组成部分。

随着生活、工作节奏的加快，许多顾客对时间越来越敏感，要求尽量降低时间成本，甚至为了节省时间而愿意多付些钱。有些顾客宁愿多花钱以立即获得照片，有些顾客选择乘坐飞机而不是火车以快速到达目的地。繁忙的顾客希望服务企业能满足他们在时间方面的需求。成功的服务企业关注到了顾客排队时间方面的要求与限制，想方设法地降低顾客的时间成本。许多企业延长了服务时间，甚至全天营业，使顾客在工作以外的时间可以购物和享受服务。有些服务企业意识到等待会造成顾客不满意或业务机会丧失，采取一系列策略努力缩减顾客等待的时间，或者使等待变得更轻松一些。

### 8. 分销渠道不同

生产企业一般是采用实体渠道来分销商品，往往通过批发商、零售商等中间环节把商品从工厂送达顾客手中，而服务企业则可以使用电子渠道来传递服务。例如，银行采用多渠道来提供服务，除了通过实体银行进行交易外，还可以利用电话银行、手机银行、网上银行及自动取款机来传送服务。借助于电子渠道，服务企业可以通过互联网将基于信息的服务瞬间传递到全球各地，顾客也可以方便、快捷地获得服务。

在使用电子渠道时，基于信息的服务产品的分销与提供增值服务以促进商品销售及使用是不同的。基于信息的服务产品利用电子渠道可以完成全部的渠道职能。以在线歌曲为例，唱片公司制作的歌曲是基于信息的服务产品，利用网络这一电子渠道，顾客可以在网站上试听，下订单购买喜欢的歌曲，在线支付货款后，就可以下载选定歌曲，得到想要的服务。然而，对于利用电子渠道来提供增值服务以促进商品销售的情况，企业需要综合使用电子渠道和实体渠道来分销服务产品。例如，对于网上零售店来说，电子渠道主要用于信息沟通和在线支付，商品的传递则必须通过实体渠道来进行。由于电子渠道在信息沟通方面具有绝对的优势，越来越多的企业使用电子渠道来促销、获取订单并收款、提供咨询服务和售后服务，通过实体渠道向顾客传递商品。

---

应用练习 1-1

以医院和制药厂为例，说明医疗服务的营销与药品的营销有哪些不同。

---

### 1.2.3 服务营销的职能

商品消费是结果消费，顾客购买和消费的是作为生产过程结果的商品；而服务消费更多的是过程消费，尽管服务结果是必要的，但顾客参与生产过程，会把服务过程视为服务消费的重要组成部分，而且顾客对其的感知对总体服务质量的评价更为重要。由于商品是结果消费而服务是过程消费，传统营销的职能便与服务营销职能存在一定的差异。

在商品营销中，从时间和空间来看，商品的生产过程与消费过程客观上是分离的，因此需要一座桥梁将生产与消费联系起来，它就是市场营销。传统的营销理论正是基于此而建立的，营销关注的是销售。传统营销的职能包括市场研究、定价、广告、销售促进等，通过执行这些职能，可以使生产者和顾客之间顺利进行交换，以满足双方的需求。图1-5 表明了传统营销的职能。在图 1-5 中，向下的箭头表示营销专业人员通过研究顾客获得市场信息，向上的箭头表示营销活动的计划与执行。传统营销职能由营销部门中的专业人员来执行，其他人员对营销或顾客不负有任何责任。

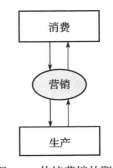

图 1-5 传统营销的职能

对于服务营销而言，生产与消费是同步进行的，顾客与生产资源发生交互作用，这既会影响顾客对服务质量的感知，也会影响顾客的长期消费行为（见图 1-6）。因此，服务营销的核心是将生产过程与消费过程有机地整合在一起，创造良好的互动关系，从而使顾客能感知到优质的服务质量，

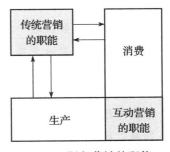

图 1-6 服务营销的职能

与企业建立长期的良好关系。在大多数情况下，服务企业既需要传统的外部营销，也需要互动营销。当买卖双方发生互动时，就出现了互动营销。传统营销对互动营销起支持作用，尤其是在企业开拓新市场或推出新服务时，可以发挥很大的作用。但是，互动营销是营销活动的核心。不论传统营销做得多好，只要互动营销失败了，服务营销也就失败了，而互动营销越有效，传统营销也就显得越不重要。

在服务业中，服务营销不只是联结生产与消费过程，更为重要的是，还可以整合生产与消费过程。因此，服务营销的职能包括两种。一是传统营销的职能，这种职能是传统的外部营销职能，由专职的营销人员来负责市场研究及制定营销组合。二是互动营销的职能，这种职能与买卖双方的互动相关，由兼职营销者来执行。互动营销的职能是帮助企业识别各种有形资源，如员工、顾客、服务场景等，并将这些有形资源与顾客结合起来，引导企业从顾客的角度考虑服务过程，实现服务的传递，并创造重复销售、交叉销售，以及建立持久的顾客关系。

## 专栏　服务业创新七大趋势

在研究与发掘国内外服务业上市公司与风投机构的基础上，在研判国内新服务业的大量最新案例的基础上，我对服务业创新趋势做了以下几个基本的判断。

趋势一：新技术向新服务的转化。云技术、物联网、无线移动互联通信技术、环境技术、新医疗技术的应用服务都是这类服务典型的转化现象。对于最终消费者与用户来说，短周期与密集型的新技术发展，导致了新的接受障碍，而应用服务的发展要重点解决通俗性、易用性及与原有设备技术的兼容性，并以更加整合的服务建立新的一站式服务体系。

趋势二：新制造向新终端服务的转化。制造必须同时考虑对终端的掌握，这是市场转化的关键，也是成本控制的关键，垂直电子商务与专业连锁服务的发展空间因此而大大伸展纵向电子商务在制造品牌终端化方面扮演重要角色。

趋势三：文化创造推动娱乐服务的新增长。文化产业发展与文化事业改革创造了很多新的商机，其中一个非常重要的方面是推动了文化娱乐服务行业的创新发展，可以预期的是娱乐性主题公园、影视屏、线上线下互动游戏、社区化娱乐服务、艺术连锁超市、收藏服务等行业均有重大的发展，娱乐业面临扩容与升级的双重机会。

趋势四：新设计成为服务发展新基础。设计正从以往独特的艺术表达技能演进为将消费者心理诉求转化为实际的产品与服务形态的高级心理服务工作，这是产生产品与服务附加值的核心要素。这一点在满足新一代消费者与高端消费群体的消费需求中表现得特别突出，由于购买力与生活方式升级而导致的消费革命，再设计将成为具有规模的B2B服务机制。

趋势五：服务+效应进一步显现。不只制造业依靠增加服务含量发展，服务业也将增加更多服务含量来形成新的服务形态，比如第四方物流服务、技术合同管理将由节能环保领域扩展到其他领域，信息咨询与更多专业服务广泛结合。

趋势六：公共服务外包的发展。在社会保障建设的过程中，民生服务（社区养老服务、青少年动员、公益创投、廉租房社区管理、医疗保险服务、职业教育与培训、公共呼叫等）内容进一步发展，但是在这些服务中，传统公共服务模式无论在服务的质与量上均不能满足公众需要，新兴的多领域商业性的或者公益性的外包服务将充分成长。

趋势七：服务精细化发展创造的空间。几乎所有我们已经知道的服务业将因为进入更为深度细分的服务行业而得到振兴：养老会区分出高端、中高端、中端、大众端与保障端养老服务，咨询也将会出现更多分行业的咨询，电子商务会更加垂直。

资料来源：袁岳.服务业创新七大趋势[EB/OL].[2012-05-01].http://www.ebusinessreview.cn/articledetail-123409.html.

## 1.3 服务营销组合

服务的特性给服务企业的营销带来了一系列问题，这要求采用不同于商品营销的一套营销工具。在这些工具中，有些是由传统的营销手段发展而来的，有些则是服务业中独有的。

### 1.3.1 传统的营销组合

营销组合是市场营销的重要概念之一。营销组合（marketing mix）是指企业为了影响目标市场对其产品的需求而综合使用的一组可控制的营销手段。对于生产商品的制造商而言，经常使用的营销手段是产品（product）、价格（price）、分销（place）与促销（promotion）。这四大手段作为一个有机的整体，通常被称为"4P"。这四个要素是企业可以控制的，各要素之间相互依赖、相互影响，是制造商核心的决策变量。产品、价格、分销和促销对服务企业非常重要，但在服务业中使用时，需要对4P进行调整。服务与有形产品的4P组合比较如表1-2所示。下面对服务营销中的产品、价格、分销与促销进行介绍。

表1-2 服务与产品的4P组合比较

| 营销组合 | 产品 | 价格 | 分销 | 促销 |
| --- | --- | --- | --- | --- |
| 服务 | 服务范围 | 灵活性 | 渠道设计 | 媒体类型 |
| | 服务质量 | 区别定价 | 店面位置 | 广告 |
| | 服务水准 | 折扣 | 可用网络 | 宣传 |
| | 服务品牌 | 认知定价 | 仓储 | 公共关系 |
| | 包装 | 付款条件 | 运输 | 个性服务 |
| 有形产品 | 产品线 | 折扣 | 渠道选择 | 广告 |
| | 产品组合 | 付款条件 | 渠道设计 | 人员推销 |
| | 包装、品牌 | 价格变动 | 运输、仓储 | 公共关系 |
| | 售后服务 | 贸易折扣 | 递送服务 | 营业推广 |

资料来源：王永贵.服务营销与管理[M].天津：南开大学出版社，2009:26.

### 1. 产品

服务产品是指企业向目标市场提供的有形与无形的要素的结合体。尽管服务产品也包括有形要素，但无形要素主导了服务产品的价值创造。服务产品包括核心服务与附加服务。核心服务满足顾客的基本需求，附加服务则帮助顾客使用核心服务或者增加核心服务的价值。例如，旅馆的核心服务是食宿服务，附加服务包括房间预订、客房服务、用餐服务和健身服务等。在服务产品策略中，要考虑提供服务的范围、服务品牌、服务质量和服务水准等因素。

服务产品是营销组合的基础。一般来说，企业首先要考虑向顾客提供何种服务产品，然后考虑制定什么样的价格，通过什么促销手段影响顾客，在什么地点向顾客提供服务产品。服务产品也是营销组合的核心，如果服务产品本身存在问题，不能满足顾客的需求，即使其他要素设计得再好，也是枉然。

### 2. 价格

价格是企业向顾客提供服务所获得的报酬，也即顾客购买服务产品而支付的货币数量。价格要素对服务企业和顾客都很重要。通过合理定价，企业可以与顾客实现价值交换。企业利用价格策略可以获得收入，弥补成本，从而实现赢利。对于顾客来说，货币价格只是他们支付的一部分，非货币成本有时比货币价格更重要。在购买服务时，顾客除了考虑货币成本，还会考虑时间成本、精力与体力成本等非货币成本。非货币成本通常会影响顾客的购买决策，价格也是顾客判断服务质量的依据。由于顾客难以评价服务质量，使得购买服务充满了风险，顾客将价格作为质量的依据，服务价格也就成了顾客衡量服务质量的重要指标。因此，企业不但要对服务进行合理的定价和有效地使用价格策略，增加企业的收入，还要尽量减少顾客看重的那些非货币成本，使价格能够成为传递服务质量的信号。

### 3. 分销

分销是指企业为了将服务提交给顾客而进行的各种活动。根据服务的性质，服务产品的分销既可以通过传统的实体渠道，也可以通过新兴的电子渠道，还可以结合两者来完成。

电子渠道主要是应用互联网向目标市场提供可利用的服务产品，包括智能手机、电脑、上网本、网络电视和互动媒体等所有服务提供形式。基于信息的服务都可以通过电子渠道进行传递，顾客也可以在任何时间和地点进行查询，如音乐、文字等数码类产品的分销。从目前来看，电子渠道逐渐成为传统实体渠道的有力补充或替代性选择，越来越多的企业综合使用实体渠道与电子渠道来分销服务产品。

与商品的分销渠道相比，服务的分销渠道较短，企业既可以直接将服务传递给顾客，也可以通过中间商向顾客提交服务。通过中间商分销服务可以为企业带来不少利益，但也会出现一些问题，如各个商店的质量与一致性难以控制，授权与控制之间的关系紧张，容易产生渠道冲突等。要实现有效的分销，企业就需要对中间商加强管理。

### 4. 促销

促销是指企业传递服务优点并教育顾客的各种信息沟通活动。如果企业与顾客之间缺乏沟通，顾客可能不了解该服务企业，更不可能知道它能提供什么服务产品，服务产品有何特色以及如何使用服务。通过广告、推销、销售促进等促销方式，服务企业可以向顾客传递企业和服务产品的信息，吸引新顾客购买服务产品，并使顾客对企业品牌产生偏好。对服务业而言，促销尤为重要，通过沟通可以树立起良好的企业形象，并增加顾客对服务产品的安全感和信任感。

在对服务开展促销活动时，服务营销人员特别要考虑到服务的特性，注意以下方面：利用有形的要素来向顾客传达无形服务的特征与利益；教育和培训顾客使之能参与到服务的生产过程之中；在宣传中突出企业的服务人员，以及通过促销调节需求使服务的供需达到平衡。

---

**小案例 1-2　　　　　　　　　经典的二维码营销案例**

二维码又称 QR Code，是近几年发展较为迅速的一种编码方式，它能比传统的 Bar Code（条形码）表示更多的数据类型，还能存储更多信息。它用某几种特定的几何图形，按照一定的规律，在平面分布的黑白相间的图形中记录数据信息，并通过图像输入设备或光电扫描设备自动识读以实现信息的自动处理。

近几年，二维码营销正以一种不可逆转的商业趋势向前发展，并给整个社会的支付方式带来巨大的改变。相比于条形码，二维码具备数据容量大、超越了字母数字的限制、空间利用率高、损坏部分内容后可继续阅读等优势，在未来各行业的市场发展中呈现出取代条形码之势。移动互联网正在从贴身到贴心，移动广告也从"反感扰人"变得"亲切宜人"。下面简单分享几个创造性的、好玩、有趣的二维码营销实例。

**1. 易买得超市隐形二维码**

超市在中午的时候人流量和销售量总是很低，于是韩国易买得（Emart）超市别出心裁，在户外设置了一个非常有创意的二维码装置，正常情况下扫描不出这个二维码链接，只有在正午时分，当阳光照射到它上面产生相应投影后，这个二维码才会正常显现。而此时用智能手机扫描这个二维码，可获得超市的优惠券。如果在线购买了商品，只需等超市物流人员送到用户方便的地址即可。

**2. 维多利亚内衣"诱惑"二维码**

著名内衣品牌维多利亚做了一个很有趣的户外广告，在模特前胸盖上二维码，广告文案更是充满诱惑——"Reveal Lily's secret"（Lily 的真实秘密），让你急不可待地拿起手机拍摄二维码，原来二维码的后面是维多利亚的秘密内衣，真的如广告语所说的那样，"比肌肤更性感"。

### 3. 彭尼百货商店个性化送礼二维码

在刚过去的假日季里，零售商彭尼百货（J. C. Penney）让顾客在礼物上添加个性化的元素。从任意一家彭尼百货商店购买礼物后，你都会获得一个"圣诞标签"（Santa Tag）以及相应的二维码。扫描该二维码后，赠与人可以为接收人录制一段个性化的语音信息，然后赠与人把该标签像礼品卡一样加到包装上。

### 4. 星巴克简化与顾客互动

星巴克等商店利用二维码简化与顾客互动的方式。顾客不用再排长龙等待付款，只需把预付费卡和手机应用绑定，就可以更快捷地完成支付，还能了解产品和商店的更多信息。

### 5. 给顾客一些他们想要的东西

营销4i原则之一是interests（利益），给顾客想要的利益！百事激浪（Mountain Dew）和塔可钟（Taco Bell）联合搞了一个促销活动：顾客扫描了饮料杯上的二维码后，就可以免费下载音乐。它们深知：年轻人对流行文化感兴趣。该活动为两家公司获得了超过20万次的下载量。

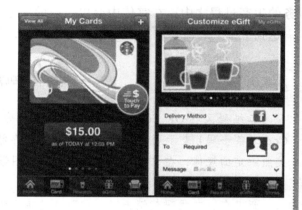

#### 6. 特易购重新创造购物体验

在韩国，零售巨人特易购（Tesco）在熙熙攘攘的地铁站里推出了"移动超级市场"，使消费者能够迅速地扫描选购需要的商品。晚上，当他们回到家中时，这些货物早已送达。凭借这一举措，特易购迅速成为韩国在线零售业务的领跑者。而这种营销方式目前也为国内的综合性购物网站"一号店"所学习，在北京和上海的地铁和公交站点进行小范围的推广。

#### 7. 威瑞森（Verizon）发起值得分享的比赛

威瑞森曾经做过一个成功的促销活动，推动销量增加了200%。店内顾客扫描二维码后，会在Facebook上分享他们的比赛信息。假如有朋友通过该链接购买了一部威瑞森手机，原顾客就有机会赢得一部智能手机。威瑞森每投入1000美元，就能获得35 000美元的回报。此外，威瑞森还在25 000名Facebook用户中增加了品牌认知度。

#### 8. 分享最潮的音乐杂锦

假如想对心上人音乐传情，你可以通过声田（Spotify）创建一个最现代、最潮的音乐杂锦。在声田上创建音乐播放列表后会生成相应的二维码，接着你可以向心上人发送带有二维码的问候卡，对方扫描后就可以直接浏览音乐杂锦了。

综上，二维码旨在解决移动互联网的最后一公里：移动互联网应用落地。我们看到如今二维码的应用已有许多，包括二维码购物、二维码查询、传情（笔墨、图片、视频、声音）、二维码寻宝、二维码看电影、二维码签到等。

在将来，二维码能做更多，比如匆忙上班的路上拿出手机拍个二维码，到办公室时美味的早餐已等在桌上；下班回家，链接手机二维码，便能在家中试穿最新上市的时尚服饰；出外旅行不必再靠导游，拍下二维码便能穿越时空，感受动态现场讲解……

资料来源：1.刘东明.码到成功，十大经典二维码营销案例[J].中国品牌与防伪，2013（4）：86-87.
2.刘呈隆，马闻远，张朔.影响二维码营销效果的因素分析[J].山东师范大学学报（自然科学版），2019，34（1）：70-75.

### 1.3.2 服务业中需要拓展的营销组合

服务具有其独特性，由于服务的生产与消费常常同时进行，顾客会接触到企业的服务人员，并参与服务的提供过程，成为服务质量的评定者。由于服务的无形性，顾客经常依赖有形的线索来理解服务和判断服务质量。人员、流程、有形展示和质量这些要素都会影响顾客对服务的感知和体验，正是基于对这些要素重要性的认识，在服务领域中需要扩展营销组合。在服务业，除了4P外，还需要增加四个与服务传递有关的因素，即人员（people）、有形展示（physical evidence）、流程（process）、生产效率（productivity）

和质量（quality）。这些要素构成的整体称为"服务营销组合"，即 8P。

### 1. 人员

人员是指参与服务过程并因此对购买者产生影响的所有人员。人员包括企业的服务人员、顾客，以及处于服务场景中的其他顾客。这些人员都会对服务提供和服务质量产生影响，需要对他们进行有效的管理。

服务人员经常与顾客直接接触，员工说的每句话、做的每件事都可能影响到顾客对服务企业的感知，员工的言行、态度与技能在一定程度上决定了顾客对服务企业的印象。如果服务人员是专业知识过硬的、热情的、友善的、关注顾客需求的，那么与之接触的顾客将会把这家企业看作一家优秀的服务提供商。成功的服务企业都比较重视员工，它们把服务人员视为公司内部的顾客，像对待顾客那样来对待员工，激发服务人员的顾客导向和服务意识，使员工具备专业的工作技能，愿意为顾客提供优质的服务。

由于服务的同步性，顾客参与了服务的生产过程，成为服务的合作生产者。在很多情况下，顾客对企业能否成功地提供服务发挥着重要的作用。例如，如果患者不能清楚地向医生介绍症状，就会给医生诊断带来不少麻烦；医生开处方后，若患者不遵照执行，也会影响到医疗的效果。优秀的服务营销者意识到顾客的重要性，想方设法引导顾客扮演好角色并对顾客行为进行管理。

此外，服务环境中的其他顾客也会影响到接受服务顾客的满意度。例如，你在图书馆认真读书，邻桌的人拿出手机高声打个不停，你是否感到很烦呢？由于服务经常是向一群顾客提供，大家共享相同的服务，其他顾客可能会对接受服务的顾客产生正面或负面的影响。例如，演唱会上观众的尖叫声和掌声往往会激发人们的兴致与热情，而坐火车时小孩长时间的哭闹声会打扰到邻座的乘客。

### 2. 有形展示

有形展示也称为"有形物证"。服务的全部有形表现形式都属于有形展示。有形展示包括周围风景、停车场、建筑风格、标志、内外部设计、内部装潢、设备等内外部设施，以及账单、办公用品等其他有形物。

由于服务的无形性，顾客难以理解服务和评价服务质量，因此，顾客往往依靠服务场所周围的有形物证来判断。尤其是当顾客第一次与企业打交道时，如果顾客对企业并不了解，无法判断其服务质量，他们通常会把服务场所周围可以看到的有形要素当成线索，利用这些线索来认识服务和评估质量。例如，某客户要请一名法律顾问，已经与一位律师有了联系，但客户并不了解这名律师的专业素质与能力，不清楚他提供的服务怎么样，客户犹豫不决。但是，当客户来到市中心的律师事务所以后，看到停在楼下的豪华汽车，一座独立的五层小楼全是这家事务所的办公场所，走入宽敞的办公室，接过精致的名片，坐在舒服的真皮沙发上，喝着地道的龙井茶，翻看对方的客户名册，这时，都不需要这位律师多费口舌，市中心的位置、豪华汽车、独立小楼、宽敞的办公室、精致的名片、真皮沙发、地道的龙井茶和客户名册这些有形要素便成了传递高水平服务质量的重要信号，客户从中可以判断出对方是否能提供高质量的法律服务，从而做出是否聘用的决定。有形展示可以影响到顾客的行为和满意度，因此，服务企业应该对有形展示进行有效的设计与管理。

### 3. 流程

服务流程是指服务运作和提供的流程，即服务企业中服务运作的顺序与方法、提供服务的步骤。服务产品回答了做什么，而服务流程涉及怎么做的问题。企业要创造和提交服务产品，就必须具有相应的服务流程。

服务流程的设计很重要。糟糕的服务流程会使企业前台的服务人员很难顺利完成工作，从而导致生产效率下降，服务失误的风险增大。从消费者的角度来看，在高接触性服务中，消费者会参与到服务过程中，服务的过程就是消费者的经历。粗劣的服务流程会导致服务提交不畅、耗费时间、服务质量不高，容易带来不愉快的经历与令人失望的服务体验。因此，服务企业要重视服务流程的设计。

企业在设计服务时，不能只考虑企业的人力资源状况。由于服务的特性，消费者往往会参与服务的生产与传递过程，因此企业还要了解消费者的期望，关注消费者的看法，设计出既能满足消费者需求又能高效运作的服务流程，使之能提供更多的服务产品，并提升消费者的服务体验。总之，企业不但要设计出有效的服务流程，还要管理好服务流程。随着时间的推移，当原有的服务流程变得不再有效时，企业还需要予以重新设计。

### 4. 生产效率和质量

生产效率和质量看起来是两个概念，似乎很难将两者联系起来，但其实它们就像是硬币的两面，企业不能将这两者对立起来。从历史上看，自20世纪70年代以来，提高生产效率便成为企业的重点。到八九十年代，企业的重心是提高质量。进入21世纪，企业力求将提高生产效率和质量结合起来，使产品在为顾客提供更多价值的同时，也为企业创造更高的价值。

提高生产效率对企业很重要。生产效率的提高可以使企业在同行业中保持低成本，这就意味着企业要么能获得更高的利润，可以投资于新服务产品的研发以不断创新；要么能降低服务产品的价格，成为本行业中的最低价格者，取得竞争优势。但是，如果只是将提高生产效率当成服务企业中运营部门的事，在未考虑顾客需求的情况下，对某些服务进行不恰当的削减，很可能会让顾客不满意。要知道，顾客是服务过程的参与者，也是服务的消费者。简化服务流程能为企业节省成本，但不一定能使顾客得到更好的服务体验，也不一定能使顾客得到更多价值。同样，提高服务人员的效率可能会使顾客觉得自己根本不受重视。例如，一家医院原来规定坐诊的医生上午要看完20个患者，现在改为一早上要看完40个患者，很明显，医院的效率大大地提高了；但是，对于患者来说，自己等候了很长时间，好不容易进入诊室，和医生都还没有说清楚病情就被打发出来了，与原来提供的服务相比，患者会觉得服务质量下降了。

顾客需要优质的服务。高水平的服务质量能提高顾客的满意度，是维护顾客忠诚的重要保证。劣质的服务会使顾客不满意，一旦顾客不满意服务的质量，他们通常不愿意为之支付高价格，这时如果竞争者的服务质量更好，顾客通常会转向竞争对手。这样不但会造成顾客流失，企业利润减少，还会使企业在市场竞争中处于不利的地位。因此，越来越多的服务企业在不断努力提高服务质量。然而，如果只考虑营销方面的问题，忽视企业的运营能力和员工素质，又可能导致营销方案实施的成本上升而利润减少。更糟糕的是，如果这些优质服务不是顾客所需要的，或者顾客并不愿意为更好的服务质量支付高价，那么企业将徒劳无功，甚至出现亏损。

不管是生产效率还是服务质量，都影响到企业的盈利能力和竞争能力，因而成为企业关注的重点。然而，如果企业单纯地提高生产效率或服务质量，都很容易出现问题。所以，那些优秀的服务企业试图同时提高生产效率与服务质量，以对企业有效的成本方式为顾客提供高水平的服务质量。不过，既要提高生产效率又要向顾客提供高水平的服务质量，是当前许多服务企业面临的重要挑战。广义而言，提高生产效率要求降低企业的成本，改善服务质量则要求实施相关项目，需要更多投入。

要确保生产效率与服务质量不发生冲突并能相互促进，那么，在提高生产效率与服务质量时，就需要注意以下事项。第一，从顾客的角度来考虑。提高生产效率时，不能只考虑企业能否降低成本，还要考虑顾客的需求能否得到满足。生产效率的提高不能以抵消顾客满意度作为代价，而要有助于强化顾客满意度。在改进服务质量时，由于顾客是服务质量最重要的裁判，企业应该对顾客进行调查，了解顾客对服务质量不同方面的看法和要求，根据顾客的要求来提高服务质量。同时，还要确保为提供更高质量所带来的收益超过因此而增加的成本。第二，要做好不同部门之间的协调工作。提高生产效率不只是运营部门的事，为提高顾客满意度而改进服务质量也并非营销部门的事——提高生产效率与服务质量需要各个部门的合作与支持。营销、运营与人力资源是服务企业的三大部门，这些部门必须协作才能提高服务质量与生产效率。

总之，生产效率与服务质量相当于一个方程式的两边。生产效率关注方程式一边的企业在服务过程中产生的经济成本，服务质量则强调为方程式另一边的顾客创造价值。生产效率与服务质量为企业和顾客提供了创造价值的双途径，将两者结合起来考虑，在不断改进服务质量的同时提高能增进顾客满意度的生产效率，将会增强企业长期的盈利能力和竞争力。

## 本章小结

服务是由一系列或多或少具有无形特征的活动所构成的过程，它是在顾客与服务提供者、有形资源的互动关系中进行的，这些有形资源（或有形产品、有形系统）是作为顾客问题的解决方案而提供给顾客的。服务具有无形性、异质性、同步性和易逝性四个基本特性，这些特性给服务营销者带来了一系列独特的挑战。优质的服务不但可以为企业带来利润，还能帮助企业保留住老顾客，吸引到新顾客。

许多因素共同促进了服务营销的快速发展。服务营销与商品营销的差异体现在产品的性质不同、顾客参与服务的生产过程、人是服务的一部分、服务质量控制的难度更大、顾客评价服务更困难、大多数服务产品不可储存、服务过程中时间因素的重要性和分销渠道不同等方面。服务营销职能包括传统营销职能和互动营销职能。服务营销组合由产品、价格、分销、促销、人员、有形展示、流程、生产效率和质量等要素构成。

## 思考题

1. 什么是服务？
2. 服务具有哪些特征？
3. 服务有什么作用？
4. 为什么要研究服务营销？
5. 服务营销与商品营销存在哪些差异？
6. 服务营销的职能有哪些？
7. 有人认为，服务企业的营销者在制定营销组合时只需要考虑传统的4P就足够了，你是否赞成这一观点？请举例说明。

## 案例分析

### 上海迪士尼乐园的服务营销

上海迪士尼乐园是中国内地首个迪士尼主题乐园，于2016年6月16日正式开园。它是中国内地第一个、世界第六个迪士尼主题公园。2017年，上海迪士尼乐园发布消息，开园不满一周年即成为全球首个超过1000万游客的主题公园。2017年11月，迪士尼公司发布了全年财报，报告显示，上海迪士尼乐园在第一个完整运营财年获得的运营收入便超过了迪士尼总部对其首个财年实现收支平衡的预期，成为迪士尼在全球最快实现盈利的乐园。迪士尼乐园取得了如此瞩目的成绩与其本土化经营策略的成功有很大的关系。

#### 一、上海迪士尼乐园的本土化经营策略

**（一）环境设施的本土化**

1. 乐园周边环境。（1）迪士尼站。上海迪士尼为了方便更多的游客来到迪士尼乐园游玩体验，把当地的地铁交通11号线终点站设为了全国独一无二的"迪士尼站"。站内米奇、米妮雕塑在吸收迪士尼元素的同时，也充分融入了中国本土文化，将中国元素和迪士尼元素完美融合。（2）迪士尼小镇。上海迪士尼小镇将迪士尼传统与经典中式设计及海派文化元素相融合。在迪士尼小镇，传统海派石库门建筑风格被充分利用，以展现上海这一独特的传承，并且在色彩、艺术装饰和铺垫石的设计上都吸纳了丰富的中国元素。比如，七个以中国传统琉璃工艺打造的米奇形象就分别代表了中国五行元素（金、木、水、火、土）及中国文化中象征着和谐的龙和凤。

2. 乐园内部环境。（1）上海迪士尼城堡。作为最大、最高、最具有互动性的迪士尼城堡，上海迪士尼乐园的标志性建筑"奇幻童话城堡"也富含着独特的中国元素，包含了传统的中国祥云、牡丹、莲花等别具一格的图案和造型，这些中国本土式的装饰点缀不仅极富美感，

还可以为细心的中国游客带来惊喜与归属感。（2）12朋友园。在上海迪士尼乐园这座灵感来源于中国十二生肖的神奇花园里，有12幅大型马赛克壁画，生动描绘出化身中国十二生肖的迪士尼及迪士尼·皮克斯动画角色。（3）晶彩奇航——花木兰板块：这是一个让游客坐着游船穿越精心设计的各个迪士尼经典场景的室外活动。其中之一就再现了花木兰身着女儿装站在长亭外的娇羞模样。（4）中式春节装扮。在春节期间，整个上海迪士尼度假区将换上农历新年主题的装饰、色彩和布置——米奇造型的红黄灯笼、喜气洋洋的中式春联、争奇斗艳的花卉和各类充满节日氛围的装饰物，将为各年龄层的游客点燃充满年味的暖心记忆。

**（二）服务产品的本土化**

1. 娱乐表演。第一，花车巡游——花木兰板块："米奇童话专列"是园区内观看人数最多、最受游客喜欢的娱乐表演。巡游时，花木兰的登场把花车巡游推向了高潮，给予了众多游客震撼的富有代入感的观赏体验。第二，唐老鸭打太极：每天迪士尼朋友唐老鸭会带着他的小邻居奇奇、蒂蒂跟师傅一起打太极，向更多的游客展现中国传统武术文化的魅力。迪士尼朋友们会坐着三轮车，换上中式服装，在音悦园小广场中间，伴随着中式古典音乐有模有样地学习太极拳的一招一式，让中外游客在上海迪士尼乐园感受到浓浓的中国风。第三，狮子王：经典百老汇音乐剧《狮子王》中文版在上海迪士尼小镇华特迪士尼大剧院上演了500场后完美闭幕，这一美式音乐剧以全新的形式来到了上海，在保留原有剧情风格的基础上，大量使用中国演员、中文台词和熟悉的语言提升中国观众的戏剧观感，还融入了京剧、孙悟空等诸多中国文化元素。上海迪士尼园区中也处处活跃着穿着中式服装或者带有中国元素的演职人员。博大精深的中国文化背景为服装的设计提供了广阔的发展空间和材料。在奇想花园工作的演职人员，身穿名叫"梅兰竹菊"的工作服。每个条纹上各自印着梅、兰、竹、菊，象征着一年四季。

2. 旅游纪念品本土化。亚洲文化注重亲切有礼，迪士尼公司在发掘了日本人热衷于购买"手信"来馈赠亲友的这个习惯并为乐园带来巨大收益之后，发现中国人也十分重视选择与购买旅游纪念品，于是在米奇大街和迪士尼小镇入口建立了两家大型购物中心"M大街购物廊"和"世界商店"，出售兼具迪士尼风格和中国特色的旅游纪念品。

3. 园区饮食本土化。众所周知，迪士尼乐园餐饮区设计可爱，且充满了浓郁的美式快餐风格。上海迪士尼的漫月食府是园区集中提供中餐服务的餐厅，园区内各大餐厅也提供丰富的中餐，这种接地气的经营方式得到了很多中国游客的支持。

**（三）运营管理的本土化**

1. 人力资源。上海迪士尼乐园98%的一线员工为中国人，其中正式员工大多数为上海本地人。这样的人员比例不仅方便园区的运营，也大大节省了公司的人力成本。迪士尼乐园有一项VIP项目，就是购买导览服务（即特定顾客在指定时间内，由园区导览服务人员带领，无须排队即可提前体验游乐设施），这类导览服务人员为了适应上海本地特点，需要拥有熟练的上海话、普通话和英语口语的表达能力，所以此类工作人员主要由上海本地人构成。

2. 管理培训。（1）丰富全面的培训。迪士尼员工入职时都要进入迪士尼大学培训。培训内容有迪士尼传统、迪士尼乐园介绍、迪士尼乐园运营四大关键要素（即安全、礼仪、演出和效率）、运营安全培训等。（2）人性化的管理。上海迪士尼乐园内，有一批员工专门从事游客问卷调查工作，但是由于缺乏游客配合，无法了解游客真正的需求与意见，效果往往不佳。上海迪士尼乐园便针对员工出台了一项工作内容，即选取平日里服务热情、善于和游客交流、工作期间表现优秀的员工担任"神秘访客"的岗位。

**（四）促销方式的本土化**

1. 促销主题。上海迪士尼乐园在宣传时特别重视中国传统观念中的家文化。上海迪士尼开业的首个电视广告"奇梦邀请篇"就在诉求家文化主题，广告中出现爷孙、父母的形象，"无论你是谁，无论你的年龄""请接受我们的邀请，带上家人好友"一起点亮心中奇梦。广告场景欢快温馨，形象地传递了中西合璧的本土化理念。

2. 与本土品牌合作。迪士尼与众多本土品牌展开品牌合作，把迪士尼融入中国人的日常生活中，扩大其影响力：与上海申通地铁集团合作限量发行迪士尼地铁纪念卡和纪念品；与中国工商银行合作推出迪士尼纪念钞；与老北京布鞋合作，鞋面上印有青花瓷的图案，同时画着米老鼠。借助迪士尼的经典卡通形象，在提升品牌曝光度的同时，实现了迪士尼与中国消费者从产品层面到感情层面联系的巨大飞跃。

**二、游客的体验情况**

根据互联网舆情中游客对上海迪士尼乐园的评论，通过对数据进行赋值统计，上海迪士尼得到如下的游客体验结果。

**（一）体验较好方面**

游客体验较好的方面主要有以下几点：服务设施完善且人性化，如厕所中母婴设施获得了许多游客的赞赏；环境优美，能给游客带来童话王国般的感受；园区卫生干净，无论是厕所还是园区内道路，卫生做得很到位；订、取票方便，游客用一个手机号可以订全家的票，取票也只需一个取票码，快捷方便；交通便利，地铁直达，也可直接开车前往。

**（二）体验较差方面**

第一，排队问题。排队问题是导致体验较差的主要原因。神秘访客体验发现，现场排队主要存在以下几点问题：①排队过程枯燥，互动内容很少；②排队中仅排队入口和设备入口有演职人员，过程中无人管理；③排队过程中没有休息辅助设施；④排队时缺乏阶段性排队剩余时间的提示。线上调研显示，87.0%的游客在游玩前会事先了解客流、项目等情况，由此可见游客的游园热情较高。但面对大客流，园方在缓解排队过长上所采取的措施有效性不足，尤其在诸如节假日、寒暑假和极端天气等特殊时期，未能满足游客的需求。

第二，服务问题。64.4%的游客认为园区演职人员"服务态度不佳"；其次，28.8%的游客反映演职人员"缺少服务意识，不积极"，演职人员对工作不热情，对游客爱理不理。从游客评论中抽取部分有代表性的评论，如下所示：

- 烟花表演尚未结束，现场服务人员就已撤离；表演结束后，游客完全处于无序撤退状态，安全状况堪忧。
- 很失望，迪士尼乐园管理很差，员工缺乏培训，仪容仪表有待提高，脸上基本都没有笑容，特别是入园处的安检人员。
- 服务人员太少，游人太多，指路不明确，容易走错路，节假日最好不要去。
- 排了几个小时队，终于轮到我们了，下雨又不开了。服务人员答应我们雨停了再开，让我们先玩。后来去了，服务人员一个都不承认答应过我们。

综合上述服务问题，发现游客对迪士尼服务存在负面意见的根本原因在于客流过大，有限的演职人员面临超高的游客服务压力，导致服务质量没有保障。

此外，"黄牛"问题、人工安检慢、设施故障等也对游客体验造成了一定的消极影响。

### (三)寒暑假游客体验最差

从月度游客体验结果来看,寒暑假为游客体验的低谷。寒暑假的长周期适合家庭集体出游,势必带来客流量上的井喷效应。此外,寒暑假也是极端天气的频发期,多重的叠加效应是对园方管理能力的巨大考验。园方应多考虑中国特殊国情民情,管理上要体现中国特色,让游客感受到创造力、冒险和刺激的乐趣!

资料来源:1. 殷占录,等. 迪士尼乐园"本土化"发展策略分析:以上海迪士尼乐园为例[J]. 旅游纵览,2018(11):65-66.
2. 上海市质协用户评价中心. 上海迪士尼乐园游客体验分析调查报告[J]. 上海质量,2018(1):56-59.

**案例思考**

1. 上海迪士尼乐园成功的关键是什么?
2. 上海迪士尼乐园采取了哪些服务营销策略?
3. 上海迪士尼乐园存在的问题有哪些?你认为应该如何改进?

## 实践活动

### 一、实训目的

了解企业的服务营销活动情况,认识服务营销组合的构成要素,知晓企业如何开展服务营销活动。

### 二、实训内容

访问一家你熟悉的服务企业的网站,或者通过其他途径,搜集这家企业所开展的服务营销活动的资料,分析该企业的服务营销组合,完成下列任务:

1. 介绍该服务企业的基本情况。
2. 按照服务营销组合要素分析其营销实践活动。
3. 评论该服务企业的服务营销活动。

### 三、实训组织

1. 教师提前一周布置实训题,说明实训要求及注意事项。
2. 将教学班同学分组,每组4~6人。
3. 采用组长负责制,由组长带领成员分工协作,共同完成实训任务。
4. 教师组织部分小组在课堂上交流。

### 四、实训步骤

1. 各小组按照实训目的与内容做准备。
2. 各小组收集和整理相关资料,讨论并制作报告和演示文稿。
3. 教师安排一两个课时,由部分小组的代表向全班同学交流成果。
4. 在各小组陈述完毕后,其他同学可以发表意见与建议。
5. 教师做点评。
6. 各小组根据教师和同学的意见修改报告和演示文稿并提交,教师记录实训成绩。

# 第2章 服务质量差距模型

## 学习目标

本章介绍了顾客服务期望、顾客感知以及服务质量差距模型三个方面的内容，这些内容是服务营销理论中的基本概念，也构成了本书的理论框架。通过本章学习，你应该能够：

1. 理解顾客服务期望的内涵及类型。
2. 明确服务期望的影响因素。
3. 掌握服务质量的构成要素及服务质量的维度。
4. 掌握服务质量差距模型。
5. 理解产生服务质量差距的原因。

## 本章结构

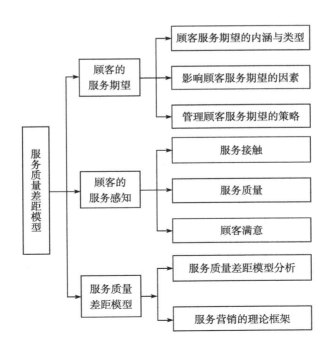

## 导入案例

### 宜家如何缩小服务质量差距

要想提供优异的服务，整合所有的差距，企业要做的第一件事就是找出顾客期望，而理解顾客期望通常是很具挑战性的一件事。宜家给顾客带来的"愿望模式"是成功弥合差距的一种创新模式，当宜家在芝加哥开设零售店时，该模式被证明是很成功的。即使顾客不是技术专家，他们也被要求描述出能满足自我需求的店面设计。在这种方式下，宜家的九组顾客一组一组地被问及他们凭空想出的理想购物体验：假设宜家所有的店面都已经毁坏，将重新设计新的店面，店面应该是什么样的？购物体验又该是怎样的？贾森·马吉德松帮助宜家创造了该流程，他汇报顾客的反应和意见如下：

"我不会找不到方向，因为我清楚身处何处。"

"如果我买一件物品，所有相关的物品我都能从附近找到。"

"购物是一种舒适、放松的体验。"

宜家这种方式的重要意义不仅在于询问顾客期望什么，而且在于接下来企业将这些期望融入店面设计中。设计者们创造出一栋中心有一条走廊的八角建筑，为购物者营造家的氛围，确保他们能够方便自如地找到所需的物品。为了满足另一种顾客期望，物品与其相关物比邻摆放。当购物者累了或者饿了后，他们可以去楼上自助风格的饭馆，里面提供瑞典食品。宜家的顾客对于该店面非常满意（85%的顾客回答"优异"或者"很好"），与宜家的其他店面相比，不仅顾客再次光顾次数增加，而且他们普遍要多待一个小时。

宜家在弥合全部四种供应商差距上所做的都很出色。宜家的供应商网络是经过精心挑选的，确保了质量和一致性。宜家在全世界三十多个国家都设有店面，其标准、设计极为一致。在必要时它会对标准做出重要的改变。2006年，宜家走出了重要的一步，它记录下顾客需求以减少其等待时间。宜家管理层意识到，由于等待时间过长，付款台超负荷运转，一些顾客放下商品径直离开店面，于是管理层基于人工扫描技术推出"快速通道"。在高峰期，在付款台增设员工，引导持有信用卡的顾客从队列中走出来，通过一台手持设备付款，并在移动打印机上打印收据。

室内与室外的有形环境都是独特且基于顾客视角的，使服务场景的设计与顾客的需求相一致。宜家更是以强有力的员工文化、精心甄选与培训员工而著称。宜家创新了服务概念，顾客参与到服务传递、产品装配与创造的过程中来。为了完善这一服务，宜家用行动规划目录教育顾客。

资料来源：改编自瓦拉瑞尔 A 泽丝曼尔，玛丽·乔·比特纳，等.服务营销（原书第7版）[M].张金成，白长虹，等译.北京：机械工业出版社，2018：32-33.

## 引言

企业在提供服务的过程中，只有基于以顾客为中心的理念来满足甚至超出顾客的服务期望，才有可能提高顾客满意度，并形成核心竞争优势，实现企业的持续性发展。在服务营销理论研究与实践中，服务质量差距模型作为基本的营销框架，体现着服务的本质及其价值传递，成为评价服务质量的基础方法之一。

## 2.1 顾客服务期望

服务企业在向顾客提供优质服务时，了解顾客的期望是首要的也是关键的一步。服务企业应该深入了解顾客对服务的期望，并通过一定的营销手段对顾客期望进行有效的管理，去设定、满足并超越顾客期望。

### 2.1.1 顾客服务期望的内涵

顾客服务期望是评估服务绩效的标准和参考点，它通常由顾客认为应该发生或将要发生的事情组成。在消费服务的过程中，顾客会将服务感知与这些标准相比较以评价服务质量的好坏，所以对服务营销人员来说，了解和掌握顾客的服务期望是非常重要的。如果企业所设计的服务标准高于顾客的期望，企业可能因服务标准过高而导致服务成本上升，这意味着资源的浪费。如果企业的服务标准低于顾客期望，那么，即使企业的服务效果达到了所设计的服务标准，顾客也不会满意，这意味着企业将失去顾客。

顾客期望具有两面性。[一]一方面，它可以吸引顾客消费服务。顾客服务期望是顾客对企业应当提供服务的一种预期，它反映了顾客对服务的期望，没有这些可能被满足的期望，顾客可能就不会对某项服务产生购买行为。相反，正是因为有了某种期望，顾客才会购买服务以满足期望。另一方面，顾客服务期望给企业绩效设定了一个最低标准。如果企业的服务绩效低于这个标准，顾客就不会满意，甚至会转向其他的服务供应商。因此，顾客服务期望管理要在两者之间寻求一个平衡，即企业建立的顾客服务期望，既要对顾客有充分的吸引力，又要保证企业能达到标准，以便获得长期利益。

### 2.1.2 顾客服务期望的类型

根据帕拉苏拉曼（Parasuraman）、泽丝曼尔（Zeithaml）和贝里（Berry）的研究，按顾客对服务期望的水平高低，可将其所接受服务分为理想服务、合格服务和宽容服务（容忍域）。其中，顾客对理想服务的期望水平最高，对合格服务的期望水平最低，而宽容服务的期望水平介于两者之间（见图2-1）。

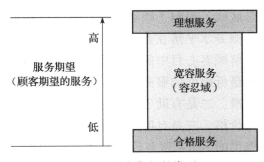

图2-1 服务期望的类型

**1. 理想服务**

理想服务是指顾客心目中向往和渴望得到的最高水平的服务。它是顾客想要得到的服务。例如，顾客去餐馆就餐时，希望有优雅的用餐环境、可口的食物和热情周到的服务。理想服务反映了顾客的期望与愿望，是顾客期望服务能达到满足自身需求的最佳水平，但最佳水平会随不同的顾客预期而变化，因而理想服务实际上是一个理想水平区域。

---

[一] 李欣，程志超. 服务业顾客期望管理初探 [J]. 北京交通大学学报：社会科学版，2004（3）：44.

如果顾客感受到的服务水平落在理想服务区域，顾客的满意度就会很高。服务水平越接近理想服务区域上方，顾客越会感到惊喜。

> **人物小传** 　　　　　　　　　　**瓦拉瑞尔·A. 泽丝曼尔**
>
> 　　瓦拉瑞尔·A. 泽丝曼尔是北卡罗来纳大学 Kenan-Flagler 商学院教授和市场营销学系主任。1980 年她于马里兰大学史密斯商学院获得工商管理硕士及博士学位，从此她致力于服务质量和服务管理领域的研究及教学。她是《传递优质服务：平衡顾客感知与期望》(Free Press, 1990) 的作者之一，还与别人合著了《驾驭顾客资产》(Free Press, 2000)。2002 年，《驾驭顾客资产》赢得了首届 Berry-AMA 图书奖，被评为过去三年最佳营销类图书。2004 年，泽丝曼尔教授获得了由营销管理协会授予的"营销创新贡献奖"以及由营销科学学会授予的"杰出营销教育奖"。2001 年，她获得了美国市场协会授予的服务学科教育贡献奖。泽丝曼尔教授曾荣获五项教育奖，包括北卡罗来纳大学的 Geraid Barrett Faculty 奖、杜克大学的 Fuqua 杰出 MBA 教育奖。她还荣获多项研究奖，包括《消费者研究》杂志的 Robert Ferber 消费者研究奖、《市场营销》杂志的 Harold H. Maynard 奖、《营销》杂志的 MSI Paul Root 奖、《营销科学学会》杂志的 Jagdish Sheth 奖以及《市场营销研究》杂志的 O'Dell 奖。她曾为五十多家服务和产品公司做过咨询工作。2000～2003 年泽丝曼尔教授担任美国营销协会理事，2000 年及 2006 年曾担任营销科学研究所的学术委员，现在她担任营销科学协会的学术理事。

### 2. 合格服务

合格服务是指顾客可接受的较低水平服务。它是顾客在服务消费中对服务体验的容忍底线，表明了顾客对服务的最低要求。合格服务是一个波动的区域，如果顾客感受到的服务水平落在合格服务区域，顾客还能容忍，可以勉强接受这种低水平的服务。企业了解顾客心目中的合格服务很重要，一是有助于确定服务质量的基本标准，因合格服务是最低限度的服务水平，了解合格服务有助于企业确定顾客所能接受的服务质量的最低标准。二是有助于服务定价。了解合格服务便于企业确定最低成本，进而确定服务的最低价格。三是有助于服务设计。合格服务一般包含顾客对服务的最低要求，这些要求所提供的信息是服务设计的基础，据此可以设计出满足顾客最低需求的服务。

### 3. 宽容服务

宽容服务是指顾客承认并愿意接受的、处于理想服务与合格服务之间的服务水平。宽容服务的波动范围被称为"服务的容忍域"。宽容意味着不挑剔和可以接受，如果顾客实际体验的服务落在容忍域内，那么顾客会认为这是正常的服务，在该范围内的服务水平顾客都可以接受。

研究表明，理想服务水平是相对稳定的，容忍域的波动主要来自合格服务水平的变化。在容忍域内，顾客服务期望的变化并不会带来顾客满意度的显著变化。尽管如此，企业仍然需要注意顾客容忍域的变化，因为不同顾客的容忍域是不同的，即使对同一顾客，容忍域也可以扩大或缩小。导致顾客容忍域不同的因素主要有以下几个方面。

（1）不同的服务维度导致不同的容忍域。顾客的容忍域会因服务维度或特征的不同而变化。每种服务都有多个服务维度或特征，顾客认为服务维度或特征越重要，容忍域就越窄。一般情况下，顾客对其所认为的最重要的服务维度和特征会有较高的期望，与不太重要的因素相比，顾客更有可能强化对重要服务维度的期望，使最重要服务维度的容忍域变窄，使理想服务和合格服务的水平相应提高。例如，餐饮服务包括就餐环境、口味、等候时间等维度，如果顾客认为就餐环境比口味更重要，那么，顾客对就餐环境的容忍域就会变窄，对口味的容忍域就会变宽，在选择餐馆时，就会更多地注意餐馆的就餐环境。图 2-2 显示了最重要维度和最不重要维度的容忍域之间的差异。

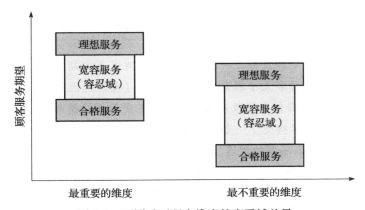

图 2-2　不同重要程度维度的容忍域差异

资料来源：瓦拉瑞尔 A 泽丝曼尔，玛丽·乔·比特纳，等 . 服务营销（原书第 7 版）[M]. 张金成，白长虹，等译 . 北京：机械工业出版社，2018：52.

（2）不同的顾客具有不同的容忍域。有些顾客的容忍域较窄，使得企业提供服务的范围也较窄。繁忙的顾客往往时间紧迫，因此，这些顾客购买服务时想尽量缩短等候时间，并且对可接受的等候时间长度有一个紧迫的范围。而有些顾客的容忍域较宽，允许企业提供范围宽松的服务。例如，对于一些已经退休的老年人来说，他们对等车的时间要求比忙着上班的年轻人低，其容忍域比年轻人要宽。

（3）初次服务和补救服务的容忍域不同。从图 2-3 中可以明显看到初次服务的容忍域与补救服务的容忍域不同。与服务结果的容忍域相比，不管是初次服务还是补救服务，顾客对服务流程的容忍域更大。因此，企业若想达到或超出顾客期望的目标，就可以在服务流程方面多做些文章。顾客在接受初次服务的时候，不管是服务流程还是服务结果，其容忍域都大于补救服务的容忍域。所以，假如企业第一次提供的服务不是很好，企业还有机会补救，但在补救时如果企业仍表现得很糟，那么顾客容忍域会变窄，顾客会不满，容易造成顾客的流失。

总之，理解顾客期望的内涵与类型至关重要，但成功的服务营销者还必须理解顾客期望的水平并深入剖析影响顾客期望的关键因素。

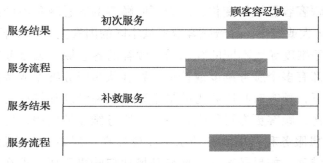

图 2-3　初次服务与补救服务顾客期望的不同

资料来源：L L Berry, A Parasuraman, V A Zeithaml. Understanding Customer Expectations of Service [J]. *Sloan Management Review*, 1991(3): 45.

---

**专栏　　顾客对机场服务技术的期望**

营销人员面对的最困难的任务之一，是理解顾客对服务的期望，而这一问题在服务涉及技术时最为突出。最初顾客几乎都是抵制新技术的（也许是因为他们不了解新技术，也许是因为他们害怕改变），即使它能改善服务。使服务更简单快捷的技术随处涌现，当然也包括全国的各大机场。顾客接受了一些新的服务技术，同时也在抵制着另一些。现在我们讨论两项革新，它们面临着不同的境遇。

一项已被顾客所接受的服务技术就是自动航班值机：顾客在机场设置的专用机器上刷信用卡，通过屏幕操作自行打印登机牌和收据。包括一些国际航线在内的大部分航班均能自助办理行李托运手续，一名机场服务人员会在顾客登机前收集办好手续的行李。自动化服务与由机场服务人员来提供同样服务相比为顾客节省了大量的时间，如今大部分的航空公司配备了更多的机器，而不让顾客排队等待服务人员办理手续。最初安装这类服务机器时，顾客不确定能得到什么，也不知道如何使用。航空公司会配备一个服务人员去协助顾客使用这些机器，这个做法成功地帮助顾客由人工服务转至自助服务。如今，大部分有规模的航空公司都开发了专门的手机应用，顾客可以通过这些应用登录自己的旅客账户来选座位（或更改座位）、确认到达口和登机口、查询下一次行程计划以及最近已完成的行程。

另一项则是难以被顾客接受的机场技术，被称为"快速出口"，是机场停车场出口人工收费的替代服务。它的运作流程是这样的：在顾客离开机场停车场前，使用一台类似于地铁购票机的机器预先支付停车费用。首先插入停车票，然后插入信用卡或现金，最后取回付费后的停车票。当顾客离开停车场时，只要选择众多"快速出口"通道中的一条，插入他们的付费票据就可以离开了。一般机场仍会留有少量几个传统方式的人工收费通道。令人惊奇的是，许多机场发现顾客并不像预想的那样使用"快速出口"服务。

这项技术很明显可以达到或超出顾客迅速离开机场的期望，为什么顾客拒绝使用呢？一个可能的原因就是他们并不理解系统是如何运作的，即使在停车区有一个扩音器在不停地介绍这项新技术。有可能顾客并没有清楚地看到新技术所提供的方便，或者机场并没有与顾客进行足够有效的沟通以便让他们认识到新技术的好处，导致顾客认为旧的人工收费系统已足够快捷。再一个原因就是大多数机场并没有像航空公司在投入自动航班值机时那样在新机器旁安排工作人员，帮助顾客了解使用的方法，以及处理服务失败的问题。顾客可能会担心如果出现问题，他们会遇到麻烦，而且不知道如何应对。最后一个不能忽视的原因就是许多顾客不信任这项新技术，就像他们曾经不信任自动取款机一样。

多年来，旅客们已经适应了技术革新给航空旅行所带来的各方面的变化。大约20年前，大部分旅客都要携带由航空公司发售的机票，并凭票换取登机牌。当美国国内大部分航班都可以"提前值机"时，旅客们也都逐渐习惯在到达机场前（至少在起飞前24小时）办理值机并在家中自行打印登机牌。如今，大部分的航空公司可以直接发送电子登机牌（带有条形码）到旅客的手机上，有了它，旅客就不用携带实体（打印的）登机牌了。就像对待"快速出口"一样，一些旅客需要很长时间才能接受使用电子登机牌，这都是出于一些相似的原因，如他们不明白这个新技术是怎么运行的，他们不知道怎样取得电子登机牌，当排队登机时由于不得不快速地在手机上找出电子登机牌而让他们感到不安，当在旅途中这项技术不能正常运作时他们也不确定可以做些什么。

如果通过技术更新而不断提高的服务想要达到顾客的期望，这些服务就必须可以被信任、被理解，并基于顾客的使用价值来做介绍。否则，即便投入了巨额资金，也无法实现达到或超过顾客期望的目标。

资料来源：瓦拉瑞尔 A 泽丝曼尔，玛丽·乔·比特纳，等.服务营销（原书第7版）[M].张金成，白长虹，等译.北京：机械工业出版社，2018：52-53.

## 2.1.3 影响顾客服务期望的因素

顾客服务期望是评判服务质量的重要因素，企业要把握顾客对服务的期望才能有效地提供高质量的服务。而服务期望的形成受到许多因素的影响，服务营销者需要研究和把握这些影响因素，以便充分利用其中的可控因素来管理顾客期望，优化顾客对服务质量的评价（见图 2-4）。

### 1. 影响理想服务期望的因素

对理想服务期望影响较大的因素是个人需要、个人服务理念和派生期望。

（1）个人需要。个人需要是指那些对顾客的生理或心理健康十分必要的状态或条件，它是形成理想服务的关键因素。顾客的个人需要有很明显的差异性，因而对理想服务的期望也各不相同。个人需要按照重要性进行分类，可以分为主需要和辅需要，主需要对顾客是重要的，而辅需要则相对不重要。一般而言，顾客对满足主需要的理想服务期望相对较高，而对满足辅需要的理想服务期望较低。例如，观众看电影时，他们对主需要即电影的精彩程度要求很高，对辅需要即小吃是否美味则不会太关注。

（2）个人服务理念。个人服务理念是指顾客对服务的意义和企业恰当行为的一般态度。有强烈服务理念的顾客往往对企业期望很高。顾客服务经历和是否从事过服务工作等因素都会影响到个人服务理念。例如，经常网购的消费者从其服务经历中形成了关于快递服务的时间标准,认为购物后三天就应该收到快递公司运送来的商品,难以容忍长时间的等待。通常,在服务业工作过的顾客有着更为强烈的服务理念。

(3)派生期望。派生期望也是影响理想服务期望的因素之一。当顾客的期望受另一群人驱动时,派生期望就产生了。例如,安排全家度假活动的母亲,对度假地点的挑选在很大程度上会受到其他家庭成员的驱使;代表本公司选择一家广告商的管理者,他的期望会受到本公司其他管理者和监督者期望的影响。

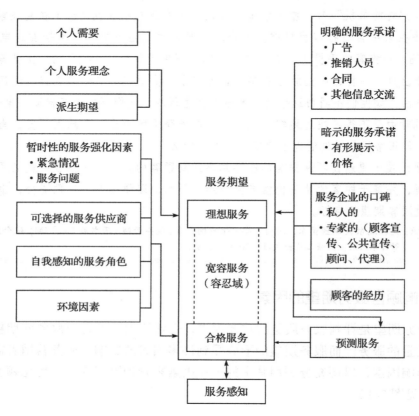

图 2-4　影响顾客服务期望的因素

资料来源:V A Zeithaml, L L Berry, A Parasuraman. The Nature and Determinants of Customer Expectations of Service [J]. *Journal of Academy of Science*, 1993, 21(1): 1-12.

### 2. 影响合格服务期望的因素

合格服务期望受暂时性的服务强化因素、可选择的服务供应商、自我感知的服务角色、环境因素和预测服务等影响。这些影响都是短暂的和不稳定的,因此,合格服务期望的稳定性比理想服务期望差。

(1)暂时性的服务强化因素。暂时性的服务强化因素通常是短期的、个人的因素,这些因素使顾客进一步意识到自己对服务的需要。一般来说,个人紧急情况会提高顾客的合格服务期望水平。例如,在工作繁忙时电脑出现了故障,因急需使用电脑,顾客认为对方应该在很短的时间内将电脑修好,顾客的合格服务期望水平将会提高。此外,与初次服务有关的问题也会导致更高的顾客期望。顾客在接受了第一次不好的服务后，在经历第二次服务时，对合格服务期望的水平就会提高，同时容忍域将会变窄。例如，顾客将有问题的汽车送到 4S 店进行初次维修后，发现汽车出现了更多的问题，那么在第二次修理汽车时，他对合格服务的期望就会更高。

（2）可选择的服务供应商。可供顾客挑选的服务供应商越多，顾客的合格服务期望水平就会越高，容忍域相应变窄。例如，顾客很难忍受在超市长时间地排队付款，或在饭店排长队等待座位，因为顾客知道超市和饭店都有许多可替代的供应商。相反，若可供顾客选择的服务供应商很少，在没有多少选择余地的情况下，顾客对服务的要求就很低，容忍域就会变宽。

（3）自我感知的服务角色。自我感知的服务角色是指顾客对所接受的服务水平施加影响的感知程度，即顾客对合格服务的期望部分地通过他们认为自己在服务接触中对服务角色表现的好坏而形成。[⊖]当顾客没有履行自己的角色时，顾客的合格服务期望就会降低，容忍域会变宽。例如，顾客在餐厅点牛排时，如果没有清楚地表达出希望所提供的牛肉尽可能鲜嫩，则顾客可能将做好的全熟牛肉归咎于自己；反之，顾客就会表现出不满和抱怨。此外，顾客参与服务的程度越高，他们对合格服务的期望也会越高。

（4）环境因素。环境因素对于企业而言是难以控制的，如果企业在提供服务的过程中遇到了不可控制的因素，顾客对合格服务的期望会降低，同时容忍域会变宽。例如，乘客一般不会因交通堵塞而埋怨出租车司机，因为出租车司机无法控制交通堵塞问题，乘客对出租车合格服务的要求会降低。

（5）预测服务。预测服务是指顾客相信自己在即将进行的交易中有可能得到的服务水平。预测服务是顾客对一次单独交易中即将接受的服务的估计，而不像理想服务与合格服务那样是对多次服务交易的总体估计，它是顾客对下一次消费的服务的估计。预测服务表明了顾客对服务活动出现可能变动的客观考虑或对预期的服务水平的客观估计。如果顾客对服务效果的预期较高，则顾客对合格服务的期望也会较高。例如，顾客乘坐空调公交车会比乘坐普通公交车有更高的要求，期望在炎热的夏季获得凉爽的感觉。

### 3. 影响理想服务期望和预测服务的因素

除了上述分别影响理想服务期望和合格服务期望的因素之外，还有一些因素会同时影响理想服务期望和预测服务，这些因素包括明确的服务承诺、暗示的服务承诺、服务企业的口碑和顾客的经历。

（1）明确的服务承诺。明确的服务承诺是企业传递给顾客的关于服务的信息。企业通过广告、宣传、推销人员、合同和小册子等沟通方式公开提出的服务承诺，会直接影响到顾客的理想服务水平和预测服务水平。明确的服务承诺大体上既可以明确顾客理想服务的水平，又可以明确在下次服务接触中顾客估计将会得到的服务水平。明确的服务承诺完全能够由企业控制，企业应该准确地承诺最终能实现的服务内容，以免顾客形成

---

⊖ S L Deibler. Consumers' Emotional Responses to Service Ecounters [J]. *International Journal of Service Industry Management*, 1995, 6(3): 34-63.

过高期望。

（2）暗示的服务承诺。企业可以利用服务产品的价格和服务环境等向顾客暗示对服务质量的某种承诺。顾客会将服务产品的价格和服务场所等看作服务质量的线索，这种含蓄的承诺会影响顾客心目中理想的服务水平或预测服务水平。价格越高，顾客对有形展示的印象越深刻，则顾客的期望越高。例如，高级饭店高昂的价格、豪华的装饰和先进的服务设备都会向顾客暗示其服务的高质量，顾客自然会形成较高的期望。

（3）服务企业的口碑。服务企业的口碑影响顾客心目中理想服务期望和预测服务的形成。因为顾客认为口碑是没有偏见的，值得信赖，从而把它当作一种重要的信息来源。对于口碑好的企业，顾客会对其提供的服务形成较高的期望；反之，负面的口碑会对企业形象产生消极的影响，会降低顾客的期望。

（4）顾客的经历。顾客过去的服务接触是形成理想服务水平和预测服务水平的另一个因素。顾客对某种服务的经验越多，对服务行业的服务水平就越了解，会不断把较高的服务水平转变成自己理想的服务期望，从而形成较高的顾客期望，而经验少的顾客对理想服务和预测服务的期望水平通常较低。

> **应用练习 2-1**
> 
> 假设你将要外出用餐或者度假，在影响顾客服务期望的因素中，你认为有哪些因素很重要？哪些因素不重要？

### 2.1.4　管理顾客服务期望的策略

在服务营销中，顾客期望决定了服务质量的好坏，营销者可以基于影响顾客期望的因素来管理顾客期望，以提高顾客的满意度和忠诚度。

#### 1. 做出能够兑现的服务承诺

明确的服务承诺会直接影响顾客对服务的期望水平，企业做出的服务承诺应该与企业的服务能力相符。不切实际的承诺会导致顾客对服务期望太高，当承诺无法兑现时，心理落差会导致顾客对企业失望。从服务营销实践来看，成功的企业只会承诺自己办得到的事，致力于实现自身在顾客心中已经形成的期望，并在此基础上尽力超越顾客期望，从而提高顾客的满意度和忠诚度。不少企业采用的是一种低承诺、高超越的策略，它从低起点开始承诺，努力提供高标准的服务。例如，某大医院通常向患者说明看病排队等候耗时比较长，把患者的期望控制在了一个比较低的水平，实际上该医院通过各种措施提供高质量的服务，患者往往可以提早结束排队，这就提高了患者的满意度。

#### 2. 对顾客期望进行差别化管理

不同的顾客期望各不相同，但企业不可能满足全部顾客的所有期望，这就需要企业进行市场细分和目标市场选择，以识别出具有不同期望的顾客群，相应采取差异化营销策略，如某旅行社为不同的顾客群提供各具特色的旅游产品。对于那些期望过高的顾客，如果企业没有能力满足他们，可以委婉地拒绝与他们交易，避免他们产生不满并散布企业的负面信息。

### 3. 努力超越顾客的期望

在管理顾客期望时，企业应该首先确保满足顾客的合格期望，努力实现顾客的理想期望，并在具备一定条件的情况下超越顾客期望。超越顾客期望会给服务企业带来积极的效果，如好的口碑、顾客忠诚等，并能够提高企业的服务绩效和市场份额。然而，经常超越顾客期望，会使顾客的服务预期不断提高，最终可能导致企业无法达到顾客期望而陷入困境。因此，企业要把握好度，既做到使顾客满意，又不至于使顾客期望过高，超出企业的服务能力。

---

**知识链接** **服务营销人员怎样影响顾客的期望**

服务行业经理人如何利用我们讨论的这些知识来创造、提升和推广服务？管理者需要了解顾客期望的来源，以及它们对一个消费者群体、一个消费者细分市场，或者一个单独的消费者的相对重要性，比如说我们需要知道在形成顾客理想服务或预期服务时，口碑传播、明确的服务承诺、含蓄的服务承诺还有顾客的消费经验这些因素都相对起了多大的作用。有些因素比较稳定且影响更长久（如个人服务理念及个人需要），有些因素会随时间有所波动（如可感知的服务替代和环境因素）。这里列示了一些影响顾客期望的策略。

表 2-1 影响顾客期望的策略

| 因素 | 可能的影响策略 |
| --- | --- |
| 个人需要 | ● 向顾客传输有关服务是如何满足其需求的 |
| 个人服务理念 | ● 通过市场调研来建立关于顾客消费理念的档案，并将该档案信息运用于服务的设计与传递中 |
| 派生期望 | ● 通过市场调研来确认派生服务期望的来源及其需要，使用更聚焦的宣传和营销策略来满足目标顾客及其需求 |
| 可感知的服务替代 | ● 充分了解竞争性产品，并尽可能地使自己可与之相匹敌 |
| 环境因素 | ● 增强高峰期及紧急状况时的服务能力<br>● 采用服务保证的方式来确保任何环境因素下顾客都能获得可靠的补救性服务 |
| 预测服务 | ● 告诉顾客在何时服务水平会比通常的期望高，从而避免顾客对未来服务产生过高的期望 |
| 明确的服务承诺 | ● 为顾客做现实而又准确的承诺，它应能真实地反映服务现状而不是服务的理想化版本<br>● 请第三方去征询对于广告和个人销售中所做承诺准确性的反馈<br>● 避免陷入与竞争对手的价格战或广告战，因为这样的战争将重心从顾客身上转移开来，并不断提高承诺，使其超过了所能达到的服务水平<br>● 使公司的员工重视做出的承诺并就承诺未被履行的次数提供反馈，以此作为服务保障来实现承诺的规范化 |
| 暗示的服务承诺 | ● 确保与服务相关的有形展示能与提供的服务类型和水平相匹配<br>● 在服务的重要属性上，高价格必须与所提供的高水平的服务绩效相匹配 |

(续)

| 因素 | 可能的影响策略 |
| --- | --- |
| 服务企业的口碑 | • 通过用户及意见领袖的推荐来促进口碑传播<br>• 锚定对服务有影响力的顾客和意见领袖，集中市场营销资源影响他们<br>• 鼓励现有顾客通过口头或社交媒体传播对服务积极有利的言论 |
| 顾客的经历 | • 对于相似的服务，采用市场调研的方法建立顾客相关消费经验的档案 |

资料来源：瓦拉瑞尔 A 泽丝曼尔，玛丽·乔·比特纳，等. 服务营销（原书第 7 版）[M]. 张金成，白长虹，等译. 北京：机械工业出版社，2018：59.

## 2.2 顾客的服务感知

顾客的服务感知是顾客对真实服务体验的主观评价。顾客是在服务接触的过程中根据服务质量及满意度来感知服务的，其中，服务接触是顾客感知的基础，服务质量是顾客感知的关键。优秀的服务企业意识到质量和满意的重要性，通过提高服务质量和顾客满意度使本企业在市场竞争中胜出。

### 2.2.1 服务接触

由于服务生产与消费的同步性，服务人员在为顾客提供服务时，顾客或多或少会参与到服务中，与服务人员发生接触。服务接触是企业向顾客展示服务的时机，也是顾客感知服务的基础。

**1. 服务接触的含义**

服务接触是指在服务过程中服务企业或员工与顾客发生的接触。顾客在与服务企业或员工的接触中感受到服务的内容、特色和质量。服务接触也被称为服务"真实的瞬间"，该词来源于西班牙斗牛中的术语，用来形容斗牛士在使出撒手锏结束斗争之前面对公牛的瞬间。在将该词引入服务文献后，它主要用来形象地描述服务企业与顾客相互作用的重要性。在首次接受服务的瞬间，服务人员的一个微笑、一种关怀的语气都会给顾客留下好的印象，顾客正是在这些接触的过程中形成了对企业和服务质量的第一印象。一些关键的服务接触还会影响到顾客忠诚度。

**2. 服务接触的分类**

服务接触一般可以分为面对面接触、电话接触和远程接触三种类型。在服务过程中，顾客可能经历其中一种，也可能经历多种并形成服务体验。

（1）面对面接触。面对面接触是服务人员与顾客的直接接触。由于面对面接触给顾客带来的感觉更为强烈，因此在面对面接触中，决定和理解服务质量问题是最复杂的。顾客对服务的感知取决于语言因素和非语言因素，其中，非语言因素包括员工的仪表、服装、态度，以及手册、设备等其他服务标志。另外，在互动过程中，顾客也扮演着重要的角色，他们通过一系列参与行为来为自身创造高质量的服务。

（2）电话接触。电话接触是指顾客与企业之间以电话为媒介的接触。对很多服务企业，如银行、保险公司、公共事业单位、电信公司等，顾客往往通过电话与服务人员接触。顾客通过电话接听人员的语气、专业知识、沟通能力、处理问题的速度和效率等方面来判断所感知的服务质量。

（3）远程接触。远程接触是指顾客与服务设备、设施或服务系统接触。例如，与自动取款机、自动售货机、智能包裹箱、网络订购系统的接触都属于远程接触。虽然没有直接的人与人之间的接触，但对于企业来说，这类接触也是增强顾客对企业服务质量的认同、树立良好企业形象的机会。在远程接触中，服务设备或设施的质量及其维护与管理都很重要。

### 2.2.2 服务质量

服务质量从本质上而言是一种感知，在服务行业，特定产品或服务的质量是顾客感知的质量。服务质量是一个主观范畴的概念，它是顾客通过对服务的感知而决定的，最终评价者是顾客而不是企业，因此，企业必须从顾客的角度来理解服务质量。如果企业知道顾客是如何判断服务质量的，企业就可以采取措施来影响顾客的评价。

**1. 服务质量的构成要素**

以格罗鲁斯为代表的北欧学派认为，服务质量主要由技术质量（接受什么样的服务）、功能质量（怎样接受服务）和有形环境质量（在怎样的环境中接受服务）三个部分共同构成。

（1）技术质量。技术质量又称为"结果质量"，是指服务过程的产出质量。它既是顾客从服务过程中得到的东西，也是企业为顾客提供的服务结果的质量，如咨询公司为客户提供的解决方案，宾馆为旅客提供的房间和床位，航空公司为旅客提供的飞机舱位等。与服务产出结果有关的技术质量，是顾客在服务过程结束后的"所得"。由于技术质量常常涉及技术方面的有形要素，因而顾客对技术质量的衡量是比较客观的。

（2）功能质量。功能质量又称为"过程质量"，是指服务过程的质量。它是在服务过程中顾客所体验到的感受。由于顾客和服务提供者之间存在一系列的互动关系，因而功能质量是服务质量的一个重要构成部分。在服务消费过程中，除顾客获得的服务结果，服务结果传递给顾客的方式对顾客感知服务质量也起到重要的作用。例如，网站是否容易进入，自动取款机是否易于使用，以及服务人员的行为、外貌、言谈举止等都会对顾客感知质量的形成产生影响。此外，对于一个特定顾客而言，其他顾客接受类似服务后做出的评价也会影响该顾客的评价。总之，顾客接受服务的方式及其在服务消费过程中的体验都会对顾客服务质量的感知产生影响，企业在使其技术质量能为顾客所接受的前提下，应该充分利用功能质量进行竞争。由于不同员工提供服务的方式不同，不同顾客对如何得到服务的要求也不相同，因而功能质量主要取决于顾客对服务过程的主观感受。

（3）有形环境质量。有形环境质量是指顾客在怎样的环境中接受服务。拉斯特（Rust）和奥利弗（Oliver）认为，服务质量除了包括技术质量和功能质量外，还应该增加有形环境质量这个要素，即把在何处接受服务纳入服务质量中。[⊖]企业在提供服务的过程中，服务场景也会影响顾客对整体服务质量的感知。例如，旅馆中凌乱的大堂和破旧的木床容易使旅客对旅馆的总体服务质量评价较差。布雷迪（Brady）和克罗宁（Cronin）利用来自银行业和医疗服务业的数据对拉斯特和奥利弗的服务质量三要素模型进行了实证检验，构建了一个基于三要素模型的服务质量阶层结构模型，如图2-5所示。

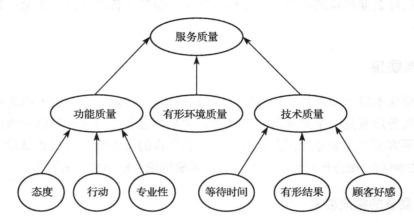

图 2-5　服务质量阶层结构模型

资料来源：Brady, Michel, K Cronin Jr, J Joseph. Customer Orientation: Effects on Customer Service Perceptions and Outcome Behaviors [J]. *Journal of Service Research*, 2001, 3(3): 241.

---

**小案例 2-1　　　　　顾客深夜苦候延误航班**

凌晨 2:30 左右，××机场候机区，一位怀抱婴儿的年轻母亲向工作人员"扑通"一声跪了下来："求求你们给我一杯热水吧，我的小孩才 7 个月大，怎么能喝凉水、吃饼干呢？"

这位年轻母亲，是××航空公司××××××航班的乘客。这一航班由于各种原因延误了 7 个小时，95 名乘客在等待的长夜中只吃到些饼干、八宝粥，没有住宿，没有热水，愤怒的乘客因此拒绝登机。经工作人员苦劝，部分乘客于凌晨 3:45 飞离，但仍有 47 位旅客滞留机场近 20 个小时，当日下午 3:30 才离开广州。

**起飞时间一推再推**

当日早上 9 时，留在××机场综合服务中心尚未离开的 47 名旅客一见到记者，就愤怒地投诉："原本昨天晚上 8:50 起飞的飞机一直延误到今天凌晨 3:45 才起飞，我们 95 名旅客就在候机区内整整等了 7 个小时，这个过程中没有任何人主动向我们说明原因。"

国内某知名品牌推广总监程先生说，当晚，预定起飞的时间过了很久，直到机场广播

---

⊖ Rust, Oliver. Service Quality: New Directions in Theory and Practice [M]. California: Sage Publications, 1994.

通知该航班乘客凭登机牌领取候机食物时,大家才知道航班延误了。程先生说:"当时,登机电子屏显示他们的航班预计起飞时间为次日凌晨 1 时,但航空公司不断地推迟起飞时间,先说可能凌晨 1:45 才能起飞,到凌晨 0 时又通知我们 2:15 起飞,最后,到凌晨 3:45 才真正飞走——我们有一种被欺骗的感觉。"

程先生此行本来是要去晋江和客户签合同的,现在合同泡汤了,公司的信誉也受到损害,损失无法估计。据了解,该航班近七成的旅客均是去晋江洽谈生意的。

从事陶瓷生意的张先生也一肚子气:"因为当天暴雨,我出发前就多次电话询问航空公司航班是否能准点起飞,得到肯定答复后才冒着大雨打出租车到机场,甚至把晋江接机的车都安排好了,谁知道竟延误了 7 个小时。"

**延误解释迟了两小时**

程先生告诉记者,航班延误两个小时后,××航空公司广州办事处一位张姓负责人终于出现,就有关延误原因做了正式说明:"航班太少,调配不过来。"这一解释反而让乘客更生气了:"一会儿说天气原因,一会又说航班调配不过来,而且过了近两个小时才通知我们,我们连换乘其他交通工具去晋江的机会都没有了。"

为了得到确切的原因和新的出行安排,乘客派出两名代表向白云机场工作人员咨询。机场方面让他们找××航空的人。"但××航空的张某此后没有再露面,仅在乘客代表多次致电询问后才说了句'飞机已在飞来的路上',没有任何道歉和解释,一点都不理睬我们。"程先生对××航空的服务十分不满。

**少妇机场下跪为婴儿讨热水**

航班延误和缺乏解释还不是最让乘客愤怒的事情——在漫漫长夜的等待中,工作人员只是向苦候的乘客分发了饼干和罐装八宝粥。

程先生告诉记者,当时大家都很狼狈:"有婴儿啼哭,有老人胃痛,有人要热水吃药,有人手机没电……但没有任何人给予我们任何服务,更不用说安排吃住!"

熬到凌晨 2:30,一位带着婴儿的年轻母亲向工作人员要热水冲奶粉给孩子吃,但要了两次都得到"没有"的回答,这才发生了开头的一幕。

"这位可敬的母亲跪了足足有 20 秒,"程先生义愤填膺,"但几名工作人员依然无动于衷!"

这一幕把周围的乘客都激怒了,大家纷纷上前指责那些工作人员,有人还拿出手机和 DV 将这个场景录了下来……

程先生说,"对于这样的服务质量,我们认为航空公司一定要给出一个说法。"鉴于此,乘客均拒绝登上凌晨 3:45 起飞的飞机。后经航空公司、机场有关工作人员和机场公安人员的苦苦劝说,部分乘客登机离去,但仍有 47 名乘客拒绝登机。

资料来源:http://finance.qq.com/a/20080229/002066.htm.

### 2. 服务质量的维度

以帕拉苏拉曼、泽丝曼尔和贝里为代表的北美学派认为,服务质量包括可靠性、响

应性、安全性、移情性和有形性等五个方面的内容。[注]

（1）可靠性。可靠性是指企业在服务过程中准确、可靠地履行所承诺服务的能力。例如，对于顾客来说，如果飞机能够准点起飞或者按时抵达，乘客就会认为航空公司的服务是可靠的。从顾客的角度看，可靠性是服务质量维度中最关键的因素。可靠的服务是顾客所希望的，它意味着企业能兑现服务承诺，无差错地准时完成服务任务。许多以优质服务著称的企业都是通过"可靠"的核心服务来树立企业形象和提高企业声誉的。

（2）响应性。响应性是指企业愿意主动帮助顾客，及时为顾客提供服务。响应性强调在处理顾客要求、询问、投诉和问题时的专注和快捷，它可以从顾客获得帮助、解决方案以及等待时间等方面体现出来。例如，如果某网店过了几天才回复顾客的询问或发货速度过慢的原因，那么这种回应就比较迟缓，会对顾客感知服务质量产生影响。为了达到快速反应的要求，企业必须站在顾客的角度来审视服务的传递和处理顾客要求的流程。例如，简化语音系统、减少顾客在电话上的等待时间、提高网站的登录速度或易用性都可以增强顾客对响应性的感知。

（3）安全性。安全性是指员工的知识和谦恭态度，及其能使顾客信任的能力。在顾客感知的服务风险较高或者自身缺乏评价服务产出的能力等情况下，安全性就变得特别重要。例如，在医疗、法律、证券交易等行业，医生、律师和经纪人等专业人士的知识与能力就显得很重要。服务人员态度诚恳并且具备解决顾客问题所必需的知识和技能，往往能够增强顾客对企业的信任。例如，当顾客向一位享有盛名的法律专家进行咨询的时候，容易获得信心和安全感。因此，企业要尽量提高员工的素质，使关键的一线员工与顾客建立信任，从而激发顾客对企业的信任和忠诚。

---

**小案例 2-2　　　　　　　　两只红鞋**

有位留美女士逛一家百货商场，在进口处看到一堆鞋子，旁边的牌子上写道："超级特价，只付一折即可穿回。"她拿起鞋子一看，原价70美元的漂亮大红鞋只要7美元，这简直让人不敢相信。

她试了试，觉得皮软质轻，实在是完美无瑕。她把鞋捧在胸前，赶紧招呼服务小姐。服务小姐笑眯眯地走过来说："您好，您喜欢这双鞋？它正好可以配您的红外套。"又伸出手说："能不能让我看一下？"女士把鞋交给服务小姐，不禁担心地问："有问题吗？价格对吗？"那位服务小姐赶紧安慰道："不是，不是！别担心，我只是确认一下是不是两只鞋。嗯，确实是。"女士疑惑不解地问："什么叫两只鞋，明明是一双啊。"

那位服务小姐说："既然您这么中意，而且打算买了，我一定要跟您沟通一下，把真实情况告诉您。我必须让您明白，这真的不是一双鞋，而是相同皮质、尺寸一样、款式也相同的两只鞋。您仔细比较一下，虽然颜色几乎一样，但还是有一些色差。我们也不知道是否以前卖鞋时，销售员或顾客弄错了，各拿一只，所以，剩下的左右两只正好又可凑成一

---

[注] A Parasuraman, Leonard L Berry, Valarie A Zeithaml. Understanding Customer Expectation of Service [J]. *Management Review*, 1991, 32(3): 41.

双。我们不能欺骗顾客，免得您回去发现真相以后，后悔而怪我们。如果您现在知道了而放弃，您可以再选别的鞋子。"

这真挚的一席话，哪有不让人心软的！何况，穿"两只鞋"又不是立正齐步走，或是让人蹲下仔细对比两边的色泽。女士心里越想越得意，除了决定买那"两只"外，不知不觉又买了两"双"鞋。

事过多年，那双鞋仍是她的最爱。每当朋友夸赞那双鞋颜色漂亮时，她总是不厌其烦地诉说那个动人的故事。唯一的后遗症是，每次她到纽约，总要抽空回到那家百货公司捧回几双鞋。

资料来源：http://www.docin.com/p-49189350.html.

（4）移情性。移情性是指企业给予顾客的关心和个性化的服务。它是设身处地为顾客着想，对顾客给予特别的关注。移情性的本质是在对顾客深入了解的基础上，为顾客提供个性化的服务，使顾客感到自己是与众不同的，自己的服务需求得到了企业的理解，受到了企业的重视。一些优秀的企业与顾客建立了良好的关系，对顾客的需要和偏好较为了解，服务人员能够根据顾客的喜好为其提供个性化的服务。

（5）有形性。有形性是指各种有形的要素，如服务场所、设施、设备、人员的形象和沟通材料的外观等。由于服务具有无形性，顾客往往依靠一些有形要素来判断服务质量。例如，餐馆中整洁的桌椅、白净的台布和统一的着装等有形展示，会让顾客联想到高质量的服务。

## 专栏　电子服务质量标准

20世纪80年代中期，美国市场营销学家帕拉苏拉曼和他的同事研发了一套衡量服务质量的系统，叫作SERVQUAL。这一框架被各行各业的公司采纳。它的核心是通过衡量用户所期望的服务水平与他实际感知的服务水平之间的差距来判断服务质量。提供优质服务的关键就是要超过用户的期望值。SERVQUAL将服务质量分为五个维度：有形性、可靠性、响应性、安全性和移情性。每个维度下面都有若干个问题，通过调查问卷的方式，让用户对每个问题的期望值、实际感受值打分，总共要对21个项目打分，然后综合计算出服务质量的分数。

如今，越来越多的人开始在网上购买商品与服务。为了提升网站服务质量，帕拉苏拉曼和同事觉得有必要根据网购体验的实际情况修改SERVQUAL框架。为此，他们又开发了电子服务质量标准e-SERVQUAL。它根据21项因素来量化顾客感受到的网站服务质量。与传统的服务质量标准相对应，新标准采用四大维度。

- 高效性：网站访问与使用的便捷性。
- 履责性：网站能在多大程度上履行商品供应与递送的承诺。
- 可用性：网站的正常技术运行。

● 隐私性/安全性：网站的安全性和保护顾客信息的能力。

在这四大维度之中，顾客对高效性与履责性的看法似乎最重要，影响最大。它们不仅影响着总体的质量感受水平，而且影响着顾客感知的价值与忠诚意向。

对于顾客感知的总体质量、价值与忠诚意向而言，系统的可用性也至关重要。公司应当留心过于复杂的网站设计，这会对系统的可用性造成不利影响。

对于隐私的顾虑因人而异，某些资深用户对此就不太介意。但调查表明，质量、价值感知与忠诚意向确实会受到隐私感知的影响。若能采取一些措施来缓解安全顾虑和增强顾客信心，如提供一些提示隐私性/安全性的标记和信息，问题就不会发生。

上述四大维度没有提及人工服务。因为大多数网购者寻求的仅仅是快捷、简单的日常交易，效率才是至关重要的，一般无须人工接触。然而，一旦发生问题，顾客希望及时获得帮助，这时就希望得到人工服务。于是帕拉苏拉曼和同事又创建了一种评估表e-Recovery SERVQUAL，加入了针对顾客问题的恢复性服务维度。

现在有些网站不在显眼处提供联系电话，因为它们不愿意顾客给它们打电话，认为这样做可以提高效率、节省费用，但这是一个严重的错误，会将许多顾客拒之门外。

帕拉苏拉曼的研究显示人们可以分为五种类型：15%～20%的人属于冒险型，20%～25%的人属于前卫型，余下的人分别属于怀疑型、偏执型与滞后型。这一分类对于不同年龄段、受教育程度或收入水平的人都是一致的。人们接受新技术的意愿度似乎是与生俱来、不可改变的。有些人对于技术的好处和作用始终持谨慎态度，这种人不会自然而然地接受新技术。帕拉苏拉曼创建了技术准备指数（TR），根据顾客对技术的接受意愿度来划分客户群。这便于公司因地制宜，有效决定是采取高科技还是高接触手段。

资料来源：改编自 A 帕拉苏拉曼. [2015-08-07]. http://www.ebusinessreview.cn/articledetail-276601.html.

---

**应用练习 2-2**

从同一个服务行业中选择一家服务好的企业与一家服务差的企业，从以下方面分析：
1. 介绍好的企业向顾客提供的优质服务，并说明你认为该企业服务优秀的原因。
2. 描述另一家企业的劣质服务，并说明你认为该企业服务质量低下的原因。

---

### 2.2.3 顾客满意

顾客满意是服务中的核心概念之一，与顾客忠诚、企业效益有着密切的联系。顾客满意是顾客的一种主观的心理状态，主要受到以下几个因素的影响。

#### 1. 产品和服务特性

顾客对产品和服务特性的评价会影响他的满意度。顾客感知的服务通常包含了对有形要素的体验，也包含了对无形服务的感知。例如，顾客在接受医疗服务时，可能会对医院的硬件条件，如医疗检测设备、医院环境、病房的设备等有形环境有所体验，同时，医生为顾客提供的医疗检查、确定医疗方案和开具药方等服务内容也会被感知。企业需要研究影响顾客满意的产品和服务的特性，找出那些对顾客来说重要的服务特征和属性，为顾客增加价值，提高顾客的满意度。

### 2. 顾客情感

顾客在选择和享受服务的过程中，自身的情感也会影响其对服务的感知，从而影响顾客满意度。顾客的价值观和生活态度（看待生活、评价事情的思维方式等）产生的情感会影响他对服务的满意度。这些情感可能是比较稳定的，在顾客接受服务之前就已经存在。例如，乐观的顾客通常表现出愉快的情绪和积极的思考方式，这些都会影响他对所体验服务的感觉；反之，消极的顾客会对服务过程中的一个小的问题反应强烈或感到失望。

### 3. 顾客对消费结果的归因

顾客在体验服务时，可能会寻找服务成功或失败等情形的原因，即发现导致服务成功或失败的原因所在，这种归因会影响顾客的满意度。事实上，如果顾客将服务失败更多地归因于自身，他对服务的不满意感会下降，而相反的情形则会增加他们的不满意感。

### 4. 对公平或公正的感知

顾客满意度还会受到他对服务公平或公正感知的影响。顾客在服务消费过程中常常会比较是否受到公正的对待。例如，自己是否得到与其他顾客相同的服务？是否与其他顾客一样得到平等对待？所得到的服务与花费的钱相比较是否合理？当顾客认为受到了不公平或不公正的待遇时，会感到不满意。

### 5. 他人的因素

其他顾客、家庭成员或朋友也会影响顾客的满意度。事实上，由于其他顾客往往与顾客有着共同或类似的消费经历，他们在影响顾客对满意的感知时有真正的发言权，而并非仅仅是一个建议者。

---

应用练习 2-3

　　回忆你最近到一家服务组织的消费经历，在纸上列出两栏，将你满意的服务细节写在第一栏，将你感到不舒服的服务细节写在第二栏。你认为哪些因素影响了你的满意度？

---

## 2.3　服务质量差距模型

帕拉苏拉曼、泽丝曼尔和贝里深入研究了服务感知质量，提出了服务质量差距模型（SERVQUAL），如图 2-6 所示。

## 2.3.1 服务质量差距模型分析

服务质量差距模型说明了服务质量问题产生的原因。该模型中虚线以上的部分显示的是顾客差距（差距五），顾客差距是顾客期望的服务与感知的服务之间的差距。顾客期望的服务受到顾客过去的消费经历、个人需求以及口碑沟通的共同影响。顾客感知的服务是顾客对实际经历的服务的主观评价。顾客期望与顾客感知之间的差距（差距五）是服务质量差距模型的核心，它取决于供应商差距。模型中虚线以下涉及的是供应商差距，包括差距一到四，这些差距是在企业为顾客提供服务的过程中由于服务管理不完善而造成的。服务质量差距模型反映了服务质量计划和分析的步骤。管理层要先了解顾客期望，再进行服务设计和制定服务标准，然后员工按服务标准向顾客传递服务，顾客参与服务传递过程并感知服务，而市场沟通活动也会影响顾客期望与顾客感知。根据对这些步骤的分析，管理者可以发现服务质量问题的根源。

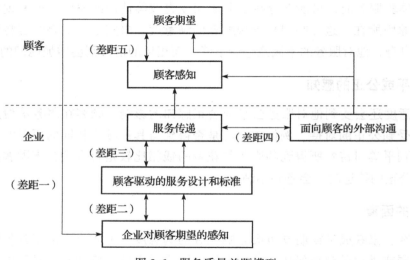

图 2-6　服务质量差距模型

资料来源：A Parasuraman, Leonard L Berry, Valarie A Zeithaml. Understanding Customer Expectation of Service [J]. *Management Review*, 1991, 32(3): 41.

服务质量差距模型可以帮助营销者改进服务质量。它是发现顾客差距的一种直观有效的工具，明确引发顾客差距的各个供应商差距是制定服务营销战略与策略的理论基础。通过服务质量差距模型，企业在找到引发质量问题的原因后，就能采取适当的策略消除或缩小各个供应商差距，从而弥合顾客差距，使顾客对服务质量给予积极评价，提高其满意度。

### 差距一：管理者认知差距

管理者认知差距是指管理者对顾客期望的理解与顾客实际的期望之间的差距（见图 2-7）。管理者不了解或未能准确地理解顾客期望都会导致这一差距。

导致差距一的原因主要有以下几个方面：第一，市场研究不充分。市场研究是了解顾客服务期望和感知的主要手段，不充分的市场研究使得企业难以获取顾客期望的准确信息，企业也就无法达到或超越顾客的期望。第二，不注重关系营销。关系营销旨在留住老顾客，而交易营销注重吸引新顾客。如果企业以交易营销为主，注重吸引新顾客，企业就会因为忽略老顾客不断变化的需求和期望而失去他们。第三，缺少向上的沟通会使差距一增大。一线服务人员与顾客接触较多，对顾客比较了解，如果组织层次过多，管理者和一线服务人员很少沟通或沟通不畅，管理者就很难及时准确地获取有关顾客

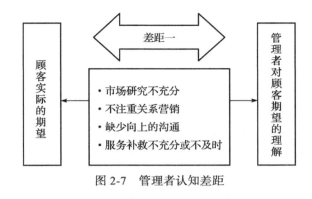

图 2-7 管理者认知差距

期望的信息。第四，服务补救不充分或不及时会扩大差距一，服务补救如果没有得到有效执行，企业将会错失再次了解顾客期望的机会。

### 差距二：服务质量标准差距

服务质量标准差距是指企业制定的服务标准与企业对顾客期望的理解之间的差距（见图2-8）。

引起差距二的原因包括以下几个方面：第一，服务设计不良。企业没有把服务设计与服务定位联系起来，服务设计比较模糊，服务设计缺乏柔性，新服务的开发没有系

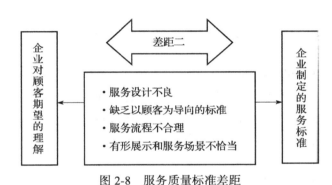

图 2-8 服务质量标准差距

统性等都可能导致差距二的产生。第二，缺乏以顾客为导向的标准。有些企业在制定服务标准时仍然以企业为中心，所制定的服务标准没有反映顾客的期望，这样可能会使顾客感知到的服务质量下降。另外，如果企业对顾客的需求和期望不了解，也就很难将顾客期望通过服务标准反映出来。第三，服务流程不合理。服务流程是建立服务体系的过程，更是创造良好顾客体验的过程，如果企业的服务流程设计和管理不当，服务流程向顾客传递的可能就是质量低劣的服务，会扩大差距二。第四，有形展示和服务场景不恰当。这方面常见的问题是：企业没有根据顾客的期望设计有形展示和服务场景，服务场景与顾客和员工的需求不匹配，服务场景的维护不足等。

### 差距三：服务传递差距

服务传递差距是指企业实际传递的服务与其制定的服务标准之间存在差距（见图2-9）。

差距三产生的原因很多，主要包括下列几个方面：第一，对服务人员管理不当。这体现在很多方面，如企业招聘了不合格的员工、人员配置错误、未培训员工、不合理的激励机制，以及缺乏授权和团队支持等。第二，顾客未扮演好自己的角色并承担责任。由于服务生产与消费的同步性，许多服务需要顾客参与其中，顾客会通过自身行为对差

距三产生影响。如果顾客对自己的角色缺乏理解，不愿意或者不能配合服务人员的工作，那么服务人员就难以提供令顾客满意的高质量服务。此外，其他顾客的不当行为也会影响到顾客对服务质量的评价。第三，服务供给与需求不匹配。服务的无形性与易逝性使得企业缺少储存服务产品的能力，导致企业经常面临需求过度或需求不足的情况，当企业不能有效地管理服务的供给与需求时，差距三就会出现。第四，服务中介的问题。此类问题也会使企业传递给顾客的服务与原来设想的服务不一样。

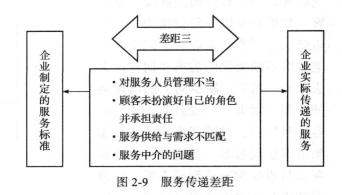

图 2-9　服务传递差距

### 差距四：市场沟通差距

市场沟通差距指企业在市场沟通中做出的承诺与实际服务绩效之间的差距（见图 2-10）。

导致差距四的原因主要有以下方面：第一，市场沟通中存在过度承诺。为了吸引顾客消费服务，企业有时会在广告中或者人员销售中做出一些不切实际的承诺，这些承诺可能会提高顾客期望，从而使企业实际提供的服务与所承诺的不一致，这将会扩大差距四。第二，企业内部水平沟通不足。在企业内部，各个部门之间存在一定的差异，如果营销部门与运营部门、人力资源部门之间缺乏沟通或沟通不充分，就会造成向顾客宣传的服务与企业实际传递的服务不一致。此外，缺乏整合营销传播和对顾客期望管理无效也会导致市场沟通差距。

图 2-10　市场沟通差距

---

**应用练习 2-4**

从同一个服务行业中选择一家服务好的企业与一家服务差的企业，从以下方面分析：

1. 介绍服务好的企业向顾客提供的优质服务，根据服务质量差距模型指出该企业服务优秀的原因。

2. 描述服务差的企业的劣质服务，根据服务质量差距模型指出该企业服务质量低的原因，以及你认为应当如何缩小供应商差距。

## 差距五：顾客差距

顾客差距是指顾客感知的服务与顾客期望的服务不一致（见图 2-11）。要提高服务质量，就要尽可能地缩小差距五，该差距在所有差距中是最重要的。理论上认为，差距五是供应商差距一、差距二、差距三和差距四共同作用的结果，正是由于供应商差距一到四中一个差距或者几个差距的存在，顾客感知的服务质量才会下降。因此，弥合顾客差距的重点是持续消除或缩小供应商差距一到四。在服务营销实践中，企业应该对四个供应商差距进行管理，明确引起每个差距的原因，提出消除这些差距的策略，以缩小顾客差距，提高服务质量，增强顾客满意度。

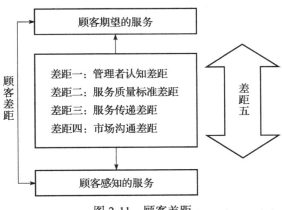

图 2-11　顾客差距

> **知识链接**
>
> ### SERVQUAL 量表
>
> 要识别服务绩效中需要改进的方面、分析在每个方面需要多大改进以及评价改进努力的影响，必须有一个测量服务质量的有效指标。服务质量很抽象，最好通过顾客对服务评价的调查来直观表示。SERVQUAL 调查是最早专为衡量服务质量开发的指标体系之一。
>
> SERVQUAL 量表包含对 21 个服务属性的调查，共分为 5 个服务质量维度：可靠性、响应性、安全性、移情性和有形性。该调查要求在每个属性上提供两个不同的等级，其中一个反映顾客从一个行业最优秀的公司期望获得的服务水平，另一个反映他们对该行业某一特定公司所传递服务的感知。期望等级与感知等级的差距就是服务质量的量化测度。SERVQUAL 量表的理论依据是服务质量差距模型，顾客感知与顾客期望之差就是服务质量水平。表 2-2 列示了基本 SERVQUAL 量表的所有项目。
>
> 表 2-2　SERVQUAL 量表
>
> | 维度 | 项目 | 强烈反对 | | | | | | 强烈赞同 |
> |---|---|---|---|---|---|---|---|---|
> | 可靠性 | 公司对顾客的承诺都能按时完成 | 1 | 2 | 3 | 4 | 5 | 6 | 7 |
> | | 当顾客遇到困难时，公司能为顾客解决问题 | 1 | 2 | 3 | 4 | 5 | 6 | 7 |
> | | 公司一次就能把工作做好 | 1 | 2 | 3 | 4 | 5 | 6 | 7 |
> | | 公司能在承诺的时间内提供服务 | 1 | 2 | 3 | 4 | 5 | 6 | 7 |
> | | 正确记录相关的服务 | 1 | 2 | 3 | 4 | 5 | 6 | 7 |
> | 响应性 | 公司能够告诉顾客提供服务的准确时间 | 1 | 2 | 3 | 4 | 5 | 6 | 7 |
> | | 员工能够及时提供服务 | 1 | 2 | 3 | 4 | 5 | 6 | 7 |
> | | 员工总是愿意帮助顾客 | 1 | 2 | 3 | 4 | 5 | 6 | 7 |
> | | 员工不会因为太忙而疏忽回应顾客 | 1 | 2 | 3 | 4 | 5 | 6 | 7 |

(续)

| 维度 | 项目 | 强烈反对 |  |  |  |  |  | 强烈赞同 |
|---|---|---|---|---|---|---|---|---|
| 安全性 | 员工的行为让顾客满怀信心 | 1 | 2 | 3 | 4 | 5 | 6 | 7 |
|  | 提供服务时顾客会感到放心 | 1 | 2 | 3 | 4 | 5 | 6 | 7 |
|  | 员工是有礼貌的 | 1 | 2 | 3 | 4 | 5 | 6 | 7 |
|  | 员工有足够的知识 | 1 | 2 | 3 | 4 | 5 | 6 | 7 |
| 移情性 | 公司会针对不同顾客提供个别服务 | 1 | 2 | 3 | 4 | 5 | 6 | 7 |
|  | 员工会给予顾客个别关照 | 1 | 2 | 3 | 4 | 5 | 6 | 7 |
|  | 员工了解顾客的需求 | 1 | 2 | 3 | 4 | 5 | 6 | 7 |
|  | 公司会优先考虑顾客的利益 | 1 | 2 | 3 | 4 | 5 | 6 | 7 |
| 有形性 | 公司有现代化的服务设施 | 1 | 2 | 3 | 4 | 5 | 6 | 7 |
|  | 公司的服务设施有吸引力 | 1 | 2 | 3 | 4 | 5 | 6 | 7 |
|  | 员工有整洁的着装和外表 | 1 | 2 | 3 | 4 | 5 | 6 | 7 |
|  | 公司的设施与其提供的服务相匹配 | 1 | 2 | 3 | 4 | 5 | 6 | 7 |

注：问卷采用7分制——7表示强烈赞同，1表示强烈反对，中间分数表示不同的程度。
资料来源：1. 瓦拉瑞尔 A 泽丝曼尔，玛丽·乔·比特纳，等.服务营销（原书第6版）[M]. 张金成，白长虹，等译. 北京：机械工业出版社，2014：81-82.
2. Parasuraman A, Zeithaml V A, Berry L. SERVQUAL: A Multiple-item Scale for Measuring Consumer Perceptions of Service Quality [J]. *Journal of Retailing*, 1988, 64 (1): 12-40.

通过 SERVQUAL 搜集的数据有多种用途：
- 确定各服务属性（在顾客感知和顾客期望之间）的平均差距分。
- 在 SERVQUAL 的 5 个维度上分别评估公司的服务质量。
- 一段时间内追踪（在单个服务属性或 SERVQUAL 全维度上）顾客期望和顾客感知的变化。
- 比较公司与竞争对手的 SERVQUAL 得分。
- 识别并考察在评价公司服务绩效时存在巨大差异的顾客细分市场。
- 评估内部服务质量（即同一公司内一个部门或分部传递给其他部门或分部的服务质量）。

该量表引发了许多以服务质量为焦点的研究，被全世界的各服务行业广泛使用。在不同的行业背景下，已出版的研究直接使用了 SERVQUAL 或对它进行了调整，如房地产经纪商、私人诊所、公共娱乐项目、商学院的就业中心、轮胎商店、传送机公司、会计师事务所、折扣百货商店、汽油和电器公司、医院、银行、宠物寄养店、干洗店、快餐店以及高等教育行业等。

## 2.3.2 服务营销的理论框架

服务企业把服务质量差距模型作为提高服务质量和开展服务营销活动的基本框架，可以围绕缩小顾客感知与顾客期望之间的差距来明确工作任务，做出营销决策和采取相应的策略，不断提高服务质量，让顾客满意并忠诚于企业。

服务营销的核心是提高服务质量，本书即以服务质量为主线，将服务质量差距模型作为全书的理论框架。如图 2-12 所示，全书共分为五大模块。第一模块包括第 1、2 章，概述了服务营销的基本概念和理论，重点介绍了服务的特征与作用、服务营销组合及服务质量差距模型。第二模块主要阐述如何了解顾客期望,包括第 3～5 章,主要介绍服务中的顾客行为、发展顾客关系以及对服务失误进行补救。有效的服务营销需要以顾客为中心,通过了解顾客的购买行为、建立并强化顾客关系以及对服务失误进行补救,可以让企业更好地了解顾客期望。第三模块主要介绍如何设计服务产品和标准,包括第 6～8章,阐述了服务产品与服务标准、服务流程和有形展示等内容。通过开发新服务、制定服务标准、设计服务流程和进行有形展示,企业可根据顾客期望来采取行动。第四模块主要阐述如何有效传递服务,包括第 9、10 章,重点讨论了服务人员的管理、顾客行为管理及服务供需管理,通过这些管理以确保企业能按照预定的服务标准来提供服务。第五模块主要阐述履行服务承诺,包括第 11、12 章,介绍了服务分销、服务定价和服务促销。企业需要通过分销来传递价值,通过定价来实现服务价值的交换,通过促销来宣传价值,以兑现其服务承诺。最后,本书对电子服务和体验营销等服务营销发展的新趋势进行了介绍。

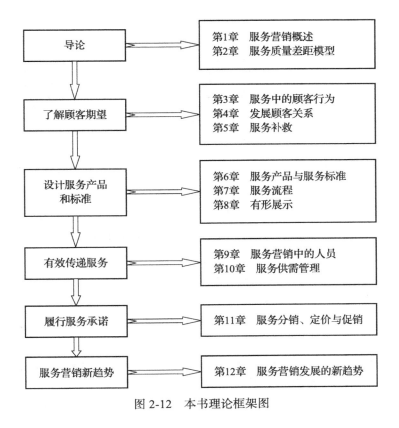

图 2-12 本书理论框架图

> **知识链接** 　　　　　　　　**期望—实绩理论模型**
>
> 　　期望—实绩理论模型是美国营销学家理查德·L.奥利弗(Richard L. Oliver)于 1980 年提出的,在顾客满意的理论模型中最有代表性。
> 　　由图 2-13 可知:

1. 顾客满意是顾客对全部产品质量的认知。
2. 产品质量是由顾客消费某种产品或服务时的主观感受决定的，而顾客的主观感受又取决于顾客消费这种产品的现实感受与顾客购买前对产品的预期相一致的程度。
3. 顾客的主观感受及其强烈程度与顾客的现实感受及其强烈程度成正比，与顾客的预期及其强烈程度成反比。
4. 顾客的主观感受会通过反馈机制，由经验、正式媒体与非正式媒体传导给顾客，使顾客提高或降低预期期望。

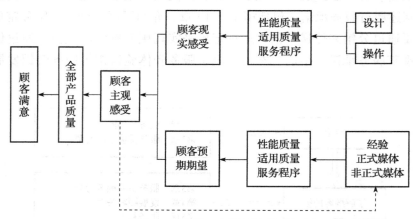

图 2-13 期望—实绩理论模型

奥利弗认为，在消费过程中或消费之后，顾客会根据自己的期望评估产品和服务的实绩。如果实绩低于期望，顾客就会不满；如果实绩符合或超过期望，顾客就会满意。也就是说，顾客会根据自己的经历、他人的口头宣传、企业的声誉、广告宣传等一系列因素，形成对企业服务实绩的期望，并将这种期望作为评估服务实绩的标准。

根据这一模型，顾客满意程度是由实绩与顾客期望之差决定的。这个模型包括两个过程：顾客期望的形成过程、服务实绩与顾客期望的比较过程。顾客的期望为顾客评估服务实绩提供了一个标准：如果服务实绩符合或超过顾客期望，顾客就会满意；服务实绩越高，顾客越满意。如果服务实绩未能达到期望，顾客就不满意。服务实绩越低，顾客越不满意。

资料来源：根据维基百科相关内容整理改编，http://wiki.mbalib.com/wiki/%E6%9C%9F%E6%9C%9B%E2%80%94%E5%AE%9E%E7%BB%A9%E6%A8%A1%E5%9E%8B。

## 本章小结

顾客期望是评估服务绩效的标准和参考点。根据期望水平不同，可把服务划分为理想服务、合格服务和宽容服务（容忍域）。服务期望的形成受到许多因素的影响，服务营销者需要研究和把握这些影响因素，以便充分利用其中的可控因素来管理顾客期望，从而优化顾客对服务质量的评价。

服务接触是指在服务过程中服务企业或员工与顾客发生的接触。服务接触一般可以分为面对面接触、电话接触和远程接触三种类型。

服务质量是一个主观范畴的概念,它是顾客通过对服务的感知而决定的,其最终评价者是顾客,因此,企业必须从顾客的角度来理解服务质量。北欧学派认为,服务质量主要由技术质量、功能质量和有形环境质量三个部分共同构成。北美学派则认为,服务质量由可靠性、响应性、安全性、移情性、有形性等维度构成。

顾客满意是服务中的核心概念之一,与顾客忠诚、企业效益有着密切的联系。顾客满意是顾客的一种主观心理状态,主要受到产品和服务特性、消费者情感、顾客对消费结果的归因、对公平或公正的感知及他人因素的影响。

服务质量差距模型中存在五种服务质量差距:管理者认知差距、服务质量标准差距、服务传递差距、市场沟通差距、顾客差距。服务质量差距模型说明了服务质量问题产生的原因,利用该模型可以帮助营销者改进服务质量。

## 思考题

1. 简述顾客期望的内涵及类型。
2. 导致顾客容忍域不同的因素主要有哪些?
3. 影响顾客期望的因素有哪些?
4. 简述服务接触及其类型。
5. 影响顾客满意的因素有哪些?
6. 简述服务质量维度。
7. 论述服务质量差距模型。
8. 产生服务传递差距的原因有哪些?

## 案例分析

### 一次滑雪旅行

阿米达·鲍耶尔是一家大型保险公司的会计师,她的丈夫查德是一位全日制研究生,他们决定到沃尔蒙特金灵顿的滑雪场去度周末。阿米达意识到金灵顿是个很受欢迎的度假胜地,因此早早地预订了酒店。无论是阿米达还是她的丈夫都没有时间也没有打算对金灵顿的小型客栈做实践体验,于是他们选择了质量上乘的克里蒂山庄,这是一家全国著名的连锁店,刚刚在这一地区开设了一个汽车旅馆。他们俩以前都曾经在这家连锁店的分店住过,对其服务质量非常满意。这一次他们为能够在这一地区成功地预订到这个酒店而高兴,心想他们的服务一定会令人满意。星期五的下午,他们驾车离开辛辛那提市,期待着一个轻松愉快的周末。

他们开车行驶了 12 个小时,最后一段路程还是在大雪中穿过的,到达克里蒂山庄时已经接近午夜,这对夫妇精疲力竭,非常渴望能美美地睡上一觉!克里蒂山庄占地面积很大,由许多两层楼的建筑组成,每座楼内有数个房间。前台登记处设在一个独立的建筑内,没有同任何客房毗邻。这对夫妇一到,就去前台办理入住登记。等待的时候他们同服务员闲聊,询问周末的情况。从闲聊中得知，由于有寒流，气温有可能要下降，会降到 –60℃～ –30℃，但服务员让他们放心，说这个新酒店的隔温效果非常好，而且暖气非常足。阿米达和查德于是开车向他们入住的那个建筑驶去，盼望着赶紧走进温暖舒适的房间。但是没想到的是，等待他们的却是冷冰冰的客厅和比客厅更冷的卧室。室内的暖气根本没有启动，温度计上显示的温度是4℃。他们打开暖气和空调，调到最高档，听着它们叮叮当当地响了5分钟，却只有一点点暖意，于是他们给前台打电话说明了这一情况。接电话的还是刚才那位服务员，她立即对给他们造成的不便表示道歉，说可以给他们调换到另外一个房间。阿米达怀疑山庄的房间已经全满了，但服务员肯定地说等他们开车来到前台，就会有房间腾出来了。他们只好再次驱车来到前台，可是到了那里，服务员却再次道歉："噢，我搞错了，本周末我们的房间都满了，所以你们只好还住在原来的房间。"接着，她又继续灿烂地微笑着，"不过，我们这里有一个大马力的暖气可以供你们使用，打开以后房间马上就会温暖起来。"前台服务员指着一个笨重的足有18千克重的电暖气说。这时已经是子夜12:45了，阿米达明白如果当晚他们想睡上一会儿，或者想取一会儿暖的话，他们是别无选择的，只能毫不耽搁地自己把暖气搬回去，再多说也没用。于是他们一起把暖气塞进已经满满当当的车后座，搬回了房间。

尽管他们没有当着前台服务员的面表示出明显的不满，但是他们对这种对待感到气愤和震惊。他们觉得自己是被骗到前台去取暖气的，那位服务员完全应该自己想办法把问题解决好，至少她可以让负责这方面的后勤工作人员把暖气送来。他们得出的结论是克里蒂山庄根本就不为顾客着想，因为那位服务员更担心的是别惊扰后勤的工作人员，而不是立即解决顾客的问题。尽管现在电暖气已经插上了，但是房间里唯一有点热量的就是阿米达和查德夫妇。出师不利，他们压制的怒火影响了他们接下来在酒店要度过的整个周末，以后他们遇到的每一点点不周之处，都让他们感觉非常不愉快，而且很快做出结论：整个连锁店就是这个样子的！

资料来源：蒂莫西R辛金. 酒店管理案例：典型案例研究[M]. 陈晓东，吴卫，译. 大连：大连理工大学出版社，2003：56-57.

**案例思考**

1. 在该案例中，影响顾客期望的因素有哪些？
2. 运用服务质量维度来分析克里蒂山庄的服务质量。
3. 从服务质量差距模型的角度来分析顾客在克里蒂山庄碰到上述糟糕情况的原因。

# 实践活动

## 一、实验目的

1. 结合企业实践深入理解服务质量维度，掌握衡量服务质量的操作技能。
2. 学会运用顾客期望与顾客感知的相关理论知识分析现实问题。
3. 加深对服务质量差距模型的理解，掌握SERVQUAL量表在服务企业中的应用。

## 二、实验内容

以某一服务企业或服务品牌为背景，利用SERVQUAL量表为其设计问卷，对顾客进行问卷调查，调查顾客对该服务企业或服务品牌的期望与感知，使用SPSS软件或其他软件分析收集的数据，得出结论并给出提高服务质量的相关建议。

## 三、实验组织

1. 教师提前 1～2 周布置任务,说明实验要求及注意事项。
2. 将教学班同学分组,每组 8～12 人。
3. 采用组长负责制,由组长带领成员分工协作,共同完成实验任务。
4. 教师组织部分小组在课堂上交流。

## 四、实验步骤

1. 各组根据本章知识链接中的 SERVQUAL 量表设计一份调查问卷。
2. 各组进行问卷调查。
3. 对调查问卷的数据进行统计分析。
4. 各组成员对统计分析结果进行讨论,撰写调研报告并制作演示文稿。
5. 教师安排 1～2 个课时,由部分小组的代表交流展示调研报告。
6. 各小组根据教师和同学的意见进一步修改报告和演示文稿并提交,教师记录实验成绩。

# 第3章
# 服务中的顾客行为

## 学习目标

本章讨论了服务中顾客购买行为的特点、服务购买决策过程以及服务购买决策理论。通过本章的学习应该能够:

1. 理解搜寻、体验与信任特性。
2. 认识服务中顾客购买行为的特点。
3. 掌握服务购买决策过程。
4. 了解服务购买决策理论。

## 本章结构

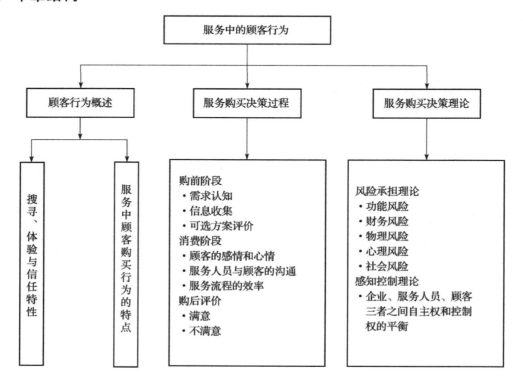

## 导入案例

### 梅西百货利用"移动+地理位置"决战购物季

地理位置与移动的结合,是零售业引流和促进消费的一大趋势。通过与谷歌"邻近营销平台"(proximity marketing platform)的合作,梅西百货在搜索上每投入1美元,就能带来6美元的销售回报。

出门赴约,衣服不小心开线或者洒上了咖啡,怎么办?

回家重新换一件?时间来不及。不管不顾,直接赴约?又太尴尬。遇到这种两难的尴尬境地,怎么办?

现在,梅西百货给了第三种选择:拿出手机,通过谷歌搜索你需要的商品,马上就能知道,离你最近的一家梅西百货有你需要的衣服。除此之外,尺码、价格以及颜色等细节信息一应俱全,甚至还有该商品的官网链接。如果你找不到这家梅西百货,搜索结果中还有路线图,帮你在最短的时间内轻松抵达,以最好的状态按时赴约。

根据消费者的搜索,梅西百货还可以提醒他们货架上那些平日里被忽略掉的产品。例如,如果消费者搜索衬衣,便可以提醒他们,在衬衣货架旁边就摆放着领带;如果一位爱美的女人出门忘带口红,在谷歌上搜索之后,不仅能找到心仪的口红,还会收到一款香水的提示。梅西百货希望通过此举促进消费者的购物冲动。

这是梅西百货和谷歌合作推出的一个项目,旨在利用谷歌的邻近营销平台和移动搜索,在即将到来的一年中最大的购物季里促进消费者全方位地购物。

这也是梅西百货为了抢占购物季这块大蛋糕推出的"移动+地理位置"项目之一。除了与谷歌合作,梅西百货还将苹果公司的微定位技术iBeacon应用到Shopkick上,Shopkick是一款基于当前位置提供购物服务、奖励消费者走进商店真实签到的应用。增加了iBeacon技术后,ShopBeacon使得基于消费者店内位置的自动推荐和智能导购成为可能。

目前,梅西百货已将Shopkick ShopBeacon技术应用到它在全美国的所有店内。这样,当消费者在附近逛街时,就能接收到梅西百货商品的折扣和消息推送。梅西百货还率先采用苹果公司新推出的Apple Pay移动支付功能,给消费者带来不一样的购物体验。

地理位置与移动的结合,是零售业引流和促进消费的一大趋势。根据谷歌近期对6000名手机用户的网上调查显示,87%的人在去一家实体店之前会先通过手机搜索相关信息;79%的人在购物过程中也进行搜索;35%的人在购物后上网搜索。同时,那些通过手机在网上搜索且在实体店购物的消费者中,71%的人表示移动设备成为他们店内购物体验的重要工具。

在谷歌首次推出它的邻近营销平台时,梅西百货就与谷歌合作,在旧金山、加利福尼亚等市场进行过测试,用梅西百货数字媒体和跨文化营销副总裁珍妮弗·卡斯珀(Jennifer Kasper)的话来说,"结果很鼓舞人心"。结果显示,梅西百货在搜索上每投资1美元,就能获得6美元的销售回报。

正是这个结果,让梅西百货把"移动+地理位置"作为决战购物季的秘密武器。在圣诞购物季,也许很多人可以为没有买到心仪的圣诞礼物找到很多借口,但梅西百货的顾客不会说"我找不到我要买的东西"。

资料来源:周瑞华.梅西百货:"移动+地理位置"武装购物季[J].成功营销,2015(1).

## 引言

顾客构成企业的市场，是企业营销活动的出发点和归宿。如果不了解顾客，任何企业都不可能提供令顾客满意的服务。服务营销者需要知道顾客是如何做出购买服务的决策的。只有理解顾客行为，才能制定有针对性的服务营销策略，提高企业的营销效益。本章从服务中顾客购买行为的特点出发，讨论顾客是如何做出购买决策的，并介绍了服务购买决策理论。

## 3.1 顾客行为概述

在以顾客为导向的市场营销过程中，理解和把握顾客的消费心理与购买行为是企业有效制定营销战略和开展营销活动的重要前提。与所有的社会行为、经济行为一样，服务中的顾客购买行为也有一定的模式和变化规律。由于服务自身的特点，顾客购买服务的行为与购买有形产品的行为有所不同。服务营销者要想有效地向顾客提供服务，就需要了解服务中顾客购买行为的特点。

---

**小案例 3-1　　台新银行玫瑰卡：最女人的信用卡**

长久以来，玫瑰即代表着女性对浪漫爱情的憧憬，尤其在对女人来说最重要的日子——情人节，玫瑰花更代表爱情永恒的誓言。玫瑰好听、好记，是日常生活中经常购买的花种，除受女性喜爱之外，也非常受男性欢迎。因此，台新银行将产品命名为"玫瑰卡"。

台新银行在宣传玫瑰卡时塑造了这样一种用户个性写真：喜欢煮咖啡，不喜欢煮饭；工作全力以赴，表现一流；渴望有女强人的成就，又渴望如小女人般受宠；热情、爱冒险，却又心思细密；喜欢出国旅游，会赚钱也会花钱，高兴就好；有自己的生活品位，有自己的消费主张，有专属于女人的信用卡——台新银行玫瑰卡。电视广告以"首创普通卡附加400万台币旅游平安险"为主题，接一段5秒的玫瑰花绽放的画面，传达新卡上市及"最女人的信用卡"信息。报纸广告传达都市女性对现代爱情、生活、两性关系的看法，建立玫瑰卡为都市女性代言人的形象。杂志广告以女人第一次收到玫瑰花的心情，传达台新银行玫瑰卡的浪漫特质，并树立玫瑰卡为女性爱情代言人的形象。台新银行制作了大型公交车海报，只要搭乘台北市公交车，便会被台新银行玫瑰卡灿烂的花海所包围。"最女人的信用卡"，清楚地表达了玫瑰卡的属性。投放的广告展现出玫瑰卡的气质，其塑造玫瑰卡独特的个性得到目标群体的广泛认同。目标消费群接触到广告宣传时被其诉求所感动，相信自己便是那一位拥有玫瑰卡的独特女人。

台新银行玫瑰卡的发卡量在上市的短短一年半时间里突破了10万张，并以独特的诉求和服务利益建立了其女性的、认真的品牌个性，一跃成为台湾地区女性信用卡的领导品牌。

资料来源：许晖. 服务营销 [M]. 北京：科学出版社，2011：183-184.

---

### 3.1.1 搜寻、体验与信任特性

顾客在购买产品的过程中通常会评价不同的产品，以从中挑选合适的产品进行购买。

一般来说，相对于有形的产品，消费者很难评价无形的服务产品，这是因为产品特性决定了产品评价的难易程度。产品特性可分为下列三种类型。

### 1. 搜寻特性

搜寻特性是指消费者在购买之前就能确认的产品特性，如产品的尺寸、颜色、款式、质地和气味等。这些特性可以帮助消费者在购买前了解和评估产品，因此，消费者比较容易评价具有高搜寻特性的产品。大部分商品都具有明显的搜寻特性，如家用电器、汽车、服装和首饰等。

### 2. 体验特性

体验特性是指消费者只有在购买后或消费时才能感觉到的产品特性，如味道、舒适度、耐磨性等。这些性能在消费之前没有办法评价，因而消费者较难评价具有高体验特性的产品。餐馆食物、理发和度假等服务产品具有很高的体验特性，消费者需要亲自体验，才能知道或评价服务的性能。例如，你只有亲自去餐厅用餐才能知道食物味道如何，是否喜欢餐厅的服务与环境；你只有入住酒店才能体验到酒店的服务是否及时周到。

### 3. 信任特性

信任特性是指消费者即使在实际消费之后也无法评价的产品特性。由于消费者缺乏足够的专业知识来评价产品是否能满足需求，甚至在消费之后也难以估计到，因此高信任特性的产品最难评价。手术、教育、法律服务与维修服务等服务产品具有较高的信任特性。例如，病人即使接受了外科手术，也难以评价医生在手术过程中的表现和医疗服务的效果；餐厅服务的信任特性包括厨房的卫生条件和食材的安全性，消费者即使用完餐也不知道餐厅厨房的卫生条件是否合格，食材是否安全可靠。

产品特性对评价难易程度的影响如图 3-1 所示。位于图左边的大多是有形产品，有形产品的搜寻特性显著，消费者比较容易评价；而位于图右边的主要是服务产品，它们具有较高的信任特性，是最难评价的。介于两者之间的产品具有较高的体验特性，较难评价。总之，大多数服务产品具有较高的体验特性和信任特性，在购买之前难以评价。

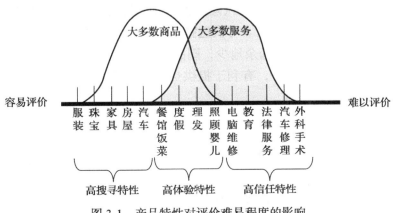

图 3-1　产品特性对评价难易程度的影响

## 3.1.2 服务中顾客购买行为的特点

### 1. 主要依赖个人信息来源

在购买服务的过程中，顾客主要通过亲朋好友、同事、邻居和熟人等个人信息来源获取服务信息，这是因为以下几个方面：①大众传媒难以传播有关体验特性的信息，而很多服务具有体验特性，通过有亲身经历的人可以间接地得到相关体验的信息。例如，在餐饮服务中，厨师的烹饪过程很难通过平面广告表达，同时，服务流程、服务技巧及效果都必须靠顾客自我感知。②服务企业相对制造商而言规模较小，往往缺乏经验和资金打广告，而且服务企业集生产和销售于一体，在制造业中制造商与零售商共同出资的合作广告很难运用到服务业中。③顾客在购买前难以明确服务的特性，其他人的体验或意见就会变得很重要。

### 2. 购买服务的风险性更大

顾客购买服务的风险比购买有形产品的风险更大，这主要是因为以下几方面。①服务产品是无形的，与商品相比，较难对服务质量进行准确的判断，尤其是很多服务具有体验特性，在服务消费前是无法判断的，如菜肴的味道。服务产品的无形性越高，顾客购买时的感知风险就越大。②服务具有异质性的特点，服务的质量会随着人员和时间的不同而发生变化，顾客每次购买的服务都没有确定的结果。③服务生产过程和消费过程同步，使得服务过程具有不可逆的特点，在顾客感到不满意时，服务可能已经被消费了。④即使在购买和消费后，顾客由于缺乏足够的知识和经验仍然难以评价服务。例如，在汽车修理服务中，顾客往往因为缺乏专业知识而无法判断服务质量。

### 3. 品牌忠诚度高

顾客对服务品牌一般具有较高的忠诚度，这主要是因为以下几个方面。①更换服务品牌成本更高。顾客很难获得全面的服务信息，而且对替代品是否比现有服务更能让自己满意也没有把握。同时，顾客放弃一个品牌而改用另一个品牌可能要付出很高的成本。当更换服务供应商的成本较高时，他们会忠诚于某一品牌的服务。②服务购买风险比较大。顾客在购买决策过程中感知到的风险越大，就越愿意与某一品牌维持长期的关系，从而降低与服务购买有关的风险。③可供选择的服务品牌有限。专业性服务所设置的服务网点通常很少，如果顾客的挑选余地少，则品牌忠诚度会更高。④为了获得更多利益。企业比较了解老顾客的需求偏好，有利于提供更好的服务，同时，顾客也希望通过多次惠顾得到更多优惠。

### 4. 顾客参与服务的生产过程

服务的同步性使顾客参与了服务的生产过程，因此，顾客对服务质量会产生一定的影响。为了增强顾客的参与性，服务企业要鼓励他们的积极参与，通过各种沟通活动教育顾客，让他们进一步了解服务过程及其在服务生产过程中所承担的活动，并奖励表现好的顾客。

> **应用练习 3-1**
> 以家人一起度假或与朋友到餐馆就餐为例，说明你首次购买的决策过程可能会经历哪些阶段。

## 3.2 服务购买决策过程

为了有效地提供服务，服务营销者必须了解顾客的服务购买决策过程。顾客购买服务要经历购前阶段、消费阶段和购买后的评价阶段（见图3-2）。由于服务一般是体验特性和信任特性较高的产品，这就意味着顾客的服务购买决策过程不会与商品购买决策过程完全一样，服务购买决策过程有其特殊性。

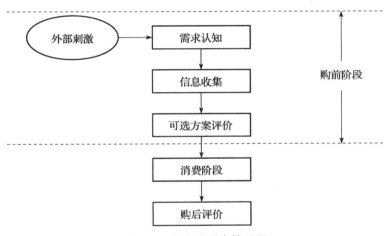

图 3-2　服务购买决策过程

### 3.2.1 购前阶段

在服务的购前阶段，当消费者意识到自己对某种服务产生了需求，消费者就会搜寻信息，评价各种备选服务。在购前阶段，消费者一般要经历需求认知、信息收集、可选方案评价等步骤。

**1. 需求认知**

服务购买过程始于消费者认识到一个问题或需求。个人或者组织的潜在需求会引发消费者购买服务，而服务是可以满足马斯洛所提出的五种需求的。马斯洛的需求层次理论将生理需求、安全需求、社交需求、自尊需求和自我实现需求按由低到高的顺序进行了排列。生理需求是指对衣食住行等较低层次的需求，如饥饿时对食物的需求。安全的需求是对人身安全、财产等不受损害的需求，如消费者对保险的需求。社交需求是指对友情、爱情、人际关系等的需求，如为增进友谊而进行的朋友聚餐。自尊需求是指对成功、成就和自尊的需求，如消费者参加教育、培训以追求自我完善和成功。自我实现需求是消费者追求发挥自身的潜能、实现人生价值的需求，如消费者为获得体验而参加蹦极或跳伞等活动。消费者的需求可能由内部刺激或外部刺激引起，如饿、渴等内部刺激，或者广告和实物启示等外部刺激，都可能激发我们对某种需求的确认。由于服务具有无形性、异质性、生产与消费的同步性等特点，外部刺激发挥的作用不像购买商品时那样大。

---

**小案例 3-2　　　　懒人的福音：O2O 不断个性化**

宅男宅女、碎片化的时间让"懒人"涌现。整个人类的生活方式都随之改变，传媒业、零售业、娱乐业、餐饮业、金融业等服务行业随之进行了彻底的效率提升改造。这其中蕴藏了无限"钱景"，那么"懒人"给 O2O 究竟带来了哪些创业的机会？

**个性化一：90 后"若邻再生"的旧衣换物**

出发点：废物回收，环保又便捷

环保不一定是消费，换个角度也可以商业化。90 后李博文的"若邻再生"上门 O2O 就是解决人人都有的旧衣问题。服务流程很简单，微信上预约后，便会有穿着带 Logo 小马甲的员工上门取衣。5 公斤的废旧衣物可以换一包纸巾和洗衣皂；7.5 公斤旧衣服可以换一包卫生纸和一卷保鲜膜；12.5 公斤旧衣服可以换一组衣架。回收后的旧衣进入仓库后，对于部分优质衣服、冬季的衣服进行捐赠，拍照反馈到微信平台以及用户。

李博文说："用户有哪些需求，我们的服务就来源于哪里。很多女性家里的衣服越来越多，但是每年都会更替掉，所以就有了我们处理旧衣的服务。如今已有很多民间组织加入这个队伍，让废旧衣物流转起来。"

**个性化二："阿姨来了"**

出发点：家政改变中国，我们改变家政

"阿姨来了"的 CEO 周袁红说道，"明星有经纪人，我们的阿姨也有经纪人。"做家政的核心还是保姆，突破点在培训和介绍上。不太懂这个城市和雇主的阿姨需要有人帮她清理责权。在很多人喊去中介化的时候，家政经纪人一手拖着雇主，一手拽着阿姨，实际上就是一个"自由女神"。

"我们的目标是做家政人的精神家园。"周袁红说道，"目前我们家政经纪人的模式比较成熟，我们做经纪人的时候，把每个业务人员变成了老板，就是把谈单签单的人，变成了平台上的个体创业者。这样所有经纪人和我既是员工关系也是合作关系，所有的收益都很公开透明地进行分账。"

对于挑剔的雇主，经纪人的作用便极大地凸显出来了。企业的系统为经纪人提供整个平台运营保险，对阿姨也有很具体的 20 项服务保障。

**个性化三：首家轻食平台**

出发点：适合在办公室吃的下午茶

"楼下100"是国内首家轻食平台。所谓轻食就是咖啡、下午茶、奶茶、甜品，这些都是比较容易制作，又适合在办公室吃的一些餐饮。目前楼下100在上海、苏州、杭州已经落地，2015年上半年会在北京和南部城市开拓业务。

下载App后，就可查看附近的轻食店，不同于"饿了么"较高的品牌调性，楼下100偏向西式，且配送员都是全职的。目前楼下100合作门店有两千多家，五万多种SKU，选择种类很多。创始人季晓杨补充道："因为80%的客户是女性，现在基本都用'小鲜肉'送货。我们有一个烘焙冷链的服务体系，调子定高，服务好，我们要做细分门类的O2O。"

季晓杨说："我们通过运营数据得出来两个关键数据，一个是物流速度，一个是重复购买率。我们在设计App的时候，会非常关注物流速度。""我们之前做过一些市场调查，如果App图片太好看，会使消费者看图分心，花太久时间点单。我们希望消费者打开App能迅速找到他想吃的东西下单，我们的配送人员接到订单后马上送去。"

**个性化四：找到痛点，另辟蹊径**

出发点：从B端开始的家政享悦服务云

"家政是慢公司，我们也很慢。"享悦服务云的吴峰说道，"我们刚起步的时候，资金只有20万元。但做O2O很贵，如果从C端开始的话，20万元会让我们很慢，而且树敌多。当所有人都在看C端的时候，你可以反过来看B端。如果你能找到痛点去解决的话，也是一个蓝海，并不一定局限于O2O。"

经过调研发现，线下很专业的中小型家政公司，不一定能把线上照顾到。享悦服务云便从此入手，做融合系统。不是仅限于做线上的公司，而是分步走，技术下沉已经做到了。标准化做好以后，可以下沉给家政公司，他们负责采购，然后分账。吴峰说："我们做O2C业务不是想颠覆家政公司，而是想把标准化做好以后让他们省事。"

资料来源：王珑娟. 懒人的福音：O2O不断个性化，VC看好创业者疯夺商机. [2015-03-13]. http://newseed.pedaily.cn/201503/201503131319576.shtml. 内容有删节。

## 2. 信息收集

如果意识到存在某种需求问题并觉得有必要采取行动解决该问题，消费者就会收集有关服务的信息。信息的来源主要有以下三个方面。

第一，经验来源。消费者从使用、消费服务中可以得到相关信息。如果消费者已经使用过某项服务，具备了一定的服务购买经验，购买时一般会在脑海中搜索储备的信息。

第二，个人来源。个人来源包括家人、朋友、邻居和熟人等。在购买服务的过程中，个人来源是消费者最主要的信息来源，消费者对该信息来源的依赖程度较高。研究显示，在寻求法律服务和医疗服务时，消费者的主要信息来源是个人，尤其是朋友。在评价服务时，个人来源所起的作用比其他信息来源的作用更重要。

第三，商业来源。商业来源包括广告、宣传手册、服务人员介绍等。在信息收集阶段，企业提供的服务信息能起到告知的作用。虽然服务促销难以像商品促销那样采用样品展示的形式，企业仍然可以通过电影、电视、网络视频等向消费者提供服务的信息。

### 3. 可选方案评价

在收集信息之后，消费者会根据所掌握的信息评价各种备选方案。消费者在评价时，会使用服务的多个属性作为参考因素，比较各个服务品牌的重要属性，对比不同方案的感知风险，从中选择一个相对较好的方案。例如，学生选择大学时会根据学校的地理位置、学术声誉和专业情况在可选择的大学之间比较，最后选择一个自己相对喜欢的大学。

消费者评估购买方案时，通常只能在几种有限服务品牌之间进行比较，这主要是因为以下几方面因素。

（1）每个服务机构一般只提供单一品牌的服务，如银行、理发店。相比之下，要购买照相机的消费者在零售店却有多种品牌可供选择。

（2）在特定的地理范围内，提供同样服务的商业机构较少，服务的销售网点通常不像有形产品销售点那么多。

（3）消费者通常需要到提供有关服务的机构（如银行、保险公司和旅行社等）去消费服务，因而可选择范围是很有限的。

（4）由于服务产品本身的复杂性，消费者难以获得足够的信息，可能不知道替代品的存在，或者不愿意花费时间和精力去获取其他服务机构的信息。

## 3.2.2 消费阶段

经过购买前的一系列准备，顾客进入实际购买和消费阶段。由于服务具有同步性的特点，这一阶段也是顾客与服务人员及其设备相互作用的过程。在消费阶段，顾客的服务体验主要受到自身感情和心情、服务人员与顾客的沟通、服务流程的效率等的影响。

### 1. 顾客的感情和心情

顾客感情和心情的好坏对服务体验有很大的影响。与心情相比，感情更稳定、更强烈、更深入；心情则是指发生在特定时间和特定情况下的短时间的感觉状态。感情和心情主要通过以下方式影响顾客：首先，好心情的顾客更乐于参与服务，积极配合服务人员，使服务接触更易于成功，而坏心情的顾客可能不愿意参加必要的服务活动。其次，感情和心情会使顾客对企业或服务产生偏见。感情和心情会放大顾客的消极或积极体验，从而对企业产生不同的评价。例如，顾客心情糟糕时可能对餐桌上零星的油渍大发雷霆，而心情好时可能不会在意或自己动手擦一下。最后，感情和心情会影响顾客对服务信息吸收和重现的方式。当顾客回想起所经历的某一服务时，与这次服务接触相关的感觉也会成为其中的一个部分。例如，一个顾客与好友在云南丽江玩得很开心，她可能对丽江评价更高，当她想到丽江时，可能会想起双方的友情。

#### 2. 服务人员与顾客的沟通

由于服务具有同步性的特征，服务人员与顾客在服务消费过程中都扮演着重要的角色，顾客与员工之间的沟通会影响到顾客的服务体验。服务中的沟通是双向的，既包括服务人员主动向顾客介绍服务情况和引导顾客参与服务，也包括顾客向服务人员清晰地表达自己的要求和看法。因此，要实现有效的沟通，企业要帮助服务人员向顾客传授参与服务过程的有关知识，取得顾客的配合，还要领会顾客提出的要求，主动询问顾客的意见，避免顾客在消费阶段产生不满。例如，服务人员可以在餐桌旁主动询问顾客就餐的感觉，以及时发现问题并进行补救。

#### 3. 服务流程的效率

服务流程的高效率体现为服务人员及时准确地向顾客提供所需服务的反应程度和服务效率。例如，饭店接待食客的程序，上餐具、上菜的时间，银行接待顾客的程序，顾客填写的表格等，这些都是服务流程中涉及的内容，这一切给顾客留下的印象将会影响到顾客的服务体验。有效的服务流程设计应该能够提高服务效率，为顾客带来良好的服务体验。

---

**知识链接**　　　　　　　　**与电子商务有关的顾客决策过程**

互联网已经对顾客的决策过程产生了巨大的影响，它对信息搜索、服务替代品的评价以及购买过程的影响更为特别。

**信息搜索**

（1）浏览的便利性。是否可以很容易地在站内活动？
（2）网页下载的速度。网页的加载是否足够快？
（3）搜索工具的有效性。搜索工具能否找到用户所寻找的信息？
（4）服务产品更新的频率。服务产品信息能否及时更新以满足用户的需求？

**服务替代品的评价**

（1）服务产品比较的便利性。能否很容易比较网站提供的不同产品？
（2）服务产品描述。服务产品描述是否足够准确、清晰和全面，以使顾客在信息完备的情况下做出决策？
（3）接触顾客的服务代表、客服电话号码是否容易查询？
（4）存货情况。缺货情况能否在顾客开始订购前明示？

**购买**

（1）安全和隐私问题。在传送个人信息时顾客是否感到放心？
（2）订购过程。用户能否在合理的时间限度内完成订购过程？
（3）支付方式。是否提供了购买者想要的支付方式？

（4）递送方式。是否提供了购买者想要的递送方式？

（5）订货规则。订货规则是否容易理解？

资料来源：Jody Dodson. What's Wrong with Your Website[J]. *Target Marketing*, 23(2): 135-139. 有改编。

### 3.2.3 购后评价

在此阶段，顾客对体验到的服务进行评价，它将在很大程度上决定是否会继续使用企业的服务。在消费了服务之后，顾客可能满意，也可能不满意，并会出现相应的购后行为。在服务对顾客很重要或者首次购买的情况下，购后感受对顾客后续行为会产生重要的影响。顾客的购后评价及其行为如图3-3所示。

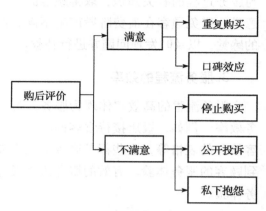

图 3-3 顾客的购后评价及其行为

顾客的购后评价所表现出来的满意或不满意会直接影响他对某项服务产品的重复购买。如果顾客购后满意，在下次购买活动中可能会继续购买该服务产品，并可能向其他顾客传递服务产品的正面信息，从而产生口碑效应。如果购后不满意，顾客则会停止购买该服务产品，或者采取公开行动向企业、第三方投诉，或者向家人传播企业或服务产品的负面信息。服务营销人员应采取措施提高顾客满意度，尽可能避免负面口碑的传播。

---

**应用练习 3-2**

以班级组织的外出游玩活动为例，考虑下列问题：

1. 从一开始形成想法到游玩结束，整个过程经历了哪些阶段？
2. 在这一过程中，同学们分别扮演了什么角色？
3. 你们参考了哪些信息来源？最主要的信息来源是什么？
4. 最后的决定是怎么形成的？
5. 在游玩之后，你有何想法？这些想法是否会对你的再次出游意向产生影响？

---

## 3.3 服务购买决策理论

由于购买服务所承担的风险大，且服务消费过程是一个互动的过程，消费者的决策过程相对于实体商品来说更为复杂。为了更好地解释消费者是如何进行服务购买决策的，许多学者提出了服务购买决策理论。这里主要介绍两种：一是风险承担理论，该理论侧重于消费者购买前的选择过程；二是感知控制理论，该理论侧重于描述消费者购后阶段的满意度。

## 3.3.1 风险承担理论

风险承担理论侧重于从感知风险的角度来解释消费者的服务购买行为。风险承担理论认为,与有形商品的购买相比,消费者在购买服务的过程中所感知的风险更大,购买服务的任何行为都可能产生一些不能准确预见的、不愉快的后果,而这种后果要由消费者自己承担。因此,消费者的服务购买决策本质上类似于某种风险决策行为。

感知风险由结果和不确定性两个维度构成,结果是指消费者决策衍生结果的重要性或危险的级别,不确定性是指结果发生的客观可能性。例如,在外科手术中,从不确定性来看,患者可能没有经历过手术,也不确信此次的手术是否还会像医院以往类似的手术那样成功;再从结果来看,手术失败的后果可能危及生命。

消费者在服务购买过程中面临着多种风险。感知风险主要有以下几种类型。①功能风险。该风险是指消费者购买的服务产品不能提供相应的功能。它体现在消费者对服务不满意的表现结果方面。例如,干洗能够将羊毛大衣上的污渍去除吗?②财务风险。这种风险是指购买出现错误所造成的金钱损失或带来不可预期的成本。例如,参加旅游团是否还要支付额外费用?在网上订酒店会不会泄露个人信息?③物理风险。该风险是指由于出现差错而给消费者带来的人身伤害或财产损失。如到度假地去滑雪是否会受伤?交付快递公司的包裹是否会在途中受损?④心理风险。它是指消费者购买服务所带来的担忧情绪。例如,乘坐的飞机是否会坠毁?医生的诊断结果是否会让我觉得心烦意乱?⑤社会风险。它是指因特定的服务购买而影响到消费者的社会地位。该风险与其他人的想法和反应有关,消费者购买服务时害怕其他人出现消极的反应。例如,如果同事知道我在便宜的餐馆就餐后会如何看我?家人会满意我选择的家政公司吗?

消费者在购买服务时,会主动规避风险或减少各种感知风险,这主要表现在下列方面。第一,注重口碑。在风险较高或者首次购买服务的情况下,会更多地听取亲人、朋友、同事的建议,还会利用网络搜寻与某项服务有关的好评和差评。第二,忠于品牌或商号。消费者购买服务时会优先考虑那些声誉好的品牌或商号,一旦比较满意,就不太可能冒险去尝试其他品牌或商号的服务,以避免遇到新的风险。第三,深入了解服务。消费者为了减少风险,会通过多种途径熟悉企业提供的服务,如浏览企业网站、宣传视频和宣传册,询问员工,试用服务,观察服务现场以及查找有形证据等。

## 3.3.2 感知控制理论

消费者在服务接触过程中的控制感会影响顾客行为和顾客满意。感知控制理论认为,消费者是通过控制可感知情境来评价服务的。在服务购买过程中,消费者对服务的满意程度取决于他所感觉到的自己对周围环境的控制权。感知控制理论的基本假设是,消费者对可感知情境的控制水平越高,对服务的满意度也就越高。因此,在服务购买过程中,如果消费者觉得自己对服务接触的进程控制权越大,则对所购买的服务评价越高,对服务也就越满意。

控制包括行为控制和认知控制。行为控制是指在服务接触过程中消费者可以改变服务情境或要求企业提供传统服务之外的定制化服务。例如，消费者要求服务员为浪漫的烛光晚餐做特别的准备。在服务接触过程中，行为控制对企业、服务人员和消费者都非常重要。无论哪一方在服务接触进程中占据支配地位，都可能引发冲突。服务接触中的行为控制冲突如图 3-4 所示。

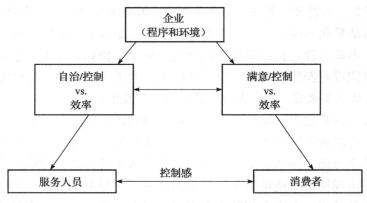

图 3-4　服务接触中的行为控制冲突

如果企业控制服务接触，如麦当劳对特许店的控制，意味着它会制定一系列严格的规则和程序使服务标准化，以尽可能提高服务传递的效率，但是，这些规则和程序却限制了服务人员为消费者服务的自主权，也使消费者只能从有限的几种标准化服务中做选择。另外，服务人员与消费者都试图支配互动过程，员工希望控制消费者行为以使其工作变得容易，但消费者也许会感到不快，企业的效率也可能因此降低。而消费者希望控制服务接触以获取更多利益，员工可能需要根据消费者偏好来提供服务，企业服务传递的效率也许会降低，但成本会上升。因此，有效的服务接触应该是使企业、服务人员和消费者三方的控制需要达到动态平衡。如果服务人员得到合理的培训且消费者期望与角色也得到充分沟通，那么企业对效率的需求也能实现。

认知控制就是消费者想要知道某些事件发生的原因，了解事情发展的动态。例如，乘客想知道航班为什么会延误，要延误多长时间，什么时候能起飞，如果乘客对这些信息一无所知的话，就会觉得失去了控制感，感觉会很糟。认知控制是一个心理学概念，它强调的是消费者对控制的心理认知，而不是消费者真正拥有的行为控制能力。例如，银行会在等候办理业务期间采取措施让消费者知晓前面等候服务的人数，以增强消费者的认知控制感，从而提高消费者对服务的满意程度。

在大多数情况下，控制感之间可以互补，即可以通过更高的认知控制感来补偿行为控制感的降低，这对于企业来说是一个好消息。这是因为，对于很多提供标准化服务的企业而言，向消费者提供定制化服务或允许消费者改变服务情境的可能性很小，也即企业难以让消费者获得更多行为控制感。在这种情况下，企业可以尽量给予消费者更多的认知控制感。例如，医院向患者详细地说明所采用的治疗方案及为何采用该方案，会让患者感觉到可控，能缓解其紧张的情绪。

设计和管理服务接触中的控制感十分重要，尤其是认知控制感。企业在服务交易中应该为消费者提供充分的信息，这会让消费者在购买过程中感到自己拥有更多的控制力，从而提高其满意度。如航班延误时，航空公司应该提前通知乘客，告诉乘客晚点的原因以及等待的时间，这会使乘客感觉服务仍在自己的控制范围之内，从而避免乘客不满。另外，当企业因调整操作过程而可能影响到消费者时，应该提前通知消费者；否则，消费者可能认为自己已经丧失主动权而对得到的服务感到不满。

## 本章小结

产品特性决定了产品评价的难易程度。产品特性具有搜寻特性、体验特性和信任特性三种类型。大多数服务产品具有较高的体验特性和信任特性，在购买之前难以评价。与商品的购买相比，在购买服务的过程中，顾客购买行为特征包括主要依赖个人信息来源、购买服务的风险性更大、品牌忠诚度高和顾客参与服务的生产过程。

服务购买决策过程分为购前阶段、消费阶段和购后阶段。购前阶段包括需求认知、信息收集和可选方案评价。消费阶段包括对产品的购买和消费。在购后阶段，顾客评价接受的服务，这种评价将影响到他们后续的购买行为。

由于购买服务产品所承担的风险更大，且对服务的消费是一个互动的过程，顾客的决策过程相对于实体商品来说更为复杂。为了更好地解释顾客是如何进行服务购买决策的，许多学者提出了服务购买决策理论。其中，风险承担理论侧重于顾客购买前的选择过程，而感知控制理论侧重于描述顾客购后阶段的满意度。

## 思考题

1. 产品特性有哪些类型？
2. 服务中的顾客购买行为特征有哪些？
3. 论述服务购买决策过程，并说明它与顾客购买有形产品的决策过程的区别。
4. 顾客在服务购买过程中面临哪些风险？
5. 服务购买决策理论有哪些？

## 案例分析

### 闲鱼号

2016年，国内最大的闲置品交易平台"闲鱼"宣布，正式推出其信用新产品"闲鱼号"。闲鱼号将对用户进行史上最严格的实人认证，并可以让用户展现自己的淘宝等级、芝麻信用、微博认证、动态信息等多维"信用记录"，以便让用户之间建立更好的互动信任关系。此外，闲鱼号还可以把用户还原成维度更清晰、更真实可信的个人，让用户更容易找到与自己兴趣相投的伙伴，方便、放心地交流和交易。

这也被视为闲鱼向经济信任体系建设再度迈出的重要一步。闲鱼业务负责人谌伟业表示，"信用体系像分享经济发展的水电煤一样，如果信任的基础环境没有做好，就不会有好的用户体验,平台的运转效率也会大打折扣。"

据了解,上线一周以后,已经有近百万闲鱼活跃用户开通了闲鱼号。

闲鱼号推出的"实人认证"是一项个人身份真实性认证服务,是"实名认证"的升级版。而之所以被外界视为"史上最严格",是因为认证须通过与公安网数据的校验,并结合阿里巴巴的生物识别及无线安全技术,以确保个人身份真实可信,更好地保障用户的交易安全。

据闲鱼的工作人员介绍,用户在升级到闲鱼最新版后,系统会提示是否开通闲鱼号。在此前实名认证的基础上,用户对着摄像头,按照系统随机提示进行"左右摇头"等动作完成摄录,就可以通过"实人认证"。而经过"实人认证"和进一步授权,用户能够在闲鱼展现自己的淘宝等级、芝麻信用、微博账号、动态分享等信息,不断完善自己的信用记录。

在闲鱼业务负责人谌伟业看来,闲鱼能在两年时间成长为最大的闲置品交易市场,达到亿级用户规模,秘诀正是在于建立"信任体系",而信任是未来分享经济的基石。"分享经济涉及大量非标准化的商品与服务,非标准化的东西让用户跟用户之间产生交易和互动,对于信任的要求比实物交易更高。"

谌伟业说,建立信任关系,第一是在用户体验和感觉层面,第二是规则体系,第三是服务与监管。"我们很快会推出闲鱼号这样供大家互动、社交的产品,让用户觉得方便和放心。"

除了让闲置交易更可信赖,建立自己的闲鱼号,闲鱼用户还能像微博那样相互关注并看到对方的动态信息,如新增宝贝、互动评价、个人分享等。许多活跃用户如"鱼塘"塘主,都可以用分享内容、攒粉丝的方式,走上网红之路。

闲鱼工作人员表示,闲鱼在向部分用户推送了闲鱼号测试包之后,发现用户接纳实人认证的比例非常高,也说明"我们的用户非常愿意分享信用,愿意建立与他人的互信"。

据悉,截至目前已经有近百万闲鱼活跃用户开通了闲鱼号,包括一大批鱼塘塘主们。鱼塘是一款基于地理位置、兴趣和互动交易建立的社区产品,数量从2016年3月的12.5万个已增加到2016年8月的27万个,而鱼塘的管理者"塘主"则是粉丝动辄上万甚至几十万的牛人。

业内人士表示,闲鱼号的推出或将帮助孕育全新的行业意见领袖群体,一批"闲鱼造"的网红也许正在赶来的路上。

资料来源:https://www.ithome.com/html/it/253221.htm.

**案例思考**

1. 用户使用闲鱼号时面临哪些风险?
2. 闲鱼号是如何降低这些风险的?
3. 你认为还可以采取哪些措施来降低风险?

## 实践活动

### 一、实训目的

1. 基于消费者服务购买行为及其相关知识的学习,深入了解服务购买决策过程。
2. 认识影响消费者购买行为的因素。
3. 了解消费者服务购买行为与有形产品购买行为的异同点。

## 二、实训内容

采用表演的方式,将消费者购买服务的一次完整经历和服务提供商的相应营销对策展现出来。

## 三、实训组织

1. 教师提前一周布置表演任务,说明实训要求与注意事项。
2. 把教学班同学分成不同的小组,每组人数4~6人,每组选一位组长。
3. 以小组为单位组织实训,由组长带领分工协作。
4. 由教师根据情况安排部分小组在班级内表演。

## 四、实训步骤

1. 各小组根据实训目的与内容进行准备。
2. 组长组织全体成员商议,确定要购买的服务产品。
3. 各小组分别对外班的五位同学进行访谈,了解他们购买该服务产品时的购买决策过程及影响因素。
4. 由组长负责组织小组讨论,撰写脚本,安排小组成员分别扮演不同角色(顾客、服务人员、其他角色)并进行排练。
5. 教师组织部分小组在班级内表演。
6. 未参与表演的小组代表对各组表现进行打分和评价。
7. 教师综合各组表现做总结,记录平时成绩,并对本章知识进行梳理。

# 第 4 章
# 发展顾客关系

## 学习目标

本章讨论如何发展顾客关系,介绍关系营销的基本理论、构建顾客忠诚关系和顾客流失管理。学完本章后,你应该能够:

1. 理解关系营销、顾客满意与顾客忠诚之间的关系。
2. 认识顾客忠诚对企业盈利的影响和关系营销为顾客带来的好处。
3. 明确建立顾客忠诚的基础及策略。
4. 认识顾客流失的原因和减少顾客流失的策略。

## 本章结构

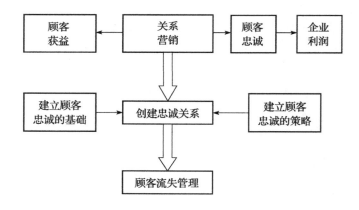

## 导入案例

### 人工智能魔力有限 亚马逊和迪士尼用它做了些什么

德勤调查发现,几乎所有的行业都已引进人工智能技术,但科技、传媒和电信企业采用人工智能型应用的理由更令人信服。尽管每家公司都有海量数据要处理,但科技公司利用人工智能处理数据的需求更为迫切。传媒企业面临传统业务模式衰退、新销售渠道激增的局面,引用人工智能技术分析和深度了解用户内容需求成为必需。电信企业则需要面对随时可能更换供应商的客户,人工智能可以帮助企业找到吸引客户和减少客户流失的办法,同时为企业搭建和管理新型电信网络提供技术支持。

### 亚马逊、迪士尼：人工智能分析客户数据、辅助业务决策

洞察商业价值，需要利用从实际工作、业务报告、供应链、社交媒体和物联网传感器等方面收集的数据。面对海量数据，很多企业只能做到有效存储，很少能够有效利用。人工智能不仅能有效管理数据，还能通过数据生成有商业价值的洞察，帮助企业敏捷决策。

AWS 云服务已成为科技公司亚马逊的核心业务。面对云平台的海量物流信息，亚马逊应用机器学习技术跟踪订单过程，保证企业在"及时回应用户需求"等重要流程中不缺位。同时，人工智能系统可以在不需要实时跟踪订单的时间段自动休息，节约运算资源，有效避免了需求飙升时人力和算力不足的情况。亚马逊的机器学习系统就是通过对海量数据的精准分析，对不同业务流程实时做出合理决策。

很多电影公司也开始引进人工智能辅助决策。迪士尼开发了分解式变量自动编码系统，该系统通过深度学习和面部扫描实时捕捉观众的表情，分析电影观众在不同剧情时段的反应，为之后电影项目策划和创作提供了更为精确的用户数据。

提前预测客户需求，为客户提供打包的服务方案是电信公司的愿景。对电信客服来说，接到客户电话第一时间找出相关信息，解决客户问题十分重要。美国威瑞森（Verizon）公司开发了高性能分析和决策引擎，通过持续监测大量非结构化的数据，该引擎能够分析出数据间的相互关系，帮助威瑞森了解客户意图，提前预测解决方案，甚至解决客户没有意识到的问题。

### 奈飞、eBay：人工智能可以与客户亲密互动

在社交媒体下成长起来的客户，很擅长使用各种工具向商家反馈自己的需求。很多企业开始引进人工智能技术开发聊天机器人等客户回应系统，如 Apple Siri、Google Home 和 Amazon Echo。这类系统不仅可以识别文字，还能识别语音，通过分析企业自有的客户资料数据库，智能机器人可以在客户提问时提供有效的答案。

Ticketbis 是 eBay 旗下的在线二手交易平台，消费者可以在这里出售体育、文娱等活动的门票。随着网站使用率的增长，网站客服支持捉襟见肘。于是 Ticketbis 与 Inbenta 合作，引进聊天机器人自助服务功能，协助应对客户提问。淘宝客服和微信公众号也相继开发了各种自动响应程序，有效地提升了客服效率，节省了人力成本。

奈飞（Netflix）一直在思考如何更好地满足客户观看需求。2009 年，奈飞通过众包比赛，引进企业外部程序员的经验，找到了有效的内容推荐算法，率先开发出了新型"推荐引擎"。近期奈飞又利用新一代机器学习技术，进一步完善了推荐算法。精心设计的推荐引擎，为奈飞带来了显著的商业价值。德勤统计，这项技术帮助奈飞降低了客户流失率，使其年收入增加了约 10 亿美元。

电信服务商几乎每天都会接到大量的问询电话，高强度的工作使客服人员常常有倦怠情绪。而人工智能聊天机器人不仅不会有不耐烦情绪，还能迅速解决客户的问题。沃达丰（Vodafone）开发的聊天机器人 TOBi，通过记录分析客户语音，可在客户下一次拨入电话时自动验证客户身份，实现精准服务。同时沃达丰还在不断拓展聊天机器人的知识库，使机器人能够深入学习一些技术含量更高的知识，回答客户提出的复杂问题。

尽管人工智能技术服务产业尚处于初级阶段，但Facebook、谷歌、亚马逊和微软等科技巨头在人工智能领域的布局已遥遥领先。它们不仅将人工智能技术融入产品和面向客户的业务，还投入了数十亿美元收购人工智能企业，完善自身产业版图。

资料来源：黄经纬. 界面新闻. [2018-10-09]. https://www.jiemian.com/article/2512519.html. 有改动。

## 引言

许多企业并不真正了解顾客，因为它们以交易为中心，倾向于不断获取新顾客。这些企业忙于使用各种销售促进方式和价格折扣来吸引新顾客，导致营销成本上升及利润减少。而优秀的服务企业则以关系为中心，注重与老顾客建立和发展良好的关系。由于把精力集中在老顾客身上，这些公司在长时间内会更加关注顾客，能深入了解顾客不断变化的要求与期望，因而能更好地满足顾客的需求，使公司获得长期的发展。本章首先描述了关系营销的概念和相关理论，然后阐述了构筑顾客忠诚的基础和创建顾客忠诚关系的策略，最后介绍了顾客流失的原因与减少顾客流失的策略。

## 4.1　关系营销

在服务过程中，顾客要想获得服务，总免不了或多或少地接触服务提供者，这意味着顾客与服务提供者之间存在互动关系。服务的本质特性就是关系特性，服务营销也是建立在关系基础上的。实施关系营销，有利于提高顾客的忠诚度，使各方都能从中获益，最终实现各方的目的。

### 4.1.1　关系营销的含义

许多学者对关系营销给出了不同的定义。北欧服务营销学派的代表人物格罗鲁斯（Gronroos, 1990）认为，"关系营销的目的就是要识别、建立、保持和强化与顾客的关系，在必要的情况下，还要中止与某些顾客的关系，以确保关系双方的经济和其他利益。这是通过在双方不断做出和履行承诺的过程中实现的。"北美学派的贝里（Berry, 1991）认为"关系营销就是吸引、发展和保留顾客关系。优质的服务是建立顾客关系的必要条件。吸引新顾客仅仅是营销过程中的第一步，将新顾客转化为忠诚的顾客，像对待主顾一样为顾客提供服务，这些都是市场营销"。这两种有代表性的定义都是狭义的关系营销，认为关系营销的对象主要是顾客。而摩根（Morgan, 1994）认为"关系营销是指建立、发展和保持一种成功的关系交换"。摩根将企业面临的关系分为供应商合伙关系、购买者合伙关系、内部合伙关系和隐性合伙关系，将企业与内外部利益相关者的关系都纳入了关系营销的范围，扩展了关系营销的范畴。这是一个广义的关系营销概念。

综合上述定义，关系营销是指为实现各方目标而识别、建立、保持并加强与利益相关者之间关系的过程。根据这一定义，可以将关系营销的概念归纳为以下几个要点。

**1. 关系营销是一种营销理念**

关系营销是一种营销理念，是企业与顾客合作、共同创造价值的理念。这种营销理念非常重要，它决定了企业与顾客的关系以及企业如何管理顾客关系。从交易营销转变为关系营销，实质上是一种营销理念的转变，即从以交易为中心到以关系为中心的观念的变化。在交易营销中，顾客被当作企业要征服的对手，企业竭力说服顾客购买其产品；而在关系营销中，企业将顾客视为一种创造价值的资源，与之建立并保持相互信赖的互动关系，双方共同创造价值，实现双赢。

**2. 关系营销的核心内容是与顾客建立合作关系**

关系营销要求企业与各个利益相关者建立长期的关系，这些利益相关者包括顾客、员工、供应商、中间商、竞争者、政府和其他相关组织，其中顾客是最重要的利益相关者。在市场上，最重要的是如何与顾客建立起长期互动的关系——顾客与企业的关系是关系营销的核心。要成功地实现商品或服务的交换，企业要以顾客关系为核心，处理好企业内部的员工关系及与外部的供应商、分销商、竞争对手以及其他影响者之间的关系，从而获得良好的关系营销效果。

**3. 关系营销的重点是保持现有顾客**

关系营销包括建立新的关系、维持和强化现有的关系，以及中止与某些顾客的关系。吸引新顾客仅仅是关系营销的第一步，营销的重点在保持与增进现有顾客关系上，企业要努力提高现有顾客的满意度与忠诚度。

---

**小案例 4-1　　　　房产销售员努力提高顾客满意度**

一位顾客在销售员的帮助下买了一所大房子。房子虽说不错，可毕竟价格不菲，所以这位顾客总有一种买贵了的感觉。几个星期之后，房产销售员打来电话说要登门拜访，顾客不禁有些奇怪，不知道他来有什么目的。星期天上午，销售员来了，一进屋就祝贺顾客选了一所好房子。在聊天中，销售员讲了好多当地的小典故，又带顾客围着房子转了一圈，把其他房子指给他看，说明他的房子为何与众不同，还告诉他附近几个住户都是有身份的人。一番话让顾客疑虑顿消，得意满怀，觉得很值。那天，销售员表现出的热情甚至超过卖房子的时候，他的热情造访让顾客大受感染，顾客确信自己买对了房子，很开心。一周后，顾客的朋友来这里玩，对旁边的一幢房子产生了兴趣。自然，他介绍了那位房产销售员给朋友。结果，这位销售员又顺利地完成了一笔生意。

资料来源：百度空间，http://hi.baidu.com/%D2%BB%C4%B6%B6%E0%B5%D8/blog/item/59f62d981ccb61046f068ccf.html。

---

## 4.1.2　关系营销与交易营销的区别

关系营销与交易营销有很多不同的地方。关系营销以长期关系为导向，注重保留住老顾客，着力于提高顾客的忠诚度，以获得持久的竞争优势；交易营销看重短期利益，以获取新顾客为主，关注一次性的交易，营销的目的就是盈利。两者的主要区别如表4-1所示。

表4-1 关系营销与交易营销的区别

| 关系营销 | 交易营销 |
| --- | --- |
| • 重视顾客忠诚度 | • 重视市场占有率 |
| • 保留现有顾客 | • 吸引新顾客 |
| • 动态视角 | • 静态视角 |
| • 着眼于长期利益 | • 着眼于短期利益 |
| • 双方都能从长期关系中获利 | • 企业能从交易中盈利 |
| • 相互合作，共同创造价值 | • 利用已有的产品来交换货币 |
| • 高度接触 | • 中等接触 |
| • 员工较为重要 | • 员工不太重要 |
| • 相互依赖度高 | • 相互依赖度低 |
| • 较多顾客承诺 | • 有限的顾客承诺 |

### 4.1.3 关系营销、顾客满意与顾客忠诚的关系

顾客满意与顾客忠诚之间存在着正相关的关系，但是，顾客满意就一定会忠诚于企业吗？答案是否定的，顾客满意只是顾客忠诚的前提条件。研究表明，只有非常满意的顾客才会重复购买并传播好口碑。为了提高顾客的忠诚度，企业可以通过关系营销影响顾客关系中的关系强度和关系长度，从而将顾客满意度和顾客忠诚度联结起来（见图4-1）。

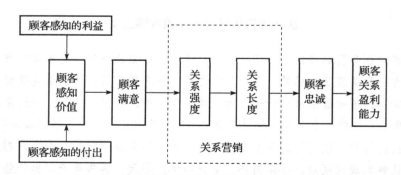

图4-1 关系营销、顾客满意与顾客忠诚的关系

顾客从服务中感知到的利益与为获得该服务所付出的成本决定了顾客对这种服务的感知价值，在持续的关系中也决定了关系的价值。顾客感知到的价值大小会使顾客产生不满意或者十分满意的感觉，因此，顾客感知价值直接影响着顾客的满意度。

顾客的满意度会对关系强度产生重要的影响。关系强度即企业与顾客关系的密切程度或牢固程度。满意的顾客信任企业，愿意向企业做出承诺。为了获得更多的利益，如更多优惠或更方便、更快捷的服务，满意的顾客容易与企业形成经济的、法律的或社会的约束，这些约束将顾客与企业紧密地联系起来。顾客对企业承诺的程度越高，双方之

间的约束力越强,则企业与顾客的关系越牢固。关系强度会影响到关系长度。关系长度也称为"顾客关系寿命期"。关系长度越大,则顾客与企业维持关系的时间越长。高度满意的顾客缺乏更换服务供应商的动力,牢固的关系也降低了顾客寻找新的服务供应商的可能性,使企业与顾客保持关系的时间拉长。

企业与顾客的关系决定了顾客忠诚。关系强度越高,则企业与顾客的关系越牢固,顾客重新选择服务的范围就越小,这意味着重复购买企业服务的可能性就越大。密切的关系,使双方彼此之间都非常了解,减少了发生严重冲突而导致关系破裂的可能性。双方之间牢固的关系,容易让顾客谅解服务过程中出现的失误,只要这些失误影响不严重或不经常发生,顾客一般不会为此离开企业。关系长度也影响着顾客忠诚。双方维持的关系越长,顾客越有可能长期从企业购买各种服务。

---

**知识链接**                     **顾客忠诚度的衡量标准**

**1. 顾客重复购买次数**

在一定时期内,顾客对某一品牌产品重复购买的次数越多,说明对这一品牌的忠诚度就越高,反之则越低。对于经营多种产品的企业来讲,顾客重复购买本企业品牌的不同产品,也是一种高忠诚度的表现。企业应注意在确定这一指标的合理界限时,必须根据不同的产品予以区别对待。

**2. 顾客购物挑选时间**

一般来说,挑选产品的时间越短,顾客忠诚度越高。在运用这一标准衡量品牌忠诚度时,必须剔除因产品结构、用途等方面的差异而产生的影响。

**3. 顾客对价格的敏感程度**

对于喜爱和信赖的产品,顾客对其价格变动的承受能力强,即敏感度低;而对于不喜爱的产品,顾客对其价格变动的承受能力弱,即敏感度高;据此亦可衡量顾客对某一品牌的忠诚度。运用这一标准时,要注意顾客对于产品的必需程度、产品供求状况及市场竞争程度这三个因素的影响。在实际运用中,衡量价格敏感度与品牌忠诚度的关系,要排除这三个因素的干扰。

**4. 顾客对竞争产品的态度**

根据顾客对竞争对手产品的态度,可以从反面判断对企业品牌的忠诚度。如果顾客对竞争对手产品兴趣浓、好感强,就说明对企业品牌的忠诚度低;如果顾客对其他品牌的产品没有好感、兴趣不大,就说明对企业品牌的忠诚度高。

**5. 顾客对产品质量问题的态度**

任何一个企业都可能因种种原因而出现产品质量问题,名牌产品也在所难免。如果顾客对企业品牌的印象好、忠诚度高,会以宽容和同情的态度对待企业出现的问题,相信企业很快会处理好。若顾客对某一品牌忠诚度低,则一旦产品出现质量问题,顾客就会非常敏感,极有可能从此不再购买这一产品。

客户忠诚度的衡量标准非常多,这里无法一一列举,上面列举的各种因素的重要程度也不一样,企业可以根据实际情况选择适合的因素赋以不同的权重,得出一个综合得分。

资料来源:根据MBA智库资料改编,http://wiki.mbalib.com/wiki/%E5%93%81%E7%89%8C%E5%BF%A0%E8%AF%9A%E5%BA%A6。

### 4.1.4 顾客忠诚对企业盈利的影响

一个忠诚的顾客会对企业利润有什么影响?美国营销学者赖克哈尔德(Reichheld)与萨瑟(Sasser)专门对顾客忠诚与企业盈利之间的关系进行了实证研究。在研究过程中,他们依据顾客与企业保持关系的时间将顾客划分为不同类别,并分析了美国各种服务业中每个顾客贡献的利润。这项研究揭示了顾客忠诚与企业盈利之间存在一定的关系。研究发现,在不考虑其他因素的状况下,每一个行业中,在使用企业服务的前5年中,顾客为企业带来的利润逐年增加(见图4-2)。这项研究表明,顾客与企业保持关系的时间越长,他们给企业带来的利润越多。

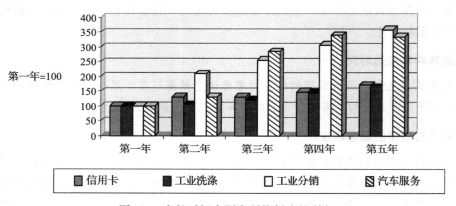

图4-2 在长时间内顾客所能创造的利润

资料来源:克里斯托弗·洛夫洛克,约亨·沃茨.服务营销(原书第7版)[M].韦福祥,等译.北京:机械工业出版社,2014:278.

为什么忠诚的顾客能为企业带来更多的利润?赖克哈尔德与萨瑟以19种服务和商品为基础,研究了在顾客与企业保持关系的7年时间中企业利润逐年上升的原因(见图4-3)。他们认为,顾客忠诚为企业带来利润的因素包括新增购买、营运成本降低、好的口碑和溢价。

**1. 来自新增购买的利润**

牢固的关系降低了不确定性,忠诚的顾客乐意在风险低的情况下更多、更频繁地购买。企业可以从顾客增加的购买量或购买频率中得到利润。在成为企业的常客后,随着经济状况逐渐转好或家庭成员的增加,顾客可能会向企业购买更多的服务。对于组织用户来说，随着组织规模的扩大，可能也需要进行更大数量的采购。对于金融机构而言，可以从较高的账户余额中获取利润。

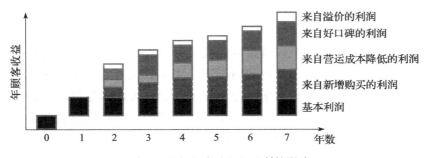

图4-3 顾客忠诚对企业盈利的影响

### 2. 来自营运成本降低的利润

老顾客比较了解企业的情况和服务流程，他们向服务人员询问的问题更少，在操作过程中也不会犯较多的错误，服务过程会因此而变得更加顺利，服务时间也会缩短。由此，企业为每位老顾客服务的费用会下降，从而增加企业的利润。

### 3. 来自好口碑的利润

高度满意的老顾客乐意宣传或赞美企业，向朋友、家人、邻居和同事推荐企业的服务。这种对企业有利的口头广告好比是免费的广告宣传，为企业节省了促销费用，也容易得到人们的信任，能为企业带来新的顾客。

### 4. 来自溢价的利润

企业需要提供价格折扣才有可能吸引到新顾客，而忠诚的顾客对价格不太敏感。在有些情况下，为了得到更多价值，有些顾客甚至愿意支付溢价。例如，一些高收入的消费者为得到高品质的旅游体验，宁愿出高价购买昂贵的旅游服务。又如，有些老顾客乐意支付高价乘坐特定航空公司的飞机，因为这家航空公司能够提供个性化的优质服务。有些老顾客愿意为获得高峰期的服务支付更高的价格，如在春节期间，一些老顾客支付比平常高得多的价格去国外度假。

## 4.1.5 关系营销为顾客带来的利益

如果企业开展了有效的关系营销，企业可以通过建立与维持忠诚的顾客关系得到更多的经济利益。那么，顾客从中可以得到什么好处呢？研究表明，顾客也可以从长期的关系中获益。在与企业保持长期关系的过程中，除了获得服务本身所带来的利益外，顾客还可以得到关系利益。与核心服务带来的利益相比，这种关系利益更能促使顾客忠诚于企业。在关系营销中，顾客从这种关系中得到的好处可以归纳为信任利益、社会利益和特殊对待利益三种。

（1）信任利益。这种利益包含了顾客在确定的关系中的感觉以及对企业的信心，即顾客清楚企业的服务水平，了解期望获得的服务，对合适的服务表现有信心，购买过程中的焦虑感下降，能够信任企业。对于顾客而言，信任利益是最重要的一种关系利益。当我们能相信企业及其所提供的服务时，可以减少不确定性，降低购买服务的风险和成本。

如果顾客对企业不了解，不知道企业能提供什么样的服务，往往容易造成顾客对服务质量的焦虑或担忧。在这种不确定的情况下，大多数人需要花费很多时间和精力来做出购买决策，而人们的时间和精力毕竟是有限的，很多人趋向于寻求简便的办法。有效的关系营销可以提供一种相对稳定、可预期的关系环境——顾客对服务供应商及所提供的服务比较了解，购买服务的风险较低。因此，当顾客与企业保持稳定的关系时，顾客可以简化购买决策，节省时间和精力，他们也就有更多的时间用于解决其他更重要的问题，从而提高生活质量。大多数顾客在与企业形成了良好的长期关系后，往往不愿意轻易更换服务供应商。一方面是这些顾客可能为建立这种关系进行了大量的投资，如投入了许多时间、精力和金钱等；另一方面是现有的服务供应商更了解这些顾客的需求偏好，并可以为他们提供个性化的服务，更换服务供应商意味着较高的转换成本。

（2）社会利益。这种利益包括顾客与服务人员之间的相互认同感，与服务人员或企业之间的友谊，以及这种关系在社会层面上给顾客带来的愉悦感。在与企业长期的交往过程中，顾客不仅与企业保持了一种服务方面的关系，还建立了一种社会关系。这扩大了顾客的社交范围，使企业成为顾客社交圈中的一员。在与企业及员工的交往中，顾客可以得到认可，获得友谊，享受到社交活动的愉悦感。因此，社会利益可以满足顾客的社交需要，提高顾客的生活质量和工作质量。这种关系利益是顾客忠诚于企业的一个重要动因，尤其是当顾客与服务提供者形成了密切的个人关系和专业关系时，许多顾客都不愿意更换服务供应商。正因为如此，企业可以通过向顾客提供独特的社会利益来深化顾客关系，留住顾客。然而，这种社会关系对企业也存在负面的影响，当优秀的服务人员离开企业后，与该员工有良好关系的顾客也会随之离开，这给企业带来了顾客流失的风险。

（3）特殊对待利益。特殊对待利益包括获得大部分顾客无法得到的特殊价格折扣、额外服务，受到优先接待，比其他大部分顾客得到的服务要便利和快捷得多。例如，在一些银行办理业务时，普通客户需要排队等候服务，而 VIP 客户享有优先权，无须排队等待，一到银行马上就可以获得服务。又如，有些商店在节假日促销活动中，给会员的价格折扣力度远远高于其他顾客。尽管特殊对待利益对创建顾客忠诚也很重要，但与其他关系利益相比，它对顾客而言并非是最为重要的利益。

---

应用练习 4-1

假如你反复从一家理发店或复印店购买服务，思考以下问题：

1. 请解释出现这一现象的原因。
2. 你感觉你与该服务供应商之间存在良好的关系吗？
3. 你与该服务供应商可能从双方长期保持的关系中得到什么好处？谁会得到更多？

## 4.2 创建忠诚关系

有些企业尽管付出了大量的努力与资源,力图建立顾客忠诚,结果还是失败了。这说明,企业与顾客之间建立忠诚关系并非易事。许多学者对此进行了研究,洛夫洛克与沃茨给出了构建顾客忠诚的组织框架;泽丝曼尔从影响牢固顾客关系的因素入手,提出了维系现有顾客的一系列关系策略;霍夫曼也提出了保留顾客的相关策略。本书综合了这些学者的观点,介绍企业应当如何建立顾客忠诚(见图4-4)。

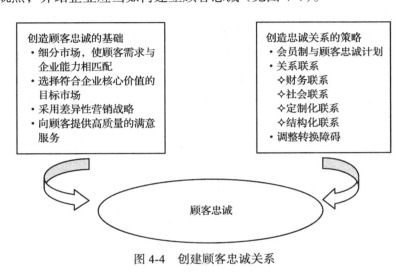

图 4-4　创建顾客忠诚关系

> **人物小传**　　　　　　　　　**约亨·沃茨**
>
> 约亨·沃茨为伦敦商学院服务营销学博士,从事服务营销研究二十余年,现为新加坡国立大学终身副教授,主要为 EMBA、MBA 和本科生讲授服务营销课程。他同时还是加利福尼亚大学洛杉矶分校和新加坡国立大学 EMBA 双学位联合项目的创始人,并在新加坡国立大学教学研究院、牛津大学赛德商学院及剑桥大学担任研究员。
>
> 沃茨的主要研究领域为服务营销,已发表学术论文超过80篇,国际会议论文百余篇,与其他学者合著了十余本专著,承担了其中30章的撰写工作。他最新出版的专著为《服务营销精要》和《在激烈竞争的行业中飞得更高:全球卓越航空公司成功的秘诀》。
>
> 沃茨的研究成就获得了学术界的认可,他先后获得二十几项奖励,包括新加坡国立大学的校级杰出教育家奖、Emerald 出版集团的最佳实践奖。他还同时在众多杂志担任编委或编审工作,如《服务管理杂志》《服务研究杂志》《服务科学杂志》和《康奈尔接待业季刊》,同时还兼任《消费者研究》和《市场营销杂志》的专门审稿人。值得一提的是,2005年,美国市场营销协会两年一度的服务研究会议第一次在亚洲主办时是由沃茨主持的。
>
> 除了科研和教学,沃茨还活跃在管理咨询业,他与很多国际知名的咨询公司有过合作,如埃森哲、理特、毕马威及其他知名服务企业,咨询的内容涵盖了服务战略、业务拓展及顾客反馈系统等。沃茨生于德国,曾在伦敦生活了7年,后移居亚洲。

### 4.2.1 创造顾客忠诚的基础

企业在与顾客建立长期关系的过程中会涉及不少因素，如企业要考虑关键的影响因素，应该关注那些与自身能力相匹配的有价值的顾客，通过传递高水平的差异化服务来奠定基础。建立顾客忠诚的基础主要有以下四项。

**1. 细分市场，使顾客需求与企业能力相匹配**

每个企业拥有不同的能力和资源，在市场竞争中呈现出不同的优势。同样，不同细分市场的顾客需求差异可能也很大，这些顾客需要不同的服务产品，为企业贡献的价值也各不相同。故将企业能力与顾客需求匹配起来极为重要，如此企业可以在特定的细分市场上大显身手，能够提供顾客心目中所认为的重要而卓越的服务，这样既能更好地满足顾客的需求，也能实现企业的目标。因此，企业要力求使自己的能力与顾客需求相匹配，最终实现双赢。

为了达到这一目标，首先，企业要详尽地分析各个细分市场。要考虑不同消费者群体对服务的需求，如顾客希望获得的服务类型、服务质量、提供服务的时间和地点、服务价格等。其次，要对企业本身有充分的认识。企业要结合自身的目标和资源来考虑，即使某个细分市场有很大的吸引力，但不符合企业的发展目标，企业也应当放弃。对符合企业目标的细分市场，要考虑企业是否具备占领该市场的资源和技能，如服务设施的特征与外观、服务场景、企业服务顾客的能力、企业的优势所在，还要重点考虑企业员工的个人风格和技术能力能否达到特定细分市场顾客的期望。最后，企业还要能超过竞争者。在激烈的市场竞争中，针对不同类型的顾客，可能有不少竞争对手，企业只有在拥有超过竞争者的资源和技能时，才能成功进入并占领细分市场。

**2. 选择符合企业核心价值的目标市场**

选择目标市场，也就是要确定企业的服务对象是谁。企业要创建忠诚的顾客关系，就需要有明确的目标市场。企业应该精心选择细分市场，锁定适当的顾客群体，形成一支由合适顾客构成的具有高忠诚度的顾客队伍。俗话说，合适的才是最好的。优秀的企业并不是向所有顾客提供服务，它们对顾客是有选择性的，只选取那些符合企业核心价值主张的顾客。

很多企业不限制顾客来源，只关注服务的顾客数量，追求销售额的上升。在这些企业所服务的市场中，有些可能是企业根本没有能力满足的顾客，有些是不能给企业带来利润的顾客，尤其是那些寻求最低价格服务的顾客——他们是交易型的顾客，为获得最低价格而不断更换服务供应商，他们根本不可能成为企业要建立忠诚关系的顾客。选择错误的顾客群，其结果是顾客感到失望，企业的声誉逐渐下降，员工在提供服务时遭受挫折，顾客流失也会给企业带来损失。

明智的企业应该更多地关注每个顾客的价值。在选择目标市场时，不仅要考虑企业的能力，还要考虑顾客的价值，选取企业能比竞争者更好地满足其需求、又能带来利润的那些顾客。这些顾客更有可能与企业保持长期的关系，为企业带来长期的收益，他们会成为企业的忠诚顾客，也会为企业传递正面的口碑，带来新的顾客，员工在与这些顾客接触的过程中也能获得快乐，提高工作效率和质量，最终使企业获得良好的发展。实践也证明，那些精心挑选和高度关注顾客的企业能在长期内获得成长。

**3. 采用差异性营销战略**

企业可以按照顾客获利能力细分市场，从中选出一些合适的目标市场，然后根据各个目标市场的需求来提供差异化的服务，以更好地满足不同顾客的需求，提高企业的收益。

（1）顾客金字塔。依据顾客获利能力对市场进行细分，其结果是形成了一个"顾客金字塔"。顾客获利能力包括顾客现在和未来为企业带来的利润。根据顾客获利能力，可以将市场细分为白金层顾客、黄金层顾客、铁层顾客和铅层顾客，如图4-5所示。

图4-5 顾客金字塔

白金层顾客。白金层顾客是企业最忠实的顾客，也是最有价值的顾客。尽管他们只是市场的一小部分，但他们都是大客户，对于企业的盈利贡献最大。这些顾客对服务价格不太敏感，他们希望得到最高水平的服务，愿意尝试新的服务。

黄金层顾客。黄金层顾客为企业带来的利润少于白金层顾客。与白金层顾客相比，他们对价格较为敏感，希望在交易中获得价格折扣，以更优惠的价格获得服务，因而企业得到的利润会相应减少。这些顾客的忠诚度低于白金层顾客，他们可能是大客户，但为了降低风险，他们会与几家服务供应商保持关系，以避免由于过分依赖一家企业而受制于人。这个层次的人数可能比白金层顾客多一些。

铁层顾客。铁层顾客的盈利空间小，但他们对企业很重要。这些顾客在市场中占有很大的比例，较多数量的顾客使企业具备了规模经济，因而能使企业保持一定的基础结构，充分利用现有的设备和劳动力，这些都为企业向白金层和黄金层顾客传递高质量服务提供了可能性。但是，铁层客户的盈利水平低，不足以得到企业的特别对待。

铅层顾客。这些顾客会给企业造成亏损。铅层顾客给企业带来的收入很低，但他们要求企业提供的服务水平与铁层顾客一样，这会使企业得不偿失。有时候，一些顾客不但占用了企业的资源，还四处说企业的坏话，他们就是问题顾客。

（2）向不同层次顾客提供差异化的服务。企业根据盈利性可以将市场划分为不同的顾客群体，这些顾客群有着不同的服务期望与需求。研究表明，对于不同层次的顾客群，服务企业应该充分了解其需求偏好，通过差异化的服务来满足其需求，这是非常重要的。因此，企业应该依据其期望与需求，向不同层次的顾客提供定制化的服务。

对于高端顾客，企业营销工作的目的应该是培养、保护和维系他们。通常，许多企业会选择盈利性高的顾客作为服务对象。白金层顾客与黄金层顾客都是有价值的顾客，也是竞争者一心想挖走的顾客，企业可以专门为这些顾客设计特有的服务，向他们提供在其他目标市场不能得到的服务，实现保护和留住顾客资源的目的。

而对于铅层顾客，可以使之升级为铁层顾客，或者与其终止关系。企业通过一些营销手段，如收取基础费用、提高服务价格，是可以将这些顾客转型的。例如，手机服务运营商吸引低端客户使用预付费套餐服务，对月租费进行了限定，保证企业可以得到一定的利润。企业还可以降低顾客的服务成本。一些企业鼓励顾客自助服务或通过新兴渠道获得服务。例如，一些企业采用有价格吸引力的方式，引导顾客使用电子渠道来完成交易。另外，有些关系的维系对企业来说已经没有价值了，企业可以考虑与其终止关系，但在实际运作时要充分考虑法律与道德方面的影响。

**4. 向顾客提供高质量的满意服务**

创造顾客忠诚的前提条件，是企业能够比竞争者提供更好的服务质量和更多的价值。在第一次与顾客打交道时，企业至少要能向顾客提供适当的服务，满足顾客的期望，才有可能与顾客建立关系。服务质量是决定顾客满意的关键因素，而顾客满意在一定程度上又会对顾客忠诚产生重要的影响。如果企业缺少服务质量与顾客满意构筑起来的坚实基础，建立顾客忠诚是不可能取得长期成功的。因此，高质量的服务与高度的顾客满意是顾客忠诚的前提条件和基础（见图4-6）。

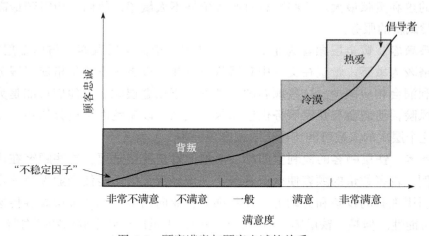

图4-6 顾客满意与顾客忠诚的关系

从图4-6可以看出，顾客满意与顾客忠诚的关系可以分为背叛、冷漠和热爱三种类型。背叛关系存在于满意度低的情况中，除了没有选择余地或转换成本高之外，顾客通常会转换服务供应商。非常不满意的顾客不但会转向竞争者，还会变成"不稳定因子"，到处传播企业的负面信息。冷漠关系出现在中等满意的状况下，顾客一旦发现有更好的卖主就会离开。热爱关系则是建立在高度满意的基础上，顾客成为企业的追随者和倡导者，不断重复购买，并且为企业说好话或推荐新顾客。从总体来看，随着顾客满意度的提高，顾客的忠诚度也在上升。

## 4.2.2 创造忠诚关系的策略

发展长期的顾客关系对企业和顾客都有好处。顾客可以从与服务企业牢固的关系中得到信任利益、社会利益和特殊对待利益，正是这些利益让顾客忠诚于企业；相应地，企业可以据此来创造顾客忠诚。在构筑顾客忠诚的基础上，企业可以做出一系列努力来与顾客建立关系，加深双方的互动，以及保持住顾客关系。创造顾客忠诚关系的具体策略包括会员制与顾客忠诚计划、关系联系和调整转换障碍。

**1. 会员制与顾客忠诚计划**

对于企业来说，最理想的状况是与顾客建立起共同前进的关系。但是，在使用诸如快递服务、高速公路收费等服务时，顾客与服务企业之间不存在明确的正式关系。在看电影、到公园玩和乘公交车时，顾客与服务企业的交易并非持续的，而是间断的。在这些情况下，企业应该如何与顾客建立起关系？常用的策略有会员制和顾客忠诚计划。

（1）会员制。在许多交易中，企业通常要与一些陌生的顾客打交道，双方讨价还价，最终达成交易，直至顾客付款走人后，企业仍然不知道顾客是谁。在首次向企业购买的顾客中，有些可能转向了其他企业，有些可能还会再次向企业购买。当这些顾客向企业重新购买时，服务人员可能还会问他们与上次相同的问题，再次花时间探寻顾客的需求，了解顾客需要哪种服务。也就是说，这种零散交易行为需要企业为建立顾客关系做出更多的努力。

企业可以通过会员制把这些零散的交易关系转化为稳定的会员关系。会员关系是企业与可识别的顾客之间的正式关系。采用会员制时，企业可以通过给予申请成会员的顾客一些奖励，或者通过批量销售服务（如公交卡、公园年卡、电影套票等）与顾客建立起会员关系。建立会员关系对双方都有好处：顾客可以从中得到额外的利益；企业从顾客提交的申请表中可以提取顾客详细的个人情况，利用这些有价值的顾客信息，能使企业通过电话、传真、电子邮件、互联网等手段与特定的顾客沟通，实现直复营销。企业通过会员卡还可以获得顾客的全部交易情况，如顾客的喜好、需求和购买方式等。对于企业而言，掌握顾客的需求偏好和了解他们的购买行为是非常有用的，这不但可以避免企业的重复劳动，还可以通过为顾客提供个性化的服务和增加更多的价值来锁定顾客，与其建立长期稳定的关系。

（2）顾客忠诚计划。在竞争日趋激烈的市场中，顾客很少只忠诚于一种品牌或一家企业，在一些零散交易中更是如此。大多数时候，顾客会对几种品牌或几家企业忠诚。在这种情况下，企业实施顾客忠诚计划能使其成为顾客最偏爱的企业或品牌，并将零散交易转变为长期关系。

顾客忠诚计划是指企业根据顾客的重复购买行为奖励顾客的营销计划。顾客忠诚计划是企业发展与顾客长期关系的一种策略，它通过鼓励顾客不断重复购买，培育顾客对企业的忠诚，使企业获得更多的收益。忠诚计划包含一系列建立在购买价值或购买频率基础上的激励措施。企业可以采用经济形式的奖励，也可以采用非经济形式的奖励来激励顾客。经济形式的奖励主要是向顾客提供金钱或物质方面的利益，如特价、折扣、现金返利、乘客飞行里程计划等。非经济形式的奖励是为顾客提供除金钱或物质之外的利益或价值。例如，一些航空公司的特定乘客具有优先办理手续、享受专用候机室、优先登机、享用定制化的饭菜等特别待遇。当顾客获得奖励时，通过经济和非经济的纽带将双方联结起来，企业便与顾客建立了关系。特别是对于那些有大量顾客的大企业来说，采用忠诚计划可以将交易转变为关系。忠诚计划在航空业和旅馆业中已经得到了广泛的应用，随着市场竞争的日益激烈，目前越来越多的服务企业开始实施忠诚计划，如超市、连锁商店、连锁餐饮企业、电信服务商、电影院等服务机构都在使用各具特色的忠诚计划。

---

**专栏　　　　　　　　　　创新你的顾客忠诚计划**

奖励顾客忠诚的思想最先在酬宾赠物券和配给券中出现。例如，在始于20世纪30年代的S&H绿色酬宾赠物券计划中，零售商向客户支付与其购买量成比例的酬宾赠物券，客户的购买量被记录下来，日后凭酬宾赠物券可以购买商品。此种赠券可以被视为一种具有一定价值的代币。1981年，美国航空（American Airline）首次推行了知名的常飞计划。此前，各大航空公司一直为试图赢取顾客青睐而煞费苦心。

现在，以提高顾客忠诚度为目标的各种积分计划、俱乐部营销等，从航空公司、酒店等行业迅速普及到了电信、金融、零售等各行各业，现在已经有跨行业、跨国家、线上线下联合的发展趋势。企业往往给予长期购买客户一定的优惠，采用顾客忠诚卡来诱导重复消费。这种优惠主要有两种形式：一是价格折让，企业通常给予长期客户低于正常价格的优惠；二是利益累积，利用赠券在顾客消费累积到一定规模即可获得其他福利。

但现在，越来越多的企业在顾客忠诚计划实施方面临着巨大的挑战，传统的顾客忠诚计划正在失去原有的作用，难以达到企业预先计划的效果。一方面，消费者受教育程度越来越高，使得很多消费者从情感型忠诚顾客转变为理智型消费者，而且他们的信息来源和渠道也越来越多，这使消费者能很好地在不同企业提供的产品和服务之间做出比较和判断。另一方面，企业和企业之间的顾客忠诚计划的雷同性以及企业间竞争的升级，使得顾客忠诚计划的优势被侵蚀殆尽。只要一打价格战，消费者立刻转移。只要有新的牌子、新的概念出现，消费者就产生尝试、转变的心理，进而影响对原品牌的信赖程度。根据知名调研公司Jupiter Research的调查，有超过75%的消费者至少有一张顾客忠诚卡，而有超过三成的消费者有两张或两张以上的顾客忠诚卡。

顾客忠诚计划应在顾客原有的采购倾向和利润度之外，向顾客提供有差异化的产品和服务。如果这些计划仅仅看重商品的数量折扣或是只给老顾客提供优惠，则计划必定难以持续推行。

美国在线（AOL）在顾客忠诚度方面做得极为优秀。据统计，目前全球网上销售只开发了消费者30%的购买潜力，而美国在线却是个例外。它非常慎重地测量它的顾客忠诚度和购买模式，并用这些信息去指导网站制定战略、市场营销和设计站点。它通过对不同消费者群体的保留率分析和生命周期的经济分析，做了很多关于吸引消费者的程序的小规模测试，同时投入大量的资金去吸引并留住有长远价值的顾客。AOL 的一项顾客忠诚研究计划发现，当 AOL 成为日常生活的一部分时，消费者要不断地修改他们的账目，因此公司加强了服务软件的日历和日程安排等跟踪功能，当顾客用得越多，就越离不开 AOL。因此，AOL 客户服务中心的任务是提高服务的方便性，以吸引更多寻求便利的顾客。

美国任天堂的玩家一向拥有极高的忠诚度。它的用户忠诚计划将会根据消费者的忠诚度给予三个等级的奖励。根据注册用户的购买信息回馈，任天堂将会为这些玩家提供新闻、金手指代码以及一些特殊优惠。任天堂不仅为玩家们提供了一个充满个性和情感的玩家社区，也推出了声势浩大的"Who Are You"宣传活动作为执行这个忠诚计划的一部分。而玩家积极的反馈信息将被用于研究，进一步确定这些玩家的需求，从而作为任天堂安排未来的市场营销活动、客户服务方向乃至新产品开发的决策基础。

越来越多的企业正在试图创新对顾客更有吸引力的奖励计划，以帮助企业提升利润。

一种名为赠予"地位"的顾客忠诚计划正在被很多企业采用。这种计划是使用黄金卡和铂金卡来区别不同忠诚度顾客，从而在顾客购买的基础上给予他们一定的地位。这种方法在原有消费者分层的基础上，进一步将忠诚顾客分层，赋予他们一定的地位以使他们感觉良好，并做出相应的购买消费。一般来说，金牌顾客在数量上仅占总顾客数的 5%。这些金牌顾客只有在他们了解到还有一类银牌顾客位列其下时，才会拥有一种与众不同的成就感，才会激发其购买欲望。现在，越来越多的顾客希望获得地位，企业也正在探索更佳的顾客分类方式。

有的企业开创了一种"赠予进展"的顾客奖励计划。例如，在一项奖励活动计划中，消费者需要购买八份商品才能获得一次奖励，现在可对其进行相应的改进，把项目设置为顾客得购买十份商品才能获得一次奖励，其中两份商品在顾客注册企业会员时就已经购买了。这两项计划都要求顾客购买八份商品，并且提供相同的奖励条件，然而，顾客会更倾向于选择后者，并且会更快地完成，如果有人给他们开了个头的话。如果一项任务的实施需要采取八个步骤，则可以试图把它扩展为十个步骤，并有两个步骤已经完成。这样，人们往往会感觉到任务已经开展起来但还未完成，而不是一点动静都没有。这种方法能更加有效地促使人们更快地去完成计划。很多洗车行目前采用的是这种顾客忠诚计划。

有的企业则选择了一种新型组合定价的顾客忠诚计划。这种计划在心理上能有效降低消费者对成本的感知，同时也能为企业带来更多盈利。例如，航空公司的顾客往往对选择花费 500 美元还是获赠 25 000 英里⊖的航程并不感兴趣，然而，他们却愿意选择支付 400 美元和获赠 5000 英里航程的组合。航空公司采用的这种联合定价的方法是每英里收费 0.02 美元，收益不变，却在心理上降低了消费者对成本的感知。在这种获赠英里数或是奖励积分的计划中，涉及顾客的心理因素。显然，顾客是不会将里程或积分与现金一视同仁的。

有的顾客忠诚计划则不会向顾客提供重复消费的优惠，而是带给顾客一种参与性的体

---

⊖ 1 英里 =1 609.344 米。

验感，加强企业和顾客之间的亲密程度，从而留住顾客。许多网络企业为忠诚用户提供个人主页空间、免费的电子邮件等，通过为用户提供参与共建网站的方式来留住他们。有些企业在网站中设立许多栏目，邀请人们参与讨论或支持栏目。随着顾客告诉一个企业的信息增多，企业就能更准确地把握顾客的想法——他们在何时、何地想要什么，顾客也就越不容易被其他企业吸引。因为即使其他企业能够生产与其一模一样的产品，想要争夺已经与该企业建立了联系的顾客，还得花费额外的时间和精力。

此外，品牌联合的忠诚计划也在盛行。澳大利亚最大、拥有最多会员数量的Flybuy就是一个例子，它是由强势零售商（如David Jones百货、Coles超市）和石油公司（如BP）等常用消费品的零售终端联合推出的一个消费集点获奖计划。会员可以通过在以上零售终端的日常消费积累点数，获得从个性礼品、航空里程到汽油优惠的各种奖励。这是一个强势品牌联合做大蛋糕而不是分抢蛋糕的方法。这一计划实行以来，成功减少会员在中小型零售终端的消费平均达15%。

在目前的经营环境下，企业的顾客忠诚计划正面临着更新换代。顾客忠诚计划正在从原来的物质上的保证或奖赏，向社交或感情上的联系（客户的互动）方向转变。如何创建一个简单的、能表达自己品牌的顾客忠诚计划，使之区别于其他企业，已经成为越来越多企业思考的问题。

资料来源：http://finance.sina.com.cn/leadership/mxsgl/20070228/19553364735.shtml.

### 2. 关系联系

企业可以采用具体的营销手段来加深与顾客的关系。企业可以向顾客提供他们想要的利益，促使顾客主动与企业加强联系，从而将顾客与企业紧密地联系起来。

（1）财务联系。企业可以通过增加财务方面的利益来强化与顾客的联系。例如，航空公司实施常飞计划，电信企业设计的预存话费送礼品计划，建材市场采取的预存费用购物返现金的做法等。企业还可以通过捆绑销售来加强与顾客之间的关系。很多航空公司将乘坐飞机与酒店食宿、商店购物、汽车租赁等联系起来，顾客根据飞行里程数可以免费或以优惠价获得这些服务，从而使顾客得到更多的经济利益。交叉销售也可以加深企业与顾客之间的关系。例如，银行可以向同一家庭销售更多的金融产品，如提供储蓄、转账、汇款、汽车或住房贷款等服务，甚至还可以销售基金、保险等。这样，企业可以从多种服务产品的提供中获得更高的销售额，顾客也可以从同一家企业购买的各种服务中受益。

尽管这种方法使用较为广泛，企业在使用时还是应该谨慎。这是因为，首先，财务联系易被竞争者模仿。与顾客加强财务联系时，企业的营销手段主要是采用价格策略，而价格是一个非常容易调整的因素，竞争对手可以快速地采用类似的价格策略。其次，采用财务联系未必能建立长期的顾客关系。不少顾客对价格比较敏感，哪家企业的实际价格最低，提供的经济利益最多，顾客就会转向谁。这种方法虽然可以短暂地吸引到新顾客，但并不能引导顾客重复购买，反而会导致顾客无休止地在不同企业之间转换。例如,在几家实行购买折扣的商店之间,很多顾客会不断地进行转换。最后,这种方法通常不能为企业带来长期优势。单纯地向顾客输送经济利益只会给企业带来短期的利润,却无法使企业从长期的市场竞争中胜出。要取得良好的效果,最好是将财务联系与其他联系结合起来使用。

(2)社会联系。这种联系是建立在企业和顾客之间的人际关系基础之上的。人际关系在服务提供者与顾客之间很常见。例如,你与理发店的老板相处得很好,你去理发时,他经常会讲一些有趣的事给你听。还有,你长期在社区便利店购买商品,便利店的员工会与你聊聊天。企业员工通过这种良好的人际关系来与顾客建立起社会联系,这样可以增进企业与顾客之间的感情,促使顾客与企业保持良好的关系,形成长期的顾客关系。当然,人际关系也存在于企业之间。与财务联系相比,社会联系更难建立——要与顾客形成良好的人际关系并非易事,需要花费大量的时间和精力。但也正因为如此,社会联系才更难被竞争者所模仿。如果企业与顾客建立了社会联系,从长期来看,企业将有更多的机会留住顾客。当社会联系延伸到顾客间时,如在教育机构、车友会、俱乐部的顾客与顾客之间,这种顾客间良好的人际关系会成为顾客忠诚于企业的重要因素。

(3)定制化联系。当企业向老顾客提供个性化服务的时候,双方之间就形成了定制化关系。这种关系的建立要求企业员工熟悉顾客的个人情况,掌握其需求偏好,能针对不同顾客提供个性化服务。企业可以通过大规模定制来实现企业与顾客之间的定制化联系。大规模定制是企业通过使用灵活的流程,以大批量生产的价格,向顾客提供可以满足其个人需求的商品或服务,是创造顾客特殊价值的过程。定制化联系可以使企业向顾客提供更多的价值,能增进企业与顾客之间的关系,提高顾客忠诚度。

(4)结构化联系。在企业与顾客之间增加结构化联系也能激发顾客忠诚。这种联系常用在B2B的环境中,如共同投资项目共享流程和信息,向用户提供特定设备和系统来帮助他们管理存货、分销产品和追踪物流状况等。当然,在B2C的情况下也可以使用结构化联系,如向顾客提供电脑联网以管理订单、跟踪包裹。有些专业电子服务商为顾客提供了定制化网页的机会,顾客可以进入自己的网页,自行订购服务或商品、支付账款、跟踪物流、查询个人的消费金额和账户余额。当再次购买这种服务时,顾客就能快速提取以前生成的具体信息,如顾客姓名、通信地址、邮政编码、电话、服务类型等,这就简化了订购手续,使顾客更便捷地获得服务。一旦顾客喜欢上企业的流程,习惯于企业的运作方式,顾客与企业之间的结构化联系就建立起来了,竞争者很难再从企业手中抢走顾客。

**小案例 4-2**　　　　　　　　　　**饿了么的管理系统**

高学历是餐饮外卖用户群体的显著特征,除了大学生,上班一族是外卖的另一支消费大军。饿了么的挺进路线正是从校园逐步走向了白领聚集的商业区。一年的时间,通过强有力的地推部队,饿了么在企业端从覆盖20个城市迅速扩展到260多个城市,运营数据实现了十多倍的增长。

与此同时，饿了么积极集结具有市场影响力的品牌餐饮同盟。2015年8月，本土餐饮连锁品牌"真功夫"与饿了么展开一场"1元套餐"特惠体验活动的同时，真功夫在全国范围内的356家餐厅同时上线饿了么。

目前，饿了么的主要盈利方式是向商户收取固定的软件服务费。在商业模式方面，早期它曾采用向商户抽成的方式，但后来发现，在分成模式下平台与商户存在很难调和的利益分割关系，不少商户在获得平台的客户引流后会尝试将客户引入线下，不利于双方的持续合作。由此，饿了么转变思路，放弃分成模式，尝试为商户提供一套完整的包含客户端软件和出票机的线上线下管理系统，也就是NAPOS系统。

饿了么的NAPOS是全国第一个专门针对餐厅商户后台管理而研发的软件。可以想象，最开始餐厅老板们在没有足够利好预期的情境下，并不愿意轻易尝试。为了让餐馆老板们了解并接受这套网络后台管理系统，饿了么的团队曾经一家一家地免费试装，甚至邀请他们来公司参观，给他们讲述饿了么对于外卖O2O的设想和公司的理念。事实上，不少中小型餐厅第一次安装电脑，第一次通过互联网的方式做生意，都是缘于和饿了么平台的合作。

NAPOS系统能够革除常规电话订餐过程中的一些恼人问题。外卖订单的并发性很强，即便对于一家中小餐厅而言，在中午和晚上的两个订单高峰时段，上百张订单也会集中在一两个小时内。仅仅依靠人工接听电话，电话占线、抄错菜名、送餐地址出错等现象难以避免，同时效率极为低下。借助NAPOS系统，顾客在饿了么平台上一经下单，餐厅便接到了信息完整的订单，并且直接传送厨房，一键打印出订单信息，整个过程方便高效，且不会出错。

除了能提高接收外卖订单的效率和准确性，餐厅欠缺的数据管理通过这套NAPOS系统也得以弥补。哪些菜品卖得好、评分高，哪些菜品销量低迷，后台数据一目了然。餐厅的大厨们可借以参考，对菜品和风味进行优化和改进，从而提高收入。

事实证明，这款自主研发的后台管理系统很奏效，NAPOS的确为商户们有效解决了痛点，因而受到了商户的欢迎。基于这种利益的互绑，在饿了么的平台上，合作商户的留存率可达90%以上，双方最终形成伙伴关系，良性互动，共同开拓和优化市场。

饿了么所建立的管理体系不但为商户端提供所需的服务，还将用户端较好地连接起来。线上外卖需要解决的一个用户痛点就是配送的及时性，这是在市场拓展之外的最主要课题，饿了吗为此开发了蜂鸟本地即时配送平台，蜂鸟一个重要的功能是实现了订单的信息化，并通过中央调度系统实现即时配送的效率最大化。从前，用户下单后无从知晓订单状态，蜂鸟解决了这个问题，通过定位每份餐品，用户可实时追踪订单的配送情况。对于配送端而言，此前是手动整理订单，蜂鸟App则帮助配送员自动获取任务订单（配送员可以自行选择接取订单，餐厅也可以派发），通过免费系统语音电话，一键通知目标位置的多个用户，大大提升了配送的效率和顾客的消费体验。

资料来源：改编自http://bmr.cb.com.cn/fengmianwenzhang/2015_0909/1148595.htm。

**3. 调整转换障碍**

转换障碍是制约顾客离开企业的因素，这些因素使顾客不得不与企业维持关系。在不满意企业所提供服务的情况下，顾客可能会产生更换企业的想法，然而有些顾客最终却未更换服务供应商，原因何在呢？这是因为顾客在转换时面临着许多障碍，这些障碍阻止了顾客更换服务供应商。研究表明，转换障碍会影响顾客是否与企业终止关系的决定，并因此让顾客保留变得更容易。因此，企业可以据此采取相应的措施，利用这些障碍来留住顾客。

（1）顾客惯性。顾客不满意仍要与企业打交道的一个原因是转换服务供应商需要改变他们的习惯。人们对服务商不满意，为什么还要与之保持关系？专家认为，因为人们要结束这种关系的话，他们就要建立新的关系，改变原有的习惯，付出一定的努力适应新的关系，而人们一旦形成习惯就不太愿意去改变。顾客惯性从某种程度上解释了不满意的顾客仍可能会留在企业的原因。

企业可以利用顾客惯性来留住老顾客。当顾客认为转换供应商需要付出很多努力时，他更愿意与原有供应商保持关系。因此，企业可以增加顾客的转换难度，让顾客感觉到难以离开企业，从而继续购买企业的服务。例如，一家汽车4S店可以给顾客建立档案，详细记录顾客汽车的基本状况、需求偏好、修理历史等，这些记录可以减轻顾客的压力，使其无须去记这些内容。在所提供的服务质量没有问题的前提下，这种做法可以在一定程度上防止顾客流失。如果某位顾客想重新找一家修理厂，他就需要付出一定的努力才能把全部的修车情况告诉修理工，还要再次重申自己的修车要求。当顾客认为需要付出很多努力时，他更倾向于留在原来的4S店，这家店也就达到了保留顾客的目的。企业还可以利用顾客惯性来吸引新顾客，如采取一些措施，降低顾客可感知的转换企业的难度，将竞争者的顾客转化为本企业的顾客。

（2）转换成本。转换成本是另一个限制顾客离开的因素。例如，要更换银行账户，顾客就需要做很多事，会产生转换成本。这里所说的"转换成本"是顾客从一家企业转移到另外一家企业的过程中发生的全部成本，包括搜寻成本、建立成本、学习成本和违约成本。顾客转换服务供应商时支付的成本有货币方面的，还有时间、精力和体力方面的。由于服务独有的特性和购买风险，与实体商品相比，人们需要更高的搜寻成本才能找到合适的企业。学习成本与人们学习如何使用服务的习性相关，顾客转换服务供应商需要掌握新的知识或技能。如果顾客在与新的服务企业建立关系后又想转换企业，可能要按契约规定交罚款，这时就产生了违约成本。这些成本对顾客的转换行为形成了约束，尤其是当顾客认为变更企业不值得、不划算时，顾客仍会与原有企业保持关系。因此，企业可以通过调整转换成本来维持或建立与顾客的关系。

为了与新顾客建立关系，企业则可以采取措施降低这些顾客的转换成本。例如，当病人转院治疗时，许多医院不认可原来的检查结果，要求病人重新做一遍所有的检查。对于不少病人来说，这不但是一件很痛苦的事，还要支付一笔价格不菲的检查费，增加了他们的转换成本。在医疗水平差不多的情况下，如果某家医院能认可其他医院的检查记录，便相当于医院减少了患者的转换成本，就能吸引更多患者到院治疗。

> **专栏　　社交媒体对顾客忠诚度的影响**
>
> 虽然很多市场营销者认识到社交媒体在品牌认知方面的重要性以及采用社交渠道进行营销活动的重要性，很多其他市场营销者仍然没有看到社交媒体深度应用的益处。正如几项研究所证明的，社交媒体活动推动了顾客授权的转移，并创造了与战略经营目标直接关联的机遇。社交媒体的概念并没有那么复杂，实际上，它仅仅是一个为顾客提供信息的来源，帮助培养持续的顾客关系，创建品牌拥护者，并推动口碑广告宣传。
>
> 如果你认为"喜欢"等同于忠诚，你需要再想一想。社交媒体确实可以帮助建立顾客忠诚度，但要达到这个目标需要的远远不止是一些推动顾客"喜欢"一个品牌的促销活动，它需要一个强调服务、响应能力和不间断互动的人性化的整体性方法。通过与顾客在一对一的基础上进行沟通，对他们所参与的社交媒体活动进行奖励，并在如 Facebook、Twitter 这样的社交网站或其他专门社区渠道中为他们提供服务，顾客对该品牌的忠诚度可能会猛增。
>
> 实际上，贝恩咨询公司曾报告说，通过社交媒体被一些品牌吸引的顾客，显示出对这些品牌更深的感情投入，在这些品牌上的花费也比其他顾客多 20%～40%。
>
> 此外，在 2012 年 1 月，Loyalty360 营销协会就 2011 年哪个项目对顾客忠诚度和顾客维持具有最大的积极效果向其会员征询意见。结果，社交媒体排名最高（占比 28%），超过了客户分析、奖励计划以及员工敬业度。
>
> 虽然个性化的社交网络关系的益处看起来很清楚，但很多公司所看到的仍然局限在让客户"喜欢"以及客户追随上。其结果是，很多公司的社交媒体工作维持在单一的营销推动上止步不前，妨碍了使用社交媒体来帮助建立忠诚顾客群的机会。而有些公司已经找到了利用社交媒体来建立真正个性化的一对一合作关系的方法，并由此建立了忠诚的客户群。这些公司采用了人性化的方法进行互动，通过将客户社交网络身份与客户关系管理数据相联系，以及在公司的在线客户服务活动中强调响应能力，运用社交媒体帮助公司建立了对客户的整体认识。
>
> **人性化、吸引加入及奖励**
>
> 举例来说，Sanuk 鞋业公司通过请客户发布自己穿着 Sanuk 品牌鞋子的照片，尤其是他们在旅行时穿着 Sanuk 品牌鞋子的照片，来鼓励客户通过社交媒体参与公司活动。这不仅使该公司获得了品牌传播者，还强化了他们对该公司的忠诚度。Sanuk 公司社区经理在一对一的基础上回应客户，与他们交谈并单独回答他们可能有的任何问题。
>
> 佩特拉咨询集团（Petra Consulting Group）总裁以及《顾客的隐藏力量》一书的作者贝姬·卡罗尔（Becky Carroll）表示，通过将社交媒体作为一种关系战略，而不仅仅是向已有客户和潜在客户进行营销的渠道，就可以如 Sanuk 公司一样建立更多的人际关系。他说："这样，就能运用社交媒体通过现有客户扩大公司的业务，建立起未来的推荐人、介绍人和

传播者群体。"

Parature 公司首席执行官及首席战略官杜克·庄（Duke Chung）说，有些公司已经有效地通过社交渠道建立了忠诚的拥护者，因为它们像 Sanuk 公司一样，将自己公司的品牌进行了人性化，从而以个性化的方式回应客户询问与发帖，并建立起一个与客户的情感纽带。他说："那些真正想要在更广层面利用社交渠道的公司，需要将社交渠道更多地看作一个提供非凡客户体验的途径。"

美国 Badgeville 游戏化服务开发公司市场总监阿德娜·德蒙特（Adena Demonte）说，运用社交媒体的益处不只是将客户吸引到 Facebook 和 Twitter 这些社交网站上来。她说："社交媒体的价值在于使客户被公司社交网站的内容所吸引。"这往往需要使客户感觉自己很特别，并认为自己是社区的一分子。"很多时候，这仅仅需要在公司社交网站上教导客户，并因客户在社区进行注册而奖励他们"，德蒙特说。

举例来说，三星公司（Samsung）对那些注册"全民三星"忠诚计划并积极参与社区活动的客户进行了奖励。那些完成诸如参与用户问答、观看视频以及浏览产品等任务，并因此开启了徽章的会员，会收到一个弹出式通知，得到一个三星产品的惊喜奖励。

商业分析软件与服务供应商 SAS 公司的威尔逊·拉吉（Wilson Raj）说，显性的忠诚计划（指那些正式登记会员并根据消费来进行奖励的计划）已经过时了。这些计划没能确定客户被特定品牌吸引的情感驱动。拉吉说："从长远的观点看，隐式忠诚才是建立忠诚度的关键。"而社交媒体在建立隐式忠诚方面有着突出的潜力。

2010 年，当卡夫（Kraft）食品重新推出"卡夫奶酪通心粉"的加拿大品牌"卡夫晚餐"（Kraft Dinner）时，在其耗资 5 千万美元的多渠道活动中，有一部分针对怀念蓝盒"卡夫晚餐"的用户进行。与直复营销公司 Digital Cement 公司联手，卡夫公司请顾客拍摄自己享用蓝盒"卡夫晚餐"的视频，并将视频发布在公司的"卡夫晚餐"社区网站。卡夫公司预期大概会有 1 万人通过社区报名参与这次活动。在活动开始的前 3 个月，公司就达成了预期目标的 75%，而在接下来短短几个月里参与人数就超过了公司预期。

Digital Cement 公司的设计副总裁托马斯·阿卡多（Thomas Accardo）说，卡夫将社交媒体作为一种顾客展示个性的途径。"这些社交媒体给了消费者一个将自我与品牌联系起来的途径，因为社交媒体将客户作为个人的价值更紧密地联系了起来。"阿卡多说。

**整体化**

大多数市场营销者认识到了社交媒体在品牌建设方面的重要作用，但有很多市场营销者仍不能确定社交媒体客户的真正价值。这部分因为传统客户关系管理数据与社交媒体客户数据之间存在"数据孤岛"。"只有把社交媒体客户数据融入公司内部的现有系统，忠诚的全部价值才能够产生，"SAS 公司的拉吉这样说，"这涉及你如何进入现有的系统，建立一个整体的客户体验。"

技术研究公司 Altimeter Group 社交媒体分析与战略分析师苏珊·埃特琳格（Susan Etlinger）说，建立整体性客户认知的重要一步就是对所有的数据片段运用三角法进行衡量，以发现真正的社交媒体客户关系管理数据，也就是客户与社交网络之间的关系。她说：

"你必须努力理解这些社交网络交谈的内容及性质,在客户中间建立宣传,并确保吸引客户加入。"

比如说,当汽车生产商福特在几年前推出嘉年华汽车时,它首先分析了公司的客户群,确定了那些可能会购买入门级汽车的客户。在确认了这些客户中的社交媒体使用者后,福特给其中 100 人每人一辆嘉年华汽车试驾 6 个月,并请他们通过社交网络、视频和博客分享自己对这款车的印象。第一次嘉年华活动产生了超过 620 万个 YouTube 网站视频,超过 75 万册 Flickr 网络相簿,以及将近 400 万条 Twitter 感想。在接下来的两年里,福特还在美国汽车数据收集和分析公司 Polk 的品牌忠诚度排名中高居榜首,尽管这个排名与嘉年华活动没有关联。

正如福特公司所表明的,利用社交媒体建立忠诚度需要将社交数据与现有客户关系管理数据及市场数据相联系。Badgeville 公司的德蒙特还说,这就是通过将包括社交网络媒体客户体验在内的所有客户体验联系在一起,从而建立公司的社交网络社区。一旦身份管理到位,公司可以根据客户从浏览内容到进行采购的渠道参与水平,通过社交网络激励客户。

资料来源:米拉 D 安东尼奥. 社交媒体对客户忠诚度不可否认的影响[J]. *1 to 1 Magazine*, 2012(2).

## 4.3 顾客流失管理

降低顾客的流失可以提高顾客的保留率。企业需要识别出导致顾客流失的原因,然后采取相应策略努力消除之,以减少顾客流失。

### 4.3.1 顾客流失管理的重要性

顾客流失是指某企业的顾客由于各种原因转向购买其他供应商产品的现象。顾客流失是一种常见的现象,有关调查数据显示,企业每年通常会流失 15%～20% 的顾客。有些服务行业的流失率更高,如美国有线电视业每年有超过 50% 的顾客流失。过多的顾客流失会影响到企业的经济效益和品牌形象。为了减少顾客的流失,企业需要对顾客流失进行管理。

顾客流失管理是企业努力留住有价值顾客的一种系统化管理过程。流失管理的关键是要认识到企业能够管理有价值的顾客流失,管理的重点是在顾客流失之前采取保留措施留住他们,在顾客流失时找到流失的原因,并采取相应的策略,以减少顾客流失。减少顾客流失对企业是有好处的,降低顾客流失率可以提高企业的利润。研究表明,即使流失率只下降 5%,不同行业的利润也会上升 25%～85%。

### 4.3.2 顾客流失的原因

顾客为什么会离开企业?顾客流失的原因是多种多样的。为了找到顾客转向的原因,美国学者苏珊·基夫尼(Susan Keaveney)对许多服务进行了一项大型研究。研究结果显示，有34%的人转向其他服务供应商是因为服务人员的失误，有30%的人是由于价格因素，21%的人是因为服务的地点和时间不方便，17%的人是由于服务供应商对失误响应不当。基夫尼从研究中总结出顾客流失的原因有价格、不方便、竞争、核心服务失误、服务交互的失误、对失误的响应、道德问题和非自愿的改变等。根据基夫尼的研究成果，本书将顾客流失的原因进一步归纳为三个方面（见图4-7）。

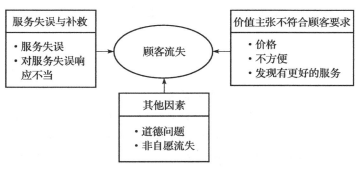

图 4-7　顾客流失的原因

### 1. 服务失误与补救

（1）服务失误。顾客因为服务失误而离开企业，这是造成顾客流失最重要的一个原因。服务失误主要有以下几种情况：第一，服务过失。在服务过程中，如果出现了很多差错或发生了重大的失误，使企业不能向顾客提供完整的服务，甚至根本无法提供服务，在这种情况下，顾客就会主动离开企业。第二，错误的账单和未及时纠正错误的账单。第三，服务灾难。服务产品的使用对顾客个人、顾客的宠物或物品造成了伤害，或造成了顾客的损失。第四，服务交互的失误。在与顾客接触时，服务人员不关心顾客、对待顾客不礼貌、缺乏经验和专业知识等都会引起顾客的不满，可能会导致顾客转向。

（2）对服务失误响应不当。服务出现差错并不一定就会导致顾客转向，有时，顾客流失是因为服务提供商对服务失误做出了不恰当的反应所致。这些反应包括消极的反应、没有反应和不情愿的响应。当出现服务差错时，有些服务供应商会做出负面的反应，将错误归咎于顾客，想方设法推卸自己的责任；有些则不管顾客如何抱怨，都不采取任何措施处理问题；还有一些服务供应商虽然会纠正错误和赔偿顾客损失，但对顾客抱怨显得十分厌烦和无奈。

### 2. 价值主张不符合顾客要求

（1）价格。顾客因为服务的价格因素而转向，具体可以分为四种情况：一是定价过高。如果顾客认为服务的定价高于竞争对手的价格，或服务的性价比低，就可能会转换服务提供商。对价格敏感的顾客对企业的忠诚度最低，哪家企业的服务价格低，他们就会转向哪家企业。二是涨价。顾客由于企业提高服务价格而离开。三是不公平的价格。顾客认为企业的价格措施不公平。四是欺骗性定价。例如，一些超市的价签上显示的价格很低，而顾客付款时却发现实际支付的金额远高于标价。

（2）不方便。接受服务的地点和时间、需要花时间排队等候和提前预约等都会影响顾客的购买决策和重购行为。如果顾客认为企业提供服务的地点和时间不能让他们方便地获得所需服务，而使用竞争者的服务更为便利，则可能会转换服务提供商。

（3）发现有更好的服务。顾客在使用企业服务的过程中，发现其他企业提供的服务更可靠或更具个性化，从而转向了企业的竞争对手。顾客一旦离开，并从竞争者那里得到了高品质的服务，就很难再返回了。因此，企业要不断关注顾客需求，持续改进服务。

**3. 其他因素**

（1）道德问题。顾客因企业在经营中存在欺骗、不安全、强迫销售或利益冲突而退出购买。企业建议顾客购买不需要的服务或者对没有提供的服务收费，都属于不诚实的行为，会让顾客产生上当受骗的感觉。不安全的行为也很常见，如用已经过期的肉类加工成食品，在火锅中违法使用各种添加剂，使用地沟油烹饪各种菜肴等。强迫销售就是强制顾客购买他们不需要的产品，如在旅游景点逼迫顾客购买旅游纪念品。有些服务企业只考虑自身利益而使顾客利益受损，也是不道德的。例如，为了获得更多的利润，某旅行社一方面向顾客收取很高的费用，另一方面在提供的服务项目中偷工减料以节省费用。如在往返途中安排顾客乘坐夜间的航班，晚上不让顾客在旅馆休息，而是让顾客在飞机场等候六七个小时，遭受这些经历的顾客在下次外出旅游时，往往不会再找这家旅行社了。

（2）非自愿流失。这种流失是由于某些客观因素造成的。例如，由于顾客搬家或服务供应商倒闭，迫使顾客与企业中止关系。这些顾客流失不是人为因素导致的，是在所难免的。但这种顾客流失较少，对企业的影响很小。

---

应用练习 4-2

当你转换银行或手机服务提供商时，请回答下列问题：
1. 你为什么要转换服务供应商？
2. 你认为原来的服务供应商应该如何减少顾客的流失？

---

### 4.3.3 减少顾客流失的策略

基夫尼的研究指出了顾客流失的常见原因，倡导企业向顾客提供优质服务、对服务进行公平透明的定价、降低顾客的时间和精力等非货币成本、减少使用服务的不方便性，从而防止顾客离开企业。除了这些做法，还可以采用下列策略来减少顾客的流失。

**1. 加强企业的内部管理**

从表面上看顾客流失可能是营销活动或服务差错方面的原因造成的，但深层次上其实是企业内部管理方面的问题导致的，因此，企业要从内部管理入手，倡导零缺陷的文化，并培训和激励员工保留顾客。

首先，要在企业内树立零缺陷的文化观念。这种文化观念有助于企业为顾客提供优质的服务。优秀的企业倡导零缺陷的文化，使员工充分认识到顾客忠诚的价值，领会服务可靠性的重要性，自觉向顾客提供优质服务，并不断探寻提高服务质量的方法，从而使顾客忠诚于企业。为了在企业贯彻零缺陷的文化，企业的高层管理者要做出表率，并向员工传达留住顾客的重要性与减少顾客流失的好处。

其次，要对员工进行培训与激励。顾客通常与一线员工接触，员工的态度和行为对于减少顾客流失起着关键的作用。企业要对员工进行顾客流失管理的培训，包括怎么样收集顾客信息、如何对信息做出响应等。通过这些培训，使员工具备相应的技能以处理顾客流失。最重要的是，要鼓励员工留住顾客。将员工激励与顾客流失率挂钩，可以使员工把减少顾客流失的目标落到实处。如果企业真正重视顾客流失问题，那么薪酬结构也应该强化员工去努力留住顾客。有些企业会奖励员工留住顾客的努力，鼓励员工积极响应顾客的要求，还有些企业在留住一个老顾客与开发一个新顾客方面给予员工同样或更多的奖励，使员工认识到企业是重视保留老顾客的，并为此做出努力。

### 2. 监控忠诚度下降的顾客，调查流失的顾客

在顾客流失之前，企业要监控那些忠诚度下降的顾客，分析他们购买服务的数据，预测哪些顾客可能会出现转换行为。对于那些有转换倾向的顾客，要积极采取保留措施。例如，让专业的服务人员打电话给顾客，通过与顾客的沟通交流来确定双方关系是否稳定并予以改进。有些企业还主动向这些顾客寄送优惠券或传递新服务的信息。

当顾客流失后，企业还要对他们进行调查，以更好地了解流失的原因。在调查时要注意下列问题：一是调查对象。企业要把重点集中在那些重要的、能盈利的流失顾客身上。没有必要研究每一个流失的顾客，这会增加调查成本，而且，有些流失的顾客对企业而言是无利可图的。二是调查人员。企业应对调查人员进行培训，采用训练有素和熟悉业务的人员进行调查。对那些一旦流失就会给企业带来巨大影响的顾客，在可能的情况下最好由高层管理者来研究。三是调查方式。当然，使用很多调查方式都可以获得顾客流失的信息。但对流失顾客调查的目的是明确顾客离开的真正原因，需要对顾客进行深入的调查，因此，最有效的方式是对消费者进行深度访谈。对流失的顾客进行调查后，可以找出很多原因，在众多的原因中，企业要从中识别出顾客流失的主要原因，才能采取有效的措施挽回顾客。

### 3. 防止服务失误，进行有效的服务补救

服务失误及对失误的响应不当是许多人更换服务供应商的一个重要原因。因此，企业应该有意识地预防服务失误的发生，防患于未然。虽然服务失误随时随地都可能发生，但企业在一定程度上是可以减少服务失误的。通过综合分析顾客需求、服务人员、企业服务系统和流程，企业可以事先估计出服务传递中最可能失败的环节，从服务提供过程中找出那些容易出现服务失误的地方。这样，企业的管理者就可以设计出预防性程序，将服务失误出现的可能性降到最低限度，或者事先提出应急方案，一旦服务失误就能采

取相应的补救措施。当出现服务失误时，有效的服务补救在防止顾客流失方面起着重要的作用。企业要认识到服务补救的重要性，鼓励顾客及时向企业提出他们碰到的问题，并积极地做出回应，帮助顾客解决问题，消除顾客的不满，进而挽留住顾客。我们将在下一章详细介绍如何进行服务补救。

### 4. 增加顾客的转换成本

提高转换成本也可以在一定程度上防止顾客流失。企业可以通过增加转换成本，为顾客离开企业制造困难，从而与顾客继续保持关系。有些企业在合同中就对顾客使用服务提出了许多限制性条件，详细规定了顾客违约要支付的费用。例如，有些服务运营商为使用特定品牌手机的顾客提供服务时，要求用户预先支付高额费用，并在与用户签订的合同中明确规定用户使用服务的年限、每月的移动电话服务费、违约金等内容，都是为顾客转换运营商增加难度。

有效使用转换成本的关键是开发进入成本低、退出成本高的服务产品。通过提高违约金或退出费用，就可以提高顾客的转换成本，避免顾客转向其他服务供应商。例如，某银行规定，客户挂失信用卡后再补办新卡免费，而注销账户必须支付 50 元的手续费，并且在账户注销后原来使用的信用卡所出现的任何风险都由客户自行承担。由于有很高的转换成本，即使信用卡丢失，客户更倾向于挂失并补办新卡，而不是注销账户，这样，该银行就避免了顾客流失。值得注意的是，企业在使用这一方法时，不能给顾客留下强制扣留的印象，同时要有优质的服务质量作为支撑；否则，再高的转换成本也留不住顾客，反而会产生相反的效果。

## 本章小结

关系营销是指为实现各方目标而识别、建立、保持并加强与利益相关者关系的过程。关系营销是一种营销理念，其核心内容是与顾客建立长期合作关系，重点是保持现有顾客。关系营销不同于交易营销，顾客满意并不一定导致顾客忠诚。为了提高顾客的忠诚度，企业可以通过关系营销将顾客满意度和顾客忠诚度联结起来。忠诚的顾客能为企业带来更多的利润，这些利润来自新增购买、营运成本降低、好的口碑和溢价。顾客也可以从长期的关系中获益，如信任利益、社会利益和特殊对待利益。

建立顾客忠诚对企业非常重要，然而，与顾客建立忠诚关系并非易事。建立顾客忠诚的基础是对市场进行细分，选择合适的顾客，设计差异化的服务，向顾客提供高质量的满意服务。在构筑顾客忠诚的基础上，企业可以采用会员制与顾客忠诚计划、关系联系和调整转换障碍等策略来与顾客建立关系、加深关系、保持关系。

减少顾客流失可以提高顾客的保留率。顾客流失管理是企业努力留住有价值顾客的一种系统化管理过程。管理的重点是在顾客流失之前采取保留措施留住他们，在顾客流失时找到流失的原因，并采取相应的策略，以减少顾客流失。减少顾客流失对企业是有好处的，降低顾客流失率可以提高企业的利润。

习题

1. 什么是关系营销？
2. 关系营销与交易营销有何不同？
3. 简述顾客满意、关系营销与顾客忠诚三者间的关系。
4. 顾客忠诚对企业盈利有何影响？
5. 关系营销可以为顾客带来哪些好处？请举例说明。
6. 建立顾客忠诚的基础是什么？
7. 建立顾客忠诚的策略有哪些？
8. 顾客流失的原因有哪些？
9. 简述减少顾客流失的策略。

 案例分析

## 孩子王的用户关系经营

孩子王是一家由数据驱动、基于用户关系经营的创新型家庭服务品牌，主营母婴商品零售与增值服务，为准妈妈及14岁以下儿童提供衣、食、住、行、玩、教、学等购物及成长服务的综合性解决方案，拥有实体门店、线上PC端购物商城、移动端App等全渠道购物体验。孩子王在行业里率先提出"以深度服务击穿单客经济"的经营理念，而单客经济的底层逻辑就是服务化：通过有温度、有价值的服务与用户建立起情感联系，利用精准的用户洞察创造性地满足用户的差异化需求，最终实现"单客价值"的最大化。

**全方位打造有温度的零售业**

孩子王的核心是把服务体验做好，为会员提供更多商品和服务，并把线上线下的库存、用户、订单等打通，真正成为中国新家庭一站式商品和精神消费平台：不仅能购买商品，还能通过社区给新家庭提供一个精神消费的场所，通过App社区、微信咨询、会员动态，用文字、图片、声音和视频等各种形式，把育儿、生活经验、情感交流、互动分享的内容展现给用户。

孩子王希望打造出一种更有温度的零售。基于对行业趋势的洞察，孩子王将自己定义为"中国新家庭的全渠道服务商"。孩子王建立了会员制，靠深度服务去驱动增长。在孩子王CEO徐伟宏看来，这才是一种可持续的商业模式。数据也证明了这一点，据了解，截至2018年12月，孩子王全渠道会员已经突破2400万，97%～98%的销量是由会员创造的。

以会员制为基础，孩子王持续布局全渠道运营体系，从线下数字化门店到手机App、微信小程序、商城等渠道全部打通，使用户可以在任何时间、任何地点、任何场景下都能享受到优质的服务。比如，在孩子王线下的数字化门店中，每年都要举办近千场活动，目前已经形成了新妈妈学院、好孕讲堂等一批品牌活动，会员可以免费参加。这些线下互动活动不仅创造了吸纳潜在会员的有效场景，也通过互动进一步增强了会员的黏性。同时，每家门店都配有专门的育儿顾问，她们不以销售商品为主要职能，而是为新手妈妈提供产后和育儿服务、免费的育儿指导及婴童商品的购物方案。孩子王的育儿顾问为顾客提供专业化的贴心服务，注重人性化的关怀，如为带着婴儿购物的顾客提供全程陪护，为哺乳期的妈妈提供专区，包括售前、售中、售后服务。2018年6月，孩子王员工的朋友圈都被一则消息刷屏：河南省固始县一位二胎妈妈深夜乳腺炎发作，急需催乳，而在近百公里之外的安徽省六安市，孩子王的两名育儿顾问接到消息后毫不犹豫驱车前往。最终危机得以解除，这位二胎妈妈深切感受到了来自育儿顾问的贴心服务。

孩子王G6智慧门店更是增加了"人脸识别""扫码购"等智能服务，真正做到了全渠道全场景触发用户，让顾客实现24小时所想即所得、所见即所得。只要顾客进门时扫码签到，门店的当日活动信息以及结合顾客消费习惯的商品推荐就会通过后台推送给顾客，专属育儿顾问收到了顾客到店的通知及消费信息，会提供更为精准、定制化的服务。

线上的微信社群运营也是孩子王提升用户体验的一种手段。据了解，目前孩子王有上万个社群，大约覆盖300万用户。育儿顾问会在微信群里免费实时解答妈妈们的疑问，并不断分享原创的育儿经验文章。在很多用户心目中，育儿顾问不再是销售员，而更像是"老师"。

为了实现更多场景触达用户，孩子王2018年还重点发力于小程序。小程序渗透在数字化门店的各个场景中，使得用户体验门店数字化的门槛进一步降低，如在收银台扫一扫打开会员卡结算、将小程序添加到"我的小程序"直接进店签到、小程序扫码购、利用小程序跟门店的数字化大屏互动，等等。截至2018年年底，孩子王小程序累计吸引会员超过600万，月活200万左右。孩子王认为，用户大部分的时间都是在微信生态里，需要在这样的场景里无限接近用户，跟用户建立连接，提升黏性，形成数据。

目前，孩子王的销售收入95%来自会员，5%来自散客，用户的会员转化率高达76%，会员复购率在80%以上，其中50%的会员达2个月购买3次的频率，会员ARPU值（average revenue per user，指单客平均收入，它是衡量会员质量的重要指标）为1224元。一个万达店中，占2.5%～3%面积的孩子王，可以贡献14%的客流量。首家门店员工人均创造利润约120万元，与阿里巴巴和"世界零售之王"7-11的人效比肩。

**击穿单客经济**

依靠"数字技术＋人性化服务"的紧密结合，孩子王极大提升了用户的消费体验。在孩子王看来，未来纯靠卖商品已几乎没有生存空间，为了经营好用户关系，必须借助数据赋能。孩子王把营销和用户的数据资产结合，精准地为用户推荐商品。一方面，总部成立了精准营销部门，专门负责大数据分析；另一方面，致力于打造全员育儿顾问模式，门店销售员都是国家认证的育儿顾问。孩子王所有员工都有一个叫"人客合一"的工具，通过它，员工可以看到所管理顾客的购买情况，并得到大数据推送的一些分析，比如某位顾客是否达到当月预期购买值，其消费额在整个育儿顾问体系里的排名、奖励情况等。人客合一还会推送信息告诉员工，什么时间应该给某位顾客打电话了，某位顾客多久没有激活了、应该怎么激活等。

孩子王对会员进行更加精细化的分类分级运营，充分挖掘老顾客的价值。2018年5月，孩子王升级了会员体系，重点推出了"黑金PLUS"高端会员服务，通过整合孩子王平台和外部合作伙伴的优质资源，向核心用户提供更优质的购物体验和定制个性化育儿成长服务。数据显示，黑金会员平均年化产值超过16 000元，每个月的ARPU值是普通会员的2.7倍，订单量是普通会员的3.9倍，购物频次是普通会员的3.5倍。这也进一步证明了深挖单客的巨大价值。目前，孩子王的黑金会员已经达到了30万。

孩子王还整合行业资源优势，构建一个共生、互生、再生的母婴生态圈。婴童家庭用户的需求涵盖了衣、食、住、行、玩、教、学、帮、租等所有的环节，当任何用户触发与他相关的需求，所有和他匹配的生产要素都可以秒级产生，随时随地精准响应，此时单客的价值才能实现最大化。

对于众多母婴品牌来说，借助孩子王的平台力量解决了品牌营销面临的诸多痛点，实现精准触达目标人群。腾讯智慧零售对此形成了很好的助力。2018年7月31日，孩子王携手腾讯广告联合打造了SMARTkids母婴零售闭环营销解决方案，整合了腾讯广告的数据能力和相似人群扩展功能，以及孩子王基于会员体系的消费洞察，帮助母婴品牌深入了解母婴消费人群需求，使触达更加准确。比如，美赞臣整合了孩子王、腾讯和微博等的数据，在朋友圈做了精准的广告投放，有效拉动了销售增长。

**消费场景：极致化会员的用户体验**

为了提升用户体验，线下的场景体验是必不可少的，强调线上和线下融合越来越成为零售企业实践升级转型的共识。

围绕着用户体验和用户关系强化，孩子王在场景的打造上也是颇费心思，线下门店已经升级迭代到了第六代。孩子王G6智慧门店实行"降维零售"：大幅减少产品展示，转而增加互动空间。虽然产品展示空间减少，产品的精准度却大幅提升，通过科学精准的品类管理，比一般母婴商店节约30%的货架，留出更多的互动空间，确保更好的娱乐体验。孩子王大胆地将"商品＋服务＋体验＋文化＋社交＋O2O"整合为一体，从一家售卖母婴用品的零售商转型为新家庭的全渠道服务商。

为了满足消费升级下用户的需求，G6智慧门店在产品品质区间分配上也做了相应的调整。中端及中高端商品八千余种，占比超过45%，其中纯进口品牌130个，覆盖102个商品分类。门店还为会员推出专属及定制商品，倾情打造独有商品，以稳定客户关系，提升客户的黏性和忠诚度。

G6智慧门店是孩子王一直倡导的"单客经济"的具体体现。孩子王CEO徐伟宏表示，商业零售正在从价格型消费向价值类消费、体验式消费、个性化消费转变。通过基于人性服务的数字化精准营销，孩子王的单客产值是资本市场同行业企业的2～7倍，这也是新零售下以用户关系经营为核心，实现服务效率最大化的市场表现。

在新零售的实践中，孩子王其实就干好了一件事——经营顾客关系，具体包含三个关系，即人和商品的关系、顾客和顾客之间的关系、顾客和员工之间的关系。通过构建以人性服务为核心的社区商务模式，借助数据赋能和消费场景打造，深入重塑顾客关系，极致化顾客体验，最大化挖掘会员消费的价值，并反作用于供应链，为每一位会员提供个性化育儿解决方案。这颠覆了传统零售业的商业逻辑，重构了"人、货、场"三大关键要素，围绕顾客关系发起了一场零售革命。在竞争如此激烈的红海市场——母婴行业，孩子王市值已超过140亿元，找到了自己的新零售商业模式，成了行业龙头。

资料来源：1. 范鹏. 孩子王：经营用户关系的新零售革命[J]. 销售与市场（管理版）. 2019（2）：71-73.
2. https://www.hbrchina.org/2019-01-25/7100.html，有改动。

**案例思考**

1. 孩子王是如何与顾客建立关系并提高顾客忠诚度的？
2. 你从该案例中得到什么启示？

 **实践活动**

利用 SERVQUAL 量表为某服务企业设计调查问卷，对顾客进行问卷调查，调查顾客对该服务企业或服务品牌的期望与感知，使用 SPSS 软件或其他软件对所收集的数据进行分析，得出结论并给出提高服务质量的相关建议。

### 一、实验目的

1. 明确影响顾客满意的因素，了解提高顾客满意的方法。
2. 了解顾客满意与顾客忠诚的相关指标，掌握衡量顾客满意与顾客忠诚的操作技能。
3. 了解顾客满意与顾客忠诚之间的关系。

### 二、实验内容

以该服务企业为背景，各组从以下两个实验主题中任选一个进行问卷设计和调查，使用 SPSS 软件分析收集的数据，得出结论并提出相关建议。

1. 影响顾客满意度的因素。
2. 顾客满意度与忠诚度之间的关系。

### 三、实验组织

1. 教师提前 1～2 周布置任务，说明实验要求及注意事项。
2. 将教学班同学分组，每组 8～12 人。
3. 采用组长负责制，由组长带领组员分工协作，共同完成实验任务。
4. 教师组织部分小组在课堂上交流，展示调研报告。

### 四、实验步骤

1. 各组成员通过中国知网（CNKI）或万方数据库查找有关顾客满意、顾客忠诚的硕士论文中的调查问卷，在此基础上根据实验目的与内容设计一份调查问卷。
2. 各组进行问卷调查。
3. 统计分析调查问卷的数据。
4. 各组成员对统计分析结果进行讨论分析，撰写调研报告和制作演示文稿。
5. 教师安排 1～2 个课时，由部分小组的代表交流展示调研报告。
6. 各小组根据教师和同学意见进一步修改报告和演示文稿并提交，教师记录实验成绩。

# 第5章 服务补救

## 学习目标

在服务业中,服务失误十分常见。本章介绍了服务失误、服务补救和服务保证。学完本章后,你应该能够:

1. 认识服务失误的原因和顾客对服务失误的反应。
2. 理解服务补救的重要性。
3. 明确顾客对服务补救的期望和影响顾客转换行为的因素。
4. 掌握服务补救策略。
5. 明确服务保证的益处及设计标准。

## 本章结构

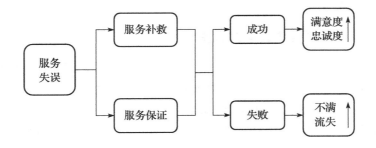

## 导入案例

### 美联航驱逐乘客事件

2017年4月9日,美国联合航空公司(以下简称"美联航")一架由芝加哥飞往路易斯威尔的航班,因超额订票而将一名不愿意下机的美籍越南裔(该乘客在飞机上自称是华裔)乘客强行拖走。该名亚裔男子被至少两名警员拖离座位时,曾一度发出惨叫,头部更疑似撞到隔邻座位。该男子被拖走时衣衫不整,眼镜滑落,额头及口部有血。

美联航驱逐乘客事件导致航班延迟约3小时。有乘客拍下片段并上传至互联网,航空公司因此遭到网民抗议,引发了全球舆论关注,中美社交媒体上大量网民称欲抵制美联航。"抵制美联航""拒绝乘坐美联航"等标签迅速走红,不少网友或分享自己乘坐美联航的负面体验,或宣布以后绝不乘坐美联航飞机，或直接贴出截图显示已退订美联航机票，还有不少网友支持受害乘客对美联航提起诉讼要求赔偿。美联航股票在 4 月 11 日大幅下跌，半小时内市值蒸发 9.6 亿美元。

资料来源：百度百科，https://baike.baidu.com/item/4%C2%B79%E7%BE%8E%E8%81%94%E8%88%AA%E9%A9%B1%E9%80%90%E4%B9%98%E5%AE%A2%E4%BA%8B%E4%BB%B6/20613602?fr=aladdin.

## 引言

服务失误是企业难以避免的，而服务失误会引起顾客的不满，产生不利于企业的口碑传播，最终可能导致顾客流失。因此，企业应该重视服务补救，采取有效的服务补救策略来挽回顾客，并通过服务补救持续提升服务质量，这对企业的长期成功是极为重要的。然而，仅采用服务补救策略是不够的，还要设计并实施服务保证，迫使企业员工认识到服务失误的代价，在第一次与顾客接触时就把事情做好。本章将介绍服务失误、服务补救和服务保证。

## 5.1 服务失误

任何企业在提供服务的过程中都可能出现差错，当顾客认为企业提供的服务水平没有达到自己期望的服务水平时，服务失误就产生了。例如，快递公司没有按时送货、快递员态度冷漠、包装破损和包裹丢失等都是服务失误。在服务失误出现后，不同的顾客会产生不同的反应。

### 5.1.1 服务失误发生的必然性

**1. 服务特性决定了服务失误难以避免**

服务有着与商品完全不同的特性，它的无形性、同步性、异质性和易逝性共同决定了服务失误是在所难免的。首先，无形性使得人们无法用统一的标准来衡量服务，从而对服务的评价比较主观，因此，并非所有的顾客都会对同一家企业提供的服务感到满意。例如，对电影院播放的同一部电影，有些人看后觉得很好，有些人则认为很糟糕。从某种意义上来说，只要顾客对服务不满意，服务就失败了。其次，同步性使得企业不能在事前对服务进行质量检验，无法确保向顾客提供的都是合格的服务产品。同时，由于服务的同步性，在很多情况下，顾客与服务提供者会直接接触，更是增加了服务失误的发生概率。再次，异质性意味着企业很难保证稳定的服务质量。服务人员和顾客都会影响服务质量，都有可能导致服务失败。最后，易逝性使得企业难以做到服务的供需平衡。在旅游高峰期，拥挤不堪的人群、嘈杂的环境、糟糕的食宿和到处排队等候都会给游客带来不好的旅游体验。

**2. 随机因素的影响**

有些因素存在于服务企业的外部，如自然灾害、政治冲突、气候情况等，这些因素是企业无法控制的，会对服务传递产生影响。例如，由于大雪封山，快递公司不是在所承诺的三天之内将快件送达顾客，而是花了半个月的时间，结果遭到许多顾客的埋怨；由于气候异常，突然出现的暴风雨使得飞机无法按时起飞，顾客被迫滞留机场，会导致顾客不满；由于电力公司突然停电，会引起在酒店中举行商务会谈的人的不满。虽然企业可以在事前制订应急方案，以减少这些随机因素给服务传递带来的威胁，但我们必须承认，当这些情况出现时，服务失误是无法完全避免的。

### 5.1.2 服务失误的原因

服务失误是在所难免的，在向顾客提供服务的过程中，任何一家企业都有可能在不同环节出现服务失误。尽管服务失误的表现形态各异，但从服务企业和顾客角度，通常可以将发生服务失误的原因归结为服务提供系统的失误、对顾客服务要求响应的失误、员工的不当行为所致的失误和顾客不当行为引起的失误（见图 5-1）。

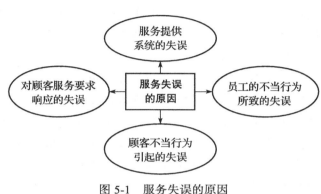

图 5-1 服务失误的原因

#### 1. 服务提供系统的失误

服务提供系统的失误是指企业为顾客提供核心服务时出现了失误。例如，酒店未清扫和整理房间，航空公司取消航班或不按时起飞，这些服务企业都没有向顾客提交他们所预期的服务结果，出现了服务失误。服务提供系统的失误是由企业的服务架构缺损而造成的，一般表现为企业的服务系统不完善、服务流程设计粗劣、缺乏有效的监管体系、保障措施不力和员工能力缺失。这些都会影响到核心服务的传递，使顾客获得的服务结果达不到他们的期望，导致顾客不满。核心服务的成功传递对顾客满意度的影响很大，企业要尽量避免出现服务提供系统的失误。具体来看，服务提供系统的失误包括以下三种。

（1）顾客无法得到服务。企业可能由于硬件设施出问题、机器出故障、柜台关闭，无法向顾客提供平时可以很容易得到的服务，从而引发顾客的不满。例如，一名学生急需相关资料，在周五花了一下午的时间到图书馆查找所需的书籍，在借阅时，却被图书馆工作人员告知由于电脑系统出现问题，要等到下周一才能办理借阅手续，显然，这位学生就没有获得在平时应该得到的服务。

（2）不合理的缓慢服务。企业向顾客提供服务的速度太慢，这种服务速度在顾客看来是慢得超乎寻常了。例如，平时几分钟就可以办理完的取款手续，顾客用了将近半个小时。毫无道理的延迟服务、顾客需要排很长的队来等候服务或服务人员"磨洋工"，都会使服务提供速度变慢，无形中增加了顾客的时间成本，顾客通常会因此产生不满情绪或觉得自己被怠慢了。

（3）其他核心服务的失误。除上述两种失误之外的所有核心服务方面的失误都可归为此类。例如，在餐馆中吃到没有炒熟的菜或夹生的米饭；飞机着陆后，乘客取行李时却发现自己的行李被航空公司弄丢了；到游泳馆游泳时，发现游泳池的卫生状况很差；诸如此类的失误在生活中很常见。

**2. 对顾客服务要求响应的失误**

这种失误是对顾客所提出的服务要求无响应或未及时响应而产生的。这种服务要求通常是超出企业服务提供系统的特殊要求。例如，顾客要求一家蛋糕店按自己的偏好来制作一个生日蛋糕，住户要求装修公司按自己喜欢的风格设计新房的装修图。如果服务提供者没有回应顾客的这些要求，或者回应不及时，就会出现服务失误。这种失误具体可以分为以下两类：

（1）对顾客明确提出的服务要求反应失误。顾客的需要和请求包括以下四种：①特殊需要。有些顾客可能有特殊的需要，如带小孩到餐馆吃饭，要求服务人员提供儿童座椅，服务人员却没有搭理顾客。②顾客偏好。有些顾客有特定的偏好，如就餐时要求坐在某个靠窗的座位上，而餐馆没有满足顾客的这一要求。③顾客的错误。有些反应失误是由顾客自己的错误引起的，如顾客在酒店丢失了房间钥匙，请服务人员帮助却没有得到及时响应。④其他破坏性影响。有些反应失误是要求服务人员处理顾客之间发生的问题所导致的，如要求员工让其他顾客不要在餐馆内抽烟，或者请求工作人员让在图书馆中看书的其他人保持安静，员工不理睬就会引发顾客的不满。

（2）对顾客隐含的服务要求反应失误。有时候，顾客并没有公开提出自己的服务要求，但却希望服务提供者能向自己提供某项服务。例如，如果顾客不小心弄翻了汤碗，将汤洒在桌子和自己身上，这时当然希望不必向服务人员提出要求，服务人员就能递一块毛巾给自己，将桌子擦干净。当顾客具有隐含的服务要求时，如果服务人员没有察觉或未及时察觉，可能就会引起顾客的不满。

**3. 员工的不当行为所致的失误**

这种失误是由员工不合理的举动造成的。员工的这种举动并不是顾客所期望的，也不是常规的服务系统要求的。员工的不当行为通常表现为漠视顾客（如冷漠、行动迟缓）、不正常的行为（服务态度恶劣或粗鲁、滥用或不适当的行为接触）、歧视或不诚实的行为、不利情况下的负面行为（如船沉时船长丢下乘客逃生），这些行为违反了企业的服务规定，会让顾客觉得没有得到应有的尊重与重视，容易造成服务失误。例如，有位顾客进入一家高档服装店，看到顾客衣着寒酸，服务人员非常无礼，在一旁冷嘲热讽，那么，这位顾客会认为这家服装店的服务很糟糕，可能会离开并且不会再到这家店购物。在与顾客直接接触的过程中，一线服务人员的言行举止都会受到顾客的关注，并影响到顾客对服务的体验。例如，服务人员因为与家人发生矛盾，在为顾客服务时将怒气发泄到顾客身上，对顾客呼来唤去，甚至与顾客打了起来，员工的这种不正常行为必然会让顾客对企业及其提供的服务十分不满。

### 4. 顾客不当行为引起的失误

这种失误是由顾客的不恰当行为引起的。服务是一个互动的过程，顾客参与服务的生产过程，顾客不合理的行为同样会导致服务失误。在现实中，这种情况并不少见。由顾客错误行为引起的服务失误包括：①醉酒。在饭店中，醉酒顾客的行为会对在场的其他顾客、员工产生消极的影响。②口头或身体伤害。在公交车上，吵架或打架的顾客可能会对其他乘客有口头或身体的伤害，会让车上的其他乘客感到很厌烦。③破坏企业规定。在银行，插队的顾客对排队等候的顾客和银行职员的工作效率都会产生不利的影响。④不合作的顾客。在医院，医生往往对那些不合作的患者感到十分头痛。有时候，尽管企业提供了完善的服务系统，服务人员也竭尽全力去满足顾客的需求，有些顾客还是不满意。在这些顾客中，有些会对企业提出苛刻的要求，有些会逼迫企业给予他更多的利益，有些会侮辱或攻击企业员工。当失误由顾客过失造成时，企业如果让员工承担所有责任，会对员工的情绪和积极性造成打击。企业应该制定专门的处理办法来解决因顾客过失所引发的失误。

---

应用练习 5-1

以最近你所经历的一次服务失误（如快递延误、账单有误）为例，说明该服务失误的原因是什么。在应对这一失误时，你的反应是什么？你抱怨或不抱怨的原因是什么？

---

### 5.1.3 顾客对服务失误的反应

#### 1. 服务失误后顾客的行为

在服务失误发生以后，顾客通常会产生负面的情绪，如不满、失望、焦虑、生气或自怜等，这些情绪会影响到顾客的行为，进而影响顾客是否继续购买原服务商的服务。当出现服务失误时，不同的顾客会出现不同的反应（见图 5-2）。图 5-2 描述了顾客对服务失误的各种反应，涵盖了从开始时产生负面情绪到采取行为的整个过程。

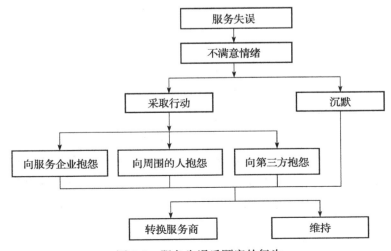

图 5-2 服务失误后顾客的行为

从图 5-2 中可以看出，顾客对服务失误的反应是不同的，有的选择沉默，有的抱怨。尽管服务失误会引起顾客的不满，但在这些不满意的顾客中，大部分顾客并不投诉，真正投诉的只占了极少部分。研究表明，在对服务不满的顾客当中，平均只有 5%～10% 会去投诉。[⊖] 这一研究结果说明了不满意的顾客进行投诉的比例是极低的。在现实生活中，这一比例可能还会更低。

---

**人物小传**　　　　　　　　　　**克里斯托弗·洛夫洛克**

克里斯托弗·洛夫洛克，服务营销学的创始人之一，在全球为企业管理者提供咨询和培训，关注的焦点是服务中的战略规划及顾客体验管理。2001～2008 年，他成为耶鲁大学管理学院的兼职教授，为 MBA 学生专门讲授服务营销课程。

洛夫洛克在爱丁堡大学获得了商学学士和经济学硕士学位，然后在智威汤逊公司伦敦办公室从事广告宣传工作，并曾在蒙特利尔加拿大工业有限公司从事战略规划工作。而后，他又分别在美国哈佛商学院和斯坦福大学获得了 MBA 学位和博士学位，并在斯坦福大学做了一段时间的博士后。

洛夫洛克的学术经历包括在哈佛商学院任教 11 年，在瑞士洛桑国际管理学院作为访问教授工作两年，并先后在许多世界著名大学任教，如加利福尼亚大学伯克利分校、斯坦福大学、麻省理工学院斯隆商学院、法国欧洲工商管理学院和澳大利亚昆士兰州立大学。

洛夫洛克曾独自及与其他学者联合撰写了六十余篇文章、一百多个教学案例和 27 部专著，这些研究成果被翻译成了 14 种语言。作为服务营销方面的权威专家，他在《服务管理杂志》《服务研究杂志》《服务产业杂志》《康奈尔接待业季刊》和《营销管理》担任编委工作，并担任《市场营销杂志》的审稿人。

洛夫洛克是全球公认的服务营销研究领域的先行者，他由此获得了美国市场营销学会颁发的服务学科贡献奖。他与埃弗特·古默森合写的《服务营销将走向何方：服务营销新范式与新视角研究》一文于 2005 年荣获美国市场营销学会年度最佳论文。在此之前，他曾获得过众多荣誉，包括《市场营销杂志》评选的最佳论文。他的案例撰写水平更是得到学界的高度认可，曾两次获得《商业周刊》评选的年度最佳欧洲案例。

---

有些顾客会选择向服务企业投诉。研究表明，大部分人是在服务现场向服务人员投诉的。人们一般会直接向一线员工抱怨，如公交车司机、餐厅服务员、导游、空姐等服务人员，而不是向公司总部或客户关系部门投诉。这说明了为什么公司的高层管理者很难听到顾客的投诉，当公司缺乏正规的客户反馈系统时更是如此。研究人员还发现，当顾客向服务人员抱怨时，大多数顾客是通过面对面交流或电话进行的，只有少部分顾客通过客户反馈卡、信函、传真或电子邮件来反馈。如果顾客是为了解决问题或改变状况而抱怨，通常会使用互动式渠道，如当面交谈或电话交流。如果顾客是为了发泄情绪而

---

⊖ 克里斯托弗·洛夫洛克，约亨·沃茨.服务营销（原书第 7 版）[M].韦福祥，等译.北京：机械工业出版社，2014：311.

抱怨，则更多地借助非互动渠道投诉，如反馈卡或电子邮件。

有些顾客则更倾向于将公司的负面信息传播给亲朋好友和同事。在这种抱怨行为中，顾客没有将负面信息传递给公司，使公司丧失了服务补救的机会。负面口头宣传会强化顾客的消极情绪，导致顾客流失，也会影响到其他人。这类顾客的抱怨行为对公司是不利的，特别是在网络发达的时代。近年来，随着互联网的快速发展，一些顾客开始使用网络来抱怨。网络为人们提供了更加方便快捷的投诉渠道，也使负面口碑迅速而广泛地传播到大量的人群中，会对服务企业的声誉造成负面的影响。在极端的情况下，有些顾客会成为"恐怖分子"，在遭受到严重的服务失误后，他们会在网络上公开抱怨，过分渲染公司的不当行为，将他们所经历的不愉快告诉成千上万的人，这是通过网络来发泄他们的不满和愤怒，甚至报复得罪过他们的公司。

另外一些顾客则向第三方投诉。第三方包括政府相关机构、保护消费者权益的组织、行业协会和法律机构等。在以上三种投诉行为中，顾客可能会采取其中一种，也可能会同时采取几种。总之，不管顾客是采取行动或保持沉默，最终他们必须做出决策：是继续光顾这家服务企业，还是转向其他服务提供商。

**2. 抱怨者的类型**

按照顾客对服务失误产生的不同反应，可以将顾客划分为发言者、发怒者、积极分子和消极者四种类型。

（1）发言者。这种类型的顾客更愿意向服务人员抱怨。对于服务企业而言，发言者应该被看作企业的好朋友。发言者向服务人员投诉，为企业提供了一个及时改正错误的机会，使企业还有第二次机会来满足甚至留住顾客，并避免了负面口碑的传播和扩散。发言者相信向服务人员抱怨会产生积极的效果，对社会也是有益的，所以他们会主动向企业员工抱怨，而不太可能向其他人或第三方表达不满。

（2）发怒者。这类顾客更有可能向亲戚、朋友传播负面口碑并更换原有的服务企业。发怒者对所经历的服务失误很生气，对提供服务的企业感到很愤怒，他们不太可能为服务企业提供服务补救的机会，而是向亲朋好友、其他人传播这家企业的负面信息，并选择离开，不再使用这家企业提供的服务，转向竞争者。

（3）积极分子。这类顾客更有可能向企业、亲朋好友及第三方抱怨。积极分子喜欢抱怨，他们的个人观念或标准支持抱怨。他们拥有抱怨的习性，乐于向人们诉说自己的冤屈与不满。他们会向各种人和机构抱怨，如服务企业、其他人和第三方。他们对抱怨产生的结果持有积极的预期。

（4）消极者。这类顾客保持沉默，很少采取行动。在遇到服务失误时，消极者不采取任何行动，不大可能向服务人员抱怨，也不太可能进行负面口碑传播，更不会向第三方投诉。他们的个人性格或观念不支持抱怨，认为抱怨要花费许多时间和精力，怀疑抱怨所能取得的成效。现实生活中的很大一部分人属于消极者。

**3. 顾客抱怨或不抱怨的原因**

如果企业想要消除顾客的不满，就需要深入了解顾客相应行为后面的原因。即当顾客对服务失误不满时,为什么有的顾客会抱怨,而有的顾客不抱怨呢?顾客抱怨或不抱怨的原因如表 5-1 所示。

表 5-1 顾客抱怨或不抱怨的原因

| 顾客抱怨的原因 | 顾客不抱怨的原因 |
| --- | --- |
| • 获得赔偿<br>• 泄愤<br>• 帮助改进服务质量<br>• 利他主义原因<br>• 证实抱怨者对抱怨评价的合理性<br>• 重新获得控制 | • 不方便<br>• 对投诉效果持怀疑态度<br>• 不值得<br>• 不愉快的感觉<br>• 角色意识和社会规范的影响 |

(1)顾客为什么抱怨?顾客抱怨的原因主要有以下几个方面。

①获得赔偿。一般情况下,顾客抱怨是要求服务企业赔偿来弥补自己的经济损失。他们认为由于企业的服务失误,自己应该得到某种形式的补偿。企业赔偿顾客的方式有很多,如退款、打折、重新提供服务、在未来提供免费服务等。

②泄愤。抱怨成为顾客发泄不满情绪的一种工具。在服务过程中,如果服务人员粗暴无礼、故意冷落或威胁顾客,顾客的自尊心会受到伤害,他们会产生挫败感,会变得很愤怒。这时,抱怨可以使顾客重建自尊、释放压力并发泄他们的愤怒与不满。

③帮助改进服务质量。在顾客与服务有较高关联度时,顾客希望服务机构能改善服务质量,使自己可以获得优质的服务。因此,为了促进服务质量的提高,他们会不断努力和贡献力量,积极向服务机构反馈信息。例如,在大学,学生主动对教学质量、食宿管理提出建议与要求;银行大客户积极对服务改进提出合理化建议:这些抱怨在一定程度上都是为了帮助相关服务机构提高服务质量。

④利他主义原因。在某些情况下,有些顾客具有利他主义思想,他们在社会责任感的驱动下投诉,他们抱怨是希望其他人不要再遇到类似的问题,以避免他人经历同样的遭遇。他们希望通过投诉来引起公众的关注,使服务企业纠正错误的行为。

⑤证实抱怨者对抱怨评价的合理性。顾客对抱怨事件的评价基本上是主观的。即使遇到相同的服务失误,不同顾客抱怨的内容与程度都会不同。这时,顾客抱怨是为了检验其他人对自己抱怨的认同。他们想了解一下,在同样的情况下,别人的感觉与自己是否一样,别人是否会同情他们。如果他们的抱怨得到别人的肯定,顾客会认为自己提出了正当的抱怨。

⑥重新获得控制。抱怨可以使顾客重新得到某种控制手段。如果顾客通过抱怨可以影响到其他人对服务企业的评价和看法,则顾客就能再次获得控制权。例如,有些顾客在网络上大量传播某企业的负面信息,采取某种手段引起人们对该企业的关注,从而获得了某种权力,迫使这家企业不得不进行道歉和赔偿。

(2)顾客为什么不抱怨?顾客不抱怨有许多方面的原因,通常可以归纳为下列几种。

①不方便。有时候,顾客很难发现有合适的投诉渠道与程序,他们根本不清楚应该到哪里投诉,不了解有哪些渠道可供他们投诉,甚至不知道该如何投诉。即使知道,有些投诉可能相当麻烦,顾客需要花费时间和精力写信和寄信、提供相关证明、填写大量

表格、查找公司的电子邮箱写电子邮件。在这种情况下，很多顾客都不愿意去做这些，他们把抱怨看作一件烦琐的事情，不想浪费自己的时间与精力。

②对投诉效果持怀疑态度。不少人认为投诉是不会产生什么效果的。尤其是在服务水平较低的行业中，人们不相信服务企业会关心顾客所遇到的难题，不能确定它们是否会解决顾客抱怨的问题。他们认为即使自己向服务企业抱怨也是白费力气，抱怨不会令一些对自己或别人有利的事情出现，也不会带来任何好处。

③不值得。顾客认为廉价的服务、经常使用的服务对自己并不重要，不值得花费时间与精力抱怨，因此，顾客对这些服务投诉较少。不过，虽然顾客当时不抱怨，但下次需要使用这些服务时，顾客可能会转向企业的竞争对手。相反，顾客对那些高价格、高风险的服务则投诉较多。

④不愉快的感觉。很多人认为投诉令人不快。有些顾客害怕与服务人员发生冲突与争执，担心受到员工的无礼对待或报复，在被投诉的人与顾客的利益密切相关，顾客还要与之打交道的情况下更是如此。例如，住院的患者即使对主治医生极为不满，也不愿意投诉医生，因为他们惧怕遭到对方的报复。还有些顾客会对抱怨感到尴尬，由于服务的不可分离性，顾客与公司员工经常面对面地接触，服务人员就在现场，顾客可能会对当面抱怨感到不舒服。

⑤角色意识和社会规范的影响。有些服务具有较强的专业化或技术性，需要服务提供者拥有专业知识或技能，如果服务人员是这方面的行家，具有影响交易的能力，处于强势地位，而顾客认为自己缺少评价服务质量的专业知识，在这种情况下，顾客投诉的可能性较小。在面对律师、医生、建筑师等专业人士时，情况更是如此。人们普遍认为他们是专家，社会规范也并不倡导消费者指责这些专业服务人员。

## 5.2 服务补救

服务补救是指企业针对服务失误造成的问题所采取的一系列行动。服务补救不仅是企业在服务失误时所做出的一种及时的主动反应，更是针对服务系统中可能导致服务失误的任一环节所做出的努力。服务补救对企业具有重要意义，企业应该积极地进行服务补救。

---

**小案例 5-1　　　　　大树下茶餐厅要不要改革**

会议室内一片喧嚣，正在进行一场激烈的讨论，主要讨论大树下茶餐厅是否要实施一项改革。这个话题还要从一个星期前发生的一件事情说起。某天中午，张先生来到大树下茶餐厅点了一份快餐，他是这里的熟客，就在不远的公司工作。由于中午休息的时间很短，像许多白领一样，他很珍惜中午有限的时间，想尽快吃完回去午休。不巧的是，这天餐厅的两位厨师同时请了假，而当天中午的顾客非常多，半个多小时过去了快餐还没有上。张先生的忍耐终于到了极限，他找到了一个服务员，对他大声抱怨了几分钟，也不听解释便愤愤离去。

"是该改变的时候了！"餐厅经理顾杨说话的时候表情很严肃，咬字清晰，显然是想吸引所有与会者的注意，"其实这种事情不是第一次发生了，我经常直接或间接地听到顾客抱怨各种服务不到位，我认为我们应该采取一些措施来避免类似的情形再度发生。首先要建立客户抱怨的预警机制，同时加强对服务员的培训，把顾客的不满情绪化解在爆发之前；另外还要改变以往餐厅招聘服务员后标准化上岗培训的做法，要授予一线员工一些权力。比如说前几天张先生的那件事，我们完全可以让员工提前发现他等待已久，给予适当的解释，并允许员工赠送一份冰激凌或餐前冷盘表示抱歉，等等。这样可以让服务员灵活地处理现场问题，有效地防止顾客不满情绪扩大。要知道，我们餐厅之所以能有今天的业绩，很大程度上得益于老顾客的支持和厚爱，如果得罪更多的老顾客，我们恐怕要花更大的代价去吸引新顾客，这样对餐厅的经营十分不利。"

"我觉得这样有点小题大做，"财务经理刘成马上反驳，"这种事情又不会天天发生，更不可能同时在一个人身上出现。顾客之所以来我们这里，是因为我们的餐厅饭菜味道可口、服务周到，而非其他的想法。另外，要改变我们餐厅现有的管理模式，员工们需要重新适应，也会造成大笔开支，是不是有点儿得不偿失？"

一番交锋后，大家你一言我一语地争论开来，有的人极力支持顾杨的想法，有些人则明显反对，一时间闹得会议室沸沸扬扬，吵得不可开交。总经理王华陷入沉思，他现在的心情复杂，觉得两人的话似乎都有道理。

资料来源：徐宁，王永贵. 经营顾客资产的艺术 [M]. 天津：南开大学出版社，2007：8.

## 5.2.1 服务补救的重要性

### 1. 提高顾客忠诚度

服务失误是很难避免的。如果企业能采取有效的服务补救措施，往往可以留住顾客，甚至大幅度提高顾客的忠诚度。相反，如果企业不能及时处理顾客的投诉并解决问题，顾客则很可能转向竞争对手。因此，服务补救是防止顾客流失、提高其忠诚度的有力措施。

当出现服务失误后，顾客对企业提供的服务会感到不满。但是，有效的服务补救往往可以缓解或消除顾客的不良情绪，将生气、焦虑的顾客转化为满意的顾客，甚至能提高顾客的忠诚度。也就是说，遭受服务失败的顾客如果对服务补救感到满意，将更有可能再次向企业购买服务产品。古德曼法则认为，将顾客的不满以抱怨的方式显现出来，并给予妥善的解决，可以提高顾客的再购买率，确保顾客较高的品牌忠诚度。研究表明，与根本没有抱怨过的顾客相比，那些因抱怨而使问题得到解决的顾客具有更强烈的再购买意愿。而在抱怨的顾客中，得到快速服务补救的顾客比那些问题未得到解决的顾客更有可能发生重购行为。

### 2. 控制负面口碑传播，塑造良好的企业形象

如果企业没有进行服务补救，或者缺乏有效的服务补救策略，可能会使经历服务失误的顾客更加不满，甚至成为极端的发怒者。他们会寻找各种机会夸大企业的失误，不计后果地到处传播企业的负面消息。研究显示，一个不满意的顾客会向10～25个人讲述他们的不幸遭遇。而有效的服务补救可以防止事态升级，避免不利于企业的口头传播的影响。服务补救原本就是为了挽回服务失误给顾客带来的不利影响，将顾客与企业的损失降到最低限度。有效的服务补救会给顾客留下深刻的好印象，使顾客对企业产生好感与信任，带来良好的口碑效应，在社会上为企业树立良好的形象，引来更多的顾客。

### 3. 持续提高服务质量

服务补救是企业不断改进服务质量努力的一部分。服务补救是高度互动的服务过程，在此过程中，顾客与企业员工面对面接触，企业赔偿顾客相应的经济损失和精神损失，这些都会涉及服务的过程质量与结果质量。因此，有效的服务补救本身其实就向顾客传递了优质的服务质量顾客反馈回来的意见还能使企业获得许多有价值的信息，以此为依据，企业能够不断创新服务和改善服务质量。此外，利用服务补救中总结出来的经验教训，调整企业的服务系统和服务流程，可以尽量避免再次出现类似的失误，使企业将来能在第一次为顾客提供服务时就把事情做好，降低补救成本，增进顾客的初始满意度，这对企业和顾客都是非常有利的。

---

**知识链接**　　　　　　　　　　　**服务补救悖论**

服务补救悖论认为，那些遭遇服务失误的顾客会产生不满，但在经历了优质的服务补救之后，顾客可能会更加满意，与那些没有遇到任何问题的顾客相比，这些顾客更有可能再次购买服务。这一观点受到了很多学者的质疑。尽管对于服务补救悖论存在不同的意见，但在一开始就把事情做好是最好的策略。即使适宜实施服务补救悖论，也要具备一定的条件。

服务补救悖论的实施条件有以下几种。

第一，从服务类型来看，只有风险较小或容易补救的服务才适宜实施服务补救悖论。服务补救虽然可以弥补顾客损失，但如果服务失误对顾客伤害过大，如医疗事故造成患者终身残疾或身心痛苦，美容失误导致顾客破相等，无论企业采取何种补救措施都难以弥补顾客损失，或者说企业根本就没有能力弥补顾客损失。

第二，从企业类型来看，只有服务和补救水准都较高的企业才适宜实施服务补救悖论。服务补救悖论实际上是企业故意制造的"第二次"给予顾客服务或展示企业服务水准的机会，这就要求企业必须有较高的补救能力。如果企业补救能力差，就会"第二次"造成顾客失望，进而增加顾客新的不满。如果补救水平过高，一是会大幅度增加企业的补救成本，使企业得不偿失；二是会提高顾客期望，为企业以后的服务留下隐患。

> 第三，从顾客类型来看，通情达理、容易知足和喜欢口碑传播的顾客比较适宜实施服务补救悖论。知识水平较高的顾客一般比知识水平较低的顾客更通情达理，年长者较年轻者更容易知足，女性较男性更喜欢对外传播。
>
> 第四，对同一顾客不能频繁使用服务补救悖论。西方学者研究发现，一个顾客能够容忍一家企业出现一两次服务失误，但如果企业失误次数过多，顾客会把失误原因更多地归咎于企业服务质量不稳定。此时，企业即使给予顾客补救甚至过度补救，也仅能化解顾客的暂时不满，难以建立顾客忠诚。
>
> 资料来源：根据百度百科相关资料改编，http://baike.baidu.com/view/2835078.htm。

### 5.2.2 顾客对服务补救的期望

如果顾客花费大量的时间和精力向服务企业投诉，他们会对服务补救抱有很高的期望。顾客希望企业能够对服务失误负责，使用相关的服务补救方式来解决问题，期望在服务补救中得到公平的对待。

#### 1. 企业承担相关责任

在出现服务失误时，顾客想知道究竟发生了什么，为什么会发生这种事，企业应该对哪些事负责，企业会采取哪些服务补救的方式来处理问题。如果企业不采取任何补救措施，就会与顾客的期望相背离，可能会导致更大的纠纷出现，产生更坏的影响。因此，企业应该采用相应的服务补救方式来挽回顾客（见表5-2）。

表5-2 服务失误出现后企业的补救方式

| 期望的行为 | 如何进行补救 |
| --- | --- |
| 倾听 | 倾听顾客的抱怨，安抚顾客情绪 |
| 道歉 | 真诚地向顾客道歉 |
| 解释 | 说明发生了什么及为什么发生 |
| 表态 | 告诉顾客企业将会对失误负责到底，并将采取相应的行动 |
| 补偿 | 由一线员工在现场对顾客进行象征性补偿或实质性赔偿 |

（1）倾听。服务人员应该站在顾客的立场上，善待顾客，倾听顾客的抱怨，对顾客表示理解与同情，主动安抚顾客的不满情绪。给顾客提供一个倾诉的机会，可以让顾客向企业发泄他们的不满，使很多顾客的愤怒烟消云散，企业还可以从中找出失误的具体原因，为顺利进行服务补救奠定良好的基础。

（2）道歉。顾客期望服务失误时能得到企业的道歉。因此，即使服务失误并不是企业导致的，企业也要真诚地向顾客道歉。道歉意味着企业承认所发生的失误和重视顾客的抱怨，体现了对顾客的尊重和理解，可以重新赢得顾客信任。

（3）解释。企业要解释发生了什么以及为什么发生。向顾客说明失误的原因，可以在一定程度上缓和顾客的不满情绪。例如，当航班不能按时起飞时，如果航空公司能及时告知顾客是由天气状况造成的，顾客就很容易接受所出现的服务失误。

（4）表态。服务过程中出错时，顾客很想知道所出现的问题能否得到解决。有些问题很容易解决，现场就可以处理；而有些问题涉及多方面，不能马上处理。对于后者，企业应该本着负责的原则，告诉顾客企业会对失误负责到底，以及企业将会采取什么行动来进行服务补救。但要注意的是，企业不能过度承诺，同时企业要说到做到，要能兑现对顾客所做出的承诺。

（5）补偿。服务失败会给顾客带来一定的精神损失或物质损失。除了向顾客道歉、解释和表明态度之外，企业还需要对顾客做出补偿，将顾客认为有价值的东西送给他们。企业可以通过赠送礼物的形式来对顾客进行象征性的补偿，如一个小礼品或一张优惠券。企业也可以进行实质性的补偿，如全部或部分的退款、折价、免费服务、物品的修理及更换等。

### 2. 顾客得到公平对待

一旦失误发生，顾客期望在服务补救中获得公平（fairness）。服务失误会给顾客带来实际问题与情感问题：顾客会认为他们遭受了经济损失，受到了不公平的对待。因此，在服务补救时，企业要向顾客赔偿以弥补他们的经济损失，还要尽力提高顾客的公平待遇感。

当企业进行服务补救时，顾客是从多个角度来感知服务补救是否公平的。顾客对服务补救是否合理的看法由对服务补救的结果、服务补救过程以及服务补救过程中人际间行为的评价共同形成。史蒂芬·泰克斯（Stephen Tax）与史蒂芬·布朗（Stephen Brown）对顾客投诉后寻求的公平进行了研究，总结出三种公平类型，即结果公平、过程公平和交互公平。

（1）结果公平（outcome fairness）。结果公平也称为"分配公平"（distributive fairness）。顾客希望企业补救努力的特定结果或赔偿能与其不满意水平相匹配。这种公平与顾客因失误所遭受的损失和引起的不便相关，他们希望得到公平的交换。

顾客不但会比较自己的得与失，还会将自己的得失与别人相比较。他们想获得公平，认为企业的赔偿至少要等于他们遭受的损失，还希望获得与共同经历服务失误的其他人同样的赔偿。然而，结果公平仅是服务补救的一个方面而已，如果顾客认为补救过程、与服务人员的沟通等方面不公平，则使用单纯的赔偿来解决服务失误是毫无意义的，它很难把顾客对服务的不良感知转变成良好的印象。史蒂芬·泰克斯认为，过量的赔偿并非解决问题的灵丹妙药，还会提高服务补救的成本，过程公平与交互公平才是解决失误问题的根本所在，因为顾客正是遭受了不公平的待遇才投诉的。如果顾客觉得服务补救的过程和互动是公平的，反而会降低对物质方面的要求，企业就能减少服务补救的成本。

（2）过程公平（procedural fairness）。顾客希望处理过程的政策、规定和时限公平。这种公平与服务企业的政策和规章制度有关。顾客期望企业有便捷的补救流程，反应迅速，可以灵活方便地处理问题。

不公平的补救过程是缓慢的、不方便的。例如，如果企业要求顾客必须提供检验报告、附上相应的证明，顾客会认为好像是自己在撒谎似的，就会感到不公平。如果企业提供服务补救的步骤烦琐，拖延了很长时间才使顾客得到赔偿，即使顾客认为补救结果是公平的，他们也会认为服务补救是糟糕的。相反，公平的服务补救过程是方便的，使顾客易于进入投诉过程；企业的规定是清晰的，不会引起双方的争执；补救是及时的，能快速地解决失误的问题。

（3）交互公平（interactional fairness）。顾客希望被礼貌地、细心地和诚实地对待。这种公平与企业的服务人员有关，这里所说的人员特指直接向顾客提供服务补救的员工。交互公平体现在服务人员与顾客交往的合理性方面，包括服务人员与顾客接触时体现出来的礼貌、对失误解释的乐意程度、对服务的投入度、解决失误问题时的努力程度等。在服务补救过程中，顾客需要交往上的合理性，要求服务补救努力是礼貌的、真实的、真诚的，希望服务提供者在信息沟通和行为上都是公正的、诚实的和富有感情的。如果员工能无微不至地关怀顾客，很快就会平息顾客的怨气，从而轻易地解决问题。然而，现实中不少顾客在遇到服务失误时，服务人员往往态度冷漠，不情愿地帮助顾客解决难题，或者粗暴地对待顾客。这时，这种公平就会占据主导地位，支配结果公平和程序公平。

### 5.2.3 影响顾客转换行为的因素

在遭遇服务失误后，顾客最终会决定是继续留在原服务企业还是转向其他服务企业。如图 5-3 所示，顾客选择停留还是转换企业会受到很多因素的影响。

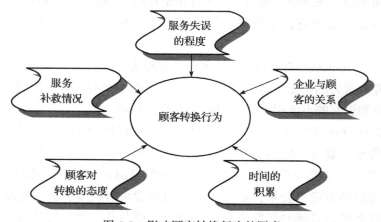

图 5-3　影响顾客转换行为的因素

#### 1. 服务失误的程度

服务失误的大小和危险程度会影响顾客再次向原服务企业购买的决策。服务失误越小，对顾客越不重要，顾客就越有可能再次购买。相反，如果服务失误很严重，给顾客带来了致命的后果，顾客就极有可能更换服务企业。

#### 2. 服务补救情况

糟糕的服务补救是导致顾客转换服务企业的一个重要因素。当发生服务失误时，企业对服务失误的反应很差，如消极回应、不回应、不情愿地回应，会促使顾客离开原有服务企业，转向竞争者的怀抱。

### 3. 企业与顾客的关系

研究表明，当出现服务失误时，与服务企业保持长期良好关系的顾客更容易谅解，选择再次购买企业服务的可能性更大。而与企业只是第一次接触关系的顾客则更有可能在服务失误后更换服务企业。这里的"第一次接触关系"是指顾客与企业之间只进行了一次接触而形成的交易关系。

### 4. 顾客对转换的态度

顾客对转换服务企业的看法影响他是否会继续与原服务企业保持关系。无论企业是否解决服务失误，以及顾客对其提供的服务是否满意，一些顾客转换原服务企业的可能性还是很大。

### 5. 时间的积累

有时候，顾客并不是在服务失误时立即做出更换服务企业的决策。当失误一而再再而三地发生，顾客在经历了不止一次的服务补救之后，最终才痛下决心，决定离开原服务企业。因此，更换服务企业可能是一个时间积累的过程。

## 5.2.4 服务补救策略

服务补救对企业而言非常重要，故服务企业应该真诚地对待那些遭遇服务失误的顾客，主动开展服务补救来留住顾客。根据顾客对服务补救的期望和影响顾客转换行为的因素，企业可以采取一系列服务补救策略（见图5-4）。

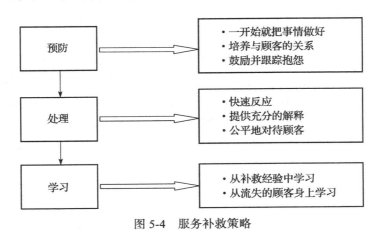

图 5-4　服务补救策略

---

**小案例 5-2　　　　　　加拿大丰业银行的服务补救**

加拿大丰业银行根据服务补救数据库提供的信息了解最容易发生服务失误的环节，并根据顾客的信用记录在服务中采取不同的服务对策。丰业银行要求一旦发生服务失误，前台员工要立即采取措施，并向顾客阐明解决问题需要经过的程序，让顾客及时了解问题解决的进度。在问题不能当场解决的情况下，告诉顾客银行将计划如何行动，表明银行正在采取修复性的措施。同时，要把问题解决的进度及时告诉顾客，以减轻顾客的心理成本。然后通过深入调查的形式了解补救的效果以及服务失误发生的原因，为改进工作提供依据。最后建立服务补救数据库，保证顾客信息和服务补救信息的不断更新，以帮助银行更好地预测潜在的服务失误。

在这一服务补救过程中，加拿大丰业银行对员工仪容仪表、服务用语、环境状况、设备设施都确定了统一的标准。银行重视对员工的培训，培训包括入职前培训和入职后培训。培训的内容分为服务培训和业务培训。银行在服务补救方面最突出的表现是积极鼓励顾客投诉，并帮助顾客开辟投诉渠道。银行在其分支机构放置了小册子，说明投诉的五个步骤，顾客最初应向谁投诉，若不满意还可以向谁上诉，小册子中还列出了一位副总裁的电话号码。这些措施鼓励了不满意的顾客进行投诉，并且向员工传达了企业对服务补救的重视。这样便使服务补救的理念在银行中得到很好的传递，无形中促进了员工的组织学习。

资料来源：惠肯培训与咨询网，http://www.keeprun.net/newsinfo/?id=18469.

### 1. 一开始就把事情做好

最佳的服务补救策略自然是第一次就把事情做到最好。员工如果在第一次向顾客提供服务时就做得很好，那么对双方都是十分有利的。对顾客来说，他们得到了满意的服务，企业当然也就没有必要进行服务补救了，可以节约重新提供服务和赔偿损失的一系列费用。

那么，企业可以采取哪些方法来提供可靠的服务呢？一些服务营销专家建议，服务企业应该在充分考虑服务业特性的基础上，借鉴制造业中的全面质量管理（TQM）和零缺陷管理（ZD）的方法。当然，如果企业未注意到服务业与制造业的不同，没有根据服务特性进行改变，那么这些方法可能很难发挥作用，原样照搬很可能会以失败告终。

在制造业的全面质量管理中，防呆法是最有效的方法之一，能自动预防生产过程中的失误。蔡斯（Chase）建议在服务流程中采用防呆法，以提高服务的可靠性。防呆法是通过控制和现场自动报警以确保不发生错误的一种质量控制手段。在服务业，防呆法可以用来防止服务出现失误，也可以用来保证员工遵循规定的程序，按照合理的步骤和标准提供服务。

---

**知识链接**　　　　　　　　　**防呆法的应用原理**

日本的质量管理专家、著名的丰田生产体系创建人大野耐一先生根据其长期从事现场质量改进的丰富经验，首创了防呆法的概念，并将其发展成为用以获得零缺陷，最终免除质量检验的工具。从狭义上来看，防呆法就是如何设计一个东西，使错误绝不会发生。就广义而言,防呆法是如何设计一个东西,使错误发生的机会减至最低限度。防呆法的应用原理有以下10种。

(1) 断根原理。将可能造成错误的原因从根本上排除掉,杜绝错误的发生,可借"排除"的方法来达成。如想要永久保存录音带上的重要资料,则可将侧边防再录孔上的一小块塑料片剥下,便能防止再录音。

(2) 保险原理。借用两个以上的动作必须共同或依序执行才能完成工作,或借共同动作必须同时执行来完成。例如,开银行保险箱时,须以顾客的钥匙与银行的钥匙同时插入钥匙孔,才能将保险箱打开。

(3) 自动原理。以各种光学、电学、力学、机构学、化学等原理来限制某些动作的执行或不执行,以避免错误的发生。目前这类自动开关非常普遍,也是非常简易的"自动化"应用。例如,电梯超载时,门关不上,电梯不能上下,警铃也将鸣起。又如超级市场内进口及出口的单向栏栅,只能进不能出,或只能出不能进。

(4) 相符原理。借用检核是否相符的动作来防止错误的发生。例如,电脑主机与显示器或打印机的连接线设计为不同的形状,使其能正确地连接起来。

(5) 顺序原理。避免工作的顺序或流程前后倒置,依编号顺序排列,可以减少或避免错误的发生。例如,流程单上所记载的工作顺序,依数目的顺序编列下去。

(6) 隔离原理。借分隔不同区域的方式,来达到保护某些地区,使其不能造成危险或发生错误。隔离原理也称"保护原理"。例如,家庭中危险的物品可放入专门的柜子,加锁并置于高处,预防无知的小孩取用而造成危险。

(7) 复制原理。同一件工作,如需做两次以上,最好采用"复制"的方式来达成,省时又不会出现错误。常见的例子就是"统一发票"。

(8) 层别原理。为避免将不同的工作做错,而设法加以区别。例如,在生产线将不良品挂上红色标贴,将重修品挂上黄色的标贴,将良品挂上绿色标贴。

(9) 警告原理。如有不正常的现象发生,能以声光或其他方式显示出各种警告信号,以避免发生错误。例如,汽车速度过高时,警告灯就亮了。

(10) 缓和原理。借各种方法来减少错误发生后所造成的损害,虽然不能完全排除错误的发生,但是可以降低其损害的程度。例如,鸡蛋的隔层装运盒可以减少搬运途中鸡蛋的损坏;又如,笔放在桌上老是被别人不经意间拿走,怎么办?贴上姓名条或加条绳子固定在桌上。

资料来源:根据 http://wiki.mbalib.com/wiki/%E9%98%B2%E9%94%99%E6%B3%95 改编。

## 2. 培养与顾客的关系

牢固的关系是企业发生严重失误时的缓冲剂,可以防止顾客因失误转向竞争对手。当出现服务失误时,与企业有着良好关系的老顾客往往会从长远的发展角度来考虑公平性,他们对企业失误更加宽容,对服务补救的期待更低,要求现时补偿的更少,对企业的服务补救方式更容易接受。培养坚实的顾客关系,不但在一定程度上可以使企业顺利进行服务补救,还可以为企业带来更多的补救好处。对服务补救感到满意的老顾客,他们的满意度和忠诚度会得到进一步的提升,出现消极口碑的可能性也会降低。因此,企业平时就应注重培养良好的顾客关系。

### 3. 鼓励并跟踪抱怨

大部分顾客在经历了糟糕的服务后,是不会大声说出来的,而是直接转换服务企业。即使有些顾客抱怨,也不一定向企业投诉,他们更可能对家人和朋友抱怨,这会对企业产生负面的影响。因此,鼓励抱怨是打破沉默、促使顾客直接向公司抱怨的有效办法。企业要意识到处理服务失误的重要性,员工应该尊重和关心抱怨的顾客。企业可以通过顾客满意度调查、关键事件研究、流失顾客研究和监测服务流程来鼓励和跟踪抱怨。

教育顾客是鼓励他们抱怨的好方法。企业可以通过文字、图画、视频等资料,告诉顾客他们有抱怨的权利和应该如何抱怨,教会顾客向企业抱怨。企业要仔细分析顾客不投诉的原因,采取相应的策略来鼓励顾客抱怨。表 5-3 中列出了各种可能的策略。使用免费电话、电子邮件、网店链接、顾客意见卡等,都能为顾客提供抱怨的渠道,以方便顾客投诉,使企业从顾客那里及时收集到服务失误的第一手资料。有些企业还利用信息技术来自动分析、储存、回应和跟踪抱怨。

表 5-3 减少顾客投诉障碍的策略

| 顾客不投诉的原因 | 减少顾客投诉障碍的策略 |
| --- | --- |
| 不方便 | 使反馈容易、方便<br>• 在所有与顾客沟通的材料上印上顾客服务热线电话、电子邮件地址、邮政地址(信函、网站、账单、宣传册、电话黄页等) |
| 对投诉效果持怀疑态度 | 使顾客放心,向顾客反馈处理结果<br>• 按服务补救程序实施,并将其传递给顾客,如通过电话、电子邮件或企业网站<br>• 专门报道由顾客反馈而获得的服务改善 |
| 不愉快的感觉 | 使提供反馈成为顾客积极的体验<br>• 感谢顾客提供反馈(可通过公开的方式,感谢全体顾客)<br>• 培训服务员不与顾客争论,使顾客感到舒服<br>• 允许匿名反馈 |

资料来源:克里斯托弗·洛夫洛克,约亨·沃茨.服务营销(原书第7版)[M].韦福祥,等译.北京:机械工业出版社,2014:315.

### 4. 快速反应

抱怨的顾客希望得到企业的快速回应。服务补救越缓慢,顾客越有可能向其他人传播企业的负面信息,容易导致服务补救失败。一些研究表明,在企业反应缓慢的情况下,即使企业完全处理了失误的问题,有一部分顾客仍然会选择离开。因此,要进行有效的服务补救,企业必须迅速采取行动,及时解决服务失误问题。大多数顾客要求在服务现场马上进行服务补救,所以,最好能由顾客接触到的第一个服务人员来负责解决顾客的问题,这就要求一线员工具备相应的补救技能和权力,故企业应对员工进行培训和授权。

(1)培训员工。要使一线员工能有效地实施服务补救,就需要对员工进行培训。培训的内容包括服务补救的重要性、员工在补救中担负的职责,以及服务补救的技能等。

在培训中，可以向员工灌输企业所期望的补救工作态度和补救行为模式，要让员工明白为什么要进行及时的服务补救，清楚自己在补救中应该扮演的角色，以及学到开展补救工作所需的技能。通过有效的培训，员工能够具备顾客导向的意识与解决失误问题的技能。

（2）授权一线员工。有效的服务补救需要满足不同顾客的要求与偏好，这意味着员工将不得不改变企业的制度与惯例，根据顾客个性来灵活地处理。对于许多要求迅速做出反应的服务补救，原有的制度与惯例往往会对员工的行动产生约束。在等级森严或官僚作风严重的企业中，员工没有权力自行处理服务失误，而是要层层上报，必须经过管理层的审批才能向顾客做出赔偿。然而，管理者可能忙于处理其他要事，等到员工获得批准时已经延误了时机。有效的服务补救需要下放权力，把为顾客服务的权力交给一线员工。向员工授权的重点是让一线员工拥有决定顾客利益的权力。员工应当明白自己的权限，知道对抱怨的顾客给予何种赔偿、做出什么保证。有效的授权可以使员工在出现失误时能及时补救，并对顾客的需求做出灵活反应。

（3）由顾客自行解决问题。建立顾客自助服务系统也可以使失误问题得到快速解决。这种系统向顾客提供了大量的信息，列出各种问题的答案，鼓励并允许顾客自己来处理差错，如淘宝的物流跟踪、退货和退款系统。企业通常需要技术支持来建立这样一个系统，它要能向顾客提供充足的信息，根据顾客情况设计出各种自助工具，使顾客自己也能进行服务补救。

### 5. 提供充分的解释

当服务失误发生后，许多顾客想知道发生了什么和为什么发生。对服务补救研究的结果显示，即使企业缺乏能力向顾客提供足够的补偿，对服务失误提供充分的理由也可以缓解或消除顾客的不满。尤其是在随机因素造成服务失误的情况下，如何及时将失误的原因告诉顾客是服务补救的关键。有效的解释具有以下特征：一是解释的内容正当。企业应该向顾客传递真实的信息，给出的理由是充分的，使顾客能了解所发生的事情，认为企业是诚实的。二是解释的方式合理，也即企业应该如何向顾客解释。解释方式的合理性对减少顾客不满也很重要。由于解释主要是由服务人员向顾客传递信息，服务人员的个性特点会影响顾客对解释的理解，如员工的可信度和真挚度。冷淡的态度、机械性的解释只会激起顾客的愤怒，而有效的解释应能使顾客感知到真诚。

### 6. 公平地对待顾客

公平对待是服务补救策略中的一个重要组成部分。当服务失误时，顾客期望得到的公平是多个维度的，包括顾客从服务补救中获得的结果、服务补救的过程，以及服务人员与他们的交往等方面。由于顾客是从多角度来感受公平的，因此在制定服务补救策略时，企业必须将构成感知公平的这三个要素都包含在内。如果企业在服务补救时只考虑补救结果的合理性，做出了慷慨的赔偿而忽视了另外两个因素，则仍然可能导致顾客的流失。因此，企业应该将感知公平的三个要素整合到服务补救过程中，从各方面公平地对待企业的每一位顾客，使顾客感知到自己受到了企业公平的对待，从而留下美好的印象。

### 7. 从补救经验中学习

当采取服务补救策略来解决失误问题后，不少企业认为问题已经得到处理，服务补救也就此结束了。而优秀的企业视野更为开阔，看得更长远，它们不仅使用服务补救来弥补有缺陷的服务，增强与顾客的联系，更重要的是将服务补救视为一种具有诊断性的、高价值的信息资源。因为顾客会对那些他们认为重要的问题进行投诉，这些投诉也就成为一种很有价值的市场信息。在服务补救过程中，可以收集到顾客的抱怨、赞誉和其他方面的信息，利用这些信息，企业能不断改进服务和提高服务质量。通过对服务补救过程的跟踪与分析，管理者还可以从中识别出具有共性的问题，找到导致这些问题的原因，完善服务系统或改进服务流程，在以后的工作中避免类似的失误，彻底消除对服务补救的需要。这就是一个学习的过程，与对失误的处理同等重要。

### 8. 从流失的顾客身上学习

这是服务补救策略中很重要的一个部分。去寻找那些离开公司的顾客，审视自己的失误，是一件很痛苦的事。然而，从已经离去的顾客身上学习，发现企业的不足之处，是非常有必要的，这种学习有助于企业避免在将来再次出现同样的失误和失去更多的顾客。

---

**小案例 5-3　　　　　　　西安利之星奔驰事件**

2019 年 4 月，西安利之星奔驰 4S 店事件引爆互联网，不管是头条还是抖音都被这件事刷屏。一名研究生毕业的女子花了六十多万元在利之星奔驰 4S 店里买了一辆车，然而还没出门发动机就漏油，在多次交涉无果的情况下，女子唯有大闹 4S 店。

很快，一则女车主在 4S 店内哭诉的视频在网上广泛流传。视频里，女车主坐在一辆崭新的奔驰前车盖上，带着哭腔控诉西安利之星汽车有限公司。"刚买了一辆奔驰，还没开出门发动机就漏油了。半个月过去了，我打电话催处理结果，对方却说按照国家'三包'规定，可以给我的新车换个发动机！"

据视频中女车主讲述，距离她签单提车才 5 分钟，发动机就发生了漏油。"我马上打电话给销售，对方说这是发动机没油了，你开来店里我给你加油。"

结果开回店里后，奔驰车就一直在店内停了 15 天。这 15 天内，女车主和利之星 4S 店交涉了三次。"第一次利之星说要退款，后来提出退款不方便，改为换车，再后来又说换车也不方便，改为补偿，我都答应了。"

2019 年 4 月 8 日，4S 店再一次推翻之前的解决办法，"他们说这种情况根据国家的'三包'规定只能换发动机，我一公里都没开就换发动机，简直是无妄之灾！如果真换了发动机，连二手车都卖不出去，我为什么要接受？"

15 天后，女车主被逼无奈再次到利之星 4S 店讨说法，才有了这段视频。据视频显示，为了庆祝女车主 30 岁的到来，家人想帮她换辆好车。这辆奔驰为贷款购车，价格 66 万元，女车主支付了二十多万元首款。"我花了这么多钱连车都没开一天,凭什么还这笔贷款?但奔驰金融回复说这是个人名义贷款,必须按照规定还钱。"

西安利之星奔驰事件由于引起了巨大轰动,事件解决出现转折,女车主与4S店达成了私下和解协议。该协议主要内容包括:(1)更换同款的奔驰新车,但依旧是以贷款的方式购买;(2)对该车主此前支付的上万元"金融服务费"全额退款;(3)奔驰方面主动提出,邀请该车主参观奔驰位于德国的工厂和流水线等,了解造车工艺;(4)赠送该车主十年"一对一"的VIP服务(车辆免费保养);(5)为女车主补办生日,费用由对方全额支付。

此后,在上海车展的时候,戴姆勒中国区主管Troska发表看法,就中国客户投诉梅赛德斯-奔驰金融部门表示道歉,并暂停了涉事4S店的经销权,责令停业整顿。

资料来源:https://finance.gucheng.com/201904/3699818.shtml。

## 5.3 服务保证

服务保证是指企业向顾客提供所承诺的服务,如果服务与承诺不一致,顾客有权获得某种形式的补偿。保证在制造业已经得到广泛应用,如"三包"政策。对于自己生产的商品,制造企业能够做出这样的保证:如果商品质量有问题,顾客可以换货或者退货。但对于服务而言,由于服务具有异质性和易逝性的特点,服务一旦提供给顾客就无法退回,因而很长一段时间人们认为服务是无法保证的。例如,理发师为你理了一个很难看的发型,可以退掉这个发型吗?答案是否定的,你可以做的就是以后再也不去这家店理发。

然而,随着一些优秀的服务企业在实践中成功地使用服务保证并获得了良好的效果,现在越来越多的服务企业开始使用服务保证了。服务保证就服务的质量、时限、收费、附加值和满意度等内容提供承诺,如美团和饿了么都承诺在配送时间内未送达会给予相应的赔偿。服务保证通常是以经济补偿的形式兑现的,同时与服务绩效密切相关。服务保证是企业主动承担服务失败责任的一种承诺,可以作为服务补救策略的一种有力的补充手段。同时,服务保证还是一种营销工具,能够提高服务产品的吸引力与竞争力。

### 5.3.1 服务保证的类型

#### 1. 服务特性保证

服务特性保证只包含一个或几个关键的服务特性,这种保证的范围相对较窄。例如联邦快递向顾客承诺的"隔日送达",某家快餐店"30分钟送到,超时免费"的承诺,这些保证只担保服务传递时间。在这种保证中,企业只对服务的一些具体特性提供保证,通常有明确的服务标准,一旦在服务提供过程中没有达到规定的标准,企业承诺将补偿顾客。

#### 2. 完全满意保证

完全满意保证是一种无条件的满意承诺,保证的范围最广。例如,一家酒店向顾客承诺：我们保证您百分之百满意，如果不满意您可以不付钱。这种保证涵盖了服务表现的全部要素，其实质是让顾客完全满意。在该保证下，企业向顾客提供没有附加条件的服务承诺，如果顾客不满意，可以不付款或退款。

### 3. 联合保证

联合保证是在特定品质、绩效基础上的大范围的整体满意度承诺。联合保证优于服务特性保证和完全满意保证，它吸取了两者的优点，将服务的具体特性保证的低不确定性和完全满意保证的广度结合起来，对具体的重要特性规定有最低执行标准，有助于顾客明确所能得到的，又能涵盖服务的其他方面，让顾客完全满意。因此，联合保证比前两种保证更有效。

---

**小案例 5-4　　彼酷哩烤全鱼推"任性"服务　　等餐时间超过 30 分钟免单**

如果等餐的时间太长，多数人会感觉心烦。郑州一家烤鱼店针对这个问题推出一项特殊服务，如果在 30 分钟内烤鱼没有上桌，顾客就可以免费享用这条烤鱼，众吃货们直呼太"任性"！

**任性：等餐时间如果超过 30 分钟，免单！**

2015 年 4 月 16 日中午时分，在彼酷哩烤全鱼国贸 360 店内，二十余名年轻男女正在店内就餐。每个等餐的桌子上都放着一个做工精美的沙漏。

上面写着："尊敬的顾客您好，沙漏倒计时 30 分钟，当沙漏中的沙全部漏完时，您的烤鱼还没有上餐桌，您将免费享用这条烤鱼。如果因此耽误了您宝贵的时间，敬请原谅，谢谢。"

"在外就餐这么多年，还真是第一次碰到这么'土豪'的饭店。等餐时间长还能免单！给力！"刚来郑州工作的小伙子张柯兴奋地说，这是他头一次和朋友来这家烤鱼店就餐，没想到遇上了这样的稀奇事。

店内的服务员说，为了保证美食的鲜美，店内的每条烤鱼都是现杀现烤。一般周末和节假日顾客人多的时候，便会出现"免单"的情况。

据了解，彼酷哩烤全鱼作为时尚创新烤鱼第一品牌，口味独家首发，更新最快、最潮，更有明星慕名到店排队吃烤鱼。自品牌创始两年来，已经有 40 家连锁门店，全国各大时尚购物中心均有连锁店面，累计接待 921 658 位"鱼粉"排队用过餐……

**美味：敢于创新，80% 都由餐厅独家研发**

彼酷哩烤全鱼的一大特点就是不局限于传统口味，80% 的口味都由餐厅独家研发。烤鱼有柔和的黑胡椒味、浓郁的咖喱味、酸甜中带辣的冬阴功味、清新的薄荷味，甚至还有榴莲味，这令烤鱼大放异彩。不用吃，光这些口味就够吸引年轻人了，更何况每种新口味都很好吃，绝非浪得虚名。

在餐厅里，最受顾客欢迎的鱼是梭边鱼，这种鱼的养殖周期在两年半到三年，肉多刺少、细腻柔滑、富含油脂，是做烤鱼的最佳食材。彼酷哩采用先进的t炭烤炉，比传统烤炉更健康美味，也不会产生油烟。

如果大家仔细观察就会发现，彼酷哩整个餐厅的装修也不同于传统的烤鱼店，在细节方面下了不少功夫：比如每个餐桌都配有插座，插座上还有USB接口，为的就是让顾客的手机等电子产品随时可以充电。

此外，在每家不到300平方米的餐厅里，无线网络都会配三个解调器，可以说是河南本地网络最强餐厅，就算客人再多也能任意冲浪，让大家在上网的同时纵享美食。

资料来源：http://www.cmmo.cn/article-190307-1.html，2015-4-17。

## 5.3.2 服务保证的作用

服务保证不仅能给企业带来益处，还能给顾客带来好处。具体来看，服务保证的好处主要体现在以下方面。

### 1. 更加关注顾客

服务保证是以顾客为导向的一种承诺。要设计出有效的服务保证，企业就需要深入了解顾客的需求与期望，必须知道顾客需要的是什么，期望企业提供什么服务。企业只有根据顾客所看重的事项来设计服务保证，顾客才会认为服务保证是有价值的，服务保证也才能充分发挥作用。服务保证促使企业对顾客的需求和期望有更多的了解，有助于企业向顾客提供优质服务。

### 2. 提供明确的标准，提高员工士气与忠诚度

服务保证为员工与顾客设立了清晰的服务标准。由于有服务保证的存在，一旦服务失败就要按保证补偿顾客，企业的经济成本会有所增加。因而，它会迫使管理者重视服务保证，确定明确的标准。服务保证为员工提供了具体的标准，使员工清楚地知道顾客抱怨时应该做些什么、如何行动，从而减少了员工因无章可循而产生士气受挫的可能性。有效的服务保证强化了企业的形象与声誉，让员工产生自豪感，使员工的士气和忠诚度得到提高，服务得以改进，在使顾客直接受益的同时，也能让企业和员工从中受益。

### 3. 及时获得信息反馈

服务保证可以激发顾客及时反馈信息。当服务失误时，许多顾客若不抱怨，企业便无法得知自身的问题所在。服务保证则意味着顾客有抱怨的权利，因此能激发顾客的抱怨热情，企业可以从抱怨的顾客那里及时得到有价值的信息，有效地监控服务质量，并利用这些信息持续地改进服务。

### 4. 提供服务补救的机会

服务保证为企业提供了一个弥补错误的机会。服务保证为顾客提供了判断服务失败

与否的依据，使顾客更容易识别出服务失误，并能有理有据地向企业投诉，企业就能很快地确认失误点，找出失误原因，对服务失误做出快速反应，积极地进行服务补救，使顾客满意并挽留住顾客。

#### 5. 降低顾客的购买风险，增进对企业的信任

对于顾客来说，降低风险是服务保证的首要功能。由于很多服务具有较高的体验特征或信任特征，顾客在购买前难以评价服务，往往会担心出现一些不好的结果。在购买服务时，顾客通常希望能获得相应的信息以降低不确定性，而服务保证本身就是一种承诺，能向顾客提供服务质量方面的一些暗示和担保，减少顾客的疑虑，降低顾客购买服务的感知风险，增强对企业的信任。

---

**应用练习 5-2**

浏览几家电商或快递公司的网站，找出各家公司的服务承诺，回答以下问题：
1. 它们向顾客提供了什么服务保证？这些服务保证分别属于哪种类型？
2. 你认为这些公司的服务保证有什么作用？
3. 为了提高服务保证的有效性，你认为应该如何改进这些服务保证？

---

### 5.3.3 有效服务保证的设计标准

#### 1. 无条件

服务保证不应该有任何附加条件。有些企业的服务保证中通常附带有很多限制和约束，从而削弱了服务保证的力量。附加许多条件的保证还会弄巧成拙，虽然它能为企业的服务失败开脱，但也会使那些因不符合附加条件而无法得到赔偿的顾客更加不满，造成极坏的负面口碑传播。

#### 2. 有意义

服务保证对顾客是有价值的，这包括两方面：一方面，服务保证的事项对顾客来说是很重要的服务要素。如果企业对自己义务范围内应该提供的服务提供担保，对顾客是毫无意义的，这就要求企业从顾客的角度来设计服务保证。另一方面，对顾客的赔偿要能充分弥补顾客的损失。

#### 3. 容易理解与沟通

服务保证要容易理解、便于沟通。有效的服务保证应该通俗易懂、具体明确，顾客从中知道能得到什么好处，员工也能从中明白自己应该做什么。例如，"五分钟内提供服务，否则退款"比"向顾客提供快速服务"的承诺更容易让人理解。而在现实生活中，不少服务保证像法律文件一样，一些保证语言冗长、术语较多，另一些保证含糊其辞、模棱两可，这些都会使服务保证失去意义。

### 4. 易于使用和赔付

服务保证要易于使用,便于获得赔偿。一旦发生服务失误,顾客应能简单地搜寻到服务保证,并且在使用服务保证时不会遇到障碍,使顾客只需花费少量时间与精力就能得到应有的赔偿。最好的保证是当场就能够兑现。在现实中,有些企业要求顾客填写大量表格、提供书面证明或专业机构的鉴定证书,有些企业则让顾客经过多个关卡或部门才能得到赔偿,导致使用服务保证成为一件费时、费力的事情,顾客认为根本不划算,不值得去做。

### 5. 可以信赖

向顾客提供的服务保证应该是值得信赖的。

---

**小案例 5-5**            **史丁森不愉快的酒店经历**

史丁森博士在一家国际著名的特许经营酒店有过一次不愉快的经历。酒店集团曾发出服务承诺,凡是感到酒店的服务不是百分之百满意的顾客就可以不用付费。

史丁森博士在酒店安顿下来的当天晚上,酒店特别忙,所有的房间全住满了。从隔壁沸沸扬扬、吵吵闹闹的声音可以判断,他们正在举行晚会。由于他们说话的声音特别大,再加上墙壁很薄,史丁森博士能够清楚地听到他们说的每一句话。他给前台打电话说明了情况,问能不能换个房间。接电话的服务员态度非常生硬,回答说:"今天晚上所有的房间都满了,我们无能为力。"史丁森博士并没有放弃,拿着电话继续跟她商量。这位服务员越来越不耐烦,只是重复着那句话:"今天所有的房间全满了,现在前台特别忙,人手不够,我们不能为您做什么了。"经过几分钟激烈的讨论,这位服务员决定派人到他隔壁的房间让他们小点声。

但不幸的是,隔壁的声音有增无减。相当长一段时间后,史丁森博士又给前台打电话,这次接电话的还是刚才那位服务员,她依然重复着刚才的那番话,说前台现在太忙了,无法解决他的问题。后来,隔壁的人离开了房间。

几个小时以后,正当史丁森博士睡得正香的时候,那些人又回来了,这一次影响博士睡觉的不仅是吵闹声,还有通过门缝射进来的灯光。由于当时已经是后半夜了,他决定这一次不再打电话给前台了,心里想着根据酒店的联合服务承诺,自己明天可以不用付费了。

第二天早上史丁森博士结账的时候,他告诉前台服务员,他对昨天晚上的住宿不满意,因此不想付费。服务员板着脸,态度很不友好地说,她昨天晚上没有收到任何顾客的投诉,因此他必须付费。史丁森博士指出他们酒店的服务承诺,说自己对他们的服务不满意,因此应该免费。说到这里,这位服务员起身离开,说:"我没有这个权力,你可以跟我们经理谈。"几分钟后,经理来了,还没有等史丁森博士开口,他就断然说道:"昨天晚上酒店客房全满了,因此我们无法解决您的问题。"这位经理拒绝考虑他的免费请求。史丁森博士只能付了钱,但心里非常不情愿,并且对酒店处理这件事的态度十分不满。回去以后,他写了一封投诉信给酒店总部,但一直没有收到答复。

资料来源:酒店采购网,http://www.hotelbuy.cn/Resource/News/1/20090909112048_989.html.

### 5.3.4 不适合使用服务保证的情况

并非所有的企业都需要使用服务保证,服务保证也并不是任何情况下都适用的。在决定引入服务保证前,企业需要慎重考虑。如下列所示情况,可能并不适合使用服务保证。

**1. 企业的服务质量低劣**

如果企业当前向顾客提供的服务很糟糕,引入服务保证并非明智之举。当企业存在严重的服务质量问题时,向顾客提供服务保证反而会引起人们对质量问题的关注,企业又无法按保证向顾客兑现承诺,这会对企业形象造成负面影响。即使企业履行承诺,频频出现的质量问题也会让企业应接不暇,其成本将远远高于所获得的收益,使企业得不偿失。因此,企业应该在解决重大质量问题之后,在具备一定服务能力的基础上,再向顾客提供服务保证。

**2. 企业已拥有较高声誉**

有些企业一贯向顾客提供优质的服务,在市场上已经树立了良好的企业形象。良好的企业形象本身就向顾客传递了优质服务的信息,在这种情况下,引入服务保证就没有必要,因为企业并不需要用服务保证来证明自己。相反,如果久负盛名的企业还要提出服务保证,反而会使一些顾客感到困惑。

**3. 难以控制服务质量**

外部因素会对服务质量产生影响,使服务企业无法控制服务质量。例如,某家航空公司向乘客承诺飞机将准时到达,但天气是无法控制的,而天气因素可能导致飞机不能按时到达目的地。又如,对于一个培训机构而言,当合格率主要取决于学员个人的努力与付出时,承诺保证全体学员都通过考试是不现实的。

**4. 保证的成本超过收益**

当服务失误发生时,按照服务保证的规定,服务企业往往要付出一定的成本。保证的成本包括因服务失误而产生的赔偿与改善顾客关系的费用。服务保证所产生的收益主要来自老顾客重复购买与交叉购买、口碑宣传、吸引来的新顾客以及服务质量改善。服务企业大多属于营利性机构,当然要认真核算收益与成本。从长期来看,如果企业提供服务保证的成本高于所带来的收益,就没有必要提供服务保证了。

**5. 顾客感知不到风险**

服务保证的一大好处就是能降低不确定性、减少购买风险,因此,当顾客对服务企业不了解,不能确定服务质量时,服务保证是非常有效的。但是,当顾客对服务较熟悉、服务的价格较低、有许多服务提供者、服务质量变化不大时，顾客感知的风险很小或觉察不到风险，这时服务保证非但不会增加价值，还需要企业对服务保证进行设计和管理，提供服务保证就没有多少意义了。

#### 6. 顾客认为服务质量无差异

当顾客感觉不到企业与竞争者之间的服务质量差异时，服务保证很难产生效果。在不同企业之间的服务质量存在巨大差异的情况下，服务保证就很有用，提出并能有效履行服务保证的企业往往能取得成功。在服务水平很低的行业中，服务保证也很有效，如果一家企业能率先使用服务保证，通常能脱颖而出，获得先发优势。当然，如果行业中许多企业都提供类似的服务保证，要使企业的服务保证发挥应有的作用，就必须充分了解顾客重视的价值，设计出与竞争者截然不同的服务保证，为顾客提供差异化的服务价值。

## 本章小结

服务的特性和随机因素的影响使得服务失误难以避免。服务失误可以归结为服务提供系统的失误、对顾客服务要求响应失误、员工的不当行为所致的失误和顾客不当行为引起的失误四种类型。在服务失误发生以后，顾客通常会产生负面情绪。这些不满情绪会影响到顾客行为，最终影响到他们是否会转向其他服务供应商。根据顾客对服务失误产生的不同反应，可以将顾客划分为发言者、发怒者、积极分子和消极者等类型。当顾客对服务失误不满时，为什么有的顾客会抱怨，而有的顾客不抱怨呢？顾客抱怨的原因包括获得赔偿、泄愤、帮助改进服务质量、利他主义原因、证实抱怨者对抱怨评价的合理性、重新获得控制。顾客不抱怨的原因包括不方便、对投诉效果持怀疑态度、不值得、不愉快的感觉、角色意识和社会规范的影响。

服务补救是指企业针对服务失误造成的问题所采取的一系列行动。服务补救可以提高顾客忠诚度、控制负面口碑传播并塑造良好的企业形象，还可以持续提高服务质量，这对企业的长期成功是非常重要的。顾客向企业投诉，是希望企业能够对服务失误负责，使用相关的服务补救方式来解决问题，期望在服务补救中得到公平的对待。在遭遇服务失误后，顾客选择停留还是转换企业受到服务失误的程度、服务补救情况、企业与顾客的关系、顾客对转换的态度、时间的积累等多种因素的影响。服务企业应该真诚对待那些遭遇服务失败的顾客，要根据顾客对服务补救的期望和影响顾客转换行为的因素，主动采取服务补救策略来留住顾客。服务补救策略包括一开始就把事情做好、培养与顾客的关系、鼓励并跟踪抱怨、快速反应、提供充分的解释、公平对待顾客、从补救经验中学习、从流失的顾客身上学习。

作为服务补救策略的一种有力的补充手段，服务保证是指企业向顾客提供所承诺的服务，如果服务与承诺不一致，顾客有权获得某种形式的补偿。服务保证可以分为服务特性保证、完全满意保证和联合保证三个类型。服务保证的作用主要体现在更加关注顾客、提供明确的标准、提高员工士气与忠诚度、及时获得信息反馈、提供服务补救的机会、降低顾客的购买风险和增进对企业的信任等方面。有效服务保证的设计标准包括无条件、有意义、容易理解与沟通、易于使用和赔付、可以信赖。并非所有企业都需要使用服务保证，当企业的服务质量低劣、企业已拥有较高声誉、难以控制服务质量、保证的成本超过收益、顾客感知不到风险或顾客认为服务质量无差异时，就不适宜使用服务保证。

 **习题**

1. 服务失误的原因有哪些？
2. 简述抱怨者的类型。
3. 为什么很多不满意的顾客不愿意投诉？而一旦投诉，顾客会对企业有何期望？
4. 你认为服务补救重要吗？为什么？
5. 影响顾客转换服务企业的因素有哪些？
6. 试述服务补救的策略。
7. 服务保证有哪些类型？
8. 服务保证有什么益处？
9. 服务保证的设计应该遵循什么标准？
10. 在哪些情况下不适合使用服务保证？

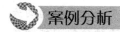 **案例分析**

### 小冰柜收费引来的麻烦

狄先生于7:15匆匆忙忙离开他的房间，准备去前台办理结账手续。他在一家高级宾馆住了几天，总体感觉还行。此刻他觉得时间有点紧，担心会误了航班，因为下午他要赶到另一个城市参加一个重要的会议。他的时间非常紧！他决定不采用酒店的自助结账服务，原因有两个：第一，以前他曾在该宾馆有过几次收款有误的经历，最后核实起来既浪费时间，又闹心上火；第二，他知道回去后如果能把发票立即交给财务部的话，就能很快报销差旅费。

狄先生在收银台前排着队，不停地看着手表。7:40的时候，终于轮到他了，他立即说出房间号，等着电脑打出账单。账单出来后，服务员熟练地递给他让他核实。他乍一看，账单上金额很高，再经过进一步审核，他发现有九十多元的费用出自他房间小冰柜里的饮品，而那个冰柜他根本就没有打开过。他把这个错误指给收银员看，收银员回答说："请稍等，先生。我去找我的主管。"说罢，她转身走进身后的门内。

几分钟以后，她同另一位女士出现在狄先生的面前。那位女士介绍说她是值班主管，问狄先生有什么事要处理，显然刚才那位收银员并没有把情况向她讲清楚。狄先生回答说："我的账单有误。"于是那位主管和收银员一起仔细地审查起电脑屏幕。

几分钟过去了，狄先生身后的队伍越来越长，顾客们开始不耐烦起来。她们俩经过一番小声嘀咕以后，值班主管对他说："对不起，我无权处理此事，请稍等，我去办公室把经理助理找来。"还没等狄先生说话，她俩就消失在刚才那扇门后。

又过了三四分钟，经理助理出来了，她也很有礼貌，不过打着官腔："您确实没有用过小冰柜？我们很少出现这方面的失误。"此时狄先生是又急又恼，厉声告诉她自己肯定没动过小冰柜。这位经理助理看出狄先生没有说谎，于是让收银员减掉那九十多元钱。在收银员重新结算的时候，经理助理向狄先生解释说，公司有严格的规定，凡是误差超过50元的，必须是经理助理或超过这个级别以上的人才有权处理，并客气地感谢狄先生光临本酒店，随即转身消失在刚才那扇门后，留下值班主管看着收银员把错误纠正过来。

8:15，狄先生拿着发票，拎起行李，疾步穿过大厅，走出门外。他气呼呼地向门童打着响指，示意他帮忙叫辆出租车。未等车完全停稳，他就跃上车，让司机火速赶往机场。他计算着时间，觉得很可能会赶不上这次航班，这会给那位重要的客户带来很多不便。想到这里，他预感到今天将会是非常糟糕的一天！他决定以后再也不住这家宾馆了。

资料来源：蒂莫西 R 辛金. 酒店管理案例：典型案例研究 [M]. 陈晓东，吴卫，译. 大连：大连理工大学出版社，2003：40-41. 有删节。

**案例思考**

1. 该案例中服务失误的原因有哪些？
2. 狄先生属于哪种抱怨者类型？他为什么要抱怨？
3. 在服务补救时，这家宾馆做得不好的地方有哪些？它应该采取哪些服务补救策略？
4. 在该案例中，影响狄先生转换服务供应商的因素有哪些？

## 实践活动

### 一、实训目的

1. 了解不同服务行业中企业经常出现的服务失误。
2. 了解企业在出现失误时应该如何进行服务补救。
3. 锻炼学生处理服务失误的能力。

### 二、实训内容

各个小组以不同服务行业中的一家企业为例，收集该企业服务失误及服务补救的资料，并完成下列任务：

1. 各个同学扮演不同的角色，将该服务企业所出现的各种失误表演出来。
2. 向全班同学展示该企业开展服务补救的策略。

### 三、实训组织

1. 以班级中已组建的小组为单位，采用组长负责制。
2. 各组收集不同行业中服务失误的资料及常用的补救策略。
3. 小组成员明确分工，分别扮演不同的角色。
4. 部分小组在班级上表演服务失误与服务补救。

### 四、实训步骤

1. 各个小组收集相关资料。
2. 小组事先进行演练。
3. 部分小组上台表演。
4. 由未参与表演的小组代表打分。评分标准如下：理论运用 40 分，小组成员的语言表述和台风 40 分，道具和服装 10 分，小组协作情况 10 分。
5. 同学评论各个小组的表演。
6. 教师对各组表演进行综合评定，并做总结发言。

# 第 6 章
# 服务产品与服务标准

## 学习目标

本章主要介绍服务产品、服务品牌以及顾客导向的服务标准三个方面的内容。通过本章学习，你应该能够：

1. 掌握服务产品的概念。
2. 理解服务之花的内容。
3. 掌握服务产品创新的种类。
4. 了解服务品牌的作用及塑造。
5. 认识服务标准的类型。
6. 了解服务标准的开发过程。

## 本章结构

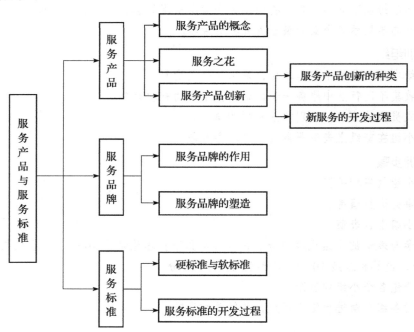

## 导入案例

### 主打内容+电商，这家公司垂直于500亿元的"猫经济"

有着8年视频行业服务及创业经验的戴韶峰，在2018年12月创立了"喵圈"，这是一家专注于宠物猫的养宠知识内容服务及电商平台，希望通过养猫知识内容媒体+养猫用品优选电商，以认知（内容）+装备（电商）服务养猫用户。

#### 垂直于宠物猫赛道，解决C端用户需求

喵圈创始人兼CEO戴韶峰说："我们的团队组建时，主要是做短视频，一共选了四个方向，包括星座、美妆、母婴和宠物。"但是，在经过三个多月的账号运营之后，团队发现星座、美妆、母婴的短视频市场已经十分成熟，新玩家入局已很难有机会，而宠物视频领域多以晒养宠日常为主，缺乏专业的团队，因此更易切入。

同时，宠物市场巨大的空间也是吸引戴韶峰进入的原因之一。整体宠物市场规模仍在不断地扩大，宠物狗与宠物猫的概况并没有太大的差别，而喵圈却是选择垂直于宠物猫这一细分市场，因为在戴韶峰看来，猫经济正在成为宠物经济的主流发展趋势。

另外，在宠物市场C端也存在着诸多需求：首先，大多数消费者在宠物猫面前都是新手，需要不断学习养宠知识和技能，但互联网上目前只能找到零碎分散的内容；其次，新养宠消费者数量快速增长，市场缺乏有影响力的消费决策支持者；最后，消费者的养猫成本也需要降低，数据显示，单只宠物猫平均一年消费达到4311元。

#### 以优质内容获客，通过自有电商变现

据戴韶峰介绍，喵圈目前主要有三种业务，包括养宠知识媒体、宠物短视频矩阵和宠物优选电商。

其中，在养宠知识媒体方面，喵圈会通过网站、微博、公众号、今日头条等媒体平台渠道，以图文为主的内容形式，向用户传递养猫知识。据悉，成立四个多月，喵圈全平台文章数量共有四百余篇，总阅读量达到八十多万。"我们所做的就是持续对用户输出优质内容，进行养猫知识的科普，让用户再遇到问题时不会束手无策。"

在宠物短视频矩阵方面，喵圈打造了一个宠物猫类短视频IP矩阵，通过抖音、小红书等平台孵化短视频IP、达人，包含"喵圈Video""喵不易""喵爷""脆皮是只猫"等自有账号，总播放量达到1850万。"短视频矩阵上的内容是以养猫趣事展开的，一方面可以给平台引流，另一方面满足'云吸猫'群体的需求。"

而在宠物优选电商方面，喵圈主要基于微信小程序售卖宠物用品，销售产品主要为直接对接品牌商或选择品牌代理销售商直接发货，自身不设仓储，从而降低库存风险。据戴韶峰透露，电商业务仅推出20天，且没有做任何推广，目前已经完成了近200笔订单，发展势头较好。

据了解，喵圈的主要变现途径即为自有的电商业务，在内容方面并未采取知识付费的方式。对此，戴韶峰解释道："宠物领域的知识付费并不现实，因为养宠毕竟是一个门槛较低的休闲方式，即便是新手也能直接参与其中，如果让用户去付费学习知识，他们会存在一定的抵触心理。"

目前，入局宠物市场的玩家并不在少数，既有纯电商模式的E宠、波奇网等，也有与喵圈类似的内容＋电商模式的猫来了、狗民网等。与这些友商相比，戴韶峰认为喵圈的核心优势主要集中在以下三点：

第一，获客容易。喵圈打造了知识媒体＋短视频矩阵的内容版块，几乎包含了全网的内容平台，可以全网铺路获取用户，以优质内容赢得用户信任，使得用户黏性和转化率更高。

第二，价格更低。喵圈通过自有电商减少了淘宝等平台的控价压力和渠道成本，从而降低了产品售价。

第三，品牌设计。喵圈更加注重品牌设计与塑造，拥有年轻新锐的设计师团队，懂得如何契合年轻消费群体的消费心理。

对于喵圈接下来的发展计划，戴韶峰定下了用一年的时间，实现全网粉丝数达到500万人、电商GMV（网站成交金额）突破500万元的小目标，"我希望能将喵圈的内容做到国内宠物领域最优质、最专业，让养猫的人都知道喵圈这个品牌，让用户真正信赖这个品牌。"

资料来源：http://www.ceccase.com/CaseSquare/OriginalCase.html?CaseID=3807ab41-c079-424a-bdd1-aa4700b0c4c6. 有改动。

## 引言

服务产品是企业发展的基石，根据顾客个性化的需求来提供服务产品和进行服务产品的创新，并且将服务创新持续化，有利于企业获得竞争优势。作为消费者服务需求的凝结，服务产品是企业开展服务营销活动的基础。

## 6.1 服务产品的概念

作为服务营销组合8P中的首要因素，服务产品是指以提供某种形式的服务为核心利益的整体产品。服务产品具有多个层次，服务营销的起点在于如何从整体产品的各个层次来满足顾客的需求。

### 6.1.1 服务产品的内涵

根据格罗鲁斯的服务包理论，服务产品是指企业向顾客提供的有形与无形要素的结合体。服务产品包含了能够为顾客创造价值的所有服务表现的有形要素和无形要素，其中无形要素主导了服务产品的价值创造。服务产品包括核心服务与附加服务。

**1. 核心服务**

核心服务是指向顾客提供的基本利益。例如，航空公司的核心服务是运输，酒店的核心服务是住宿。核心服务体现了服务的主要功能，它满足了顾客的基本需求，是服务在市场上存在的原因。一家企业可以拥有一种核心服务，也可以提供多种核心服务，如航空公司既能提供旅客运送服务，又能提供货物运输服务。

### 2. 附加服务

附加服务是指能帮助顾客使用核心服务或者增加核心服务价值的各种活动。例如，酒店的附加服务包括房间预订、客房服务、用餐服务和健身服务等。附加服务是伴随着核心服务的使用而出现的与服务相关的其他一系列活动。附加服务包括便利服务和支持服务。

（1）便利服务（facilitating service）是方便顾客使用或消费核心服务的活动，如航空公司的订票业务、餐馆的结账服务。便利服务作为一种附加服务，是让顾客对核心服务的使用更加便利。便利服务是不可或缺的，有助于服务传递中顾客对核心服务的消费。如果没有便利服务，顾客就没有办法消费。

（2）支持服务（supporting service）是能够增加服务的价值并使服务与竞争者服务区分开来的活动，如酒店中的餐厅服务、短途航班中的餐饮服务。它的作用在于增加服务的价值，将本企业的服务与竞争者的服务相区分。随着竞争日趋激烈，企业会更加重视支持服务，通过不断增加更多的附加要素来获取竞争优势。因此，企业可以对支持服务进行合理的设计以获得差异化的竞争优势。

格罗鲁斯指出，从管理上正确地区分便利服务和支持服务十分重要。对于企业来说，便利服务是必需的，而支持服务能为顾客带来额外的价值，后者主要用于企业间竞争，企业通过增加支持服务可以实现服务产品的差异化，从而增强服务产品的竞争力。也就是说，便利服务是不可或缺的，而支持性服务的缺失只会降低服务产品的吸引力与竞争力。同时也要注意到，便利服务与支持服务之间的区别并不总是十分明显。一种服务在某些场合是便利服务，在另一些场合则会成为支持服务。例如，航空公司在长途飞行中提供的餐饮服务是便利服务，在短途飞行中则是支持服务。

---

应用练习 6-1

以你熟悉的一个服务产品为例，分析该服务产品中哪些是核心服务，哪些是附加服务。

---

### 6.1.2 服务之花

附加服务有很多，克里斯托弗·洛夫洛克将服务产品的附加服务界定为八种类型，称之为"服务之花"的八个花瓣，分别为信息服务、咨询服务、订单处理服务、接待服务、账单服务、保管服务、付款服务和额外服务。洛夫洛克将这些附加服务分为两大类：便利服务和支持服务，（见表 6-1）。

这八种附加服务像花瓣一样围绕在核心服务这个花蕊周围，形成一朵"服务之花"（见图 6-1）。服务之花从整体服务产品的角度出发，把核心服务和附加服务的关系比喻

表 6-1 构成附加服务的八个要素

| 便利服务 | 支持服务 |
|---|---|
| 信息服务 | 咨询服务 |
| 订单处理服务 | 接待服务 |
| 账单服务 | 保管服务 |
| 付款服务 | 额外服务 |

为一朵花的花蕊与花瓣，可以使我们更好地了解服务产品的内涵。服务之花给企业的管理启示是：附加服务既可以为企业增强核心服务提供多种选择，也可以为企业设计新服务提供参考依据。

### 1. 信息服务

在购买服务时，顾客需要获得相关的信息，这些信息包括如服务地点、服务时间、价格、使用说明、注意事项、销售/服务条件、变更通知、订购确认、收据和发票等。初次消费的顾客和潜在顾客尤其需要信息服务。提供信息的传统方式包括人员告知、书面通知、宣传手册和说明书等，近年来新媒体营销、二维码和触摸屏展示得到了广泛的使用。企业应该通过合适的方式及时向顾客提供准确的信息，以免给顾客带来不便或引起顾客不满。

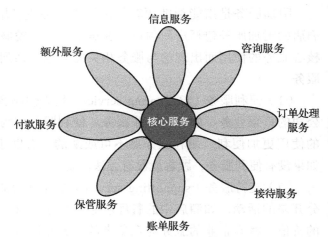

图 6-1 服务之花模型

资料来源：克里斯托弗·洛夫洛克，约亨·沃茨.服务营销（原书第7版）[M].韦福祥，等译.北京：机械工业出版社，2014：75.

### 2. 咨询服务

咨询服务是根据顾客的个性化需求提供量身定制的解决方案。咨询服务包括定制化的建议、一对一的专业咨询、产品使用指导/培训、管理或技术咨询等类型。例如，减肥中心向顾客提供一对一的专业咨询服务，帮助顾客调整饮食习惯，使顾客在减肥成功后不反弹。服务企业应该充分了解顾客的需求，形成良好的顾客信息记录，以便为顾客提供有效的咨询服务。

### 3. 订单处理服务

订单处理在联结准备购买的客户和购买活动之间起着相当大的作用。订单处理服务包括申请（如海外留学的入学申请和银行贷款）、订单（如网站订单）、预订或登记入住（如酒店客房和餐馆桌位）等。顾客可以当场下订单，也可以通过电话、电子邮件、PC端或手机App等方式下订单。处理订单时应该礼貌、快速并且准确，这样才能避免浪费顾客的时间，减少不必要的精力和体力消耗。对顾客和服务提供者来说，新技术的应用可以使订单处理过程更加便捷。

### 4. 接待服务

理想的接待服务要求服务人员在与顾客接触的过程中始终为他们营造一种愉快的氛围。接待服务包括主动问候顾客、提供食品与饮料、设置洗手间，以及提供等候区、座位、Wi-Fi、报纸、杂志、娱乐服务和预防天气不好等与等候有关的设施。例如，有些零售店要求服务员热情地招呼顾客,即使顾客没有购买任何产品。接待服务的质量会影响顾客的满意度,优秀的服务企业总是从各个方面努力使员工以迎接宾客的方式来对待顾客,创造出好客的氛围。在与顾客接触时关注顾客需求、对顾客殷勤有礼都很重要。需要顾客在使用服务前等候时,如果是在室外等待,可以提供座位和遮风挡雨的设施。如果是在室内等候,则可以提供顾客休息区,放置一些座位以及报纸、杂志、电视、Wi-Fi等消磨时光的娱乐设施。

### 5. 账单服务

在顾客决定购买服务后,服务企业就需要提供账单服务。账单服务包括用户的定期账户明细表、个人交易的发票、口头账单、网上或自助机打账单等。通常情况下,企业向顾客出示的账单应该清晰明了、内容完整。目前,有些服务企业通过短信或电子邮件向顾客提供电子发票信息,顾客自行下载并打印电子发票,这为顾客提供了一种便利且能快速结账的方法。

### 6. 保管服务

当顾客在服务现场逗留时,他们往往希望自己的财物能够得到妥善保管。保管服务包括两种:一是顾客随身物品的保管服务,如提供停车场、代客泊车、物品保管、行李看管、保险箱,甚至儿童托管和宠物照料;二是顾客购买或租用物品的保管服务,如包装、领取、运输、安装、清洁、检测、维修与翻新等,这些服务可能会收费,也可能是免费的。

### 7. 付款服务

开具账单就意味着要求顾客付款,企业应尽量使付款过程安全和方便。顾客可以选择多种不同的方式支付账款。对于自助式支付系统来说,顾客可以通过往自助设备中投入硬币、纸币或代币的方式支付,在这种情况下,设备一旦出现故障将无法运行,因此良好的维护与快速抢修就非常重要。现在国内有些服务仍采用面对面的现金付款方式,或者使用借记卡或信用卡支付,但互联网的发展给顾客的支付方式带来巨大改变,微信、支付宝等支付方式已经成为社会主流,如在线上购物或线下实体店购物时,顾客大都使用微信或者支付宝等支付方式来付款。

### 8. 额外服务

额外服务是指那些除常规服务外的附加服务,包括特殊要求、解决问题、处理顾客投诉或建议、赔偿等。例如,顾客提出特殊的饮食要求,或者要求企业退款。服务企业应该对可能出现的意外情况做出合理预期,提前制定应急预案,当顾客在寻求特别帮助时,员工就能及时、从容地处理。管理者需要关注顾客的特殊服务需求,如果特殊服务需求过多,则说明原有服务流程可能需要改进。灵活地处理顾客的特殊需求反映出企业对顾客需求的快速响应。但额外服务过多可能会加重员工的负担,并对其他顾客产生负面影响。

### 应用练习 6-2

选择同一服务行业中的两家服务组织（如经济型酒店与高档酒店）做对比分析，从核心服务与附加服务两个方面说明两家所提供的服务产品有哪些异同，是否能满足目标市场的需求。

### 小案例 6-1　　　　　　　　招商银行 App

2018 年年末，被誉为"零售之王"的招商银行（以下简称招行）宣布率先进入网点全面无卡化时代，对标 App 时代的话语体系。不到一年时间，2019 年 9 月 12 日招商银行 App 正式宣布用户数破亿。从 2016 年 3 月到 2019 年 9 月，历时 42 个月，招行 App 用户数量实现了从 3000 万到 1 亿的跨越式增长。每一次千万级别的增长，用时大都比上一次更短。

这是一个具有标志性意义的事件：金融机构或许已经具备反攻科技的能耐。在互联网巨头基本瓜分完线上流量、用户习惯基本养成的情况下，一家传统金融机构要想达成用户数破亿，所需冲破的阻碍和克服的困难可想而知。也因此，我们更想知道：招行 App 凭什么？它是怎样做到的？

**道的坚守：无体验，不服务**

作为传统金融机构中移动互联意识觉醒较早的一方，招行布局移动互联网端 App 先人一步，彼时各大银行推出的手机银行仅被视为网上银行在移动端的延伸。

直至支付宝、微信等的出现，以移动支付为入口迅速抢占越来越多的金融资源，大家才真正意识到，未来的金融服务必定是移动互联端的天下。

但在互联网巨头基本已各据山头、流量红利日渐趋紧的背景下，摆在招行 App 面前的第一道难题是，如何与具备流量优势的 BATJ（百度、阿里巴巴、腾讯、京东）以及先天便拥有用户基数优势的四大国有银行竞争。

招行 App 给出的答案是：体验与服务。

基于彼时的竞争格局和自身条件，招行 App 选择了这样一条发展路径：首先，基于招行自有的庞大用户基础，拓展自有用户，将他们从线下搬到线上；然后通过不断升级和提升移动端的金融服务与体验，培养用户习惯，增强用户黏性，并通过更好的体验与服务，吸引更多非招行用户的加入；最后，在金融属性的服务和体验日臻成熟和完善的基础上，进一步探索更多用户体验和服务的边界，让 App 最终升级成一个用户财富生活服务平台，具备更多功能，同时也真正将用户"绑定"在 App 上。

说起来容易，做起来却并不容易。以我们最为熟悉的转账功能为例，转账作为金融生活中最常用的功能之一，各大手机银行 App 均把转账功能放在了首页，招行 App 更是把它放在了首页顶部的明显位置。但在最开始，用户在转账时面临着本行和他行、本地和异地、普通或快速到账方式等多种选择，但用户并不想要这么多选择。负责招行 App 迭代优化的产品经理发现，最困扰客户的是本地和异地转账的区别。于是，他先把场景从四个缩减为两个——只需要客户选择本行还是他行，再深挖可以提升的细节。这确是最早期招行 App

用户体验思维的体现之一，经过多年的产品迭代，招行 App 的转账体验现在有口皆碑。

在转账手续费几乎全免的当下，转账功能的优化并不直接带来收入，但是作为一种服务用户的工具，它的优化切切实实提升了用户的体验，为用户提供了真正的价值，使用的人就成了这项工具的自主传播渠道。在招行 App 3.0 至 7.0 上百个版本、两百余项功能的迭代优化过程中，这种围绕用户体验的工具化功能比比皆是。

新浪金融研究院于 2019 年 8 月公布的手机银行评测显示，招商银行 App 的"智能账本、城市服务进一步优化，搜索、客服等体验不断提升，服务智能化的同时也更加人性化"，得到 91.55 分，是参评的 21 家银行 App 中唯一超过 90 分的，足以证明市场的高度评价与认可。

现在回过头看，对于彼时的行业格局以及用户生态，招行 App 无疑有着十分清醒的认识。在用户习惯已经初步养成的互联网金融时代，立足金融属性、立足用户体验，是招行 App 的选择，也是突围之道。

而无论是招行 App 中围绕用户体验的各种工具化功能，还是招行"无卡化"的全面推动，背后实际上都是提升和丰富用户服务的初心，这也是招行 App 得以不断升级，直至用户破亿的立身之本和根源所在。

**术的护航：金融科技是前行的核动力**

道的坚守，离不开术的护航。"力争在金融服务体验上比肩互联网公司"，说出来是一句口号，背后却是招行 App 一路走来的践行路径。而对于招行 App 来说，支撑其始终坚持树立以用户体验为导向的文化，并将这种导向落到实地的核心推动力，正是它对金融科技硬实力的不断打造与提升。

早在 2017 年，招行就开银行业之先河，拿出税前利润的 1% 设立金融科技创新项目基金。此后几年，招行在制定年度财务预算方案时，持续加大对金融科技的投入：2018 年，将基金额度提升为营业收入的 1%；2019 年，将每年科技投入写进公司章程，每年投入金融科技的整体预算原则上不低于上一年度公司营业收入的 3.5%。

在金融科技上的充分投入，为招行零售数字化转型奠定了坚实基础，也为招行 App 提升用户体验和增加用户数提供了最强助力。

以智能投顾业务为例，过去，智能财富体检只是少数高净值客户才能享受到的定制化资产配置服务。但随着银行金融科技能力的不断提升，这项服务正在成为招行 App 用户的基础服务配备。

金融服务和体验的优化与提升，背后均与金融技术的应用与赋能有关。而从提供金融产品到提供金融服务，再到更广阔的综合生活服务，除了互联网思维、用户思维的转变以外，同样离不开招行 App 一直以来在金融科技上对标互联网科技公司所取得的不断突破。

近年来，招商银行 App 以每年一个大版本的节奏迭代升级，逐步实现了从交易工具到数字化经营平台的跃迁，并展现出领先同业的三大科技内涵：

一是实时互联。比如依托 AI 技术打造的智能客服，以更轻的方式将 7×24×365 的优质服务送到 1 亿用户身边，每天使用智能客服的用户超过 80 万。再比如为用户提供个性化专业服务的客户经理连线,目前已有近万名客户经理入驻招商银行App,让用户足不出户即可享受到一站式的在线财富管理服务。

二是全平台智能。"猜你所想、懂你所需、精准推荐"的智能推荐,总能为每位用户推荐"想要"和"需要"的内容;对于重要待办事项给予恰到好处的智能提醒,让用户不错过每个重要瞬间;以语音交互、精准识别为基础的智能助理,让服务一"语"直达。

三是生物识别。近几年,招行先后探索了人脸识别、指纹识别等生物技术在招行App上的应用,先后上线的刷脸登录(限IOS版)、刷脸支付、指纹登录、指纹支付等功能,使用体验自然流畅,广受用户好评。

从"卡时代"向"App时代"转变,说起来只是一句话,但背后涉及从线下网点的各个环节到核心系统、风控系统等多个系统的对接,招行用了两年的时间、上百个迭代版本,最终才完成了核心难点的攻关。

正是通过在App上不断探索金融科技,最终助力招行App成为体验感最好、用户评价最高的App,也推动着招行App向着金融和互联网的边界进一步探索。

**进化论:"App时代"的边界跨越**

站在1亿用户基数的肩膀上,招行App正在探索互联网金融服务的边界,同时也是寻求未来进一步实现非线性增长的新增长引擎,而最终的选择是App财富生活生态圈的构建。

战术上的变更往往源自战略上的重构,从"卡时代"向"App时代"跨越,背后是流量红利渐入尾声的现实,以及未来更深度的对互联网用户的争夺。

万变不离其宗,金融科技归根到底是工具和手段,用户才是一切商业逻辑的起点。往前溯,招商银行App的每一次迭代与创新,都是为了给用户带来更极致的体验;往后延,开放式的银行生态以及更多场景的搭建连接,其根本目的都是为用户提供更加契合需求、同时也更具体验感的多元化服务。

基于这个逻辑,招行App正在继续"进化"。为了迎合新发展阶段下的挑战,招行创新探索了App"自建生态+金融服务主动走出去"的两条腿开放方式。

对内,招商银行App率先打破封闭账户体系,转向开放用户体系,"任意银行卡,一个App"已成为众多用户的首选。不得不提的还有2018年上线的小程序平台。通过该平台,招行首次向外部合作机构和招行各分行开放自有体系,被业界视作招行对开放银行的又一次探索。对外,招行以积极的态度与华为钱包等优质企业合作,主动连接外部生态,通过融入场景为用户提供更加丰富的场景金融服务。

仅有开放还不够,招行还在零售金融3.0时代做出了先人一步的选择——构建App财富生活生态圈。在招行看来,银行卡只是一个静态产品,而App则是一个生态:更加多维、更加丰满、模式更轻、覆盖面更广。为此,招行App精选合作商户,为用户带来更专业的金融服务,以及更高品质的生活服务,以此满足用户日益多元化的需求。

在核心金融场景,早在2016年,招行就推出了国内首个智能投顾产品——摩羯智投;2018年发布的招商银行App 7.0构建了包括理财产品、基金、保险、黄金等在内的全品类投资理财体系,全面支持用户在线进行资产配置。同时,App还上线了财富体检"一键下单""基金诊断""自助选基""摩保"等功能，智能理财服务全面铺开，让在线理财更加简单、便捷。在打造产品端优势的同时，招行 App 还逐步构建起垂直类精品财经社区，帮助用户清晰、及时地了解市场动态与热点，辅助用户做出投资决策。

在非金融场景，招行主动连接生活百态，将两票（饭票、电影票）、出行、生活缴费、便民服务等场景引入 App，打造出更加丰富多元的 App 生态。时至今日，招行的"两票"业务可圈可点，星巴克、太平洋咖啡、肯德基、歌帝梵（巧克力）、哈根达斯、万达院线等一线品牌的入驻，为 1 亿用户打造精致不贵的品质生活；出行方面则已构建起包括公交、地铁、停车、高铁以及打车服务等在内的立体化公共出行服务场景，其中，"12306"和"高德打车"两大场景的 MAU（月活跃用户数量）已达到百万级。

根据招行 2019 年半年报，截至 2019 年 6 月末，招商银行 App 账户总览、招乎、收支、转账、理财、生活、信用卡、活动等 8 个场景的 MAU 超过千万；App 理财投资销售金额 3.91 万亿元，同比增长 30.33%，占全行理财投资销售金额的 70%；与此同时，App 非金融场景使用率达 63.43%。

资料来源：http://www.sino-manager.com/144385.html。

## 6.2 服务产品创新

服务产品创新是企业持续发展的动力源泉。在现代社会，顾客的需求不断变化，技术也在迅速发展和传播，服务产品生命周期则相应缩短。为了保持或提高市场份额，企业需要积极寻找、发展新的服务产品。

### 小案例 6-2　　微信破局大交通

2019 年，移动支付的主战场在哪里？微信支付给出了答案：大交通。刷码，0.2 秒，过闸，乘车。2018 年，微信扫码方案在短短一年间席卷了全国的公交地铁，覆盖 130 多个城市，日均交易笔数超过千万规模，每月使用微信支付乘坐地铁的用户比 2017 年增长了 4.7 倍。在广深地区，微信支付已完全覆盖两市公交线路和地铁闸机，累计 4000 万用户使用包括深圳通+、羊城通乘车码、广州地铁乘车码、腾讯乘车码等各类小程序。

微信支付在大交通领域的发力并不算早，2017 年才正式划分出一个团队，成立运营中心来打造交通行业。但凭借着"二维码+小程序"的快、准、狠的打法，微信支付迅速渗透到传统的交通行业。大交通板块陡峭的增长曲线背后，仍有巨大空间。2018 年以前，微信支付把大盘压在了零售、餐饮上，这两个行业的渗透率已接近 90%。相比之下，交通的体量更大。在整个互联网流量获客成本越来越高的情况下，交通高频刚需的入口弥足珍贵。中国每天约有 2.5 亿人选择公共交通工具出行，公交地铁每天的交易量高达 3 亿笔，超过了外卖、网约车的交易量总和。根据公安部的数据，截至 2018 年年底，全国汽车保有量达 2.4 亿辆，每日支付金额达 25 亿元。

> 腾讯在交通领域的布局包括公共出行和车主出行两方面，公共出行如客运、船运、民航、铁路、出租车等，车主出行如停车场、加油站、高速公路、车后服务，涵盖整个大交通场景。在微信开放的平台和生态中，以支付为入口的流量闸口拉开后，叠加效应正在放大。随着腾讯 to B 的战略转型以及产业互联网的逐渐深入，战场正在从轻量级转移到重量级。大交通背后是微信支付从小 B 走向大 B、to G 合作的生态升级，折射出民生服务、政府治理、智慧出行乃至智慧城市的大课题。
>
> 在公共出行领域，刷二维码正中公共交通的"刚性痛点"：找零、带卡，已与人们的日常消费习惯脱节。目前，微信支付在已上线城市的公交和地铁的使用率达到 50%。在车主出行领域，高速收费是另一个"刚性痛点"。交通运输部也提出，2019 年年底要实现移动支付在高速公路人工收费车道的全覆盖。根据微信支付 2018 年 12 月的数据，高速交易笔数日均突破 100 万笔，增长高达 20 倍，月复合交易笔数增长率达 20%。
>
> 资料来源：邱月烨. 微信破局大交通 [J]. 21 世纪商业评论，2019(Z1):51-56.

### 6.2.1 服务产品创新的种类

从服务营销的角度来看，只要在原有服务的基础上做了改变，无论是重大的创新还是轻微的风格变化，都可以视为服务创新。按照创新的程度，服务创新可以划分为以下几种类型。

**1. 重大变革**

重大变革是指为尚未确定的市场提供全新的服务，如 eBay 首创的网上拍卖服务，YouTube 当初所提供的网络视频服务。这种创新通常由信息和计算机技术驱动，全新服务的出现有时还意味着新的服务行业的诞生，以及能够产生崭新的市场。重大变革具有革命性，它会给人类的生活方式带来巨大的变化，如互联网和电子商务的出现。

**2. 创新业务**

创新业务是指市场上已经有产品满足需求，企业为现有市场的同类需求提供的新服务。例如，自动取款机成为新的银行货币流动形式，高铁服务与飞机服务形成竞争。

**3. 为现有市场提供的新服务**

为现有市场提供的新服务是指企业向现有顾客提供的新服务。尽管这些服务已经有其他企业在提供，但现在企业开始向现有顾客提供原来不能提供的服务。例如，零售书店提供咖啡服务，邮局开设储蓄服务，银行开始代售保险产品。

**4. 服务延伸**

服务延伸指现有服务项目的增加。例如，大学开设新的课程，饭店推出新的菜品，旅游公司推出新的旅游线路，保险公司推出新的险种。

## 5. 服务改善

服务改善是对现有服务的改进。改进现有服务包括延长服务时间、扩展服务内容、加快服务过程的执行等。例如，酒店增加房间内的用品种类，饭店缩短上菜时间。这种服务创新是服务变革中最普遍的一种形式。

## 6. 风格转变

风格转变是形态最简单的服务创新。这种服务创新并没有从根本上改变服务，只是改变了服务的外表。例如，企业标识的改变、医院色彩的变化都属于风格转变。它如同换包装一样，这种改变很显眼，对顾客感知、情感和态度会产生影响。

---

应用练习 6-3

查找一则新服务的广告视频，分析它属于哪种服务产品创新形式。

---

### 6.2.2 新服务的开发过程

服务开发是一种创新性活动，它是建立在对顾客期望、市场需求和竞争环境进行综合评定的基础之上的。在开发流程上，新服务的开发与制造业开发新产品相类似，不过鉴于服务本身的特性，新服务的开发步骤需要做进一步调整。新服务开发的基本过程如图 6-2 所示。

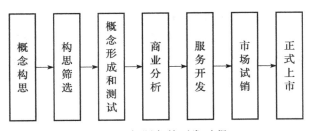

图 6-2　新服务的开发过程

### 1. 新服务的概念构思

一切的创新都必须从设想和概念构思开始，产生新服务的概念构思是新服务开发的关键性的第一步。

服务概念是指服务的原型，即能够为顾客创造并传递效用和利益（顾客价值）的服务的基本轮廓及构想。它包括两方面的内容：第一，对顾客需求的描述；第二，提供相应形式的服务内容或服务包装的设计满足顾客需求的方式。这两个方面表明，在顾客需求与服务提供之间建立联系很重要。因此，服务概念要详细说明顾客需求（主要需求和次要需求）和服务提供（核心服务和附加服务）的内容。服务提供者必须对顾客需求进行全面的分析，识别不同层次的需求，形成完整的服务概念。

服务概念的开发是新服务开发的起点。由于服务概念难以明确表达，服务企业需要全面、深入地分析顾客需求，尽量准确地表达服务概念内涵，减少抽象性，使新服务开发具备坚实的基础。

**2. 服务构思的筛选**

对于所收集的服务构思，企业还需要根据自身的资源、技术和管理水平等进行评估和筛选，淘汰不可行的或可行性差的构思，集中有限的资源运用于成功机会较大的新服务的开发。企业在筛选过程中应着重考虑两个因素：一是该构思是否符合企业的服务理念和创新战略；二是企业的资源能否得到充分的利用，即企业是否具有开发新服务产品所需的各种能力。因此，企业应召集各方面的专家与人员，从多方面评价服务构思。在筛选过程中，企业要避免两种错误：一是该选上的被筛掉了；二是不该选上的被选中了。不管犯了哪一种错误，都会给企业带来巨大的损失。

**3. 服务概念的形成与测试**

企业要将筛选后的构思转变为具体的服务概念，还需要经过服务概念形成和概念测试两个步骤。这是因为服务构思只是一种可能的设想，企业在服务开发时必须将这种设想发展成为明确的服务概念。服务概念是指企业从顾客的角度对这种构思所做的详尽描述，即用对顾客有意义的术语表达服务的构思。概念形成是指将服务的构思转化为一种服务概念，即将服务的设想具体化为一种能实现的方法，再将服务概念发展成服务形象，即顾客能得到的实际服务或潜在服务的特定形象。

在确定了服务概念、进行了服务产品或品牌市场定位以后，企业就应该测试服务概念了。概念测试就是用文字、图画描述服务概念，或者用实物向目标顾客展示服务概念，以观察他们的反应，检验服务概念是否符合顾客的要求，或者是否表达了他们的需要和欲望。服务概念测试一般要明确这样一些问题：

- 新服务的特征和特性。
- 新服务所能满足的需要。
- 推出新服务的理由。
- 顾客购买这种服务的可能性有多大。
- 顾客是否能发现并喜爱新服务的独特利益。
- 顾客是否愿意放弃现有的服务而购买这种新服务。
- 新服务是否能真正满足目标顾客的需要。
- 谁将购买这种新服务。

通过了解上述问题，企业就可以判断服务概念对顾客是否有足够的吸引力，从而可以更好地选择和完善服务概念。

### 4. 新服务的商业分析

如果服务构思通过了服务概念测试，接下来就要分析服务概念的经济效益（商业分析），即了解它在商业领域的吸引力有多大及其成功和失败的可能性。具体的商业分析包括新服务的需求分析、收益分析、成本分析和操作性分析。常用的商业分析方法有盈亏平衡分析法、投资回收期法、投资报酬率法等。

### 5. 服务开发

新服务在经过商业分析后被确定为可行，就可以进入具体的服务开发阶段。这意味着服务企业要对服务项目进行投资，购买各种设施和设备，招聘与培训新的员工，以及设计和测试服务的有形要素。与有形产品不同的是，新服务开发不仅要注意服务的有形要素，还要注意服务的传递系统。

### 6. 市场试销

新服务开发出来并做了顾客测试后，如果顾客满意，就要制订预备性的营销方案，并可以通过向企业的员工、员工的家属及其亲朋好友提供新服务的方式来进行测试。市场试销的目的在于了解顾客和经销商对此服务有何反应，以及新服务的市场效果，并再次鉴定新服务产品的市场规模，以确定是否正式投产。

### 7. 正式上市

新服务在市场试销中获得成功后，企业就可以正式把新服务全面推向市场。企业一旦决定把新服务正式投放市场，就必须再次投入大量的资金，用于建设或租用全面投产所需的设备和市场营销推广。在新服务投放市场阶段，企业一定要制定适当的营销策略，这将直接影响新服务的销售效果。企业要选择适当的时间、地点、促销战略并向适当的顾客推销其新服务。

## 6.3 服务品牌

品牌在服务营销中有着十分特殊的地位，它是吸引顾客重复购买、培育顾客忠诚度的一个决定性因素。随着服务行业市场化程度的提高，服务企业的竞争越来越表现为品牌的竞争。由于服务具有无形性，顾客只能通过有形化形象来感知服务质量，品牌便成为顾客感知无形服务的有形形式之一，成为服务质量的象征，是顾客选择服务的重要标准，更成为区别于竞争对手的竞争优势来源。

### 6.3.1 服务品牌的作用

服务品牌是顾客对服务有形部分的感知和过程体验的总和，是企业通过内部管理对顾客提供一致性服务的承诺。服务品牌是企业的服务宗旨、服务理念、经营战略、营销策略及企业精神的综合反映。可以说，服务品牌是服务文化的精髓，它既可以代表一个人，也可以代表一个企业或群体；既是一种服务流程，也是一种服务模式。

---

**应用练习 6-4**

请列出在某一服务行业中排名前五的服务品牌。
1. 举出这几个品牌的某条广告。
2. 请指出这些广告为品牌创造的品牌联想。

---

**知识链接　　　　　　　品牌资产五星概念模型**

大卫·艾克（David Aaker）在综合前人研究的基础上，于1991年提出了品牌资产的五星概念模型，即品牌资产是由品牌知名度（brand awareness）、品牌认知度（perceived brand quality）、品牌联想（brand association）、品牌忠诚度（brand loyalty）和品牌其他资产（other assets）五个部分组成的（见图6-3）。

图 6-3　品牌资产的构成

（1）品牌知名度是顾客对一个品牌的记忆程度，它可分为无知名度、提示知名度、未提示知名度和第一提示知名度四个阶段。

（2）品牌认知度是指顾客对某一品牌在品质上的整体印象，涵盖功能、特点、可信赖度、耐用度、服务度、效用评价及商品外观。它是品牌差异定位、高价位和品牌延伸的基础。研究表明，顾客对品牌品质的肯定，会给品牌带来相当高的市场占有率和良好的发展机会。

（3）品牌联想是指通过品牌而产生的所有联想，是对产品特征、消费者利益、使用场合、产地、人物、个性等的人格化描述。这些联想往往能组合出一些意义，形成品牌形象。它是经过独特销售点（USP）传播和品牌定位沟通的结果，提供了购买的理由和品牌延伸的依据。

（4）品牌忠诚度是在购买决策中多次表现出来的对某个品牌有偏向性的（而非随意的）

行为反应，也是顾客对某种品牌的心理决策和评估过程。它由五级构成：无品牌忠诚者、习惯购买者、满意购买者、情感购买者和承诺购买者。

（5）品牌其他资产是指品牌有何商标、专利等知识产权，如何保护这些知识产权，如何防止假冒产品，品牌拥有哪些能带来经济利益的资源，如客户资源、管理制度、企业文化和企业形象等。

艾克认为品牌资产的五项内涵中，品牌认知度、品牌知名度、品牌联想、品牌其他资产有助于品牌忠诚度的建立，其中品牌知名度、品牌认知度、品牌联想是代表顾客对品牌的知觉和反应，而忠诚度则是顾客对品牌的依恋程度，反映了他转向另一品牌的可能程度。艾克指出品牌资产的核心是品牌认知度和品牌联想。

资料来源：根据百度百科整理，http://baike.baidu.com/view/2192814.htm。

现在，服务品牌的作用已不仅仅限于区别不同竞争者的服务，它已经成为企业形象和文化的象征，顾客还能从中得到该服务品牌所带来的心理上的价值。具体来看，服务品牌具有以下作用。

（1）便于顾客识别服务特色和服务质量。服务的无形性使得企业难以像有形商品那样展示，而不同的服务品牌代表着不同的服务特征和服务质量，所以服务品牌就成为顾客判断服务特点与服务质量的一个重要的有形线索，有助于顾客选购所需要的服务。

（2）可以降低顾客的购买风险和企业的经营风险。在购买服务时顾客会感知到很多风险，而品牌作为企业对产品特征、利益和服务的一贯性的一种承诺，可以增强顾客的购买信心，降低顾客的购买风险；从企业的角度来看，顾客一旦对服务品牌形成偏好就很难改变，企业通过塑造服务品牌来培养忠诚的顾客，可以使企业保持稳定的顾客队伍和利润，从而降低经营风险。

（3）可以为顾客带来附加价值和使企业获得更多利润。对顾客来说，知名度和美誉度高的服务品牌能反映出顾客的身份地位、品位和生活方式等，那些购买名牌的顾客要的就是这些额外的价值。对企业而言，由于品牌服务能提供给顾客无品牌服务所不具备的品牌承诺，顾客更愿意为其支付溢价，因此服务品牌可以使企业获得更多的利润。

## 专栏　SoLoMo 模式及其在品牌中的应用

美国 KPCB 公司合伙人约翰·多尔（John Doerr）将最热的三个关键词——社交化（social）、本地化（local）和移动化（mobile）整合成一个新词"SoLoMo"，为企业指明了一条前景可观的商业发展道路。SoLoMo 是集社交、本地、移动于一体的商业模式，表明了互联网未来的发展方向。SoLoMo 作为一种新型的商业模式，已逐渐应用在各行业中。

Social，即社交化，其本质是用户资源的聚集，其狭义的定义是企业通过在广大的用户群体中建设社交网络，举办一系列社交活动，实现用户群体之间的信息或物品共享。社交化的目标是加强用户之间、企业与用户之间的交流，并实现他们之间的信任和互动，进而推动各行业实现用户资源的聚集。其中的典型代表包括人人网、淘宝网的"淘江湖"活动，前者是借助社交活动实现信息的实时共享和信息链的传递,后者是通过社交平台增强用户之间的交流,为其挖掘潜在的消费者。

Local,即本地化,其核心是提供地理信息服务。本地化的实现是以基于位置的服务技术作为基础,借助全球定位系统、网络通信等手段为商家提供消费者的地理位置信息,并为消费者提供地理信息搜索服务。同时,移动终端的覆盖率不断增加,智能移动终端技术与位置服务技术也不断结合,可以使商家获得海量的用户信息,如用户经常活动的位置范围、喜好兴趣、经济水平等。商家既能够依据这些信息识别用户群体的基本需求和高级需求;另一方面,商家对用户信息的处理能够为不同用户群体提供针对性的信息、产品服务,从而降低时间、空间对用户消费的限制。

Mobile,即移动化,其核心是提供技术支持。随着互联网技术的深度发展,移动终端逐渐取代电脑终端成为互联时代的主体,因而移动化的内涵也是移动终端的大众化。同时,Mobile作为信息技术的新型载体,打破了传统意义的线上活动,一方面,消费者的活动范围信息成为行业发展至关重要的因素,不断促进移动设备端的升级改进;另一方面,Mobile推动了信息共享和即时搜索的效率和范围,有助于行业挖掘出其本身最大的商业价值,进一步满足消费者的体验需求。

首先,SoLoMo模式是将Social、Local、Mobile三者的优势和作用相结合,不是简单相加,如图6-4所示。其中,Mobile的作用是提高用户的品牌忠诚度,实现移动购物;Local通过位置信息的共享、签到等形式获取用户位置信息;Social的作用是维持用户间、用户与商家之间的关系。其次,从三者关系来看,Mobile是SoLoMo模式实现的基础,借助互联网平台增强用户与商家的交流;Local是SoLoMo模式实现的重要手段,即通过获取位置信息关联实体商家与顾客;Social是SoLoMo模式的最终目标和"导向标",指引商家的运营方向。最后,SoLoMo模式的本质是实现线上(online)与线下(offline)的联结,即实现线上与线下的双向互动。

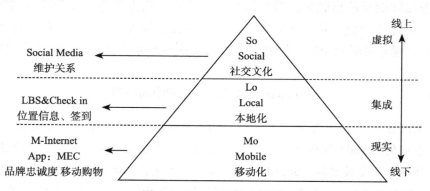

图6-4 SoLoMo概念模型

注:1. M-Internet,即移动互联网(Mobile Internet)。
    2. MEC,即移动电子商务(Mobile Internet Commerce)。

在SoLoMo模式下,消费者不再局限于与人类进行社交活动,一些被赋予生命特征的品牌走进了人们的社交圈,成为提升顾客品牌体验的有效方式。星巴克更是利用基于社交应用（So）、本地门店（Lo）和移动设备（Mo）的多渠道整合将用户体验做到了极致。Joy 是一位 28 岁的都市白领，晚上在星巴克的 App 中设置了闹钟，早上从按"起床"键开始，一个小时内就到达了一家星巴克门店。为了奖励 Joy 克服"赖床症"，Joy 可以买到一杯五折咖啡，他使用星巴克 App 内置支付功能付了款。上班休息时 Joy 打开星巴克的手机 App，加入"星巴克"和社群成员们的闲聊中，还抢到了星巴克推送的优惠券，于是在星巴克 App 上确认自己的地理位置并下单，很快就收到了星巴克最近门店的配送员带来的惊喜。Joy 在微信号上给老朋友"星巴克"发了一个兴奋的表情，立即获得了一首欢快的音乐曲目。Joy 还给"星巴克"提出了一条改善服务的建议。对很多都市白领来说，星巴克早已不是简单的咖啡，而是已经融入生活的情感实体。星巴克凭借一次次小小的创新，建立了消费者与星巴克品牌间的情感沟通，强化着用户的情感体验和黏性。

资料来源：1. 温振洋. SoLoMo 新兴模式下顾客管理体系建设探讨：基于共享经济视角[J]. 商业经济研究, 2019(1):47-49.
2. 汪旭晖，冯文琪. SoLoMo 模式下品牌拟人化对品牌权益的影响研究[J]. 商业经济与管理, 2016(10):5-16.

### 6.3.2 服务品牌的塑造及其策略

服务品牌的塑造是一项系统工程，它是企业内部各个部门团队合作的结果。成功的服务品牌塑造有四个关键：①敢于突破陈规，通过定位实现有效的差异化，从而在顾客心目中表现得与众不同；②为顾客真正创造更大的价值，从而形成口碑，树立品牌声望；③与顾客建立感情纽带，形成信任；④由于形成顾客服务体验的服务接触是由企业员工提供的，因此，将品牌内部化，实施内部营销也是相当关键的。⊖ 其中，第一点强调差异化，第三点强调情感联系。而鲜明的品牌个性正是形成差异化、维系顾客情感的利器。因此，有理由相信，塑造服务品牌的品牌个性能够帮助品牌有效地形成差异化，并有利于形成消费者—品牌关系，进而有利于成功创建服务品牌。服务品牌策略包括以下几个方面。⊜

#### 1. 建立公司品牌主导的品牌组合

服务是无形的，缺乏有形的东西来展示和包装，顾客在购买前对服务也缺乏直观的感受，无法进行客观的评价。因此，企业的实力、形象、口碑等往往成为影响顾客购买决策和购后评价的重要依据。顾客在购买服务产品时，不仅关心服务的具体内容，还十分看重提供服务的企业，他们常常根据服务的提供者来决定是否购买该服务产品。在服务企业的品牌组合中，公司品牌理应成为主导品牌和重点建设的对象。

#### 2. 创造强烈的组织联想

看到品牌而联想到企业就是所谓的组织联想，它是形成品牌特色或个性的关键因素。

---

⊖ L L Berry. Cultivating Service Brand Equity[J]. *Journal of the Academy of Marketing Science*, 2000, 28(1): 130.
⊜ 白长虹，范秀成，甘源. 基于顾客感知价值的服务企业品牌管理[J]. 外国经济与管理，2002(2)：12-13.

由于服务产品极易被模仿，提供什么样的服务往往不重要，顾客看重的是谁在提供服务以及如何提供服务。不同的企业在提供同种服务时可能差别很大。企业人员、设备、专长等，是能够直接或间接影响顾客评价服务质量的重要组织联想。基于抽象的企业价值观、资产、技术等特色所产生的组织联想，与基于产品特色的联想不同，它有利于提高品牌的可信度。通过组织联想，企业还可以建立品牌与消费者之间的感情。

### 3. 强化全方位的品牌要素

无形性对品牌要素的选择有重要意义。由于服务决策和安排常常是在服务现场之外做出的，品牌回忆往往成为重要的因素。作为品牌核心因素的品牌名称应易于记忆和发音，相应的文字和标识等刺激物要仔细策划；服务的"外观"，如环境设计、接待区、着装、附属材料等对形成顾客的品牌认知也有影响；其他品牌要素，如标识、人物和口号，均可以用来辅助品牌名称，向顾客展示品牌，建立品牌认知和品牌形象。使用这些品牌要素的目的是使服务和其中的关键利益更为有形、具体和真实。例如，许多保险公司使用寓意强大或安全的标志，如岩石或象征救助的双手，力图使无形的服务有形化。

### 4. 建立合理的品牌层级结构

随着产品和服务的多样化，服务企业需要根据不同的市场和产品特性推出相应的品牌。产品多样化是服务企业的显著特点，其所经营的服务项目在品种上一般远远超过生产企业的产品种类。服务企业建立品牌层级，有利于定位和瞄准不同的细分市场，突出不同服务产品的特征。

### 5. 品牌的内部化

服务企业的员工是向顾客传递品牌的重要媒介，可以为品牌注入活力和生机。员工的行为可以将文字或视觉品牌转化为品牌的实际感知。因此，实现品牌的内部化显得尤为重要，即通过员工的行为，将文字—视觉品牌转化为文字—视觉—行为品牌。品牌内部化涉及向员工解释和宣传品牌，与员工分享品牌的理念和主张，培训和强化与品牌宗旨一致的行为。如果员工不理解或不相信企业的品牌，就不会自觉地成为品牌的一部分，也不会按所希望的方式行动。服务品牌内部化的另一个重要方面是要加强顾客"关键时刻"管理。由于大多数服务过程是由员工与顾客的接触来完成的，而每次接触都可能成为顾客的关键时刻，因而员工必须在关键时刻将品牌承诺作为自己行动的准则，在服务过程中向顾客提供美好的服务感知。

### 6. 持续服务理念创新与信守承诺

具有良好服务品牌的企业为顾客开发出重要并具有价值的服务。仅仅将自己的服务和竞争者的服务区别开来是不够的，提供给市场的服务必须是有价值的并且要独具特色。这种企业的服务业绩通常要比竞争者好，在此过程中也会获得好的口碑。要做到这一点，就需要企业不断地创新服务理念。

此外，处理好服务与承诺的关系也是提升企业品牌声誉的一种有效手段。当前或潜在的顾客使用或体验某一服务品牌后，渴望能从功用和情感方面获得某些利益，这些利益的本质就是服务品牌承诺。服务品牌承诺包含了顾客的观点，其目的是展现服务品牌的内涵、灵魂和精神。但给予顾客承诺时往往要非常谨慎，一旦有承诺就一定要做到。有的品牌甚至在能够做到的情况下，也不全部承诺给顾客，而是保留一手。这样，顾客就会惊喜地发现他们得到了超过自身期望的服务，满意度因此大大提高，他们也更愿意成为企业良好声誉的宣传者。

---

**专　栏　　　　顶级品牌如何在社交媒体上营销**

社交媒体已被证明是一个合理的营销途径。但大多数品牌，包括很多电商品牌，仍然认为社交媒体不过是"漏斗顶端"的营销途径——适合打造品牌，却无法吸引真正的购买行为。

但是，随着社交网络逐渐成熟，消费者在社交媒体上的行为日趋理性，社交媒体已成为电商品牌推动销售额的强大平台。事实上，*Internet Retailer* 杂志推出的2014年500强电商企业在去年通过社交网络实现了26.9亿美元的销售额，较2012年增长了62.5%。

由于社交媒体逐步开始收费，营销人员比以前更在意除"赞"和粉丝数量等之外的实际销售结果。

为了了解顶级品牌是如何在社交媒体上做营销并获得可观的投资回报的，我们调查了在Facebook、Twitter和Pinterest上销售电商产品的100个顶级品牌。在整整两周时间里，我们从六个方面跟踪了它们发布的帖子：①输入（视频、照片或文字）；②目的（推广产品或树立品牌）；③是不是复制的内容；④是否有链接；⑤是不是原创或是用户产生的内容（包括转帖）；⑥发帖的时间。然后，我们整理和分析了这些数据，试图找出其中的规律。下面是我们发现的有助于销售的社交媒体发帖习惯。

**1. 发帖要保持连贯性**

在Facebook上，顶级品牌往往每周发帖12次。大多数品牌在工作日发帖数量较周末为多。至于发帖的时间，每个品牌都有自己的最佳时间节点。一旦电商品牌确立了最佳发帖时间节点，就有必要保持连贯性，坚持在这个时间节点上发布新帖。

大多数品牌在Twitter上表现得更活跃。通常，这些品牌在Twitter上发布的内容与其Facebook帖子的内容基本一样，但是会针对Twitter观众略微进行调整。此外，这些品牌发现Twitter最适合扩大话题范围，其中转帖数量往往占据全部帖子数量的20%。

一些顶级品牌往往会把Pinterest当作数字目录来用，每周会发布大约100个帖子。在所有这些帖子中，约有2/3的帖子是有关产品功能、季节性促销活动的，剩下的都是转帖的一些补充性的内容，经常可以用到其产品的食谱或生活空间。例如，家装公司West Elm就经常转帖设计博客designsponge.com的室内装饰图片。

**2. 充分利用用户产生的内容**

用户产生的内容对品牌来说是不错的广告，要知道，来自周围人的推荐是最值得信赖的、最强大的营销方式。充分利用用户产生的内容，使之成为你的品牌的强大助推剂，可以提高品牌的知名度。

而且，这样做会形成良性循环。当其他用户看到他们喜爱的某个品牌会分享用户产生的内容时，他们就更有动机来自己动手提交内容了。

人人都希望被别人关注，尤其是被他们喜爱的品牌关注。品牌的放大作用可以让他们的声音被更多人听到。

### 3. 图片为王

顶级品牌在 Facebook 上发布的 90% 以上的帖子均含有图片。大多数 Twitter 消息都含有图片或视频。研究结果表明（Facebook 算法也认为），图像要比文字更吸引人。

由于品牌商很容易制作图像，社交媒体已迅速成为图像优先的媒体，因此图像是品牌商在社交媒体上推销自己的最佳形式。

顶级品牌平均每周发布一个视频。根据我们的调查研究，比较受欢迎的视频内容包括新品抢先看、产品设计师采访、品牌背后的故事以及教用户使用产品的操作指南。由于高质量的视频很容易制作，我们有望看到顶级品牌推出更多的视频内容。

### 4. 短帖制胜

在社交媒体上，短帖更易吸引用户。我们不否认别出心裁写出重磅大帖的重要性，但是写出引人入胜的短帖也委实不易。精妙短帖配上图像更抓人眼球。

我们发现，顶级品牌的帖子字数都不超过 100 个字。定时发推工具 Buffer 在 Facebook 上发布的帖子字数往往只有 40~70 字。

### 5. 帖子凸显产品

我们的研究发现，顶级品牌有 75% 的 Facebook 帖子突出了产品，56% 的 Twitter 消息突出了产品，65% 的 Pinterest 贴图突出了产品。

如果你希望在社交媒体上提高销售额，就必须直观地展示你的精美产品，从而让你的粉丝有机会购买它们。

记住，你的产品在其他地方很受欢迎，并不意味着它在社交媒体上也会很受欢迎。你需要一些尝试、一些数据分析，才能弄清你的哪些产品在社交媒体上最受欢迎。

### 6. 配合链接解决用户所需

顶级品牌往往会利用链接的方式来回复用户的提问和评论。这些链接可能是用户正在搜寻的产品、公司给用户推荐的产品以及相关网站的登录页面等。这些链接提供的信息要比单纯的帖子丰富得多，能够顺利地解决用户关心的问题，让他们对品牌产生好感进而选择忠于品牌。

在社交媒体上做销售并不容易。但是，如果你开始使用这些顶级品牌的被证明行之有效的营销手法，你可能会很快上手。没有人比你更清楚你的品牌和用户，因此你要大胆、反复利用这些最优的营销手法，进而形成个性化的社交营销策略，最大限度地迎合观众的口味。

资料来源：乐学．顶级品牌如何在社交媒体上营销 [Z/OL]．[2014-12-22]．https://tech.qq.com/a/20141222/045993.htm．

## 6.4 服务标准

服务标准是指服务企业用以引导和管理服务行为的规范。大多数服务企业都有自己的服务标准，但这些服务标准和评估尺度都是企业定义的，目的是达到企业内部的生产率、效率、成本或技术质量目标。现代营销观念要求服务企业从顾客的期望和利益出发，制定顾客定义的服务标准而不是企业定义的服务标准。这些标准要经过精心挑选才能符合顾客的期望，还要通过顾客反馈对其进行标准化。

### 6.4.1 顾客导向的服务标准

顾客导向的服务标准是指服务企业按照顾客期望或需求而制定的服务标准。在了解顾客期望的基础上，让顾客评估服务运营目标和评价尺度，并把他们转化为员工行为的目标和行为准则。顾客导向的服务标准可以分为硬标准和软标准。

#### 1. 硬标准

硬标准是指那些能够通过计数、计时或观测得到的服务标准。顾客对服务承诺的实现程度有很高的期望，为了解决这一问题，企业可以设立可信度标准，建立一套"第一次就把事情做对"和"准时完成"的价值体系。第一次就把事情做对是对每一家服务企业都适用的可信度标准，它是以顾客的评估为依据，在一开始就把所要提供的服务做对。准时完成是指服务在计划的时间内完成。在复杂的服务中，准时完成就意味着服务能在承诺的日期完成。

为了确保企业配送产品、处理顾客投诉、回答顾客的各种问题及上门维修服务的速度和及时性，服务企业要设立评估反应性的硬标准。例如，快递企业规定三天之内将快件送达就属于硬标准。在设立了反应程度的标准外，企业还要配有顾客服务部门，对该部门的员工要精挑细选。如果服务是在跨文化、跨地域的情形下提供的，那么服务企业就要适当调整服务标准。表 6-2 给出了一些服务企业建立的硬标准。

表 6-2 顾客定义的硬标准示例

| 公司 | 顾客目标取向 | 顾客定义的服务标准 |
| --- | --- | --- |
| 中国邮政 | 准时投递 | 国内快递三天之内送达 |
| 招商银行 | 顾客便利性 | 将营业时间推迟到晚上 8 点 |
| 麦当劳 | 食品新鲜 | 汉堡上架超过 10 分钟未售即丢弃 |
| 中国东方航空 | 可靠性 | 准时到达 |

#### 2. 软标准

并非所有的顾客目标都能通过计数或者计时的方式表达出来，比如，"服务人员对顾客要了解"就不是一个可以计数、计时或核算而得出的顾客目标，企业员工也很难准确地把握这样的标准。

软标准是建立在意见和情感的基础上，无法直接观测到，必须通过顾客、员工或其他人的交谈才能了解到，并以文字形式表达出来的服务标准。软标准为员工满足顾客需求的过程提供指导、准则和反馈,并且通过评估顾客的理解与信任得以度量。软标准对于专业服务中的销售过程和送货过程等需要人与人互动的服务尤为重要(见表6-3)。

表6-3 顾客定义的软标准示例

| 公司 | 顾客目标取向 | 顾客定义的服务标准 |
| --- | --- | --- |
| 中国电信客户服务中心 | 亲切、礼貌地对待顾客 | 有礼貌,具有专业知识,耐心解答询问,虚心接受意见,不与顾客争吵,事后致电顾客,了解顾客感受 |
| 万科房地产物业管理中心 | 尊重业主 | 维修人员经业主同意方可进入家门,不接受任何馈赠 |
| 中国工商银行 | 营业代表热情、礼貌 | 耐心解释客户疑问,专心聆听,真心诚意帮助客户解决问题 |

> **应用练习6-5**
>
> 访问一家你经常购物的网站,思考以下问题:
> 1. 简述该网站的服务标准,你认为这些标准是企业定义的还是顾客定义的?
> 2. 这些服务标准属于什么类型的标准?

### 6.4.2 服务标准的开发过程

开发顾客定义的服务标准,就是将顾客期望或要求转变为服务企业的服务规范和标准的过程。服务标准开发的一般过程如图6-5所示。⊖

#### 1. 识别已有的或期望的服务接触环节

顾客是在服务接触过程中来感知服务质量的,企业要了解服务接触过程的不同环节,这些环节可以使用服务蓝图或者根据顾客接受服务的步骤与行为来识别。企业要从中找出那些重要的服务接触环节,了解在这些接触环节中顾客的期望和要求及其重要程度,以便在挑选服务标准时把握住重点。

#### 2. 将顾客期望转换成行为和行动

笼统的顾客期望与要求必须转变为与每次服务接触有联系的、具体的、详细的行为和行动。只有将顾客期望与要求明确化、具体化和可操作化,才能形成有效的服务标准。要注意的是,行为和行动的信息必须由持客观立场的一方汇总处理,如与最终决策无利害关系的内部机构或者委托第三方调研公司。如果信息被带有偏见的企业管理人员或一线服务人员过滤,那么最后得到的只能是企业定义的标准而不是顾客定义的服务标准。

#### 3. 选择恰当的标准

企业要在众多的行为和行动中挑选出那些重要的行为和行动,以此建立服务标准。企业可以根据建立服务标准过程中的以下几个原则来选择。

---

⊖ 瓦拉瑞尔 A 泽丝曼尔,玛丽·乔·比特纳,等.服务营销(原书第7版)[M].张金成,白长虹,等译.北京:机械工业出版社,2018:241.

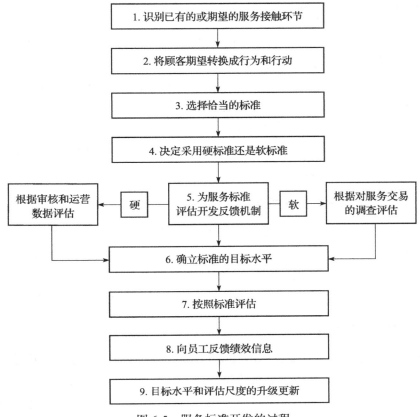

图 6-5 服务标准开发的过程

（1）服务标准应基于对顾客最重要的行为和行动。顾客对企业提供的服务会有很多要求，顾客定义的服务标准就要针对顾客最重要的部分。如果未选出最重要的行为和行动，那么所建立的服务标准就不会对顾客整体满意度产生任何影响。

（2）服务标准应反映需要改进或维持的行为表现。企业的服务标准专门针对需要改进或维持的行为而设立，这样可以使企业获得显著的效果。

（3）制定员工可以接受的标准。员工只有理解和接受标准，才能不折不扣地执行。强迫员工接受他们不愿意接受的标准往往会导致抵触情绪、消极怠工甚至跳槽。

（4）制定员工能够执行的标准。顾客导向的标准应该是员工可以执行的，即服务标准不能超过员工的职责范围，因此，服务标准所涉及的内容范围应是员工在工作中可以控制的那些方面。

（5）服务标准要为顾客预期而设立。顾客定义的服务标准不应该建立在投诉、不满或其他消极形式的反馈基础上，这些消极反馈与现在或将来的顾客期望无关。企业要在顾客投诉发生前找出顾客期望的积极方面和消极方面，采取相应的措施。

（6）制定的标准应既有挑战性又切合实际。标准既有挑战性又切合实际，才能产生最好的绩效表现水平。如果标准过低缺乏挑战性，员工很容易达到，这种标准对服务能力就没有什么作用，而过高的标准则会使员工因无法达到目标而灰心。

### 4. 决定采用硬标准还是软标准

服务企业应考虑为某项服务行为制定硬标准还是软标准。在该步骤中，公司最大的错误之一就是轻率地选择硬标准。由于硬标准容易执行、测量、统计和分析，很多服务企业倾向于优先选择硬标准。比如，在衡量服务补救质量时，服务企业可以选择服务补救速度这一硬标准，并从运营数据中直接测量。但是，如果硬标准不能充分展示预期的行为，或者无法测量服务行为，企业可以考虑采用软标准，如企业可以选择顾客的满意度这一软标准来衡量服务补救质量，并通过事后调查来获得顾客的意见。如果软标准和硬标准之间密切相关，为避免重复衡量，一般选取硬标准而舍弃软标准。

### 5. 为服务标准评估开发反馈机制

开发反馈机制的一个最重要方面是确保服务标准是从顾客的角度建立的，而在现实中，许多企业往往从自身角度来建立。如果顾客定义的服务标准与企业定义的标准不同，或者是企业不能按照顾客的要求和程序建立标准，那么企业也就不能提供市场定义的服务。同样，反馈机制的建立也要从顾客的角度来控制，否则也是无意义的。

### 6. 确立标准的目标水平

这一阶段要求服务企业为服务标准建立目标水平，否则，企业无法度量标准是否达到了目标。服务企业可以采用以下几种方法确定服务标准的目标水平。

（1）简单感知——行动相关性研究。当服务包括重复性过程时，服务企业可以把顾客满意水平和行为或任务的实际表现联系在一起，并在此基础上设定服务标准的备选水平。比如对顾客的排队等候进行研究，所需的信息就包括顾客对排队等候的理解（软指标）与顾客实际排队的时间（硬指标）。对多次服务传递中收集来的信息进行比较就可以得出顾客对不同等候时间的敏感程度。

（2）满意度——绩效假设研究。当难以在服务现场开展研究时，服务企业通过事后的满意度研究也能取得同样的结果。在时间较短的定量调查中，顾客被问及若企业提供某种水平的服务他们将会有怎样的满意度。利用这种分析的结果，企业可以用同样的方法确定标准。

（3）竞争性标杆学习，即参照最有力的竞争对手或行业公认的领导者评估产品、服务和工作做法的过程，以寻找最优的行事方法和评估这些方法的尺度为基础，最终获得优势。竞争性标杆学习最重要的一个方面是设立运营标准。竞争性标杆的学习方法有很多：①内部法，参照内部最好的运营标准；②竞争法，参照外部的直接竞争者；③功能法，参照外部功能最好的运营者或行业领导者；④基本法，参照基本功能和过程寻找最佳做法和衡量标准。内部法和竞争法都有企业自行定义的风险，可能只是在企业内部寻找最佳做法和衡量标准或者对于竞争对手的业务做法妄下定义，因此，容易导致公司定义的标准而不是顾客定义的标准。[⊖]

---

⊖ Robert Camp. Benchmarking: The Search for Industy Best Practices that Lead to Superior Performance[M]. Oxford: Taylor & Francis Group, 2006.

### 7. 按照标准评估

为确保各层次服务标准的有效执行，服务企业应该建立评估指标，反映和评估服务标准的执行情况。评估指标包括硬指标和软指标。

### 8. 向员工反馈绩效信息

企业要及时向员工反馈信息，让员工了解相关情况，尽快识别问题并加以改正。企业要对数据和事实进行分析和分类，以便为各部门的评价和决策提供支持，还要快速地传递信息给相关人员以做出关于服务或过程的决定。企业要贯彻为顾客服务的理念，使各部门衡量其对内部顾客的服务，并衡量这些表现与外部顾客的需要是如何相关的。

### 9. 目标水平和评估尺度的升级更新

为了随时与顾客的需求和期望保持一致，服务企业还要定期调整目标水平、指标甚至顾客需求。

## 本章小结

服务产品包含了能够为顾客创造价值的所有服务表现的有形要素和无形要素。服务产品包括核心服务与附加服务。服务产品的附加服务可界定为八种类型，即"服务之花"的八个花瓣，分别为信息服务、咨询服务、订单处理服务、接待服务、账单服务、保管服务、付款服务和额外服务。按照创新的程度，服务创新的种类包括重大变革、创新业务、为现有市场提供的新服务、服务延伸、服务改善、风格转变等。新服务产品的开发要经过概念构思、筛选、服务概念的形成与测试、商业分析、服务开发、市场试销、正式上市等步骤。

随着服务行业市场化程度的提高，服务企业的竞争越来越表现为品牌的竞争。服务品牌具有以下作用：便于顾客识别服务特色和服务质量；可以降低顾客的购买风险和企业的经营风险；可以为顾客带来附加价值和使企业获得更多利润。越来越多的企业已经认识到服务品牌的重要性，开始重视服务品牌的塑造。

服务标准是指服务企业用以引导和管理服务行为的规范。顾客导向的服务标准是指服务企业按照顾客期望或需求而制定的服务标准。服务标准可以分为硬标准与软标准。开发顾客定义的服务标准，就是将顾客期望或要求转变为服务企业的服务规范和标准的过程。服务标准开发的过程一般要经过多个步骤。

## 思考题

1. 简述服务产品的概念。
2. 论述服务之花的内容。
3. 简述服务产品创新的种类。
4. 简述服务品牌的作用。
5. 简述服务标准的含义与类型。
6. 简述服务标准的开发过程。

## 案例分析

### 卓越服务：汇丰银行的服务之花

那些在行业中独占鳌头的企业，并不是在核心产品上打败了对手，而是在服务总体统筹中赢得了竞争优势。服务包（service package）就是要确立这样一种服务产品的开发思想。汇丰银行深谙此道，通过对核心产品、便利服务和支持服务的整体打包，为汇丰银行的卓越服务奠定了坚实的基础。汇丰银行的服务包形成一朵"服务之花"，核心业务是其花蕊，便利服务和支持服务构成花瓣。这构成了汇丰银行卓越服务的基础。

#### 1. 核心产品

核心产品是企业或服务产品存在于市场的根本，是顾客能够获得的最核心的服务利益，也是服务组合的核心服务要素。汇丰根据客户需求不断丰富和充实核心服务组合，包括以下几方面。

（1）个人金融服务。汇丰银行为多达1.2亿个人客户提供全面的个人理财服务，包括往来账户及储蓄账户、按揭、保险、信用卡、贷款、退休金及投资等。消费融资业务在全球的发展趋势下，已经逐渐融入个人理财业务。

（2）工商业务。汇丰银行的工商金融服务为企业提供包括人民币和外币账户、贸易服务、现金管理、贷款、网上银行和外汇等在内的一系列银行产品与服务。

（3）企业银行、投资银行及资本市场。汇丰为企业及金融机构客户提供专门设计的金融服务，业务范围包括环球资本市场、环球投资银行、企业银行及金融机构业务、环球交易银行。

（4）私人银行业务。私人银行控股向客户提供的产品或服务包括四大模块：投资、信托与保险、专家咨询以及融资和银行服务。四大模块不仅包括几乎所有的金融服务，而且包括很多与高净值客户日常生活相关的非金融服务，如奢侈品贷款、住房抵押贷款、信用证及其他贷款。

#### 2. 附加服务

附加服务包括便利服务和支持服务。便利服务是促成顾客方便使用核心产品的服务要素，是传递核心产品所必须具备的一些基本的辅助物品和相关的辅助服务。便利服务有效地降低了顾客的购买成本，为顾客创造了良好的服务体验。支持服务是增加服务价值的服务要素，它给顾客在其模糊意识中形成一些附加的其他利益。支持服务的作用在于区别本企业的服务同竞争对手的服务，以强化服务组合的功能，主要用于竞争。为保障客户利益，汇丰银行开发了一系列便利服务。此外，汇丰银行根据自身的资源和实力，开发恰当的支持服务，极大地提高了自身服务产品的差别化竞争优势。汇丰银行向客户提供的附加服务主要有以下几种。

（1）建立多层次、多渠道的信息网，为顾客提供超越时间和空间障碍的信息。通过营业网点、电话银行、自助银行、移动银行、网上银行、客户经理上门服务、广告宣传等多种途径介绍服务信息，让客户降低搜寻成本，在心理上形成消费安全感，进而实施购买。

（2）汇丰银行特别重视服务网点的易进入性、服务环境的舒适性和服务设施布局的高效性。汇丰银行在全球网点密布，在中国虽然网点有限，但是仍在不断扩展网点数量，以为客户提供更加便捷的服务。

（3）汇丰银行特别注重与客户的主动沟通，并对顾客提出的问题做出反馈。例如，客户的咨询电话如果5秒钟还没有人接听，客户就可以投诉。电话中心全部由计算机监控，并将对话录音。客户投诉时将以录音作为依据。即使没有客户投诉，汇丰银行也会定期抽查电话录音，以保障员工的服务水平。

（4）汇丰银行提供各种各样的特别服务来增进与顾客的关系。例如，帮助顾客照看孩子，为顾客提供除金融服务之外的信息。汇丰的宣传单上赫然写着："当您到某地度假或公干，若不幸遇上紧急事故，一个电话，汇丰帮您取现；若您遗失旅游证件或行李及财物被窃，汇丰马上为您安排适当援助。汇丰不但会在遇到困难的时候施以援手，更会助您在旅途中尽情享受美好时光，如代客预订餐厅座位、预订世界一流节目的门票、推介高尔夫球场，甚至为选购名牌产品和运送贵重物品提供专业意见……"一位顾客曾这样讲道："我去汇丰为孩子办理保险，汇丰的客户经理不仅提醒我保险的相关事宜，还告诉我教育孩子的方法。"初看上去，这些服务已经超出了国内客户所能想到的银行服务的范畴，但是在这些深谙商业银行精髓的银行家眼中，银行本身就是一个利用自己的信誉提供一切可能的人性化服务的机构，而绝不仅仅是与资金有关的交易。

面对竞争对手在投资性产品上的不断创新，如中行推出"期权宝""外汇"等品种，花旗银行也紧跟其后推出了类似的"优利户"，汇丰更坚持是否在某个特定市场推出类似产品取决于对该市场客户风险承担意识和能力的分析，更注重将自身优势和现有客户需求有效地结合在一起。汇丰银行为出国留学生提供的理财服务超越了国内市场方兴未艾的留学贷款和汇款服务等传统业务，而且由于充分利用了汇丰银行的全球网络，具有较强的不可复制性。这项理财服务不仅包括帮助客户在国内办好出国后所需的一切账户开设、信用卡申请等手续，甚至还可根据各国银行对反恐、防洗钱等要求提供相应的资信服务，如帮助国内客户提供有关永久居住地址的证明服务。

与一般满足客户所需不同，汇丰银行注重的是解释并满足目标市场的需求。汇丰银行对每一个客户资料都要问以下四个问题：客户现在处于什么阶段？客户希望达到什么阶段？有什么方法可以帮助客户达到目标？什么是最佳的办法？从而达到使客户财富保值增值的目标。汇丰银行认为服务产品的竞争固然重要，但服务产品是可模仿的，不断创新服务产品是建立差异性竞争优势的关键。

顾客对服务产品的评价是从整个服务过程来看待的，包括服务员工、服务场景等都是形成顾客感知的关键环节。为此，汇丰银行致力于打造最温馨的人性化服务。汇丰银行要求服务人员对顾客表示欢迎和关心。每一位走进汇丰银行的客户都会受到笑脸相迎，下雨时汇丰银行业也会提供雨伞以供客户使用。

资料来源：周振华.服务经济发展与制度环境（案例篇）[M].上海：上海人民出版社，2011.

**案例思考**

1. 结合服务产品的概念分析汇丰银行的服务。
2. 运用服务之花理论分析汇丰银行的附加服务，并指出其优劣势。
3. 汇丰银行的服务创新体现在哪些方面？有何特色？

## 实践活动

### 一、实训目的

1. 加深对服务产品和服务之花的理解。

2. 了解服务企业如何塑造服务品牌。

3. 认识企业的服务标准。

4. 了解服务产品的创新。

## 二、实训内容

（一）采用头脑风暴法，为真实的或虚拟的服务企业设计一个创新的服务产品。

1. 简要介绍该服务企业情况。

2. 指出该新服务产品所针对的目标市场。

3. 说明该新服务产品能为顾客解决什么问题。

4. 运用服务之花和服务产品创新的相关理论，设计一个新服务产品。

5. 详细介绍该服务产品。

（二）选择一家时尚购物网站，通过收集资料、上网体验以及与其他消费者交流等方式，了解该网站所提供的服务产品、服务品牌塑造、服务标准和新产品等情况。

1. 向全班同学简要介绍该网站情况。

2. 分析该网站提供的服务产品。

3. 分析该网站如何塑造服务品牌。

4. 指出该网站所采用的硬标准和软标准分别是什么。

5. 为该网站开发新的服务产品提供建议。

## 三、实训组织

1. 把教学班同学分成几个组，并选其中一位担任组长。

2. 每组独立选择、收集案例资料。

3. 由组长负责组织小组研讨，汇总本组成员的成果，制作报告和演示文稿。

4. 每组推荐一人上台演讲，其间师生可以向该组同学提问，教师引导学生参与研讨。

## 四、实训步骤

1. 各小组制订实训执行计划，并做相关准备。

2. 小组成员分工合作，分别按计划完成所承担的任务。

3. 组长组织小组成员讨论，并按实训内容要求完成报告文本和演示文稿。

4. 教师根据可安排的课时，组织部分小组向全班同学交流成果。发言代表需说明各小组实训执行情况以及每位小组成员的贡献和实训感触。

5. 每个小组报告完毕后，教师组织其他同学针对陈述组的实训内容发表意见和建议。

6. 教师点评各组表现，并记录实训成绩。

# 第7章 服务流程

## 学习目标

本章探讨服务流程的设计，介绍服务流程的概念与类型、服务流程图和服务蓝图、服务流程设计方法，以及服务流程再造的概念和类型。通过本章的学习，你应该能够：

1. 认识服务流程的类型。
2. 掌握服务蓝图的概念、构成和构建步骤。
3. 了解服务流程设计的原则。
4. 掌握服务流程设计的方法。
5. 理解服务流程再造的概念。
6. 明确服务流程再造的类型。

## 本章结构

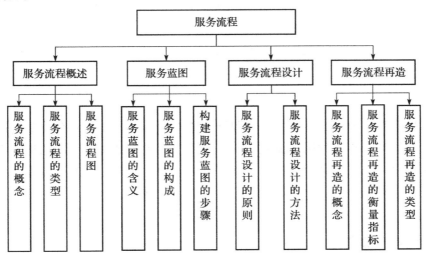

## 导入案例

### 新加坡图书馆的服务流程再造

在当今的数字时代，图书馆的使用率大大降低了。新加坡国家图书馆的管理者非常努力地工作，试图改变人们固有的印象，即图书馆就是服务人员态度糟糕、摆满了陈旧书籍的地方。新加坡国家图书馆通过灵活地使用先进的技术来改变和拓展图书馆服务，走虚拟化道路，鼓励人们使用图书馆，提倡人们终身学习，所有这些举措神奇地提高了服务生产率。这种改变的核心工作是对其服务流程进行彻底的改造。

新加坡国家图书馆使用先进技术进行服务流程再造的一个例子是它的基于射频识别（RFID）的电子化图书馆管理系统。事实上，新加坡国家图书馆是世界上第一家使用 RFID 的公立图书馆，这种电子系统能够自动识别条码。该系统使用 RFID 标签或者收发器，它们接收并对从 RFID 发出的射频询问做出反应，使图书馆能够通过遥控进行信息的自动储存、恢复和分享。这一技术与条码不同，无须手工扫描，RFID 会自动向电子阅读器传递条码数据。这项技术已经在大规模非现金结算系统、滑雪营地生命通道管理、门禁安全管理中普遍应用。

新加坡国家图书馆在上亿本图书上安装了 RFID 标签，这使它成为全球最大的 RFID 标签使用者之一。使用 RFID 技术进行流程再造之后，读者不必再花费时间等候；随着读者走出图书馆，系统会自动完成书的借阅工作，读者还可以在任何一家安装这种系统的图书馆的任何还书处归还。从外观看，还书处像 ATM 机，读者将书放到扫描器下面的盒子里，书会被 RFID 扫描并在显示器上显示信息，确认书已经从读者账单中归还。

新加坡国家图书馆更加超前，率先使用了"聪明的书架"。当从书架上拿出或者放入书时，RFID 技术将会记录。因此，如果将书放错了位置，书架就会知道，并且向图书管理员报警。图书管理员使用一种名为"hand-held"的设备能够立刻将书放回正确的位置。这一技术使得书很容易被追踪，图书管理员和读者都不必为寻找书籍浪费时间。为了进一步提高便利性和借阅效率，新加坡国家图书馆已经由纸质书向电子书时代迈进，图书馆会员能够从图书馆网站上免费下载八百多万本电子书和六百多种电子杂志。另一项创新是图书馆流行书的分拣机器。

服务流程精确再造的结果是什么？新加坡国家图书馆成为一个世界级的图书馆，获得新加坡质量管理奖，为全球图书馆工作者所瞩目，并成为哈佛商学院和欧洲工商管理学院等顶尖商学院的教学案例。

资料来源：克里斯托弗·洛夫洛克，约亨·沃茨.服务营销（原书第7版）[M].韦福祥，等译.北京：机械工业出版社，2014：174-175.

## 引言

服务产品回答了做什么，而服务流程涉及怎么做的问题。服务企业要创造和提交服务产品，就必须具有相应的服务流程。服务流程直接关系到一个系统的运作效率、运营成本和服务质量，对服务企业的竞争力有着非常重要的影响。因此，服务企业要重视服务流程的设计，并在服务流程运转不畅时进行服务流程再造。

## 7.1 服务流程概述

### 7.1.1 服务流程的概念

服务流程是指服务运作和提供的流程，也就是服务企业中服务运作的顺序与方法、提供服务的步骤。它包括服务企业向顾客提供服务的整个过程中的作业步骤和行为事件，以及完成该过程所需要素的组合方式、时间和产出的具体描述。服务流程除了具有流程的特点之外，还具有服务的特点。不同的服务企业的服务流程是存在差异的，同一服务企业的不同服务活动的流程也是不同的。

从顾客的角度来看，服务流程实质上是指顾客感受到的、由企业在每个服务步骤和环节上为顾客提供的一系列服务的总和。企业及其员工无论怎样看待服务流程中的每一个环节，他们大都把这些环节当成作业来完成，而顾客会对这些服务流程中的每一环节都做出评价，然后汇总，得出一个完整的评价结果。[○] 提高服务流程的合理性、有效性是顾客满意的关键，因此服务企业应该精心设计和有效管理服务流程。

### 7.1.2 服务流程的类型

根据服务类型、特征及形式的不同，采用不同的划分标准，可以把服务流程分为以下几种类型。

**1. 根据服务对象及服务活动的性质分类**

按照服务对象及服务过程是否有形，可以将服务流程划分为四种类型，四种服务流程适用的服务项目如图 7-1 所示。

| | | 服务的直接接受者 | |
|---|---|---|---|
| | | 人 | 物 |
| 服务活动的性质 | 有形活动 | 针对顾客人体的服务：<br>• 健康护理<br>• 客运<br>• 美容美发<br>• 外科手术<br>• 健身 | 针对顾客物品的服务：<br>• 家电的维护和修理<br>• 货运及包裹传递<br>• 服装干洗<br>• 住宅保洁<br>• 园艺及草坪保养 |
| | 无形活动 | 针对顾客精神的服务：<br>• 教育<br>• 娱乐<br>• 信息服务<br>• 电视广播节目<br>• 音乐会 | 针对顾客无形资产的服务：<br>• 金融服务<br>• 法律服务<br>• 会计服务<br>• 咨询服务 |

图 7-1　四种不同的服务流程

资料来源：詹姆斯 A 菲茨西蒙斯，莫娜 J 菲茨西蒙斯. 服务管理：运作、战略与信息技术（原书第 7 版）[M]. 张金成，范秀成，杨坤，译. 北京：机械工业出版社，2013：24.

（1）针对顾客人体的可接触服务流程。针对人体服务（如医疗服务的服务对象是顾客本身）的结果是让人在生理上更健康或更舒适，如健身、美容美发服务等。要接受这类服务，顾客通常要进入服务场所或者由服务者上门服务，还要求顾客与服务提供者合作。

---

[○] 斯蒂文·阿布里奇. 服务·服务·服务：企业成长的秘密武器 [M]. 长春：吉林人民出版社，1999：65.

在这个流程中，顾客需要亲自参与服务过程才能得到服务，因此服务营销者必须从顾客的角度来设计服务流程，要充分考虑服务流程中的各个环节能向顾客提供的价值，以及要求顾客付出的时间、精力和体力成本。

（2）针对顾客物品的可接触服务流程。针对顾客所拥有物品的服务很常见，如衣物干洗、汽车保养和电脑修理等，服务的目的大多是延长这些物品的寿命。与大多数服务不同，这种服务的生产与消费并不一定要同步进行。在这类服务活动中，顾客不一定需要出现在服务现场，他们与服务人员接触的时间很短，其参与程度也很有限，主要关注点是安全与方便。这类服务的流程类似于制造业的生产过程。

（3）针对顾客精神的不可接触服务流程。娱乐、教育和宗教等活动针对的都是顾客的精神，可能会影响人的态度和行为。这类服务通常要求顾客投入时间、精力才可以从中获益，但并不一定需要顾客亲临服务现场。此类服务可以先生产出来再通过网络或电视传递给顾客，还能以数字或其他方式储存，如录制成 CD 或 DVD。在这类服务的流程设计中，需要重点考虑的因素是技术。随着互联网技术的发展，服务企业要充分利用新技术来传递服务。例如，培训机构可以通过网络课程来吸引更多的顾客。

（4）针对顾客无形资产的不可接触服务流程。法律、金融和会计等服务主要是处理与顾客相关的信息，这种服务结果的无形性表现得最明显。例如，银行服务的直接接受者是顾客的账户，顾客不一定要接触银行的服务人员，他们可以通过互联网、电话和自动柜员机管理自己的账户，在此情况下银行向顾客提供的服务是无形的。不过，通过某些方式也可以将无形的信息转化为有形的形式，如报告、光盘等。处理信息的服务其成功关键在于对信息进行有效收集和加工。在这类服务的流程设计中，技术同样是需要企业重点考虑的因素。

### 2. 按照服务过程中顾客交互和定制程度及劳动力密集程度分类

施米诺设计了一个服务过程矩阵（见图 7-2），他根据影响服务传递过程性质的两个主要因素将服务过程分类。定制是指顾客个人影响要传递的服务产品的性质的能力。如果服务产品是标准化的，顾客与服务企业就不需要太多的交互。劳动力密集程度是劳动力成本与资本成本的比率。按照服务过程中顾客交互和定制程度及劳动力密集程度，可以将服务流程分为以下四种类型。

（1）服务工厂式流程。服务工厂需要更多的资本进行投资，大量采用机器设备代替人工，因而劳动密集程度较低。服务工厂就像制造业中的流水线一样运作，服务过程具有标准化的程序，向顾客提供标准化的服务产品，服务种类较为有限。

（2）服务作坊式流程。服务作坊也是在高资本环境下经营的，但它的服务定制化程度比服务工厂要高。服务企业允许顾客有较多的服务定制，彼此之间需要进行一些交互活动。其服务流程设计要注意控制成本、维持质量，对参与服务过程的顾客进行教育引导。

（3）大众化服务式流程。服务企业在劳动力密集的环境中向顾客提供无差别的服务产品。由于劳动密集程度高，服务企业要关注人力资源的管理，如服务人员的招聘、培训和激励等。客户的交互及定制程度低使服务企业能建立标准化作业的服务流程。

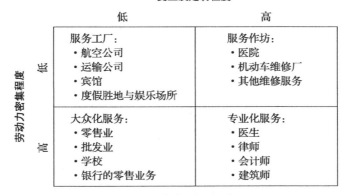

图 7-2 服务过程矩阵

资料来源：詹姆斯 A 菲茨西蒙斯，等．服务管理：运作、战略与信息技术（原书第 9 版）[M]．张金成，范秀成，杨坤，译．北京：机械工业出版社，2020：18.

（4）专业化服务式流程。服务机构在劳动力密集的环境下向顾客传递的是定制化的服务产品，那些寻求专业化服务的顾客所得到的是经过特殊训练的专家提供的个性化服务。这要求服务企业高度重视人力资源的开发，并在流程设计中充分考虑服务提供系统的灵活性。

以上分类方法能够帮助服务组织的管理者从不同的角度理解不同类型服务流程的特点，并根据这些特点的要求有针对性地进行服务流程的设计和管理，从而提高服务效率和顾客的满意度。

### 7.1.3 服务流程图

服务流程图是描述服务过程中各个步骤与顺序的工具。服务流程图是管理和提高服务质量的基本工具。制造业的工程设计图可以把未来工程的整体布局及其细节表现出来，也可以把即将兴建的工程提前展示在人们面前，预先对一切问题进行思考并提出解决方案，在工程建造时就可以依照预先订好的设计进行。与工程的设计相似，服务的流程图也是一种设计和沟通的手段。对于服务企业来说，可以预先设计好服务的过程，考虑一切可能遇到的细节，包括与顾客的接触过程。服务流程图存在的目的是帮助服务人员或管理人员对即将付诸实施的服务进行设想和计划，以便减少意外及不能控制的情况。

在流程图设计的过程中，可以用符号的形式将作业步骤表示出来。图 7-3 列出了流程图中常用的标准符号：长方形表示流程中的具体工作（作业、事件）和行动步骤；箭头（流向线）表示流动的方向；倒三角形表示库存和延误（库存点或处于等待状态，即缓冲区）；菱形表示决策点。

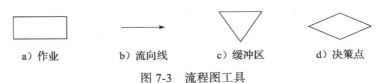

图 7-3 流程图工具

服务流程图包括以下几项内容：整个流程的流动方向；从一个步骤到下一个步骤所需的时间；每个程序的步骤所需的成本；系统的瓶颈所在。瓶颈是限制产量的因素，正如瓶颈限制瓶中液体的流动一样，服务流程中的瓶颈也限制了任务的完成。瓶颈处的作业通常是最慢的作业，如果在瓶颈耽误半小时，就相当于整个流程延长半小时，因而识别出系统的瓶颈所在是非常重要的。

**专　栏　　　　　排队自助餐厅的服务流程**

目前，有些餐厅采用一种排队自助的销售方式，即顾客按照顺序经过每个取食点，服务员则不间断地为每个取食点提供相应的食品。这种方式经常会遇到畅销食品（如烧烤、海鲜、汤）暂时供应不上的现象。表7-1是自助餐厅设置的6个服务点的时间测算。

表7-1　自助餐厅服务的时间测算表

| 步骤 | 服务内容 | 平均服务时间（秒） |
|---|---|---|
| 1 | 供应蔬菜 | 20 |
| 2 | 供应主菜、烧烤、海鲜等 | 30 |
| 3 | 供应各类汤 | 20 |
| 4 | 供应甜点 | 15 |
| 5 | 供应饮料 | 10 |
| 6 | 结账 | 60 |

该自助餐厅原来的服务流程如图7-4所示，后来调整为如图7-5。餐厅设置了5张工作台，每张工作台配备1名服务员，共有5名服务员，其中第4工作台同时提供甜点（15秒）和饮料（10秒）。该服务流程的问题在于整条供餐线的流程很不平衡。在第5工作台，收银员为1位顾客结账平均要花费60秒，即1小时内该收银员只能为60名顾客服务。这样，其他员工在两分钟的工作时间内（一个顾客服务周期）会有30～40秒的闲暇时间。

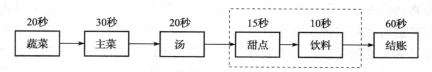

图7-4　自助餐厅原来的服务流程图

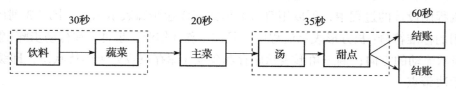

图7-5　自助餐厅调整后的服务流程图

调整后的服务流程如图7-5所示。将饮料服务放在服务流程的第一步，由原本负责供应蔬菜的员工负责；主菜仍由原来的那名员工负责；汤和甜食并入第三步，由一名员工负责;剩下的一名员工经过培训成为第二名收银员。虽然服务流程的调整会导致部分成本支出,但劳动力成本不会增加。采用这套服务流程,每小时可以为103名顾客提供服务。

资料来源:蔺雷,吴贵生.服务管理[M].北京:清华大学出版社,2008:246~247.内容有调整。

## 7.2 服务蓝图

对于服务组织而言,服务流程与服务蓝图是服务设计的基础工具,它们能帮助服务组织选择适当的服务系统及其各个要素。

### 7.2.1 服务蓝图的含义

蓝图一词源自传统行业,一座房子的设计图纸通常称为"蓝图",这是因为设计师通常会将蓝色的设计图与注释描绘在特殊的纸上,这些蓝图展示了建筑物的样子并有详细的说明。而服务流程是一个复杂而无形的过程,由一系列分散的活动组成,这些活动又是由无数不同的员工完成的,因此,顾客在接受服务的过程中很容易"迷失",感到没有人知道他们真正需要的是什么。为了更好地满足顾客需要,服务企业需要了解顾客的行为和服务过程的特点,有必要把这个过程的各部分详细地画出来,这就是"服务蓝图"。

服务蓝图是详细描画服务系统的图纸,它把整个服务过程合理地分为不同的区块,再逐一描述过程的步骤、顾客的行为与员工的职责,以及服务中的有形要素。服务蓝图是一种基于流程图的设计工具,它客观地描述出服务过程的特点并使之形象化,这样管理者、员工和顾客都知道正在做的服务是什么和自己在服务执行过程中所扮演的角色。

如图7-6所示,服务蓝图在直观上同时从服务实施的过程、接待顾客的地点、顾客与员工的角色以及服务中的可见要素等方面来展示服务。服务蓝图不仅能用来分析和改善现有的服务过程,还可以用来开发一套新的服务流程,因此在服务流程的设计和再设计阶段都可以将服务蓝图作为一种工具来使用。

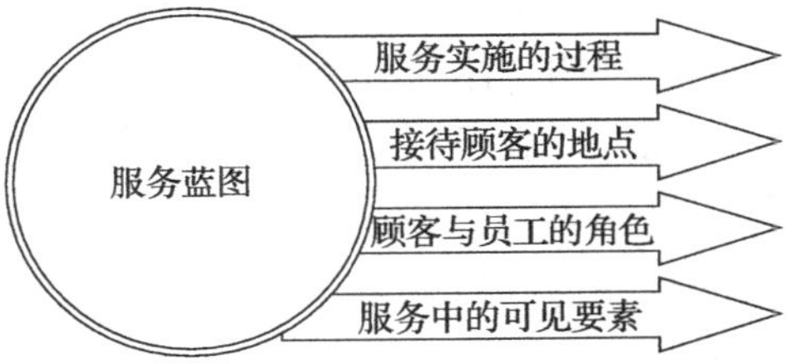

图7-6 服务蓝图

资料来源:瓦拉瑞尔A泽斯曼尔,等.服务营销(原书第6版)[M].张金成,白长虹,译.北京:机械工业出版社,2014:147.

### 7.2.2 服务蓝图的构成

服务蓝图的主要构成包括顾客行为、前台员工行为、后台员工行为和支持过程,如图7-7所示。在服务蓝图中,每个行为部分的方框图表示相应水平上执行服务的人员所经历的服务步骤;箭头是流向线,它指明了行为步骤的顺序。整个服务蓝图被三条线分成四个主要行为,从上到下依次是顾客行为、前台员工行为、后台员工行为和支持过程。其中,顾客行为与前台员工行为由一条外部互动分界线隔开,前台员工与后台员工由一条可视分界线隔开,后台员工行为与支持过程由一条内部互动分界线隔开。

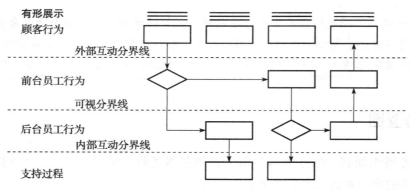

图 7-7 服务蓝图的构成

(1) 顾客行为。顾客行为是指顾客在购买、消费和评价服务的过程中所经历的步骤、选择、行动和互动。例如,在律师服务系统中,顾客的活动可能包括选择律师、与律师通电话、与律师面谈、接收文件和付款等。

(2) 服务人员行为。服务人员行为包括前台员工行为和后台员工行为。前台员工行为是指顾客能看到的服务人员的行为。例如,在法律服务中,顾客可以看到的律师行为包括面谈和出具法律文件等。后台员工行为是指发生在幕后、支持前台人员的员工行为,如律师与顾客的会面准备、法律文件交接的准备等。

(3) 支持过程。支持过程是为支持服务人员的工作而产生的各种内部服务的步骤和行为。例如,律师事务所的人员进行的法律调查、文件准备,秘书为会面所做的准备工作等都是支持行为。

服务蓝图中最上方是服务的有形展示,典型的方法是在每一个接触点上方都列出相应的有形展示。由于服务本身是无形的,顾客常常在购买之前通过有形线索来判断服务质量。例如,律师事务所的有形展示包括办公室布置、书面文件和律师着装等。

此外,服务组织还可以在服务蓝图中标明潜在的失误点。失误点具有三项特征:工作失误的可能性较高、失误所导致的结果会被顾客看见、顾客认为很重要的失误。失误点的存在易导致顾客不满,服务营销者可以通过分析失误点并指导员工如何应对这些失误来减少服务失误。

前述三条分界线详示如下。

(1) 外部互动分界线。它表示顾客与服务组织之间直接的互动。如果有一条垂直线穿过互动分界线,就表明顾客与服务组织发生服务接触。例如,在酒店的前台服务中,顾客与服务员通过互动界面接触,两者在这个界面上相互作用、相互影响。

(2) 可视分界线。它把顾客能看到的服务行为与不能看到的服务行为分开。在服务蓝图中,可视分界线下方的区域都是顾客看不到的区域,这样就很容易从蓝图中看出服务企业为顾客提供了哪些可视服务。这条线还可以将员工在前台与后台所做的工作分开。例如,医生询问病情与诊断属于前台工作,而事后整理档案属于后台工作。

(3) 内部互动分界线。它将服务人员的工作与其他支持服务的工作区分开。内部互动分界线是后台活动区域与支持性活动区域之间的分界线,也是服务企业外部服务和内部服务的分界线。一旦有垂直线穿过内部互动线,就意味着有内部服务接触发生。

图 7-8 是以快递物流服务为例绘制的一张完整的服务蓝图。该服务蓝图中的主要因素包括前台活动的有形展示、主要的顾客行为、外部互动分界线、前台员工行为、可视分界线、后台员工行为、内部互动分界线、其他员工的支持过程以及与信息技术相关的支持过程。

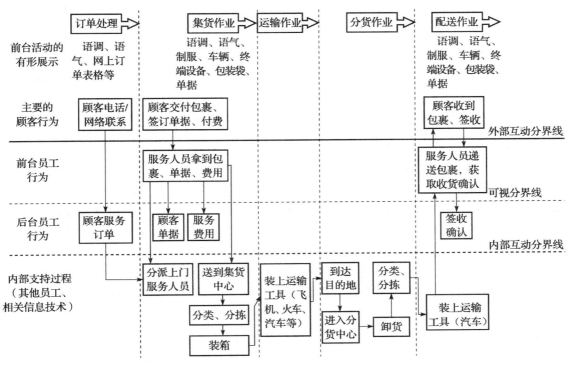

图 7-8 快递物流服务蓝图

资料来源:瞿运开.基于服务蓝图的物流服务流程优化:以快递物流服务为例 [J]. 工业技术经济, 2009 (12): 21.

---

应用练习 7-1

回忆最近你经历的一项高接触性服务,如图书馆、餐馆或医院的服务,指出服务过程中的关键事件,针对服务组织在这些关键事件上可能出现的失误提出建议。

---

### 7.2.3 构建服务蓝图的步骤

对于服务企业来说,绘制服务蓝图是一项系统工程,它的构建涉及服务企业的很多职能部门和来自顾客的信息。因此,绘制服务蓝图需要服务企业内部相关部门或个人协同完成。一般来说,服务蓝图的建立分为六个基本步骤(见图 7-9)。

(1)识别需要制定服务蓝图的服务过程。服务企业先要分析服务流程设计的意图,弄清所要绘制的究竟是什么样的服务流程。对快递公司来说,开发整体的流程与只开发货物分拣这一子流程,服务蓝图的复杂程度是不同的。服务企业需要明确以下问题:服务企业和服务项目的目标是什么?绘制服务蓝图的目的是什么?服务企业是关注整个服务，还是服务的某个组成部分？服务过程的起点、重要环节和重点分别在哪里？

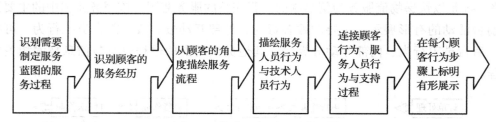

图 7-9 构建服务蓝图的步骤

（2）识别顾客的服务经历。不同细分市场中的顾客对服务的需求不同，对服务过程各个环节的感受或评价也存在差异。因此，服务企业设计的服务流程应该考虑细分顾客群体的需求差异。从顾客导向或个性化服务观点出发，假设服务过程因细分市场不同而变化，这时为某类细分顾客开发服务蓝图就非常具有针对性。在实际营销管理中可以为不同细分市场的顾客分别设计服务蓝图。

（3）从顾客的角度描绘服务流程。这一步骤包括从顾客的角度来描绘顾客在购买、消费和评价服务过程中的选择和行为。从顾客角度而非企业角度来识别服务过程，可以避免把注意力集中在对顾客没有影响的过程和步骤上。在这个步骤中，首先要明确顾客是谁；其次，要对顾客体验和感受服务的过程进行深入细致的调研。

（4）描绘服务人员行为与技术人员行为。服务企业应先确定互动分界线和可视分界线，再从顾客和服务人员的观点出发绘制服务过程。如果设计的是一种全新的服务流程，应该从绘制顾客期望的服务流程开始；如果是流程再造，可以向一线员工询问哪些行为能被顾客看到，哪些行为在后台发生，以及顾客对现有流程的抱怨情况。

如果采用技术传递服务或者是将技术与人力相结合来传递服务，那么要把技术层面的行动绘制在可视分界线的上方。当完全采用技术传递服务时，这个部分要标明"前台技术活动"。当技术与员工结合提供服务时，则要分别标明"前台技术活动"和"前台员工接待活动"。

（5）连接顾客行为、服务人员行为与支持过程。在服务蓝图的下端画出内部互动分界线，随后就可以看出服务人员行为与支持部门的联系。在这一过程中，内部行为对顾客的直接或间接影响会显现出来，提示支持部门的内部服务在服务流程中的地位和作用。如果顾客的经历与支持部门缺乏关联，则该过程的某些环节就可以省去。因此，从内部服务过程与顾客关联的角度出发，把顾客行为、服务人员行为与支持过程相连接就显得尤为重要，它直接关系到服务流程能否有效运转。

（6）在每个顾客行为步骤上标明有形展示。在服务蓝图上加上有形展示，包括顾客看到的东西以及顾客经历每个步骤所得到的有形物品。这些有形展示应该与服务企业的营销战略和服务定位一致。

---

**应用练习 7-2**

通过手机 App 预订一份外卖，请以此绘制一张服务蓝图。

## 7.3 服务流程设计

### 7.3.1 服务流程设计的原则

科学合理的服务流程设计有助于服务企业提高服务效率，提升顾客的满意度。合理的服务流程需要与顾客配合，要与服务企业的经营理念与营销目标相一致。因此，在进行服务流程设计时应当遵循以下原则。

（1）符合顾客需求。服务企业在设计服务流程时，应当站在顾客的角度，针对顾客的需求来设计各项服务活动，做到有的放矢，使服务内容和形式与顾客的需求相吻合。

（2）灵活机动。服务流程中的各个环节和系统的设计要具有相应的灵活性和机动性，根据情况设置例外流程，从而增强服务流程的适应性。

（3）特色创新。服务企业在决定服务内容和方式时，要注意创新和突出特色，创造不同于竞争对手的特殊优势，而且不能让竞争对手轻易模仿，要具有持久性。

（4）成本收益最大化。服务的创新、服务业务流程的重新整合和再造都要考虑投入产出的关系，既要考虑现在的利润水平，也要考虑服务对于企业的战略性利益。

### 7.3.2 服务流程设计的方法

**1. 生产线法**

生产线法是指将制造企业的生产线流程和管理方法应用于服务企业的服务流程设计与管理，着眼于在排除顾客参与的情况下建立一个连续高效的服务生产系统。制造业的操作工人需要在生产流水线上重复固定程序的操作，因而其工作效率非常高，并且不容易出现差错。鉴于这种方法的优越性，许多服务企业引进了这种方法，用来指导服务流程的设计和管理。服务企业运用生产线法设计和管理服务流程，目的是达到服务的高效率和规范化，使企业获得成本领先的竞争优势。具体方法如下。

（1）进行劳动分工。生产线法建议把总的工作分为许多简单的工作，对工作任务进行简化，一个员工完成一项简单的任务，这样员工在不断重复地做相同工作的过程中就会变得非常熟练，从而提高服务效率。

（2）控制服务人员的自主权。生产线法要求把个人的自主权控制在有限的范围内。在工厂中，流水装配线上的员工有明确任务并且只能用规定的工具来完成工作。如果员工拥有一定程度的自主权就会生产出不同的产品，从而破坏产出的一致性。生产线的优势正是标准化和质量的一致性。对于标准化的常规服务，顾客较为关注服务行为和服务质量的一致性，这就要求企业减少服务人员的决策权。

（3）用设备和技术代替服务人员。用机器设备代替人力促进了制造业的发展，在服务业中也同样如此。生产线法要求在服务生产过程中尽量采用各种设备和技术代替传统的人工劳动，具体包括采用机械和自动化设备等硬技术和现代信息系统等软技术。例如，超市使用计算机管理存货比传统的人工方式更为及时准确，还节省了大量的人力和物力。

（4）标准化服务。当服务产品是标准化的产品时，服务企业就可以使用固定设备和标准的作业流程及规范来提高效率。标准化服务还有助于向顾客提供一致的服务质量。特许经营就是充分利用了标准化的优势，从一个地方扩展到全国或全球各地，使任何一家店都可以向顾客提供大体相同的服务。不过，生产线法意味着企业只能提供有限的服务项目，以确保向顾客快速供应标准化的服务产品。

### 2. 顾客参与法

顾客参与法是指把顾客作为服务的生产要素纳入服务系统进行服务流程设计和管理的方法。自助服务、顾客作为合作生产者参与调节供求平衡（如顾客预订机票），以及互联网开启的由顾客产生的内容被其他人使用等都表明了顾客对服务传递过程的贡献。

对大多数服务企业来说，只有当顾客出现时服务才能开始，如在理发店理发、到餐馆进餐等。顾客并不是一个被动的服务接受者或旁观者，在服务企业需要的情况下，顾客也可以成为积极的参与者，这样服务企业就可以将一些服务活动转移给顾客，从而降低成本。例如，很多餐厅鼓励顾客自行点餐、自己取餐具。如果服务企业选择那些愿意进行自我服务的人作为目标顾客，那么让顾客参与到服务中来就能以某种程度的定制来支持成本领先战略。例如，一些电商品牌运用新媒体营销让用户参与产品的设计开发，既满足了顾客需求，又降低了企业成本。

按照顾客的参与程度，可以将服务系统分为从自我服务到完全依赖服务提供者两种。在进行服务流程设计时，如果服务企业要采用顾客参与法，就需要认真地考虑顾客的参与程度、需求偏好和特点，将其作为一种服务的生产要素纳入服务传递系统中，从而有效地实现服务系统降低成本、满足顾客个性化需求的目的。

### 3. 顾客接触法

顾客接触法是一种折中方法，这种方法将服务生产系统分为高顾客接触作业（前台）和低顾客接触作业（后台），低顾客接触作业使用生产线法像工厂一样运行以提高效率，高顾客接触作业则注重顾客利益。例如，航空公司在流程设计中很好地使用了顾客接触法，机组人员与地勤人员统一着装，为顾客提供优质服务，而飞机的维修保养则在一个远离顾客的地方进行。

顾客接触法的设计思想是，如果一种服务需要一些联系程度高低不等的要素，那么这些工作就应该分成不同的类型，由不同的员工完成。这种方法实际上是将那些不要求与客户联系或联系程度低的工作从前台工作中分离出来，如同工厂般运行。在这里，制造业中的所有经营观念和自动化设备都可以使用，这样能确保技术核心不会受到干扰，从而提高生产效率。例如，餐馆的大厅是高度的顾客接触部分，厨房则是低度的顾客接触部分，餐馆可将厨房从流程设计中分离出来，在该低接触作业的技术核心区域，使用生产线法来提高效率；而在高接触区的大厅，营销管理的重点则是强化顾客体验，提高顾客的满意度。

顾客接触法可以让顾客感受到个性化的服务，又能通过批量生产达到规模经济。顾客接触法的具体做法有以下几种。

（1）合理划分服务生产系统中顾客的高接触作业与低接触作业。首先，在对服务生产系统进行全面考察和分析的基础上，合理划分高接触作业和低接触作业。其次，在高接触和低接触子系统内分别找出最关键的服务营销目标，明确界定子系统各环节、各步骤的工作任务。最后，建立前台和后台服务的有机衔接，保证其能够协同有效地运转。

（2）分别设计高接触作业和低接触作业的服务流程。在前台高接触作业服务流程设计中，服务企业应详细地评价和判断与顾客接触的各个环节及其步骤的重要程度、顾客的真正需求。根据顾客参与的程度和方式，尽量减少影响服务效率的不必要的接触，如将部分人工服务改为自动化服务。在后台低接触作业服务流程设计中，服务企业应遵循生产线法的设计思想，采用新技术和自动化设备，制定时间、质量和费用标准，精确控制资源要素、流程和产出。高顾客接触与低顾客接触作业主要的设计思想如表7-2所示。

（3）用系统和集成的观点全面考察和评价高接触作业、低接触作业的服务流程。服务企业应寻找和发现遗漏、多余或衔接不连贯的关节，全面梳理和优化整个服务流程和系统。

表 7-2  高度与低度接触作业主要的设计思想

| 设计思想 | 高顾客接触作业 | 低顾客接触作业 |
|---|---|---|
| 设施地址 | 接近顾客 | 接近供货方、运输、港口 |
| 设施布局 | 考虑顾客的生理和心理需求及期望 | 提高生产能力 |
| 产品设计 | 环境和实体产品决定了服务的性质 | 顾客在服务环境之外 |
| 过程设计 | 生产环节对顾客有直接影响 | 顾客不参与大多数处理环节 |
| 进度表 | 顾客被纳入生产进度表且必须满足其需要 | 顾客主要关心完成时间 |
| 生产计划 | 订单不能被搁置，否则会丧失许多生意 | 出现障碍或顺利生产都是可能的 |
| 工人技能 | 一线员工构成了服务产品的主体，因此必须能够很好地与公众接触 | 工人只需要一种技能 |
| 质量控制 | 质量标准取决于评价者，是可变的 | 质量标准是可测量的、固定的 |
| 时间标准 | 由顾客需求决定，时间标准不严格 | 时间标准是严格的 |
| 工资支付 | 易变的产出要求按时计酬 | 固定的产出要求按件计酬 |
| 能力规划 | 为避免销售损失，生产能力按满足最大需求设计 | 储存一定的产品以使生产能力保持在平均需求水平上 |
| 预测 | 短期的、时间导向的 | 长期的、产出导向的 |

资料来源：詹姆斯A菲茨西蒙斯，莫娜J菲茨西蒙斯.服务管理：运作、战略与信息技术（原书第7版）[M].张金成，等译.北京：机械工业出版社，2013：74.

### 4. 信息授权法

信息技术已经成了我们日常生活中不可缺少的一部分。人们利用信息技术来购买商品和服务。一些日常必要的服务，如交水电费、叫出租车、转账汇款等，都要用到信息技术。服务企业可以使用信息技术向员工和顾客授权。

（1）员工授权。服务企业利用信息技术可以向员工授权以更好地为顾客服务。信息技术最初被服务企业用来保存记录。为了方便与顾客和供应商保持关系，有些服务企业建立顾客和供应商数据库。这虽然可以快速精确地保存记录，但仍旧只是录入数据，订货员、一线服务人员、生产人员还是各自为政。技术的发展改变了这种情况，整合数据库意味着每一个人都可以使用一项业务的多方面信息，一线服务人员可以通过存货清单来起草订单，而不必通过订货员，这意味着员工授权的时代已经来临。当然，计算机是保存数据的关键，它是一种功能强大的记录姓名和数字的工具。当计算机彼此"对话"时，便出现了新的革命。现在，员工之间可以通过网络交流互相影响，甚至可以与其他企业的员工沟通。

（2）顾客授权。服务企业也可以使用信息技术和计算机向顾客授权。信息技术对人们日常生活的影响越来越大，信息技术使顾客有更多的机会主动地参与服务过程。顾客现在可以不必完全依赖当地的服务企业，他们利用互联网就可以购买到世界各国的产品。顾客也不必再跑到餐馆点餐，在手机上点击就能下订单，短时间内就可以得到服务人员递送上门的外卖。

## 7.4 服务流程再造

### 7.4.1 服务流程再造的概念

服务流程再造是指对现有服务流程的更新。很多因素的变化都会使现有的服务流程运转不畅，这就要求服务企业从顾客需求出发，分析调整现有的服务流程，或是进行全新的服务程序设计，从而给企业带来良好的效益。

> **知识链接**　　　　　　**服务流程再造的本质与原则**
>
> 面对新的竞争环境和信息技术的冲击，人们简单地采用流程合理化和自动化的方法来改善绩效，但是并没有从根本上获得改进。我们应该"再造"业务：运用现代信息技术的强大力量重新彻底地设计业务流程，从而极大地改善经营业绩。对许多公司来说，"再造"是它们摆脱老掉牙的流程、改变行将被淘汰的命运的唯一希望。哈默提出的业务流程再造（business process reengineering，BPR）开创了一场新的管理革命。
>
> 福特汽车公司成功地再造了应付账款流程，使应付款办事员的人数减少了75%，而且大大提高了工作质量。MBL（Mutual Benefit Life）是全美第18大人寿保险公司，它再造了保单受理流程，推倒原有的岗位设置和部门界限，创设了新的职位"个案经理"（case manager）。如今，保单受理时间从原来最快的24小时缩短为4小时。
>
> **再造的本质**
>
> 再造的核心是认识并打破过时的规则和营运背后的假设。这些老规则没有跟上时代的前进步伐，尤其是技术的发展、人口素质的提高和经营目标的改变。不改变这些规则，仅是"减肥"或者使现有的流程自动化是难以在绩效上实现突破的。要再造就必须打破组织界限的束缚，这要求管理者跨越职能来看待基本流程。而要做到这一点，方法之一就是建立一个与流程相关的由各职能部门员工组成的团队，并将所有依赖该流程的单位组合在一起。
>
> **再造的原则**
>
> 组织结构应以产出为中心，而不是以任务为中心。即让一个人承担某个流程的所有步

骤，并围绕目标或产出而不是任务来设计其工作。

让那些使用流程产出的人自己执行流程。基于计算机的数据系统和专家系统使人们能够为自己做的事越来越多，这就有机会通过再造流程使那些需要某个流程结果的人自己执行流程。

把信息处理工作纳入产生这些信息的实际工作中去。随着信息技术的运用和员工素质的提高，信息不再是一种特权，信息处理工作完全可以由组织中的员工自己来完成。要把地域上分散的资源视为一体。集权和分权的冲突是长期困扰企业的难题。现在，由于数据库、远程通信网络和标准化的处理系统等技术的应用，企业完全可以在保持灵活性和服务性的同时获得规模效应和协作效应。

除以上这些原则之外，哈默还指出了其他几个原则，如将平行的工作联系起来，而不是整合它们的产出；让员工自己做出决定，并在流程中建立控制程序；从信息来源地一次性地获取信息。哈默还认为，要使再造成功，必须有高瞻远瞩的领导；同时，我们也不能低估旧流程和组织结构的惯性以及实施再造所引发的阻力。

资料来源：徐志跃，周建，等.过去80年中最具影响力的十大管理思想[J].哈佛商业评论，2003,(01M):120-140.

现有的服务流程运转不畅，主要有两个原因。一是外部环境的变化。科技的发展、新的法律出台、竞争者提供新的服务、顾客需求改变等因素的变化，会使原有的服务流程变得陈旧。为保证企业流程的适用性与响应性，服务企业需要改进现有服务流程，甚至是创造全新的服务流程。二是企业内部的原因。服务流程在运行中可能会由于种种原因而变形走样，或者变得日益复杂、烦琐。当出现信息冗余、增加不必要的程序、顾客对程序的抱怨数量增多等现象时，说明服务流程已经有问题了，需要进行服务流程再造了。

### 7.4.2 服务流程再造的衡量指标

管理者应该通过服务流程再造尽量争取同时提高生产率与服务质量。衡量服务流程再造好坏的指标主要包括以下四个，理想的服务流程再造应该同时达到这四个指标。

（1）减少服务失误的数量。
（2）缩短从顾客开始接受服务到完成服务的时间。
（3）提高服务效率。
（4）提高顾客满意度。

> **小案例 7-1**　　　　　　　**看 O2O 如何彻底改造餐饮业**
>
> 互联网的真正效用不在于你能"忽悠"到多少客人（流量），而是在一定客流规模的基础上，如何通过互联网技术提升餐厅的服务品质和管理效率。此时的互联网不再是简单的眼球经济，而是服务整体流程改造，尤其是中后台的改造，以及组织本身彻底以用户为中心的再造。譬如，互联网怎么帮助传统行业提升管理的透明度和服务效率？怎样将数据挖掘出来，留住用户并为用户提供个性化的服务？

餐饮其实最苦。从凌晨进货备货，到分拣处理下锅，再到服务流程的标准化，深夜打烊盘账，个中艰辛恐怕只有做过的人才能体会。传统餐饮行业面临以下三大问题。

（1）物料浪费。不知道今天会有多少客人光顾，也不知道他们几时光顾。若要保证菜品，则需在经验的基础上多备食材。只是多备食材之后，容易造成浪费。一般的餐馆如果要保证质量和供应量，原材料的浪费比率在30%左右。

（2）管理无法闭环。比如用户的反馈信息，到了服务员这一层基本就停止了，很少再传递至厨师。那些传递至厨师的信息，多半也走样了。就算不走样，厨师也不在乎，因为厨师的老板并不知情。他工作的好与坏，跟他的奖金、绩效并不挂钩。怎样通过互联网让信息自由流通，让厨师不得不改进他的工作？

（3）用户管理和个性化服务。怎么将用户留下来，而不仅仅是流水。传统餐馆只见流水不见人。今天，客人消费了100元，贡献了流水。一个月之后，客人再来，没有人记得他是谁。客人对餐馆而言，唯一意义就在于流水。

这三个难题到底怎么办？这里以五味网络餐厅（以下简称五味）为例来做一个介绍。该餐厅2014年年初创立，是一家主打健康和便捷，以写字楼和园区白领为目标的商务快餐餐厅。不同于现有餐饮O2O企业为餐厅导流的模式，五味试图深度改造现有的餐厅经营模式，将整个体系互联网化。

该餐厅面积不大，只有120平方米，52个座位，但是平均每天有700人光顾，翻台率达到每天14次左右，使餐厅在三个月内就实现了盈利。2014年冬至那天，到店客人达到九百多人，翻台率达18次之多，绝大多数是回头客，几乎没有观光客。店主的一个特别偏好是从来不排队吃饭，所以也不希望顾客到他店里来排队吃饭。他是如何做到的呢？

第一，定位。不做大而全的餐厅，只做写字楼和园区的商务工作餐，服务对象是白领，以早、中餐为主。每天的菜式不超过20道，总共7个厨师，平均每位厨师负责2～3个菜式。总之，就是为这栋楼里上班的人提供工作餐，工作餐是一种强需求，对品质和便捷要求高，不会被营销的因素长期左右。

白领都习惯微信时代的生活。如果提早一天用微信预订，则可以享受9折优惠。现在70%以上的流水来自微信提前预订，这样餐厅可以根据提前预订和历史数据，得出进货量和供货量，让五味的物料浪费控制在5%以内，相较于一般餐厅30%的物料浪费，相当于节约了25%的成本——直接省下的成本也就等于净利润。

餐厅系统能够提供每10分钟到店人数的数据，根据这个可以提前对高峰期做出准备，缩短高峰期的等餐时间。为了错开就餐高峰，繁忙时段就餐如果是基准价，空闲时段就餐则可以享有一定优惠。

第二，用户消费过程中有任何问题都可以通过微信反馈。有一天早上7:30左右，一位顾客从家出发，通过微信点了油条、花卷、稀饭和一个茶叶蛋。8:15到了办公室楼下，他进了五味餐厅，在门口拿出绑定的工牌（公交卡等也可以绑定）一扫，拿号到里面取食。到柜台的时候，花卷已经做好了，不到半分钟，稀饭、油条、茶叶蛋也都齐了。于是他坐下来吃饭，吃的过程中感觉花卷有一些凉，他不满意，于是拿起手机微信发了一条：花卷太凉了。

大概10:30，他收到一条微信，大意是感谢他的回馈，并告知花卷凉了可以告诉服务员，放微波炉里热一下。同时为了对他的反馈表示感谢，他的微信账号还收到了1元钱的优惠券，留待下次使用。钱虽然不多，但他感到很贴心，也让他感受到做这些事是有价值的。总之，信息打通了，管理也闭环了。

用户的反馈信息连接的不仅仅是厨师、厨师长，还有餐厅老板。好评和差评都会影响厨师的绩效。在一定期限内，好评多了，厨师的薪水级别可以升一级；差评多了，对不起，厨师可能就要降级，甚至被辞退。总之，就是运用互联网技术使餐厅的内部管理闭环。

第三，用户只需要来餐馆消费一次，不管是通过微信预订还是别的方式，有效信息都会留下来，日后五味餐厅知道你是谁。如果用户曾经点了一个辣椒小炒肉，它就会推测你可能是湖南人，若你一个月之后没有再来，它会告诉你新出了一个什么湖南菜，过来消费会给你五折优惠等。

目前，万通中心这个楼宇总计五千来人，超过70%的人已经成为五味餐厅的用户。所以，五味网络餐厅做的不是一个小小的餐馆，而是整个餐饮产业。它运用互联网技术开发了一套新的管理模式，可称之为"互联网+餐饮"的模式。移动互联网的到来，微信的兴起，支付的便利，使得餐饮行业的中后台得以彻底改造。

资料来源：改编自http://mt.sohu.com/20150705/n416207063.shtml。

### 7.4.3 服务流程再造的类型

服务流程再造包括完全重新设计服务流程和对现有服务流程做调整或改进。服务流程再造包括以下几种类型，服务企业经常会联合使用这些流程再造。

#### 1. 删除没有价值的步骤

在服务流程再造时，企业可以通过删除那些没有价值的步骤来简化流程。这样既可以提高生产率，又可以提升顾客满意度。例如，顾客对租车前填写表格和归还车辆时的检查缺乏兴趣，有些汽车租赁公司就让顾客通过网络下订单，顾客取车时检查驾照和签署租车合同，最后归还车辆时只需将车停到指定位置并将钥匙放入指定盒子中即可。酒店快速结账也是典型的例子，不需要像以前一样等待退房检查。高效率的前台能够在服务传递中大大改善顾客的体验。

#### 2. 处理服务流程中的瓶颈问题

在流程再造时，找出服务流程中的瓶颈并加以妥善处理。服务流程中存在的瓶颈会带来顾客等待问题，从而影响顾客的服务体验。有效的服务流程应该是各个环节的服务能力都能与顾客需求量相匹配，没有闲置或短板。因此，解决瓶颈问题的目标是各环节的供需基本平衡，使顾客在各个服务环节都无须等候，能快速顺畅地得到服务。企业可以通过观察顾客在哪些服务环节必须等待和等待的时间长短来发现瓶颈，然后向该服务环节增加服务资源，或者有效管理服务能力，或者重新设计服务流程来提高服务能力。

### 3. 转变成自助服务

这种流程再造是利用自助服务代替人工服务。通过引入先进的技术和设备，很多服务企业由原来的人员服务转变为自助服务。采用自助服务可以提高服务生产率，降低成本。例如，快递公司的智能快递柜服务，当顾客不在家时快递员可将快递放入快递柜，让顾客自助取件，这减少了快递员与顾客重复沟通的低效率，降低了企业成本，也能让顾客方便时再取件，优化了其服务体验。随着信息技术的发展，很多服务企业通过网络向顾客提供服务，顾客在网上自己查询产品信息、下订单、查找解决问题的相关信息等，使服务企业能以少量员工为众多顾客服务。

### 4. 直接提供服务

这种流程再造是将原来要求顾客到服务网点接受服务转变为直接为顾客提供服务。这意味着可能在顾客家里或者工作地点为顾客服务。例如，在家中接受计算机远程教育和培训服务而不是到培训中心去，这样会让顾客感到很方便。

### 5. 合并某些服务

这种服务流程再造是将多种服务组合在一起提供给特定的目标市场。这样可以降低交易成本，也能够为顾客增加价值，因为购买一组服务通常比单独购买多个单项服务划算，而且更符合他们的需求。

### 6. 重新设计服务流程的有形要素

重新设计主要集中在服务场景方面，如更换设备和工具或者更新建筑物，以改善客户体验。这样不但能方便顾客，还能提高员工的生产率与满意度。例如，航空公司通过对飞机内部进行再设计可以改变客户的整个飞行体验，如设置皮革的座椅、两个一排的座位、提供瓷盘子以及棉质的餐巾等。

---

**应用练习 7-3**

分别选择两家你觉得特别人性化和使用不便的手机 App，访问外班的五名同学，询问当他们初次使用这些 App 时，让他们感觉好的因素和感觉不好的因素分别有哪些。在此基础上，请你基于用户体验为这些 App 提出改进建议。

---

## 本章小结

服务流程是指服务运作和提供的流程，即服务企业中服务运作的顺序与方法、提供服务的步骤。按照服务的直接接受者及是否接触的情况，可将服务流程划分为四种类型：针对顾客人体的可接触服务流程、针对顾客物品的可接触服务流程、针对顾客精神的不可接触服务流程和针对顾客无形资产的不可接触服务流程。按照服务过程中顾客交互和定制程度及劳动力密集程度，可将服务流程分为服务工厂式流程、服务作坊式流程、大众化服务式流程和专业化服务式流程等类型。

服务流程图是描述服务过程中各个步骤与顺序的工具，它是从企业的角度描述服务系统。

服务蓝图则是从顾客角度描述服务系统，是详细描画服务系统的图纸，它把整个服务过程合理地分为不同的区块，再逐一描述过程的步骤、顾客的行为与员工的职责，以及服务中的有形要素。

在设计服务流程的过程中要遵循符合顾客需求、灵活机动、特色创新和成本收益最大化等原则。服务流程设计可以采用生产线法、顾客接触法、顾客参与法和信息授权法等。

服务流程再造是指对现有的服务过程进行更新。外部环境的变化和企业内部的原因都会使现有的服务流程运转不畅，需要进行服务流程再造。服务流程再造的目标有：减少服务失误的数量；缩短从顾客开始接受服务到完成服务的时间；提高服务效率；提高顾客满意度。服务流程再造包括删除没有价值的步骤、向自助服务转变、直接提供服务、合并某些服务与重新设计服务流程的有形要素等类型，服务企业经常联合使用这些流程再造方式以获得理想的效果。

## 思考题

1. 简述服务流程的概念与类型。
2. 什么是服务蓝图，服务蓝图由哪些部分组成？
3. 构建服务蓝图的步骤有哪些？
4. 服务流程设计的原则有哪些？
5. 服务流程的设计方法有哪些？
6. 服务流程再造包括哪些类型？

## 案例分析

### 温州医科大学附属第一医院的流程再造

温州医科大学附属第一医院（简称"温医一院"）是一家服务温州地区的省属大型公立医院，为浙江省首批通过三甲医院评审的四家综合性医院之一。自2010年开始，该医院就在着手解决"看病难"问题。其解决的切入点，是以"就诊流程再造"的方式，以信息化技术应用为手段，以院领导到现场做宣传和鼓动为组织，成功地解决了"看病难"中最大的难点——排队问题。

2010年，时任温州医科大学党委副书记的陈肖鸣医生兼任温医一院院长。上任伊始，他便注意到"看病难"的问题。当时，患者及患者家属一大早便来医院，排着长队等待挂号，门诊大厅人满为患。在原流程下，患者需要经过多次排队，花费大量时间；医院也需要安排相应的工作人员，增加了人力成本。患者在院期间还要消耗水电、占用医院空间。随着医疗卫生改革，医院面临较大的经济压力，需要加强成本控制。另外，由于整个社会医疗资源的有限性和生命救助的迫切性，要求医院提供更加方便快捷的医疗服务已成为全社会的迫切愿望。原就医流程存在"三长一短"现象，就医效率低下，医患矛盾突出。为了切实优化医疗服务流程，破解患者"看病难"的问题，真正体现对患者的人文关怀，使服务质量得到全面提升，医院有必要再造服务流程。作为一个从事医疗及其管理数十年的医务工作者，陈肖鸣开始考虑如何解决"看病难"的问题。

### 1. "看病难"是怎样形成的

但凡有去医院多次看病的经历，不难熟悉医院的就诊流程：①到医院排队挂号；②到分诊处取号，排队候诊；③医生接诊，根据病情做出临床诊断并开具药品处方签；④持处方签到收费处排队缴费；⑤到取药窗口排队取药。经过四五次排队，一次基本就诊流程得以完成。

但实际上，患者就诊时尚需做多项病理检查，其流程为：①医生开具检验清单，患者持检验清单到收费处排队缴费；②缴费后到各个病理检查部门排队等候检查；③检查完后，需等待检验结果(有些结果则需在数日后才能领取)；④领取检验结果后再到分诊处，由医生查看检验结果。医生根据检验结果，做出临床诊断并开具处方签，或要求患者做进一步检查，从而重复上述就诊流程。若患者情况较为严重，则需住院观察和治疗，随即进入住院流程。

据该院抽样统计，患者到医院就诊平均排队6次，最多为9次；候诊时间最少1小时，最长可达4个小时甚至更多。与此相对应，大部分科室医生的问诊时间，人均为3～5分钟。以每次排队需10分钟计，问诊和排队最少花费时间比为1∶12。显然，"看病难"就难在"排队多"。或者说，"看病难"的主要症结在于患者在医院停留的时间大部分用在排队上了。以"专业行话"来表述，患者在就诊流程的节点与节点间耗费时间过长。

### 2. 流程再造的实践

这里，先来看一看温医一院给患者发出的就诊短信：

"【温医一院】您已预约(　)7月8日10时59分，新院区1号楼1层，眼科B区8号诊室第40位就诊号。请提前10分钟到自助机签到、预缴，迟到者原预约号无效，由护士重新安排。请呼叫后再进入诊室。因故不能来，请提前通过支付宝医疗服务或拨打12580、114取消。谢谢配合，祝您健康！温馨提示：近期冒充医保、社保卡结算的诈骗案高发，请患者勿向陌生人转账。温州市反诈骗中心、院保卫处宣。"

相信不用再解释什么，便可以预见：该预约者在接到短信后，只需在指定时间内先办理签到预缴手续，然后直接到指定的诊疗科室就诊即可。

"排队多"现象不见了！

那么，温医一院是如何用信息化系统解决"排队多"现象的？

首先，温医一院开发了"多渠道的挂号与诊疗预约系统"。该系统开放了医院所有号源，患者可通过电话拨打电信114和移动12580，或通过趣医网、微信、支付宝等预约，或在医院App上和医院大厅自助机上实现多渠道预约，预约准确率以分为计量单位。当门诊和辅助检查预约成功后，院方便会用短信或小票等方式，提醒病人在指定时间、指定地点就诊和接受辅助检查。

其次是充分利用外部资源，以新的"硬约束"替代旧的"硬约束"。不难想象，要通过预约方式解决"排队多"，患者的个人信用是一道必须迈过去的"坎"。考虑到患者包括温州市民、温州地区城镇居民、浙江农村乡民以及浙江省外病人，将注有证件持有人地址的身份证作为新的"硬约束"，要比社保卡和农合卡更具信用约束力。因此，温医一院通过预约制身份证认证方式，将过去的"一次性的身份认可"变为"永久性的身份认可"，以"多渠道支付系统联动"方式构建了一个"多渠道的挂号与诊疗预约系统"：

（1）患者到达医院后，凭二代身份证实名办理就诊卡，温州市民卡、社保卡和新农合卡等可以直接注册使用。医院将永久保存患者健康信息，并且保证患者预存诊疗款的资金安全。

（2）在就诊过程中，医生通过照片随时核验患者身份。而且医院与温州全省各医保部门打通联网，医保患者只需要支付自费部分诊疗费，医保支付部分由医院和医保部门实时结算。

（3）患者可在温州任意一家温医一院的合作单位——建设银行网点预存诊疗款，也可到医院通过自助机采用微信、支付宝和银联卡等形式预存，多退少补，多余的诊疗款原路退还。

（4）温医一院新院大厅、各个病区和楼层零散分布260台自主研发设计的自助机，可供患者办卡、挂号、预约、签到、缴费、查询、现金或银行卡预存诊疗款、打印化验单等。自助机旁还有志愿者指导操作。

（5）已预约患者到达医院后，可在志愿者引导下到自助机或者每个病区服务台签到。随后在规定时间内，到指定地点和指定医生处就诊。医生从患者预存诊疗款中直接扣除相应的挂号费。

（6）医生根据患者的病情开具处方签并扣款，或开具需要进一步辅助检查的检验清单，同时预约检查的机器和时间并扣款。患者可以根据短信或者医生打印的引导小票上的提示，在指定时间和地点进行检查。

（7）检查结果出来以后，患者可到自助机上打印化验单、胶片或者刻录成光盘，也可通过微信等移动终端远程查询检验报告单。随后，医生结合检验结果做出临床诊断，开具处方签并扣款，结束整个门诊就诊流程。或者要求患者做进一步检查，从而重复上述就诊流程。同样，患者会收到取药和接受进一步检查相关的短信或小票提示。

最后，将"多渠道的挂号与诊疗预约系统"扩展到住院手续及结算过程。

自2014年起，温医一院就在国内率先推行了住院患者在护士站直接办理出院结算手续：

（1）实行预住院制。在医保部门许可范围内，住院择期手术的患者可在门诊阶段完成相关的术前检查，住院时将门诊的检查费转入病房，从而减少重复发生的检查费用、缩短术前等待时间，节省床位费、护理费和伙食费。同样，患者可以在护士站直接刷卡缴费，办理住院手续。特殊患者可以使用监护人身份证件代为办理实名制预约预存，便于结算。

（2）患者出院时，用现金、支付宝或银联卡等形式预存的多余款项，会原路退回：由现金和支付宝预存诊疗款的，凭身份证到门诊大厅收费处退款。由银联卡预存诊疗款的，可在自助机引导下退款。

### 3. 流程再造的效果

流程再造以来，医院门诊就医环境得到了改善，诊疗结算等待时间大幅缩短。预住院模式的实施节约了患者的医疗费用，提高了病床的使用效率，有效缓解了床位紧张的局面。在护士站办理出入院，不需要收费员的参与，患者或家属不再奔波于病区与收费处，有效缩短了出入院办理时间。流程再造带给了患者全新的就医体验，患者满意度大幅提高。

医院服务流程再造不仅提升了医院形象，塑造了医院品牌，而且提高了效率，降低了管理成本，提升了医疗资源使用效率。时间成本方面，减少患者排队4次，缩短等候时间2小时左右，增加了效益。物耗成本方面，患者在院停留时间缩短，减少了水电消耗及保洁等工作量；260台自助机由银行负责设备投入，仅仅这一项就节约了投资两千多万元。人力成本方面，节省了专职预约人员15名、收费人员102名、导医人员30名和现金运送人员32名，医院每年可节省人力成本上千万元。

资料来源：1. 郭毅，孔佳南，余园园. 如何解决"看病难"：温州医科大学附属第一医院就诊流程再造 [J]. 清华管理评论，2018(10)：92-102.
2. 蔡战英. 信息化条件下公立医院服务流程再造实践与思考 [J]. 中国医院，2016, 20(9): 67-69.

**案例思考**
1. 该医院为什么要进行服务流程再造？
2. 请分别为该医院绘制一个原门诊就诊的服务流程图和流程再造后的服务流程图。
3. 该医院是如何进行服务流程再造的？
4. 该服务流程再造是否成功？你认为可以采用哪些指标来衡量？

## 实践活动

### 一、实训目的
1. 学会根据具体的服务业务绘制服务蓝图。
2. 探索服务流程再造的方法。
3. 深入理解服务蓝图对服务管理的重要性。

### 二、实训内容
1. 各小组自行选择一家熟悉的服务机构（如餐馆、商店、理发店、银行和快递公司），前往服务现场观察该组织的服务流程。
2. 画出该企业的服务流程图。
3. 访问五名该服务机构的顾客，调查他们对服务过程的感受和批评意见。
4. 结合调查资料，研究是否所有的步骤都是必需的，失误点是否能从流程中剔除以及应采取哪些服务补救措施。请提出改进服务流程的意见，以便改善顾客的服务经历。
5. 根据服务蓝图理论重新设计该组织的服务流程，为该组织绘制一张服务蓝图，在服务蓝图中标出顾客行为、员工行为、有形展示、服务过程中的失误点及其补救措施。

### 三、实训组织
1. 教师提前布置实训项目，指出实训的要点和注意事项。
2. 以小组为单位完成实训，每组人数控制在4～6人。采用组长负责制，组员合理分工，团结协作。
3. 各组在组长组织下，明确实训任务及分工，制订执行方案。执行时间为一周。
4. 以小组为单位在班级内进行成果交流，可由小组代表向全班同学报告小组的实训情况和成果。

### 四、实训步骤
1. 各小组制订实训执行计划，并做好相关准备。
2. 小组成员分工合作，分别按计划完成所承担的任务。
3. 组长组织成员讨论，并按实训内容要求完成报告文本和演示文稿的制作。
4. 教师根据可安排的课时，在一两个课时内组织部分小组向全班同学交流成果。发言代表需说明各小组实训执行情况以及各位小组成员的贡献。
5. 每个小组报告完毕后，教师组织其他同学发表意见和建议。
6. 教师进行点评，并记入平时成绩。

# 第8章 有形展示

## 学习目标

本章介绍了服务的有形展示和服务场景,具体阐述了服务场景对顾客的影响以及服务场景设计的策略和步骤。通过本章的学习,你应该能够:

1. 了解服务有形展示和服务场景的概念。
2. 掌握服务场景的功能。
3. 理解刺激物—有机体—反应模型和服务场景模型。
4. 认识影响服务场景设计的因素。
5. 了解服务场景设计的步骤。

## 本章结构

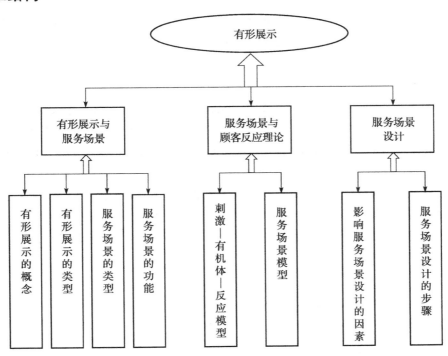

## 导入案例

### 美豪·丽致：一家去了会上瘾的酒店

美豪·丽致，一个充满魔力的酒店，一个来了就会上瘾的远方的家，将成为你正确开启的最浪漫选择。在美豪·丽致，只需提前预约就可以享受专人专车（高级商务车）的接送机服务。是的，免费！在这样一个寒冷的冬天，如此贴心的服务实在让太多人暖到不行。

进入美豪·丽致酒店，第一时刻迎上来的是端庄知性的美女管家，为你全程服务。常年出行的人最清楚，疲劳的时候最厌恶等待，免押金入住的政策体贴入微。进门时，最先迎接你的是一杯暖暖的饮料和一张温度正好的面巾，让身心的疲劳荡涤一空。

有人说，酒店的环境可以是一道风景。在美豪·丽致，空间不再是单独的风景，而是妙心处处的艺术长廊。青砖与原木际会，水泥与壁画碰撞，鸟笼床时刻在召唤主人，空中花园里花木掩映，由香港设计金奖团队精心布置的这个空间，随意所见尽是惊喜。到来之前你或许难以想象，酒店竟可以有如此情调。这一方喧哗闹市里的静谧空间，是无数粉丝追捧的空中花园。是的，一个处处风景的花园完全开放，其中下午茶、茶点、水果一概免费。阳光正好的时候，太适合捧着一本书，或者抱着电脑，随意小坐，泡上一个下午。

这样一个雅致的空间，或许更讨你喜欢：免费开放的城市会客厅，可洽谈、可办公、可会晤，绝对是商务人士的首选。整体空间简约有致，颇有新意的座椅搭配温暖而舒适。墙画、壁挂有机组合，艺术感十足。绿植、文玩间隔，营造出通而不乱的整体空间，又保证了各处的相对私密性。室内有顶级床品，进口皇室百兰床垫，高密度绸质贡缎，像是在云朵里睡眠，感受绝佳，分秒轻松入眠。全屋智能化系统，除了可以关联大堂的机器人小白服务上门，还能控制窗帘开合和房门开关。大尺寸智能影院系统，配合进口雅马哈家庭环绕立体声音响，影院级的观影效果让人眼前一亮。浴室的配备同样轻奢，原色情调墙面、一线品牌花洒、智能淋浴温控、恒温5S出水系统，让你感受酣畅淋漓。免费赠送活泉洁面乳液、精华八件套。这种豪奢的待遇，你还能在哪个酒店里享受得到！

以上不过是美豪·丽致服务魔力的冰山一角，最近推出的休闲养生服务才是真正地暖到家，让无数朋友来了就不想离开。没错，这就是美豪·丽致新近推出的尊荣SPA房，一个收获无数铁粉的能量加油站。SPA房的空间延续了酒店的自然艺术风，保留原木设计并加以强化，壁画、摆件、熏香、灯光等恰到好处，在视觉、听觉、嗅觉和触觉上，还没感受服务已经颇为享受。在这张软硬适中的床上静静地躺下，专业的服务开始之后，热量自内而外开始收拢，身心状态重新平衡。无论从哪个角度看，你都会爱上这个空间与服务深度融合的休闲所在，养身、养生、养心三位一体，更新生命能量。当面临工作与休闲需求撞车时，美豪·丽致两款新推产品应该正合你的胃口。CEO会所房拥有超大空间顶级配备，特设商务书房，办公设备一应俱全，是商务领导者的最爱。为棋牌爱好者另设的舒心棋牌房空间经巧妙设计，一面是静谧休息区，享受影音盛宴或自在安眠；一面是棋牌娱乐区，各式休闲如你所需。

人生惬意不过如此。你所希望的，这里早已提前备好；你所憧憬的，这里已给你更多。接近300项的免费服务，如同家人一般的亲情呵护，不得不让每一个来客深深着迷。如果说美豪·丽致真拥有魔力，那或许就是这种无处不在的细节和真正的关心照顾。

资料来源：http://tech.southcn.com/t/2017-01/03/content_162923133.htm. 有改动。

## 引言

有形展示是服务营销组合的一大要素。商品营销注重创造抽象的联系,服务营销则强调利用有形的物证来显示无形的服务。服务营销者可以通过对一切有形要素的管理来弥合服务质量差距模型中的差距二。本章介绍了有形展示和服务场景的概念与类型,阐述了服务场景是如何对顾客产生影响的,以及服务场景设计的方方面面。

## 8.1 有形展示与服务场景

### 8.1.1 有形展示

**1. 有形展示的概念**

有形展示是指为进行服务传递,企业与顾客进行交互所处的实际有形设施以及利于服务执行或传播交流的任何有形要素。有形展示包括内外部有形设施(服务场景)和其他有形要素,如表 8-1 所示。

表 8-1 有形展示的构成要素

| 有形展示 | 具体要素 |
| --- | --- |
| 外部设施 | 外部设计、标识或标记、停车场、周围景色、周围环境 |
| 内部设施 | 内部设计、标识、设备、布局、空气质量、温度、噪声、气味、色彩 |
| 其他有形要素 | 名片、办公用品、账单、报告、手册、员工着装、网页、虚拟服务场景 |

服务本身是无形的,顾客很难事前了解和评价服务质量,因此,顾客往往在购买前依赖于围绕在服务周围的有形线索帮助判断。服务企业通过有形展示可以使无形的服务更具体、更明确,从而影响消费者的行为。设计良好的有形展示对缩小差距二很重要。值得一提的是,随着近年来电子商务的快速发展,App 的界面设计、网店的店面设计以及产品的包装设计等无时无刻不在体现有形展示的重要性。

有形展示的应用广泛性与服务企业的类型相关。有形展示在医院、度假村和幼儿园等服务组织中已被广泛使用,在保险公司、快递公司和干洗店等则应用较为有限。

---

应用练习 8-1

选择一家服务组织(如学校门口的奶茶店),收集并说明该组织用来与消费者交流的所有有形展示材料。

---

**2. 有形展示的类型**

对有形展示可以从不同的角度分类。不同类型的有形展示对顾客的心理及其判断服务产品质量的过程有不同程度的影响。

(1)根据有形展示能否被顾客拥有可分为核心展示与边缘展示。

1)核心展示是指在购买服务的过程中不能为顾客所拥有却会影响顾客购买决策的展示。核心展示比边缘展示更重要,因为通常只有这些核心展示符合顾客需求时,顾客才会做出购买决定。例如,宾馆的级别、银行的形象、出租汽车的品牌等,都是顾客在购买这些服务时首先考虑的核心展示。

2)边缘展示是指顾客在购买过程中能够实际拥有的展示。这种展示很少或几乎没有价值。比如电影院的入场券,它只是一种使观众接受服务的凭证;宾馆客房里的旅游指南、住宿须知、服务指南以及笔纸之类的边缘展示,这些代表服务的实物的设计,都是以顾客的需求为出发点,它们是对企业核心服务的补充。

---

**小案例 8-1　　　　DQ 冷饮店的有形展示**

DQ(冰雪皇后)这家来自美国的冷饮店在嘉兴的店面开在江南摩尔附近。当然,距离我们这些消费群体的所在地嘉兴学院是很远的。但我想,能吃到一顿畅爽的冷饮,距离已经不是问题了。

DQ 的店面大概有 120 平方米,不是很大,但对比一般的冷饮店来说,享用冷饮的空间起码不显得拥挤。首先,进门给人的感觉是很舒服的,干净、有序,氛围很好。服务人员比较专业,穿戴整齐,打扮得体。服务人员具有一定的素养,能理性地为顾客考虑,推荐顾客喜欢的产品口味以及附加的服务,无强迫性。受到服务环境的影响,顾客也显得井然有序,无插队、抢购的情况。

关于价格,一般是 12～200 元不等,顾客可选取自己需要的产品。DQ 的消费人群主要是学生和年轻白领,对于这些消费群体,价格还是比较合理的。对于潜在的顾客来说,价格不是吸引顾客的唯一因素,优质的服务、良好的环境以及产品的特色才是他们选择 DQ 的主要因素。相比哈根达斯的一个甜筒 28 元来说,DQ 的冷饮算是便宜了。从顾客所获得的服务、享用的环境、DQ 冷饮自身的口味以及特色(做好之后的冷饮是倒不出来的),DQ 的性价比是较高的。

DQ 在信息沟通展示方面也是比较成功的,从顾客对 DQ 的赞赏就能看出这一点。DQ 的广告内容也很吸引顾客。最重要的一点是,DQ 非常重视顾客的信息回馈,在购买或是消费 DQ 的产品后,服务人员总会向顾客提供一张产品服务满意度回馈表,DQ 会从中得到反馈信息,进一步完善服务。

DQ 产品的有形展示突出了其产品的特色,即 DQ 的冷饮做好之后是倒不出来的。这是吸引大多数顾客的重要因素之一。在服务人员完成一杯冷饮的制作后,都会现场将冷饮向下倒,如有倒出,服务人员会再为顾客重新制作一个。这一点不仅仅是 DQ 的一个特色,也是其优秀服务的体现,是对产品质量的现场保证。而它的这一特色,也吸引了更多的顾客。

资料来源:根据百度文库资料整理,http://wenku.baidu.com/view/41a67886b9d528ea81c779f5.html。

---

(2)物质环境、信息沟通和价格。这是按照有形展示的构成要素来划分的。这些类型并非相互排斥。例如,价格可能会通过物质环境、信息沟通传递给顾客。服务企业通过对这三类要素的综合运用,可以使服务产品有形化、具体化。

1）物质环境。物质环境主要包括周围因素、设计因素和社会因素。周围因素包括温度、照明、声音和气味等，这类因素不易引起顾客的注意，也不会让顾客感到特别兴奋，但缺少顾客所需要的某种背景因素则会令人不快。设计因素包括美学因素（建筑物风格、网页的排版与构图等）与功能因素（陈设、舒适和企业标识等），是顾客最容易注意到的刺激因素，这类要素被用于改善服务的包装，使服务的功能更为明显，从而建立有形的、良好的服务形象。社会因素是指参与服务过程的所有人员，包括服务人员和出现在服务场所的其他顾客，他们的态度行为都会影响顾客对服务质量的期望与评价。

2）信息沟通。信息沟通也是一种服务展示形式，来自服务企业本身以及其他引人注意的信息可以通过多种媒体传播方式来展示。从赞扬性的评论到广告，从顾客口头传播到公司手册，这些不同形式的信息沟通都传递了有关服务的信息，影响顾客的购买行为。服务企业可以通过强调现有的服务展示并创造新的展示来有效地进行信息沟通管理，从而使服务有形化。

3）价格。价格是对服务水平和服务质量的一种可见性展示，这是因为顾客在购买服务时通常会将价格看作有关服务的一个线索。在服务行业，定价很重要，服务是无形的，价格成为顾客判断服务水平和服务质量的重要依据，从而使价格这一有形要素在顾客的服务购买决定中发挥着重要的作用。

## 8.1.2 服务场景

服务场景是指服务企业与顾客进行交互所处的环境，包括服务执行、传递与消费所处的外部设施和内部设施，即有形展示中的全部有形设施。服务场景在树立企业形象、创造顾客体验和实现服务企业的差异化等方面发挥着重要的作用。

### 1. 服务场景的类型

由于服务生产和服务消费的性质不同，有形环境对顾客或员工的重要性存在差异。有形环境对一些服务企业实现目标有重要的意义，对另一些组织则意义不大。比特纳依据服务场景的用途和复杂性两个因素，将服务企业划分成几种类型（见表8-2）。

表 8-2 基于服务场景的用途和复杂性的差异来划分服务企业

| 服务场景的用途 | 服务场景的复杂性 | |
|---|---|---|
| | 复杂的 | 精简的 |
| 自助服务<br>（只有顾客） | • 高尔夫球场<br>• 冲浪现场 | • ATM 机<br>• 大型购物中心的信息咨询处<br>• 邮局<br>• 互联网服务<br>• 快件递送 |
| 交互性服务<br>（顾客与员工） | • 饭店<br>• 餐厅<br>• 保健所<br>• 银行<br>• 航班<br>• 学校 | • 干洗店<br>• 美发厅 |

(续)

| 服务场景的用途 | 服务场景的复杂性 | |
|---|---|---|
| | 复杂的 | 精简的 |
| 远程服务<br>（只有员工） | • 电话公司<br>• 保险公司<br>• 公共事业<br>• 众多的专业服务 | • 电话邮购服务台<br>• 自助语音信息服务 |

资料来源：Mary Jo Bitner. Servicescapes: The Impact of Physical Surroundings on Customers and Employees [J]. *Journal of Marketing*, 1992(56): 59.

服务场景会影响服务中的顾客与员工的感知及行为。不同服务企业的服务场景的影响对象各不相同，表 8-2 的第一列表明基于这一维度有三种类型的服务企业。

（1）自助服务场景。在自助服务环境中，往往是顾客自己完成服务。服务企业设计服务场景时，要专注于营销目标，如进行适当的市场细分，使设施能吸引顾客并便于使用，营造顾客需要的服务体验等。由于员工不在现场，在自助服务场景中使用标识（如超市中各区域的标识）和界面的直观设计（如网站上的链接）有助于引导顾客行为。

（2）交互性服务场景。交互性服务介于自助服务与远程服务之间，代表了顾客和员工都需要置身于服务场景中的情形。例如，饭店、餐厅、医院、教育设施及银行等都属于交互性服务场景。对于此类型的服务，服务场景的设计必须能够同时吸引、满足且便于顾客和员工两者的活动。对于服务场景如何影响顾客之间、员工之间及顾客和员工之间的社会性交互的属性及质量，也应当给予特别关注。

（3）远程服务场景。在此类型的服务中，顾客很少或根本没有涉入服务场景中。例如，通信服务、公共服务、金融咨询、邮购服务等都是在顾客不能直接看到服务设施的情况下提供服务的。在这些远程服务中，服务设施的设计可以专注于员工的需要和爱好，服务场所的设计应当以能够激励员工、有利于加强团队合作、提高工作效率为目标。

### 小案例 8-2　　特鲁瓦餐馆

特鲁瓦是法国一家出色的三星级餐馆——如果要评选最好的餐馆，特鲁瓦当之无愧。特鲁瓦餐馆值得称道之处不仅表现在它高超的烹调艺术上，单就它的服务来说就非常有特色。特鲁瓦餐馆位于罗阿纳城。罗阿纳城距巴黎 300 公里，位置比较偏远，看起来是个各方面都不引人注意的地方，但来自四面八方的人到罗阿纳的唯一理由就是去特鲁瓦。

你可以驾车来到特鲁瓦，然后订一个房间过夜。假设你在下午 5 点或 6 点钟到达，准备花几个小时放松一下自己，接下来品尝餐馆的美味佳肴。你驱车沿着一条小路来到一个封闭的庭院，这里干净、整洁，四面有停车场，位于一幢建筑物的脚下。这时马上有人上前领你进门到你的房间——所有这一切都是在友好的家庭式氛围中进行的。你知道自己已经置身于特鲁瓦的世界中了。你会很喜欢你的房间，其设计很别致，让你想起老式的火车车厢。特鲁瓦餐馆并不否认传统，相反却处处强调你正置身于罗阿纳的一家古老的铁路餐馆里，远离尘嚣。打开百叶窗环视这座院落，你会看见院子对面的右边有一扇巨大的落地窗，院子里一些穿白色制服的员工正有条不紊地忙碌着，这就是特鲁瓦餐馆的厨房，里面一览无余。

一辆小型的雪铁龙驶进了院子，停在厨房门口。有个人（你可能认出他是特鲁瓦家庭的一员）走到司机的跟前，司机正从车里取出一箱又大又鲜美的三文鱼。经过仔细挑选，一些三文鱼被送进厨房，很快清洗后放进冷藏柜。接下来又出现了相似的一幕，不过这次是鸭子或蔬菜。你看到厨房的员工刚才正围坐在桌旁，在愉快的气氛中共进晚餐，不过现在他们正四处忙碌着。厨师还没有开始烹调，但一切都在准备之中——专业、高效而又细致入微。整个过程显得游刃有余。

你本打算利用这个时间洗澡的，现在却改变了计划。你发觉其他窗户也打开了，别的客人也同你一样正在往大落地窗里看。厨房里一些穿白色制服的年轻人也会不时地朝你这个方向看一眼——他们知道有人在看。很显然，他们明白自己正在"舞台"上"工作"，表演一出好戏。这时你知道他们每个人都以自己的团队和自己精彩的表演而自豪。

看着宽敞、实用、完美的厨房设计，你不禁发出由衷的赞叹，这时你觉得肚子有点饿了。你很快洗了个澡，然后向餐厅走去。不过，还没到开饭时间，所以你便到酒吧小坐一会儿，这里又带给你一份惊喜。酒吧到处充满了友好的气氛，你惊喜地发现坐在酒吧里的人不只是像你这样从巴黎、伦敦或纽约来品尝美食的游客，他们大部分看起来是当地人，而且不是来用餐的。他们喝着饮料，吃着蜗牛和小点心。而穿梭于桌子之间、与顾客轻松地聊着天的则是特鲁瓦家族的另外一个成员，他好像是这里所有人的朋友。有人递给你一份菜单，过了一会儿，通往餐厅的门打开了，等待你的又将是新的一幕。

资料来源：冯俊，张运来.服务管理学[M].北京：科学出版社，2010：32.

### 2. 服务场景的功能

服务场景在整个服务营销管理中起着贯穿始终的作用。服务场景具有以下四个方面的功能。

（1）包装功能。与有形商品的包装相似，服务场景是服务的"包装"，并以其外在形象向顾客传递内在的信息。商品包装可以树立某种特殊形象，也能引发某种特殊的视觉或情感上的反应，服务场景也同样如此。服务场景是无形服务的有形表现，向顾客传达了服务信息和服务质量，在塑造企业形象、吸引顾客的注意力与创造顾客的服务体验方面发挥着重要的作用。对于刚开业的服务企业来说，这种包装功能尤为明显。

（2）使用功能。服务场景能作为辅助物为身处其中的顾客提供帮助，具有提供顾客使用的功能。这类似于有形产品的包装的使用功能。例如，香水瓶子不仅仅是香水的包装，而且在使用香水时具有喷雾功能。服务场景也是存放服务的"瓶子"，不仅能包装和提示其中的服务，而且能在顾客享用服务时发挥各种功能。如银行的ATM机、证券公司的电脑查询和交易设施等，既有明显的使用功能，又方便了服务活动。服务场景的设计可以促进或阻碍服务活动的开展，使顾客与员工更容易或者更难达到目标。例如，顾客逛商场时发现通风不好、气味难闻、没有出口指示牌，他们就会不满意，而在此工作的员工也会缺乏工作积极性。

（3）交际功能。服务场景的有效设计可以促进服务人员与顾客的交流，帮助传递企业所期望的作用、行为和关系等。例如，香港恒生银行的非现金服务甚至采取开放式的岛形设计，顾客和服务人员可以面对面地坐在沙发上交流，与过去那种齐胸高的柜台和厚厚的玻璃相对比，这种服务场景促进了顾客和银行员工之间进行平等友好的交流，鼓励双方培养关系。设施的设计还可以使顾客了解服务场景应该是怎样的，他们在该场景下的职责和行为应该如何。例如，有些咖啡厅播放舒缓的音乐，配备有舒适的桌椅，以鼓励顾客之间进行交际活动并在此停留更长时间。

（4）区别功能。服务场景的设计可以将一家企业与其竞争者区分开来。独特的服务场景能使企业与竞争者截然不同，吸引目标市场的顾客。例如，在智利首都圣地亚哥有一座双蜗牛商场，该商场就是靠环境设计来体现特色的。该商场的建筑是连在一起的"两只蜗牛"，这样既科学又实用，顾客走进其中一个商场，沿着坡面选购商品，不知不觉地从顶层走到底层，然后从过道进入另一个蜗牛商场，又在不知不觉中从顶层走到底层。由于建筑形式新颖、独特，顾客不必走回头路，这样既能使该商场与其他商场区别开来，又因其新颖独特而吸引了不少顾客光顾。服务场景的设置还可以让一家服务企业中的一个区域区别于另一个区域。例如，酒店可以通过设计的不同来提供不同档次的餐饮服务。

---

应用练习 8-2

参观几家服务机构（如花店、咖啡店和超市），说明其服务场景的功能有哪些。

---

## 8.2 服务场景与顾客反应理论

环境心理学主要研究人们对特定环境会产生怎样的反应，将环境心理学的相关理论应用于服务营销中，可以更好地理解顾客对不同服务场景的反应，从而营造特定的服务场景，使顾客和员工出现服务企业所期望的行为。关于顾客对服务场景的反应，主要有下列几种理论。

### 8.2.1 刺激—有机体—反应模型

刺激—有机体—反应模型说明了环境刺激、有机体的情绪状态和消费者行为之间的关系。该模型认为，顾客会对环境刺激产生情绪反应，情绪会影响人们对环境的反应，即情绪能驱动顾客对服务环境产生接近还是回避的反应行为。该模型用于帮助解释服务环境对顾客行为的影响。刺激—有机体—反应模型由一系列刺激物、有机体和反应三个部分组成，如图 8-1 所示。环境要素构成了一系列刺激物，顾客与员工是有机体，他们对刺激物的反应受到三种情绪状态的影响：愉悦—不愉悦、唤醒—不唤醒和支配—顺从，这些情绪影响顾客和员工对服务环境的反应。其中，愉悦—不愉悦情绪状态反映了个人在服务环境中的满意程度；唤醒—不唤醒情绪状态反映了个人感到兴奋的程度；支配—顺从情绪状态则反映了个人对服务环境的控制感与自由行动的能力。在设计服务场景时，服务企业要尽量避免营造顺从的氛围，努力创建能带来愉悦和激发情绪状态的服务场景。

图 8-1　刺激—有机体—反应模型

从结果变量来看，顾客和员工对环境刺激物的反应是接近或回避服务场景。顾客和员工的接近行为或回避行为表现如下：<sup>⊖</sup>

（1）停留在（接近）或离开（回避）服务设施的愿望。
（2）进一步探索同服务环境相互作用（接近）或倾向于忽视（回避）它的愿望。
（3）与服务人员交流（接近）或忽视服务人员的交流意图（回避）的愿望。
（4）对服务体验满意的情感（接近）或失望的情感（回避）。

### 8.2.2　服务场景模型

在环境心理学理论模型的基础上，比特纳（Bitner，1992）提出了服务场景模型（见图 8-2）。通过这个模型可以更加全面、细致地理解服务场景对消费者的影响模式。

服务场景模型遵循着刺激物—有机体—反应理论：在模型中构成服务场景的多维环境要素是刺激，顾客和员工是对刺激做出反应的有机体，在该环境下产生的行为是反应，包括接近行为或回避行为。服务场景模型认为，服务场景的要素会对顾客和员工产生影响，他们对环境刺激的内在反应（认知、情感和生理）将决定其行为方式。

**1. 服务环境的维度**

服务环境的维度包括所有能被企业控制来强化或约束员工和顾客行为的有形要素。这些要素相互作用，共同影响人们对环境做出反应。为了设计出理想的服务场景，这些要素必须协调统一，要从整体的角度创建一个能够被顾客感知和解释的环境。在服务场景模型中，服务环境的维度包括周边条件，空间布局与功能，标志、符号和制品三类。

（1）周边条件。周边条件包括温度、照明、噪声、音乐、气味和颜色等。所有这些因素都会影响人们对某个特定服务场景的感知、想法和反应，好的环境设计会引发顾客做出企业所期望的行为。虽然顾客可以单独感知周边条件中的某些因素，但是他们更倾向于从整体上感知整个环境，包括灯光和颜色搭配、噪声和音乐、温度和气味等，因此，

---

⊖ Chosh A. Retail Management[M]. 2nd ed.Tex:The Dryden Press, 1994:522-523.

服务企业应该从全局上协调这些因素，以创造出一个理想的服务场景。

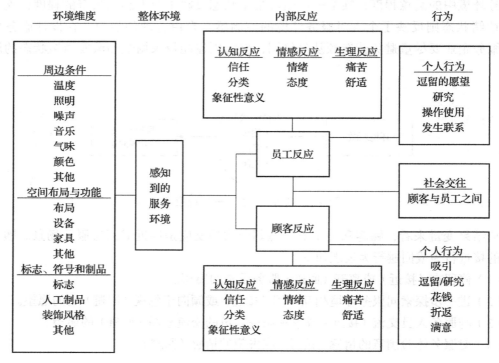

图 8-2 服务场景模型

资料来源：Mary Jo Bitner. Servicescapes:The Impact of Physical Surroundings on Customers and Employees[J]. *Journal of Marketing*, 1992(56): 57-71.

（2）空间布局与功能。空间布局是指家具陈设、设备和设施的摆放、它们的大小形状及其空间关系。功能是指这些项目方便顾客和员工使用的能力。由于服务场景的存在一般是为了满足顾客某种特殊的目的或要求，环境的空间布局与功能就显得非常重要。空间布局与功能为服务提供构建了视觉及功能的服务环境，两者共同决定了服务设施为顾客提供服务的便利性，会影响到服务的效率和顾客的体验。例如，难以打开的网页、缺乏隐私保护的医院诊室、停车位不足都可能影响顾客的服务体验和企业的业绩。在自助服务的场景中，顾客无法依赖工作人员的帮助，一切都要靠他们自己完成，设备使用的功能性和易用性对于顾客独立完成活动是非常重要的。因此，自动柜员机、自助餐厅和互联网购物等都是使顾客满意和服务成功的关键。对于零售店来说，灵巧布局更为重要。研究表明，环境布局可以影响到顾客的寻找行为、顾客满意和商店经营绩效。

（3）标志、符号和制品。服务场景中有很多事物可以作为显性或隐性的信号将信息传递给顾客。例如，类似于"禁止吸烟"这样的标识表示行为的准则。地板、艺术品以及装修的质量构成了访问者的全面印象以及令员工愉快的工作环境。专业服务可以使用内部装修表现能力并且加强其专业形象，如在办公室里，桌子的摆放、墙壁颜色和海报的选择、办公室的整洁程度都会影响顾客对办公室员工的看法。

标识可以清楚地传递信息，它们可以是标签（如公司LOGO）、方向指示（如出口、卫生间的指示）、行为准则（如禁止喧哗）、传递服务的脚本（如取号排队）。其他环境象征和制品不像标识那样可以直接交流，但它就地点和准则以及在此环境中所希望的行为给使用者以暗示。建筑的物质材料、艺术作品、墙上的照片以及在环境中所展示的材料都能表现出象征的意思，并创造出整体美学的印象。环境象征和制品的含义通常以文化的特点镶嵌在其中。例如，餐厅的白色台布和柔和的灯光暗示着全套服务和相对较高的价格，而自助的柜台服务、塑料餐具和明亮的灯光暗示的含义则恰恰相反。

---

**小案例 8-3**            **味多美为何逆势扩张**

互联网的发展让很多实体店不断关闭，出现了一波一波的关店潮。2014 年，包括沃尔玛、万达百货等知名品牌都陆续关闭了部分门店，中小连锁企业关店现象更是随处可见。在关店潮来临的背景下，北京颇受欢迎的面包坊味多美却逆势扩张，平均每周开 1 家店，目前已在北京开店近 300 家，每开一家就火一家，家家排队。味多美董事长黄利曾经谈及自己的经验。

**用最好的原料，做最好的产品**

味多美在产品制作上极其苛刻。黄利说，他从创业开始就决心用最好的原料来做面包。目前味多美已经在法国、英国、澳大利亚、新西兰、美国、菲律宾等众多国家和地区采购多种原料。

2008 年，味多美选用新西兰天然稀奶油首次推出了天然奶油蛋糕，在市场上反响很好。后来各大品牌跟着推出了同样的产品，但销量始终落后于味多美。2014 年，为了打造最正宗的法棍面包，味多美采购团队来到世界最大的酵母研发中心——法国乐斯福公司在里尔的实验室，经过测试选中了具有乳酸风味的一款活性酵母，在法国 MOF 大师的指导下成功地做出与法国巴黎著名面包坊同样美味的法棍面包，受到了北京美食爱好者的追捧。

味多美努力做到每一款产品都使用全球优质原料，打造最正宗的产品，使其成为消费者选择味多美的理由。

**布局社区，看准未来趋势**

去中心化、社区化、碎片化是未来商务的大趋势，社区餐饮和社区超市的蓬勃发展预示着社区正在成为未来商业的中心。

黄利很早就看到了这个趋势，提前布局社区，选择在社区超市旁边、社区转角、社区公交站、地铁站附近开店。每家店都深受社区居民的欢迎，周围其他面包店的生意就会迅速下滑，早餐店、小吃店的生意也会受到影响。没有味多美的社区期盼着味多美的到来，味多美已成为京城居民社区生活必不可少的生活配套。

**打造五感体验，刺激顾客消费**

排队已成为味多美最常见的景象，很多人愿意等上半小时购买味多美面包。除了产品基本功做得好之外，非凡的体验也是热销的重要原因。

18年的开店经验,让黄利总结出了自己的五感理论,恰恰吻合了互联网时代重体验的思想。味多美在门店设计时就充分考虑通过调动消费者眼耳鼻舌心的五感来影响购买选择。

每一个走过味多美面包坊的人都会被烤面包的香气所吸引。味多美店大多开在人流很旺的地方,特别是在公交站或地铁站旁,上下班的人根本经不起香味的诱惑,促成了很多顾客进店。用香气抓住顾客已变成了一种营销方式。这就是第一感,鼻子闻到。

第二感,眼睛看到。闻着面包的香味来到店里,可以看到面包、蛋糕制作的全部过程。当面包师从烤炉中端出热气腾腾的法棍面包时,恐怕没有人能禁得住这样的诱惑,那就来一根吧。1996年,味多美开放制作面包、蛋糕,让这之前从来没看到过现场制作的北京顾客体验到了新鲜出炉的面包、蛋糕的美味。这是味多美当初一炮而红的重要原因,也是基于顾客体验开创出来的新模式,餐饮企业直到最近两年才开始使用透明橱窗设计。

第三感,耳朵听到。味多美每烤出一款产品,服务员就会告知"某产品新鲜出炉喽",话音未落,一阵面包香扑鼻而来,调动着顾客的食欲。

第四感,嘴巴尝到。味多美每天都有品尝活动,每一种尝品都会有不同的要求。比如天然奶油蛋糕在试吃之前,会在冷柜里冷藏至5摄氏度的最佳口感;法棍面包会在出炉后30分钟内让顾客品尝,很多顾客在品尝之后选择了购买。

第五感,内心感受。当顾客闻着面包的香味,眼睛看着面包从制作到出炉,嘴巴尝着新鲜出炉的面包,耳朵听到不断新鲜出炉的面包用了哪些好原料的吆喝声,原本买一个面包的顾客会禁不住买上三四个。

以上五点,就是味多美火遍京城,成为北京最受欢迎面包坊的原因。罗马不是一天建成的,打造一个品牌需要企业家经得住诱惑,沉得下心,投入巨大的心血。

资料来源:http://www.yingxiao360.com/htm/201558/14898.htm。

### 2. 服务场景引起的内部反应

环境中的周边条件、空间布局与功能,以及标志、符号和制品等一系列刺激物会使顾客和员工在认知、情感和生理上对服务场景产生许多反应,这些反应是相互关联的,认知反应会影响到情感反应,而情感反应也会影响到认知反应。

(1) 认知反应。认知反应是个人的思考过程,它包括信任、分类和象征性意义。在信任的形成中,服务企业的环境充当某种非语言的传播形式,同时影响到顾客对服务提供者能力的看法。例如,如果学生跟不上教授在课堂上的讲授,学生就可能归咎于这个教授的无能或自己没有能力学习这门课程。员工在整体感知服务场景的基础上也会对企业形成类似的看法。

分类是认知反应的另一种类型。顾客评估有形展示而且通常迅速地将新服务设备归为现有的一些运营类型,然后他们会根据这种类型的运营模式而采取合适的行为方式。个人还会从服务企业的有形展示方面来推断其象征意义。在某些情形下,有形展示可能变成许多象征,如个性、梦想或其他意义等。服务企业可以通过有形展示的象征意义来实现差异化和定位。

（2）情感反应。感知到的服务场景除了影响顾客的认知以外，还能够引起顾客的情感方面的反应。情感反应不涉及思考，它通常是无法解释和突然发生的。例如，独特的歌声可能使某个人感到愉悦、轻松；气味对一些人也有类似的影响。显然，有效的有形展示管理的目标是激发一种积极的情感，营造出一种员工乐在其中，顾客想置身其中的氛围。

（3）生理反应。典型的生理反应包括痛苦和舒适。音乐声太大的环境可能导致员工和顾客感到不舒适并远离这个噪声源；空气质量不好会使人呼吸困难；光照过于强烈会减弱视力并造成身体不适。所有这些生理反应都会直接影响人们对某个服务场景的喜欢程度和停留时间。

**3. 服务场景中的行为**

服务场景引起的内部反应会外化为顾客的行为，从而引发顾客的个人行为与社会交往。

（1）个人行为。正如刺激—有机体—反应模型的基本原则所表述的那样，对环境刺激物的个人反应被称为"接近和回避行为"。接近行为包括所有的可在某一个地点产生的正面行为，如逗留的愿望、研究、操作使用以及发生联系。回避行为则反映一个相反的过程：不愿意逗留的愿望，不愿意研究、操作使用及发生联系等。

（2）社会交往。由于人际关系式服务内在的不可分割性，企业的服务场景必须鼓励员工与顾客之间、顾客之间及员工之间的交流。创造这样一种环境的挑战在于，员工通常漠视顾客的要求，从而他们能够在最少的顾客参与下完成任务。诸如身体上的接近、座位设置安排、设施大小和灵活性之类的环境变量在改变服务场景构造的过程中决定了社交的可能性与限度。

> 应用练习 8-3
> 
> 选择一家经常光顾的小店（如理发店、面包店和餐馆），说明其服务场景对顾客产生的影响，从顾客角度来看，你认为应该从哪些方面做出改进。

## 8.3 服务场景设计

### 8.3.1 影响服务场景设计的因素

服务场景会对顾客、员工以及服务企业的运营产生影响，因此服务企业应重视服务场景的设计。在设计时要考虑到以下因素。

**1. 服务企业的性质与目标**

服务企业的性质和目标在很大程度上决定了服务场景的设计参数。例如，物流公司必须有足够的场地来放置车辆和货物，银行必须设计合适的保管库以容纳各种型号的保险柜等。除了这些基本的需要，服务场景设计还能对定义服务做出进一步的贡献。它可以形成直接的认同，如麦当劳的大"M"字母设计就是如此。外部设计也可以为服务的内在性质提供暗示，如装修豪华的高级酒店等。

### 2. 柔性

那些能适应需求数量和性质变化的动态组织往往容易获得成功。服务对需求的适应能力在很大程度上取决于最初设计时赋予它的柔性。柔性也可以称为"对未来的设计"。在设计阶段，服务企业就应该着眼于未来，考虑如何设计才能适用于将来提供新的服务。例如，原先为进店消费的顾客所设计的快餐店可能面临如何改造设施以适应驾车的顾客通过窗口时的服务需求。面对未来的设计起初可能会增加一些额外费用，但从长期来看有利于减少服务企业的财务支出。

### 3. 顾客与员工的需求

服务场景是面向顾客的，在设计时要有利于顾客和员工的服务交互活动，因此服务场景的设计要考虑到顾客和员工的需求。值得注意的是，服务场景必须从顾客的角度来设计，了解顾客对服务场景的看法和偏好是非常重要的。服务场景的设计要综合运用心理学、美学、人体工程等学科的理论知识，充分考虑服务过程中顾客和员工的需求，以设计出合适的服务场景。

### 4. 社会与环境

服务场景设计时要考虑到对社会和环境的影响。例如，设计位于社区的干洗店应该保证有害的化学物质不会影响社区环境，设计舞厅要考虑音响对周围人员的影响。

---

**专　栏　　　　　　　　如何构建场景感**

既然场景那么重要，那么如何构建场景感？答案是：以用户体验为核心，走进消费者的生活和工作场景，并模拟这些场景，包括购买场景、使用场景、工作场景与生活场景，去发现痛点，寻找机会点，然后设计产品、服务和特定的体验场景。在构建场景时，要思考以下问题：

**1. 在这个场景下，我能做什么？给消费者提供什么**

滴滴出行发现，在乘车高峰期不好打车，就设计了可以为司机发红包的操作按钮，有急事或不愿等待的顾客就可以通过发红包来提前约到车。

**2. 这个场景下的痛点是什么？如何解决**

小米科技发现，消费者购买插线板不仅需要电源插口，还需要USB的插口；此外，家庭中有小孩子的家长，对电源插口是否足够安全十分关心。因为孩子喜欢玩耍，好奇心强，有时候会用手指或金属物体插入带电插孔，造成意外触电事故。为了解决这些痛点，小米在开发插线板时就增加了USB插口，还精心设计了电源插孔保护门，并形成双孔联动，只有同时两级插入，保护门才能打开，有效避免了孩子触电的危险。

**3. 这个场景下，如何让消费者参与或选择**

饿了么在北上广深和杭州知名商圈、地铁选取10个点，与知名餐饮必胜客、海底捞合作打造了"饿了么"的连锁分店场景，与消费者互动。消费者扫码就可获赠奶茶、蛋糕等商品。

**4. 考虑消费者的购买场景与使用场景**

比如购买场景有一个付款环节，有的商场就设置了互动设备，你冲机器挥挥手，机器给你一个反馈，你是帅哥或者美女，颜值分是多少，可以享受多少优惠，适合搭配哪些商品。或者设置价格挑战门，穿过不同的门享受不同的折扣，身材就是优惠特权。这些场景就是娱乐化，好玩有趣，会引发自动传播。

资料来源：崔德乾.如何构建场景感[J].销售与市场（管理版），2018（8）：18-20.有改动。

## 8.3.2　服务场景设计的步骤

在设计服务场景时，服务企业需要调查服务环境，在此基础上设立目标，在服务蓝图中描绘出服务场景中的有形展示，通过组建跨职能团队更好地传递一致的信息。

**1. 调查服务环境**

服务场景设计的前提是进行服务环境调查，通过调查了解顾客对不同类型环境的偏好和反应。任何服务营销决策都必须坚持顾客导向观点，只有建立在顾客感知基础上的场景设计才能达到预期的效果。常用的调查方法有下列几种。

（1）问卷调查。服务企业可以通过调查问卷收集顾客或员工对服务场景设计的反馈与意见。这种方法的优点在于方便管理和理解结果。一般情况下，相关数据通过标准化问卷获得并输入计算机中，整个过程比较容易管理。问卷调查也存在一些缺陷，主要表现在问卷的结果可能不如其他实验方法得出的结果有效，不一定能反映人们真实的感觉和行为。

（2）直接观察。管理者和一线员工可以观察并记录服务场景中顾客的行为和反应。这种方法的优点在于所获得的信息具有一定的深度和准确性。使用这种方法，观察人员可以将整个环境中各个因素的相互关系以及反映参与者之间相互影响和相互关系的因素记录下来，这样更能提高调查结果的准确性。直接观察的缺点在于其时间和经济成本都比较高。

（3）实验法。可以通过控制环境中的一些要素，观察顾客在不同环境中的反应。例如，测试顾客未享受到之前餐厅承诺的折扣价的反应，给第一组顾客观看一家服务环境整洁有序的餐厅的照片，而给第二组顾客观看混乱无序的餐厅的照片，实验结果表明，第一组顾客对于餐厅的错误更加宽容，第二组顾客对于餐厅的错误则显得不能容忍。实验法的主要优点是调查结果的可信度更高，缺点是成本高和时间花费多。

**2. 确定设计目标**

在设计服务场景之前，首先要明确服务场景的设计目标。服务场景的设计目标要根据企业的总体目标和营销目标来制定，设计者要知道各级目标分别是什么，还要明确基本的服务概念及目标市场，了解未来的构思。这是因为许多展示的决定与时间和费用有关，所以要专门计划和执行。

**3. 绘制服务蓝图**

在明确设计目标后，可以采用服务蓝图描绘出服务场景中的有形展示。服务蓝图可以把人、过程和有形展示明显地表示出来，通过服务蓝图可以看出服务传递所涉及的行为、过程的复杂性、人员交互作用的点，这些点提供了展示的机会和每一步的表示方法。顾客在服务传递过程中的每一步都可以利用设计元素和有形的线索记录下来，照片或视频能让设计图更为生动逼真。

**4. 组建跨职能团队**

服务场景具有整体性，因此必须从整体的角度来设计，需要由企业多个职能部门做出相应决策。例如，定制员工制服的决定由人力资源部门做出，服务场景设计的决定由设备管理部门做出，广告和定价决定由营销部门做出。在设计服务场景时，各职能部门之间的协调工作非常重要，否则会造成信息不一致，进而误导顾客形成不合理的期望和判断。为此，有必要组建一个关于服务场景设计的跨职能团队，尤其是在对服务场景做出决策的时候，以便协调各职能部门，通过各种形式的展示传递一致的信息，传播顾客所期望的企业形象。

## 本章小结

有形展示是指为了进行服务传递，企业与顾客进行交互所处的实际有形设施以及利于服务执行或传播交流的任何有形要素。根据有形展示能否被顾客拥有，可以将其分成核心展示和边缘展示；从有形展示的构成要素进行划分，可将其划分为物质环境、信息沟通和价格。

服务场景是指服务企业与顾客进行交互所处的环境，包括服务执行、传递与消费所处的外部设施和内部设施，即有形展示中的所有有形设施。服务场景具有包装功能、使用功能、交际功能和区分功能。

环境心理学主要研究人们对特定环境会产生怎样的反应。将环境心理学中的刺激—有机体—反应模型和服务场景模型等理论应用于服务营销中，可以更好地理解顾客对不同服务场景的反应，从而营造特定的服务场景，使顾客和员工表现出服务企业所期望的行为。关于顾客对服务场景的反应，主要应用刺激—有机体—反应模型和服务场景模型等理论。

服务场景会对顾客、员工及服务企业的运营产生影响，因此，服务企业应该重视服务场景的设计，在设计时要考虑服务企业的性质与目标、柔性、顾客与员工的需求、社会与环境等因素对服务场景的影响。在设计服务场景时需要调查服务环境,在此基础上确定设计的目标,在服务蓝图中描画服务场景中的有形展示,通过组建跨职能团队更好地传递一致的信息。

**思考题**

1. 什么是有形展示?
2. 有形展示有哪些类型?其含义分别是什么?
3. 什么是服务场景?它有哪些功能?
4. 如何理解刺激—有机体—反应模型?
5. 简述服务场景模型中服务环境的维度。
6. 影响服务场景设计的因素有哪些?
7. 简述服务场景设计的步骤。

**案例分析**

## 亚朵酒店:体验经济下的新住宿时代

亚朵的第一家酒店于2013年8月开业,坐标西安。到2016年6月,约三年的时间完成开业55家,签约155家,在2016年1月统计的中国酒店集团规模50强中排名第31位。亚朵近几年的快速发展和注册用户快速累积,与其服务营销的成功有着密切的关系。

**1. 主题环境**

亚朵的主要客户群体的年龄在35岁左右,普遍是具有5~10年工作经验的中产阶层,他们为生活、事业忙忙碌碌,奋力打拼,经常出差,生活工作节奏快,压力大、负担重,内心向往和追求有品质的生活,也有较强的消费能力。

我国的中产阶层人数在20世纪90年代几乎为零,随着中国经济的飞速发展,中产阶层的队伍也不断壮大,到2020年,这一数字将达到7亿(数据来源于欧睿信息咨询公司)。中产阶层成为一个庞大的群体,人们尝试通过各种方式来彰显自己的与众不同。早期是炫耀式的奢侈品消费,从名贵首饰、箱包到豪车,这些商品正在逐渐失去标榜社会阶层的功能。今天能区分人们社会地位的变成了"谈资",也就是人们身上沉淀的文化资本。基于此,亚朵着力打造属于这个群体的第四空间"在路上",这也是继星巴克提出的家(第一空间)、办公室(第二空间)、星巴克(第三空间)的再次延伸,将亚朵打造成人们在路途中的伙伴。亚朵采用跨界思维,除将顾客的睡觉、洗澡、上网三大核心需求做到极致以外,还融入了阅读和摄影两大文化主题,精心设计顾客的人文生活体验。

每个亚朵都有一个超大的、7×24小时的阅读会友书吧,名为"竹居",提供24小时借阅服务。在亚朵的大堂中,客人也能随手在一面书墙或书柜中拿起一本感兴趣的读物,可免押金借阅。为了让客人有完整的阅读体验,亚朵提供异地还书服务。"书"式体验融入亚朵,让顾客的心多了几分宁静与思考。摄影是亚朵的另一大文化主题。具有"属地文化"的摄影作品展示在亚朵的每一个角落。在每一个城市的亚朵,顾客都能通过摄影作品开启一段不同的历史。入住亚朵,你还能免费品尝送到房间内的美食。随食物会一起附送一张小卡片,卡片上介绍了美食的制作方法和功效。一杯羹、一张卡片正是亚朵人追求生活品质,认真对待生活、认真体验生活的态度。这也正是吸引消费者，让消费者产生思考的一种生活方式。因此，亚朵提供的不仅是一个可休憩的场所，更是一个可学习、可社交、可放松心境的有温度有颜色的空间。与大部分酒店不同的是，亚朵提供给消费者的不仅是外在的产品和服务，更重要的是内在的体验，所以当这样一个目标群体遇上亚朵时，神奇地产生了情感的共鸣和归属感，并成功地引发了消费者对生活方式的思考。

### 2. 无缝衔接

增强用户体验是营销思考的一个新方向，只有以顾客为主体，从消费者的生活与情境出发，塑造消费者所追求生活方式的感官体验环境，创造消费者情绪抒发方式，激发消费者创造灵感，鼓励其参与行动改变现状，且感受到的是一个连续的过程，而不是断点般短暂的满足，最终才能让消费者找到相同生活方式群体的归属感，才能使消费者的情感受到尊重，思想得到激发。消费者获得的不只是产品或服务的满足，更是生活方式的解决方案，他们甚至愿意为感性需求的满足而付出更高的代价。亚朵在体验的连续性上做到了无缝衔接。

（1）明确消费者要什么

采取体验式调查，模拟顾客体验过程进行调查。调查感觉：亚朵是否让我在感官上有特别的感受；调查情感：走进亚朵我是否心情愉悦；调查行动：亚朵是否在有意引导与我进行互动交流；调查思考：亚朵是否有意刺激我对人文生活的联想；调查关联：购买亚朵的顾客是否和我属于同一类人。通过体验式调查，快速掌握顾客对亚朵主题的喜爱程度以及顾客追求的生活方式的变化，从而激发更新更好的创意。

（2）接触点设计

所谓接触点，即分别在售前、售中、售后分解消费者的体验过程，运用不同的工具，让消费者感受到一个连续的体验过程。亚朵在售前利用网络让消费者感知到人文生活的主题。走进亚朵，则利用灯光、气味、色彩、音乐、文字、摆件等逐步在消费者心目中构建亚朵的主题氛围，譬如炎炎夏日，当你步入亚朵，首先映入眼帘的并不是多么奢华的金碧辉煌，而是简约却又非常艺术的设计和清新舒适的气质范儿。服务人员走出柜台，首先递上一杯清凉的酸梅饮，一杯饮料还未饮完，入住已办好，房卡已到手，这个过程顾客是坐着的，服务人员是站着的。有的顾客甚至感觉屁股还没坐热，万事皆办妥。不需要押金，不需要烦琐的手续。在文字体验上，"宿归（客房）、相招（餐厅）、共语（多功能会议室）、汗出（健身房）、出尘（免费洗熨烘干自助洗衣房）、竹居（超大 7×24 小时阅读会友书吧）"等充满文艺清新气息的区域命名仿佛能让心中的疲劳远去。客房中一把造型独特的茶壶和几个茶杯，仿佛能嗅到心旷神怡的茶香。酒店的公共区域、客房的墙壁上、床头均可以看到反映属地文化的摄影作品，傍晚夜宵是免费送到房间的一份附加了制作方法和功效卡片的糖水等。顾客离店时服务人员会主动送上瓶装水。每一个转身，每一次接触，都让消费者更好地体验着他们向往已久的感觉和生活方式。当你走出亚朵，包里可能还装着免押金借阅且可异地归还的书籍，回味着与环境中其他消费者及服务人员沟通过程中所深刻体会到的源自社会文化意义的相互影响和对生活方式的思考，体味着想要成为这一群体或文化一部分的欲望。亚朵以服务为舞台、产品为道具、工作人员为演员，精心设计无缝衔接的人文体验。

### 3. 自我实现

（1）售卖解决方案

目前大多数中端酒店都知道顾客想要什么，但遗憾的是，它们卖的仍然是产品和服务。

若把产品当产品卖,只能考虑到顾客理性的需求。体验营销中的"体验"是要顾客经过自我思考与尝试去获得解决方案。这种方案是独特的,是一种生活方式与顾客个人喜好的结合。商家要做的,是帮助他们找到最适合自己的方案。比宜家更胜一筹的是,亚朵不仅营造了一个让顾客体验生活、体验人文的第四空间,更提供了一种生活方式的解决方案。亚朵酒店的床垫、四件套等床上用品是与供应商合作定制的自有品牌"普兰特",顾客用过后若喜欢,便可扫码购买。酒店沐浴三件套是与"阿芙精油"合作,顾客用茶是与"乡里乡亲"合作,顾客使用后若觉得喜欢皆可扫码购买。

(2)人员沟通促进顾客关联体验

要满足顾客思考、行动、关联的需求,必须有销售解决方案,并通过与顾客的互动沟通彰显主题所要表达的生活方式。关联体验是体验的最高层次,让顾客找到群体归属感并实现自我价值观,它是所有体验策略的结果。在酒店住宿业中,人员沟通能够对关联体验起到很大的促进作用。体验沟通的内容不仅包括产品本身和解决方案,更重要的是要了解顾客的心情、交流生活的方式、促进顾客间的沟通。亚朵的员工对待顾客像对待自己的朋友,他们不会主动向你推销,但在顾客需要咨询时提供专业的解决方案。每个亚朵员工有300元的授权,用于即时解决顾客的突发状况。竹居的摆设、色彩也非常便于消费者结交朋友,在"阅读"主题基础上的交流,顾客之间的沟通也变得很自然。值得一提的是,服务人员、管理人员的挑选首先要符合企业的价值文化,在培训时必须加上"目标群体生活方式"一课,保证能够理解顾客感受,并有沟通的话题。亚朵酒店的创始人兼CEO耶律胤认为酒店住宿业有几个境界,分别是:最基本的是满意,再往上是惊喜,再往上是感动。这里的感动应该就是体验营销的一种体现。

资料来源:施伟凤.亚朵酒店:体验经济下的新住宿时代[J].销售与市场(管理版),2017(11):68-70.

**案例思考**

1. 亚朵酒店的服务场景功能有哪些?
2. 请运用服务场景模型分析顾客对亚朵酒店的服务场景的反应。
3. 请结合案例阐述服务场景的设计步骤。

## 实践活动

### 一、实训目的

1. 通过观察,理解服务场景及有形展示。
2. 感受服务有形展示对顾客的影响。
3. 探索服务场景设计改进或创新的方法。

### 二、实训内容

1. 选择一家餐厅,前往服务现场观察其服务场景设计的特点。
2. 访问、观察其他顾客对该餐厅的服务场景和有形展示的感知,并做好记录。
3. 访问该服务企业的管理者、员工,了解他们对该餐厅服务场景和有形展示的感知以及对其自身的影响,并做好记录。
4. 对该服务企业的有形展示和服务场景做出评价,并提出你的改进建议。

5. 完成一份书面报告，并制作演示文稿。书面报告应包含以下内容：①所选定的餐厅及其地理位置简介；②该餐厅的有形展示和服务场景以及你的体验、观察和访问情况总结；③你对该服务企业的有形展示和服务场景的评价；④你的建议方案；⑤说明你完成本次实训的时间、地点。

### 三、实训组织

1. 教师提前布置实训项目，指出实训的要点和注意事项。

2. 以小组为单位完成实训，每组人数控制在 4~6 人。采用组长负责制，组员合理分工，团结协作。

3. 各组在组长的组织下，明确实训任务及分工，制订执行方案。执行时间为一周。

4. 以小组为单位在班级内进行成果交流，可由小组代表向全班同学报告小组的实训情况和成果。

### 四、实训步骤

1. 各小组制订实训执行计划，并做好相关准备。

2. 小组成员分工合作，分别按计划完成所承担的任务。

3. 组长组织小组成员讨论，并按实训内容要求完成报告文本和演示文稿的制作。

4. 教师根据可安排的课时，在 1~2 个课时内组织部分小组向全班同学交流其成果。发言代表需说明小组实训执行情况以及小组成员的贡献。

5. 每一小组报告完毕后，教师应组织其他同学发表意见和建议。

6. 教师进行点评，并记入平时成绩。

# 第9章 服务营销中的人员

## 学习目标

本章将讨论服务人员和顾客在服务营销中的管理问题。通过本章的学习,你应该能够:

1. 认识服务人员在服务提供中的重要作用。
2. 了解跨边界的角色及其压力。
3. 理解内部营销的概念、重要性和引入内部营销的三种情况。
4. 掌握服务人员管理的策略。
5. 明确顾客行为管理的具体策略。

## 本章结构

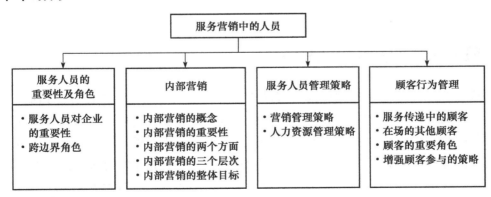

## 导入案例

### 为顺丰总裁点赞:管理就是向下负责

北京顺丰快递某快递员不小心把一辆正在倒车的车剐了,之后车主下车又打又骂。根据网友上传的视频粗略统计,该车主一共扇了快递小哥六巴掌,整个过程中快递小哥都没有还手。当顺丰小哥被打的视频曝光后,顺丰集团总裁王卫在朋友圈发文称,"如果这事不追究到底,我不配再做顺丰总裁!"这话掷地有声,立场坚定。顺丰的官方微博也对快递员被打一事做出回应，并且向网友表示已找到受委屈的小哥，并承诺照顾好他，让人心暖，让人心生感动，也让人觉得充满希望。更让我赞赏的是，顺丰总裁同时做出承诺：未来也会像保护这位小哥一样，保护所有员工！

如果回看顺丰总裁王卫的演讲及讲话，可以看到他一贯的观点：一线快递员是支撑顺丰的基础，是顺丰集团真正的核心资产！他是这样说的，也是这样做的。所以我可以感受到顺丰快递员的敬业和专业，也可以感受到顺丰的方便与快捷，更感受到顺丰小哥为了帮助我把快递的货物包装好，想办法把东西固定住，他们的用心很令我惊讶。当时一直认为是因为顺丰快递员的工资高，所以会有这样的敬业与尽心，但是这一次看到王卫对这件事的反应，我相信顺丰的员工一定可以做到这样的服务水准的。

我们一直在探讨如何进行管理，这个问题的答案其核心在于管理者如何面对员工，如何对待员工。正确的答案是：管理是向下负责，即管理者要对员工负责。

资料来源：陈春花. 顺丰管理经：向下负责 [J]. 企业文化，2016（6）:51-52.

## 引言

由于服务营销自身的特殊性，布姆斯（Booms）和比特纳（Bitner）建议在传统市场营销理论 4P 的基础上增加三个服务性的"P"，即人员（people）、流程（process）、有形展示（physical evidence），组成服务营销的 7P 理论，之后又扩展为 8P。而在服务营销的 8P 要素中，人员这一要素又显得异常重要。服务必须由员工提供，由顾客进行感知，而服务质量会因提供者或顾客的差异而有所变化。因此，管理好服务营销中的员工和顾客，能够有效提升服务质量，增加顾客的服务感知价值，促进企业服务绩效的提高。

## 9.1 服务人员的重要性及角色

全球企业如迪士尼、李维斯和英国航空，都在致力于发展"全面顾客体验"（total customer experience）计划。比如，搭乘飞机旅行的"体验"是从乘客考虑出行开始，一直到旅行归来向别人谈论这件事为止。在这次经历中，从飞机驾驶员到地勤人员、空中服务员都占有一席之地。沿途的每个"关键时刻"，不只是这个极复杂的产品服务体系中的一环，更是这一连串沟通过程中的重点。如果稍有变化，整个体验过程就跟着走样。所以，在体验过程中，谁是顾客的对象？答案是每个人。又是谁构建了这种体验？答案仍是每个人。这样一来，传统的客户服务理念无法适应新的要求，企业需要以新的思路来提供品质优良的产品及服务，以满足时下精明而又非常在意品质的顾客。那么，这种新的思路和想法又从哪儿来呢？它来自企业的服务人员。

### 9.1.1 服务人员对企业的重要性

在顾客眼中，提供服务的员工也是服务产品的一部分，企业员工的形象和举止处于顾客的密切注视之下，顾客对服务企业的感知受到服务人员的极大影响。对于服务企业来说，对服务人员的管理，包括服务态度、服务技巧、服务质量以及相关的培训等，都是提高顾客服务体验的有效手段。因此，对服务人员进行管理是服务企业成功的重要保障。服务人员对企业的重要性主要体现在以下几方面。

### 1. 员工对于企业信守承诺具有重要作用

著名的服务营销专家格鲁斯提出了"服务营销三角形"理论，如图9-1所示。该理论认为，企业、顾客和员工是三个关键的参与者，服务企业要想在竞争中获得成功，就必须在三者之间开展外部营销、内部营销和互动营销，这三种类型的营销活动相互影响、相互联系，共同构成了一个有机的整体。从三者的功能来看，外部营销是企业对服务或产品设定顾客期望，并向顾客做出承诺；内部营销是企业要保证员工有履行承诺的能力，保证员工能够按照外部营销做出的承诺提

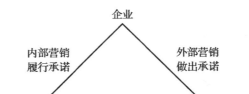

图 9-1  服务营销三角形

资料来源：Gronroos C. Relationship Marketing Logic[J]. *Asia-Australia Marketing Journal*, 1996, 4(1): 10.

供服务或产品；互动营销是指顾客与组织相互作用，以及服务被生产和消费的一瞬间，企业员工必须信守承诺。从服务营销三角形可以看出，在企业向顾客做出承诺后，承诺的实现必须依赖于企业的员工，只有员工积极地为顾客提供服务，才能持续不断地信守承诺，实现顾客满意，确保企业获得顾客的青睐。

### 2. 员工影响到顾客满意度和企业利润

1994年，哈佛商学院的赫斯克特、萨瑟、施莱辛格等五位教授组成的服务治理课题组在经历了二十多年对上千家服务企业追踪、考察和研究的基础上提出了服务利润链模型（见图9-2）。该模型指出了员工满意、顾客满意和企业利润之间存在着一定的逻辑关系。

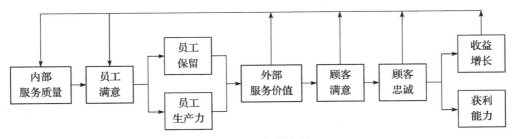

图 9-2  服务利润链

资料来源：J L Heskett, T O Jones, G W Loveman, W E Sasser Jr, and L A Schlesinger, Putting the Service-Profit Chain to Work[J]. *Harvard Business Review*, 1994, 72(2): 164-174.

服务利润链的逻辑内涵是：企业获利能力的增强主要是来自顾客忠诚度的提高；顾客忠诚度是由顾客满意度决定的；顾客满意度是由顾客认为所获得的价值大小决定的；顾客所认同的价值大小最终要靠公司员工来创造。所以，追根溯源，员工才是企业竞争力的核心。服务利润链理论明确地指出了满意的员工能够产生满意的顾客，所以企业的员工影响到顾客满意度和企业的最终利润。

### 小案例 9-1　　星巴克：以激励制度带来员工微笑

对星巴克着迷的人们会说："这不是一杯咖啡，这是一杯星巴克。"的确，这家咖啡馆所经营的不只是咖啡，而是一个为人们带来良好消费体验的品牌。星巴克认为，若要让顾客在店内拥有舒适的消费体验，那么除了装潢等硬件设施之外，由热忱员工所传递的愉快商店气氛以及优雅咖啡文化也是相当重要的一环。只不过，咖啡口味、商店风格可以很容易地被精准复制且运用至下一家门市，但是员工的真诚微笑和热忱态度要如何才能够转移呢？

事实上，被《财富》杂志评为100家最值得为之工作并具有"全球最佳雇主"称号的星巴克的薪酬并非业界最高，却拥有立意良善且完整的员工激励制度，借由以奖金、福利和股票所构成的薪酬体系，紧密维系着与员工之间的信任关系以及共享制度。

在星巴克，所有的广告支出费用皆被用于员工的福利津贴和培训用途。举例来说，从1988年开始，该公司便为每周工作20小时以上的兼职人员提供与全职员工相同的医疗保险补助，其中涵盖了预防性医疗、健康咨询等多项医疗保健领域。虽然说星巴克的员工大多较为年轻健康，因此实际上使用公司医疗保险的机会并不多，但是星巴克这项投资却很快从员工身上产生了回馈，不仅吸引到更多好员工愿意加入且长期在星巴克工作，更重要的是，良好的福利制度让员工表现得更加主动积极，并且会在顾客面前打心底地绽放出开心的微笑。除此之外，每年固定调薪、加班补贴以及怀孕带薪休假等种种制度，都让星巴克的福利制度显得格外丰厚。

星巴克的员工并不叫"员工"，而是被称为"伙伴"或者"合伙人"，因为在该公司的股票投资计划中，每一位员工都有机会成为星巴克的股东并且共享公司发展。根据这项制度，凡是在星巴克工作超过90天以上、每周工作时间不低于20小时的员工，都有机会以抵扣部分薪水的方式购买公司股票。自1991年开始推出员工认股制度的星巴克，允许每位员工可在基础薪资 1%～10% 的金额范围内申购股票，其后更会选择较低的公开市场价格，将员工所抵扣的薪资以市价85折的价格购入。

星巴克股票计划同时也与员工的奖励制度相互结合。例如，该公司会依照当年的营运状况和收益率、个人的基础薪资以及股票的预购价格等因素，奖励符合条件的员工一定数量的股票。因此，星巴克的股票制度不仅是对长期服务于公司且绩效表现优异者的奖励，也巧妙地将员工利益和企业利益相融合；通过两者间利益共同体的关联，使员工在企业中能够找到认同感和归属感，进而更了解工作努力的方向和目标。

对于以人才创造差异性的服务业而言，能够有效地用人、留住适合人才，并且激励他们在工作上有所表现,是企业能否长期成功发展的关键因素。而早早便体认到这一点的星巴克,即通过尊重员工、创造员工互助合作以及有效的奖励政策,让为星巴克工作的每位员工都非常热衷于为公司传递文化并提升公司价值。就如同星巴克CEO霍华德·舒尔茨(Howard Schultz)所说:"实行有效激励机制、尊重员工,不但为公司带来更多利润,也使企业更具竞争力,我们何乐而不为呢?"

资料来源:Yi Ju. 星巴克以激励制度带来员工微笑[OL]. [2015-04-25] https://www.stockfeel.com.tw/author/stockfeel/2015/04/25.

### 3. 员工行为直接影响到服务质量

(1)服务人员直接影响服务的可靠性。在以人为基础的服务中,服务人员的可靠性就意味着服务的可靠性。如果一位医生精神恍惚,那么他的诊断质量在病人看来就很不可靠。所以服务企业应该重视员工状态的稳定性,并加强对员工服务行为的监督、控制。

(2)服务人员直接影响服务的响应性。一名反应迟钝的西餐厅服务员,肯定无法适应不同顾客多变和多样化的需求。服务企业应该筛选头脑灵活、反应快的一线服务人员,并向他们适当授权,使他们有能力及时解决顾客的问题。

(3)服务人员直接影响服务的安全性。一名律师缺乏经验并对委托人流露出不耐烦的态度,会使客户对律师事务所的服务质量感到不放心、不安全,甚至敬而远之。服务企业应该选择具有一定服务资质、经验和能力的员工为顾客服务,并且培养他们对顾客的谦恭态度。

(4)服务人员直接影响服务的移情性。除了投入脑力和体力外,服务工作还要求服务人员投入感情。热情、敏感和富有同情心的员工,将使顾客感觉到自己是独特的个体。因此服务企业应尽量招募和筛选感情细腻型劳动者,让他们承担一线服务工作。

(5)服务人员直接影响服务的有形性。服务人员本身就是服务的一种有形表现。服务人员的仪表、穿着、打扮、表情、姿势、动作乃至化妆品的气味等,都会影响顾客对服务质量的感知。服务人员应具有整洁的仪表和优雅的风度。

### 4. 服务人员是服务营销的人格化

首先,服务人员就是服务本身。许多服务本身主要就是直接向顾客提供人员,如保姆、美容、律师事务所、学校、医院等。这些服务机构的服务质量在很大程度上取决于服务人员。即使不直接提供人员的服务,人员因素也是主要的,如银行的自动取款机要保持正常的服务,必须有人维护。

其次,服务人员是服务机构的化身。在顾客眼里,服务人员就是服务机构本身,服务人员代表着服务机构,服务人员的行为、素质和形象直接影响顾客对服务企业的感知,服务人员的一言一行都影响到整个服务企业的形象,客观上具有整体意义。同时,由于服务的无形性和同步性,顾客经常把服务人员的表现作为评价服务质量的重要依据。因此,服务人员本身就是服务的一部分,也是企业服务营销的人格化。

### 9.1.2 跨边界角色

**1. 跨边界角色的定义**

跨边界角色是指联结组织和外部环境的人。扮演跨边界角色的员工通过与非组织成员的交往创造了组织的这种联结。跨边界角色具有两个重要的作用，即信息的传输者和组织的代表。

跨边界人员从外部环境收集信息并反馈给组织，他们代表组织与环境沟通。跨边界人员也是组织的代表。可以根据从辅助服务角色到专业性服务角色的连续谱（见图 9-3）对跨边界人员进行分类。这个连续谱的一端是辅助服务角色，传统上，他们附属于组织和顾客。辅助服务角色的例子包括服务员、汽车司机，以及接待外部来访者的接待人员。

图 9-3 跨边界角色的范围

资料来源：K 道格拉斯·霍夫曼，约翰 E G 彼得森. 服务营销精要：概念、策略和案例 [M]. 胡介埙，译. 大连：东北财经大学出版社，2009.

专业性服务角色处于这个连续谱的另一端。专业人员也是跨边界人员，但他们的状况与辅助提供者有着较大的不同。由于他们的专业资格，专业服务提供者拥有独立于组织的地位。顾客并不比专业人员优越，因为顾客承认专业人员拥有他们需要的专业知识。

**2. 跨边界角色会遇到的压力**

作为跨边界角色，无论其有多高的技术水平，享受多少薪酬待遇，在工作中都会面临较大的压力。这些岗位不仅要付出劳力和劳动技能，还要付出大量的个人情感。他们经常需要处理个人以及组织之间的冲突；同时，如何处理实际工作中服务质量与服务效率之间的平衡关系也很重要。

（1）工作中需要付出大量的情感。为了给顾客提供优质的服务，一线员工在付出体力、脑力以及相应的技能之外，还得付出自己的情感。在付出的过程中，即便一线员工明知道有的顾客可能今后永远不会再见面，他们还是得向顾客微笑、保持视线接触，与顾客友好交谈，这些都要求一线员工付出大量的情感劳动。

（2）经常要面对各种冲突。在服务工作中，一线员工经常会面对很多个人或组织之间的冲突。如果忽略了这些冲突或处理不当，他们就会产生工作压力，对工作不满意，服务能力随之下降。一线员工在提供服务的过程中代表的是组织，不得不与许多顾客打交道，因此必然会遇到各种冲突，这些冲突包括：

1）个人与角色的冲突。企业要求员工扮演的角色与员工本人的价值观、性格和自我认识有冲突。企业通常会要求一线员工按工作要求行事，而员工可能会感到这些要求不符合他们的理念与个性，从而造成自我与角色的冲突。个人与角色的冲突也会由于要求员工的着装或改变其他某方面的形象以适应工作要求而产生。另一种冲突来自对员工与顾客关系之间相对弱势控制能力：顾客基本上决定了服务活动的开始与终结，而在自然发生的关系中,双方控制互动的权力均等。

2)企业与顾客之间的冲突。一线员工经常面临两难:是遵守企业的规则还是满足顾客的要求。通常来说,企业制定了相应的规章和程序,并要求服务人员遵守。但是企业所制定的标准、规章与顾客的服务需求或许会存在不一致,在这种情况下,员工就需要处理顾客要求与企业的服务规章、标准和程序之间的冲突。这种问题在不以顾客为中心的企业中十分常见。

3)顾客内部的冲突。当两个或更多的顾客有不同的服务期望时,很容易引发顾客之间的冲突。顾客间的冲突在很多服务中都很常见,如超市结账时有人插队、在公共场所有人大声喧哗、禁烟区吸烟、餐馆中高声打电话、公交车上抢座位等。当出现这些情况时,顾客往往要求服务人员介入,去纠正那些不守规则的顾客的行为,并解决双方之间的纠纷。

(3)难以在服务质量与服务效率之间实现平衡。在提供服务的过程中,一线员工不仅要考虑工作的效率,还得考虑服务的效果。企业通常要求一线员工高效率地工作,为尽可能多的顾客提供服务,以确保企业的经济效益。顾客则要求员工热情周到地为自己提供优质的服务。要有效地平衡服务的数量与质量,既使企业获益又让顾客满意,可以说是非常困难的,这会给服务人员带来很大的工作压力。尤其是在顾客要求一线员工提供个性服务时,服务效率和服务质量之间更是难以达到平衡。

---

**专栏**     **想留住好员工,这九件事先弄清楚**

经理人经常抱怨他们手下最优秀的几名员工跑到敌人阵营效力。其实管理者在怪罪员工出走的同时,更应该思考,除了更高的薪水之外,这群优秀工作者离开的真正原因是。

如果你能仔细探究,说不定会发现他们离开的原因可能跟薪水没有太大关系,问题说不定出在你的管理方法上。《创业家》杂志提出九点好老板绝对不会对优秀员工做的事,一起来看看,你有没有在无心之中踩到这几颗雷。

**1. 你让他们过劳**

对于优秀员工而言,没有什么比过劳更严重的事情了。但矛盾的是,正因为员工优秀,所以才有过劳的情况发生。但管理者常常落入这个陷阱,让优秀的员工负担超额的工作量,这种状况常常会让员工觉得自己好像因为太过"优秀"而被"惩罚"。

斯坦福大学的最新研究表明,当每周工作时数超过 50 个小时,员工生产力就会下降;当每周工时达到 55 小时,员工就什么也做不好。

如果你不得不让优秀员工负担更多的工作,那你最好做出相等的补偿,加薪、晋升都可以。若你又要马儿跑,又要马儿不吃草,你也别怪优秀员工挂冠求去,找另外一个伯乐给他们应得的报酬。

**2. 你不愿意正面承认他们的贡献**

人们总是低估拍拍后背,说声"辛苦了"的力量,适当的口头奖赏是激励员工努力工作的内在动机，每个人都有荣誉感、喜欢被表扬，经理人得找出表扬哪些事情会让员工感觉良好，然后在适当的公开场合给予口头赞赏。

### 3. 你不关心自己的员工

有超过半数的员工离职，是因为他们跟老板的关系不睦。聪明的公司跟经理人懂得在"敬业"跟"会做人"之间取得平衡，失败经理人会刻意忽略员工离职率，没有人愿意为一个对自己漠不关心的人每天付出 8 个小时（甚至更多）的工作时间。

### 4. 你不兑现你的承诺

承诺可不能随便乱给，若你在员工达标时却没有履行，你就等着看他们走出公司大门吧。当你能够履行承诺时，就说明你是值得信赖与尊敬的（这也是当老板很重要的两个特质）；反之，若你反悔、打模糊仗，就很容易让员工产生"反正老板都不兑现自己的承诺了，我又为什么要遵守规则"的心态。

### 5. 你们招聘了错的人跟优秀员工一起工作

愿意努力工作的人，大都希望与志同道合的人为伍。当管理者找不来一样优秀的员工与之共事，反而净是一些歪瓜裂枣，只会让优秀员工觉得自己受到侮辱，进而选择离开。

### 6. 你浇熄他们对于工作的热情

优秀员工对于工作充满激情、勇于把握机会，但许多经理人总是希望员工在既定的框架里工作，不求员工有突出表现，只希望他们不要添乱就好，这种心态会让员工失望。许多研究表明，若你能让员工做自己有兴趣、热情的事，他们的工作效率会比常态性工作提升 5 倍不止。

### 7. 你没有让他们有发挥的空间

良驹需要有伯乐发现，璞玉也需要被雕琢。优秀员工多半是由经理人发掘的，因此你得给员工更多的发挥空间，"自主性""赋权"跟"相信"员工，一定不能只停留在口号阶段。

### 8. 你不让他们有创造空间

优秀员工会试图改善工作领域中的一切事务，但若你阻绝了他们可以改变的权力，只因为你觉得安于现状最舒服，这不只限制了他们的发展，也限制了你自己的视野，也别怪员工想走人。

### 9. 他们没有挑战的目标

优秀员工总是尝试想要跨出舒适圈，管理者应为他们设立高标准、帮助他们寻求挑战的动力，而在他们寻求挑战的同时，管理者也得尽一切力量协助他们取得成功。

当优秀员工觉得自己的工作太简单、太无趣，他们就会寻找下一个挑战，试图让自己有升级的空间。

优秀员工大都像钉子一样有着惊人的毅力与耐力，因此足以应付诸多挑战，但你得记住，优秀的工作表现同时也让他们的选择更加丰富，随时都会有人准备挖走他们。如果你希望团队中最优秀的人留下来为你效力，那你就得仔细考虑要如何对待他们，让这群人心甘情愿地为你工作。

资料来源：陈书榕. [2015-11-09]. https://www.managertoday.com.tw/articles/view/51539.

## 9.2 内部营销

内部营销是把员工当成消费者、取悦员工的哲学。企业在内部营销上花的每分钱和每分钟对其外部关系都会产生倍增的价值。内部营销的实质是，在企业能够达到有关外部市场的目标之前，必须有效地运作企业和员工间的内部交换，使员工认同企业的价值观，为员工提供内部服务。

### 9.2.1 内部营销：一个战略问题

"内部营销"这一术语始于内部市场的概念。因为营销工作者在真正开始对外部顾客或潜在顾客实施营销前，必须确保他们理解并接受外部营销活动以及企业提供的服务内容。

如果企业的员工没有获得充分培训，他们对工作及内部顾客、外部顾客的态度就会变得恶劣，或者无法得到来自内部系统、技术、内部服务提供者及其经理的足够支持，这种企业根本没有办法成功。因此，尽管信息技术的开发和高技术含量的服务的成长势头正猛，内部营销仍然是一个战略问题。如果高层管理者认识不到内部营销的战略作用，那么内部营销方面的投资就会被浪费。

内部营销的重点在于组织中各个层级之间应建立良好的内部关系，这样，在与顾客接触的员工、参与内部服务过程的支持员工、团队领导以及各级经理的头脑中才会有服务导向和顾客导向思维。但仅有思维方式是不够的，还要有足够的技能和支持系统，因为它们也是内部营销的一部分。

### 9.2.2 内部营销的概念

对内部营销日益增加的需求要归结于企业中人的因素日益受到重视。在服务竞争中，制造业中的方法已不再有效，取而代之的是服务业的方法。服务的重要性日益增强，企业认识到训练有素并且具有服务导向的员工超过原材料、生产技术或产品本身而成为企业的关键资源。随着服务过程中信息技术、自动化和自助服务系统的引入，服务的技术化似乎是理所当然的。但时至今日，员工在服务中的重要性并未减少。面对冰冷的技术，员工与顾客的频繁接触更能让顾客持续地对服务感到满意。在这种情况下，采用高技术过程似乎是理所当然的，因此当顾客和服务员工发生互动的时候，顾客关系就会有维系和破裂两种结果。

在互动营销过程以及顾客关系管理中，员工的作用非常重要。专职营销人员并不是营销工作中唯一投入的人力资源，有时甚至不是最重要的。在顾客关系中，肩负其他责任（生产作业、送货、技术服务、索赔管理或其他不被视为营销过程的职能）的员工数量常常超过专职营销人员。然而，这些员工的顾客导向、服务意识在顾客对企业的理解以及今后顾客对企业的惠顾中起着关键作用。因此,对于实施营销导向并为顾客提供满意服务的组织,每个部门都必须具备顾客导向和服务顾客的意愿。

内部营销的概念是:在服务意识的驱动下,通过一种积极的、目标导向的方法为创造顾客导向的企业绩效做准备,并在组织内部采取各种积极的、具有营销特征的、协作方式的活动。在这个过程中,处于不同部门和过程中的员工的内部关系得以巩固,并共同以高度的服务导向为外部顾客和利益相关者提供最优质的服务。○

### 9.2.3 内部营销的重要性

内部营销措施可以是指那些为了达到某一特定目标而采取的短期的、具有针对性的举措。这些短期内部营销举措可以帮助企业完成重要的工作,如实施新方案、适应变化、克服困难、应对公司被并购后的生存问题等。

但更重要的是,内部营销是一个不断与员工分享信息,并且认可他们所做出的贡献的过程。这一持续的过程是构建健康企业文化的基础,员工在这种文化氛围内遵循"我为人人,人人为顾客"的理念。持续不断的内部营销也是创建世界一流公司的基石。

---

**小案例 9-2    丽思卡尔顿酒店:照顾好那些照顾顾客的人**

丽思卡尔顿酒店世界闻名,其主要业务是在全世界开发与经营豪华酒店,总部设在美国亚特兰大。

丽思卡尔顿的创始人恺撒·丽思(Cesar Ritz)被称为世界豪华酒店之父。他于1898年6月与具有"厨师之王,王之厨师"美誉的August Ausgofier一起创立了巴黎丽思酒店,开创了豪华酒店经营之先河,其豪华的设施、精致而正宗的法国餐饮,以及优雅的上流社会服务方式,将整个欧洲带入一个新的酒店发展时期。随后他于1902年在法国创立了丽思卡尔顿发展公司,负责丽思酒店特许经营权的销售业务,后被美国人购买。

与其他国际性酒店管理公司相比,丽思卡尔顿酒店管理公司虽然规模不大,但是它管理的酒店却以最完美的服务、最奢华的设施、最精美的饮食与最高档的价格成了酒店之中的精品。

丽思卡尔顿专门盯准公务出行者和旅游者当中最顶端的那部分,并投其所好。公司的信条树立了崇高的顾客服务目标:"在丽思卡尔顿,对客人们真挚的关心和照顾是我们的最高宗旨。我们保证为客人们提供最好的个人服务和设施,让客人们总能享受到温暖、舒适而雅致的氛围。在丽思卡尔顿的经历将让你眼前的景象充满生气,让快乐悄悄地渗入你的生活,甚至满足客人们没有表达出来的愿望和需要。"公司的网页上写道:"在这里,静谧与和平萦绕着你。家里的那片天地,现在就在你身边。"

为了实现这个目标,公司首先提出了"照顾好那些照顾顾客的人"的口号。整个酒店连锁在挑选人员的时候都分外精心——他们找的是那些关心他人的人。一旦被选中,员工

---

○ 克里斯廷·格罗鲁斯. 服务管理与营销:服务竞争中的顾客管理(原书第3版)[M]. 韦福祥,等译. 北京:电子工业出版社,2008:276.

们就要接受如何照料顾客的集中培训。新员工还要参加为期两天的定向活动，公司的高层主管会向他们灌输丽思卡尔顿20条基本准则。第一条就是：每个员工都必须了解和掌握公司的信条，并且付诸实践。

员工们为了确保不失去任何一个顾客，学习一切所需的知识和技能。公司的员工都知道，不管是谁，只要你收到了顾客的投诉，那么在投诉解决之前，这项投诉就归你负责处理（第八条基本准则）。无论哪个部门的员工，无论他正在做什么，都必须放下手中的事情去帮助顾客。丽思卡尔顿授权员工可以当场处理问题，无须请示上级。每个员工最多可以花2000美元去补偿顾客感到的不公待遇和委屈，而且只要是为了让顾客高兴，员工就可以突破自己的常规权限。

丽思卡尔顿向员工们灌输一种自豪感。员工们被告知："你们为别人提供服务，但你们不是仆人。"公司的座右铭中写道："我们是绅士和淑女，我们为绅士和淑女服务。"员工们明白自己在丽思卡尔顿的成功当中所扮演的角色。一名员工说："我们可能住不起这样的酒店，但我们能让那些消费得起的人们经常光顾这里。"

员工们也是这样做的。只要事关顾客满意度，再小的细节也不算小。与顾客打交道的人员要热情、真挚地问候客人，尽可能称呼客人的名字。员工还学习如何对客人们使用恰当的用语，如早上好、一定照办、乐意效劳、欢迎再来、不胜荣幸。其20条基本准则要求员工陪同客人到宾馆的陌生地方，而不能仅仅指一下方向；在电话铃响三声内必须面带微笑接起电话；在个人仪表方面要精心修饰并且充满自信。

丽思卡尔顿会挑选出并且奖励那些服务业绩出色的员工。根据其五星奖励方案，表现突出的人会得到同事或管理人员的提名推荐，获胜者将在庆功宴上得到名誉奖章。对于在工作现场表现突出的员工，经理们将授予其"金奖优惠券"，可以用它到礼品商店去兑换商品，也可以享受在酒店免费过周末的待遇。丽思卡尔顿通过一系列活动进一步奖励和激励其员工，比如"超级运动节""员工智力赛""家庭野餐""午餐""员工加入公司的周年纪念"，以及在员工餐厅举行的特别主题活动。通过这些举措，丽思卡尔顿的员工们就像他们的顾客一样满意。员工每年的流动率都低于30%，而其他的豪华宾馆为45%。

资料来源：http://www.doc88.com/p-957282753322.html。

总体而言，内部营销的重要性可概括为以下四个方面。

（1）内部营销有助于激发创新精神。服务企业通过提高对内部顾客——员工的服务，激发员工对服务工作的热爱与对外部顾客服务的热情，使员工从被动工作变为主动工作，从单纯地被管理变为积极参与管理过程，这必然会提高员工主动服务的意识，充分发挥自身主观能动性，致力于改进服务流程和进行服务创新工作。

（2）内部营销有助于减少内部矛盾。服务营销需要不同部门的共同协作，各个部门处于工作流程的不同环节，内部营销通过有效沟通可以减少工作中的误解，从而减少内部各部门之间的矛盾。

（3）内部营销有助于提高工作效率。内部营销要求企业内部像为顾客提供服务那样为一线员工提供内部服务，这会使各部门员工提高内部服务意识，营造出平等、和谐、互助的工作氛围，减少人际关系摩擦及不同服务环节的推诿扯皮现象，从而提高整体工作效率。

（4）内部营销有助于推进企业文化建设。内部营销强调员工满意度的重要性，强调对员工价值的认同，这会增强员工的荣誉感和归属感，自觉维护企业的对外形象，并信守企业的对外承诺。内部营销的信息沟通还可以使员工及时了解企业的经营战略，当所有员工都能响应企业经营的战略并相互合作时，企业文化才真正深入人心。

### 9.2.4 内部营销的两个方面

内部营销牵涉两个具体的管理过程，分别是态度管理和沟通管理。

**1. 态度管理**

服务企业必须管理所有员工的态度，以及他们的顾客意识和服务意识产生的动机，这是在一个致力于使服务战略占得先机的组织实施内部营销的先决条件。

**2. 沟通管理**

经理、主管、与顾客接触的员工和支持人员需要各种信息以完成他们的工作。这些信息包括工作规定、产品和服务的特征以及对顾客的承诺(如在广告中做出的承诺和销售人员做出的承诺)等。他们同样需要与管理层就其需要、要求、对提高业绩的看法及顾客需要等内容进行沟通。这是内部营销的沟通管理。

如果企业想有良好的业绩，态度管理和沟通管理是必需的。企业可以展开沟通管理，但经常将其视为单向发生的。在此种情况下，内部营销管理通常以活动的形式进行。企业会给员工派发内部宣传品和小册子，并举办内部会议，在会上给与会者口头或文字的信息，但基本上没有什么沟通。经理和主管并不认为他们有必要进行反馈或做双向式沟通，对员工予以认同或鼓励。员工虽然得到了许多信息，但其中很少有鼓励。当然，这意味着他们接收的大量信息对他们本身没有什么重要的影响。组织内部缺乏态度上的必要转变和针对优质服务及顾客意识的激励措施，使员工无法得到有益的信息。

如果识别出并考虑到内部营销中关于态度管理的实质和需求，内部营销就成为一个持续的过程而不是一次或一系列的活动，每个层级的经理和主管的作用就要更加积极，这样企业就会取得更好的营销效果。

总之，一个成功的内部营销过程需要态度管理和沟通管理的支持。态度管理是一个持续的过程，而沟通管理可能更像是一个包括在恰当时机出现的信息活动的独立过程。但是内部营销的这两个方面也存在相互影响的关系。从本质上说，员工可以共享的大多数信息对态度均有重要影响。例如，与顾客接触的员工在事先得到广告活动通知后对于兑现广告所做的承诺会有更积极的态度。总经理和各个部门经理、主管和团队领导的任务就是一起进行态度管理和沟通管理。

## 9.2.5 内部营销的三个层次

原则上讲，在下列三种情况下，企业需要引入内部营销。[⊖]

### 1. 当需要在企业创建服务文化和服务导向时

当服务导向和对顾客的关注成为组织中最重要的行为规范时，企业中就有服务文化存在。将内部营销和其他活动一起应用是培育服务文化的一个有力手段。在此种情况下，内部营销的目标有：

（1）帮助员工理解和接受企业目标、战略、战术，以及产品、服务、外部营销活动和企业的流程。

（2）形成员工之间良好的关系。

（3）帮助经理和主管建立服务导向型的领导和管理风格。

（4）向所有员工传授服务导向的沟通和互动技巧。

实现第一个目标是至关重要的，因为员工必须认识到服务、服务导向、顾客意识及自己承担兼职营销人员职责的重要性。做不到这一点，员工就无法了解企业所要达到的目标。第二个目标同样重要，因为建立与顾客及其他方面良好的外部关系的基础是组织内部的和谐气氛。由于服务导向管理的手段和沟通、互动技巧是建设服务文化的基础，因此第三个和第四个目标也是非常重要的。

### 2. 当需要员工保持服务文化和服务导向时

内部营销在保持服务文化方面十分重要。服务文化一旦建立，企业就必须以积极的方式去维护，否则员工的态度很容易发生转变。在保持服务导向时，内部营销的目标包括：

（1）确保管理手段能够鼓励和强化员工的服务意识和顾客导向。

（2）确保良好的内部关系能够得到保持。

（3）确保内部对话能够得到保持并使员工收到持续的信息和反馈。

（4）在推出新产品、新服务及营销活动和过程之前，要将其推销给员工。

这里最重要的内部营销事项莫过于经理和主管的管理支持，他们管理风格和手段至关重要。当主管把目光集中在为顾客解决问题而不是强调企业的规章制度时，员工会觉得十分满意。

由于管理层无法直接控制服务过程和服务接触中的关键时刻，企业必须开发和保持中间控制，如通过创造让员工感到能指导自己的思想和行为的企业文化来实行间接控制。在这个持续不断的过程中，每一个经理和主管都要参与进来。如果他们可以鼓励自己的员工，可采用公开沟通渠道(正式的和非正式的)并确保能反馈到员工那里，服务文化就有可能持续下去。经理和主管有责任维系良好的内部关系。

### 3. 当需要向员工进行服务及营销相关内容的介绍时

在企业规划和推出新产品、服务或营销活动时，如果没有在内部员工中做足够的推

---

[⊖] 克里斯廷·格罗鲁斯. 服务管理与营销：服务竞争中的顾客管理（原书第3版）[M]. 韦福祥，等译. 北京：电子工业出版社，2008：279-280.

广工作，就需要开展内部营销以系统地解决问题。相反，如果无法知道企业发生了什么，对新产品、服务或营销活动不甚了解，或者要从报纸、电视广告甚至顾客那里才能得知企业的新服务及广告活动时，无论是与顾客接触的员工还是支持员工都无法表现良好。有利于新产品、服务和外部营销活动及过程的内部营销目标包括：

（1）使员工意识到并接受即将开发以及推向市场的新产品和新服务。

（2）使员工意识到并确保接受新的外部营销活动。

（3）使员工意识到并接受新方式，即应用新的技术、系统、程序来控制或影响内外部关系及公司互动营销业绩的不同任务。

### 9.2.6 内部营销的整体目标

从关系的角度看，内部营销的目的在于创造、维护和强化组织中员工(不管他们是与顾客接触的员工还是支持人员，是团队领导、主管还是经理)的内部关系，更好地促使他们以顾客导向和服务意识为内部顾客和外部顾客提供服务。而实现上述目标的前提是员工要拥有所需的知识和技能，并能够获得来自经理、主管、内部服务提供者、系统和技术方面的支持。

只有员工感觉彼此信任，并首先信任企业及管理层可以持续以顾客导向和服务意识提供他们所需的物质及思想支持时，企业良好的内部关系才可以实现。我们可以将这种信任的感觉描述成"心理契约"，这种契约在管理者和员工之间、支持员工与和顾客接触的员工之间以协议方式存在，他们可以感知彼此在内部关系中的付出和收获。

从关系导向的内部营销的目标来看，内部营销可以有四个特定的整体目标[⊖]：

（1）确保员工所做的具有顾客导向和服务意识的工作能够得到激励，并可以在互动营销过程中成功地履行自己作为兼职营销人员的职责。

（2）吸引和留住好员工。

（3）确保在组织内部及网络组织中，与合作伙伴相互提供顾客导向式的内部服务。

（4）为提供内部服务、外部服务的人员提供充足的管理和技术上的支持，使他们可以作为兼职营销人员充分地履行职责。

当然，内部营销最主要的目标是创造内部环境和实施内部活动，使员工更加乐于从事兼职营销工作。但是，第二个目标和第一个目标是相辅相成的，内部营销工作越彻底，企业对员工就越有吸引力。第三个目标是第一个目标的延伸。第四个目标是维持顾客导向的行为方式及使兼职营销人员在实践中表现良好的必要前提。这些整体目标可以根据当前环境的特点发展成更加具体的目标。

## 9.3 服务人员管理策略

任何服务企业的管理者都希望服务人员能够为顾客提供卓越的服务，从而使企业在

---

[⊖] 克里斯廷·格罗鲁斯. 服务管理与营销：服务竞争中的顾客管理（原书第3版）[M]. 韦福祥, 等译. 北京：电子工业出版社, 2008: 278.

日常经营中获得持续的成功。那么企业应该如何对服务人员进行管理呢？从内部营销文献来看，企业在管理服务人员时，使用的管理策略主要有以下两种：一是营销管理策略。企业将员工看作内部顾客，将针对外部顾客所使用的一整套营销技术和手段用来管理员工，包括引入市场营销观念，对内部员工进行市场调研，运用STP战略对所有员工进行市场细分、内部定位，采用营销组合来满足不同内部目标市场的需求，使员工满意。二是人力资源管理策略。企业主要通过雇用合适的人员，对这些人员进行培训、激励和授权，以及提供员工服务传递中所需的设备、技术和管理支持等，让员工有能力并愿意提供优质的服务，使企业能够兑现其服务承诺。

## 9.3.1 营销管理策略

一些国外学者受到运用于外部顾客市场的市场营销技术和方法的启发，将市场细分、营销组合等营销工具引入服务人员管理中，强调如何对企业的内部顾客进行营销管理。Berry（1981）提出将员工当作顾客，在企业内部运用营销技术来使之满意。Flipo（1986）建议在内部营销中使用市场营销组合来解决内部员工市场的相关问题。Collins、Brett和Payne（1991）讨论了内部市场的细分、市场战略和营销组合等问题。Helman和Payne（1992）也指出，内部营销被当作一种服务管理的方法，雇员被看作组织的顾客，组织使用传统市场营销的方法和营销组合来管理组织内部关系。从上述文献可以看出，市场营销技术和手段被学者建议作为管理服务人员的工具来使用。本书主要介绍营销管理中的营销理念、市场调研和市场细分。

**1. 树立内部营销理念**

营销理念对企业的成败起到决定性的作用，国外学者认识到营销观念对企业发展的重要性，率先将市场营销观念引入企业内部管理中，运用到企业与员工关系的处理上，形成了内部营销理念。内部营销理念就是要把员工当作企业内部的顾客，重视员工需求，通过满足员工需求来增进员工的满意度，使员工能够主动地向顾客传递优质的服务，从而实现顾客满意。企业要把员工当作顾客对待，使员工满意，这就要求企业以人为中心，重视员工，要在了解员工心理需求和行为特征的基础上，灵活地运用各种非强制性的管理方式，对员工进行人性化的管理，以满足员工需求，提高员工士气，进而使员工自觉自愿地实现企业目标。

**2. 开展市场调研**

企业开展内部营销，要把员工当作顾客一样善待，使员工满意，就必须了解员工的需求，这就需要进行内部市场调研。对员工的调查研究是内部营销不可缺少的重要环节之一，它既能体现出企业对员工的重视和关心，也能了解到员工情感和需求的情况。企业可以借用外部市场调查的各种方法对员工展开调查，也可以采取现场观察、小组座谈、会议、设立意见箱、网上交流等方法来了解员工素质、员工生产力、员工士气和员工满意度等情况。

### 3. 进行市场细分

市场细分的理论依据是顾客需求偏好存在差异性，同样，企业中员工的需求也是有差异的。通过市场细分，企业将所有的员工划分为不同的群体，有利于按照不同群体的需求特点采取差异化营销战略，有效地提升人力资源管理的效果。在对内部市场进行细分时，企业可以借鉴外部顾客市场细分的做法，采用人口变量、地理变量、心理变量和行为变量等细分依据。通常，企业使用年龄、性别、受教育程度、职位等人口变量对内部市场进行细分，操作起来比较简便，但由于员工对企业的奉献程度主要取决于员工的动机、情绪、实际工作行为，企业应侧重于以心理变量或行为变量作为细分依据来划分内部市场。

## 9.3.2 人力资源管理策略

有些学者认为，在开展内部营销的过程中，企业可以运用人力资源管理工具来实现特定的内部营销目的。Winter（1985）认为，内部营销是为实现组织目标，培训、激励和调整员工的过程。格罗鲁斯提出，内部营销实施的工具包括招聘工作的支持、培训员工、参与式管理、授权和信息沟通，通过在内部营销中运用这些人力资源管理工具，使员工具有顾客导向意识和主动销售意识，从而使企业在顾客满意的基础上实现目标。Zeithaml和Bitner（2015）提出，企业要成功实现以顾客为导向的服务承诺，就需要进行人力资源决策和制定人力资源策略。企业必须雇用正确的人员，给员工培训和授权、衡量内部服务质量和留住最好的员工，这样才能组建一支以顾客为导向、以服务为理念的员工队伍，实现内部营销的基本目标。从这些学者的研究成果来看，企业可以使用招聘、培训、授权、激励等人力资源管理策略对服务人员进行管理。

---

**小案例 9-3　　　希尔顿酒店凭什么入选"全球 25 家最佳职场"**

希尔顿全球是国际最具知名度的酒店管理公司之一，其下品牌包括豪华的全面服务酒店、度假村、公寓式酒店和中端酒店等。作为世界知名酒店，希尔顿已经成为优质服务的代名词。希尔顿自诞生之日起就将尽善尽美的服务作为追求的目标。创始人希尔顿就曾经说过："如果旅馆里面只有第一流的设备而没有第一流的服务员微笑，就如同花园里失去了春天的太阳和春风。"希尔顿酒店的优质服务，从公司对新服务人员的培训就可见一斑。

希尔顿入选"2016 年全球 25 家最佳跨国企业职场"（World's 25 Best Multinational Workplaces）凭借的是酒店员工对工作的评价、培训机会，以及对平衡工作与生活的支持等众多因素。希尔顿获表扬的原因在于它遍布 104 个国家和地区的酒店的员工给予了正面评价。2016 年希尔顿在 12 个国家的相关排行榜中均上榜，在中国和土耳其排名第一。

希尔顿总裁兼 CEO 克里斯托弗·J. 纳塞塔（Christopher J. Nassetta）表示：我们很高兴能够入选全球 25 家最佳跨国企业职场。酒店员工的辛勤付出、热忱和承诺是希尔顿成功的核心。我们共同创造了非凡的企业文化，使得我们能够为宾客以及出色的酒店员工提供全球最佳的酒店服务，这些酒店员工是本公司的核心和灵魂。

希尔顿在全球推出多项领先计划，旨在为酒店员工带来良好的环境、回报和职业生涯，包括：

① Go Hilton，这是一项专为酒店员工及其亲朋好友提供旅行折扣和补贴的计划。自2015年5月推出以来，该计划已用于预订80万次住宿。

② 通过"记录最棒的我"（Catch Me at My Best）、CEO奖（CEO Light & Warmth Awards）和"酒店员工感恩周"（Team Member Appreciation Week）等计划获得表扬机会，这些计划旨在从顾客、同事和管理者角度，对所有级别的酒店员工表示肯定。

③ 企业永续发展综合平台"带着目的去旅行"（Travel with Purpose），使得酒店员工能够通过"全球服务月"（Global Month of Service）、"带着目的去旅行"行动基金（Travel with Purpose Action Grants）和"地球月"（Earth Month）等庆祝活动来支持全球环境和社区。

④ 希尔顿大学，这是协助酒店员工规划并管理其职业生涯、培养技能以寻求进步的学习与发展资源。

⑤ 铸就希尔顿成为最佳职场的资源。The Heart of House 计划为当班酒店员工提供Wi-Fi等便利设施、供应受欢迎的食品，以及打造令人宾至如归的室内装饰。此外，酒店大厅是希尔顿汇集所有公司新闻信息的中心，包括全球酒店员工的日常最新信息、酒店新闻、高阶主管入住、社区推广活动等。

资料来源：Business Wire. 希尔顿入选"全球25家最佳职场"[OL]. [2016-10-28]. https://www.businesswire.com/news/home/20161028005388/zh-HK/. 有改编。

### 1. 雇用合适的人

员工努力是顾客满意度的重要驱动力，所以，保持员工乐于奉献和努力的意愿是很重要的。正如吉姆·柯林斯（Jim Collins）所说："古语说'人是最重要的资产'，其实是不对的。合适的人才是最重要的资产。我还想加一条：'错误的人是很难摆脱的债务。'要想把事情做对，就要从雇用合适的人开始。"众多成功的企业在员工招聘中都极为审慎，设定了高标准的要求，为选择一位合格员工可能要考察数十位应聘者。

尽管前台员工和后台员工都要进行深度考察，但对一线服务岗位，服务企业要重点考察应聘者是否具有交际能力、仪表仪态、合作能力、销售能力、观察能力和自我控制能力等方面。招聘服务人员时，需要在劳动力市场吸引最优秀的人才，并从这些候选人中挑选出最适合担任某一职位的人。在考察应聘者的过程中，应兼顾应聘者的服务能力和服务意愿。服务能力是指从事服务工作所必需的技能和知识，包括业务技能和社交技能。服务意愿主要反映员工对服务的态度以及在某个岗位上为顾客服务的观念。

应用练习9-1

假设你是一家高级餐厅的经理，需要雇用新的女服务员，你认为该服务人员需要具备什么素质？

## 2. 积极地培训服务人员

杰出的服务企业在员工培训上投入了大量的时间、资金和精力，并积极地开展培训活动。服务企业需要从以下三个方面培训服务人员：

（1）组织文化、目标和战略。培训和指导必须能让员工对公司的核心战略产生情感认同，并能促进核心价值观的发展。要强调"是什么""为什么"和"如何达到"。例如，迪士尼公司的新员工需要参加"迪士尼大学集训"，了解迪士尼公司的历史和经营理念、一线员工的服务标准，参观迪士尼的运营情况。

（2）人际技巧和技术技能。人际技巧是服务工作的关键，它包括可视的沟通技巧，如延伸接触、认真倾听、身体语言甚至是面部表情。技术技能包括所有与工作流程（如怎样处理商品退货）和设备（如怎样运行终端设备或现金设备）有关的必要知识，以及设计顾客服务流程的规则制度。人际技巧与技术技能都非常重要，缺少其一，服务工作表现都会受到影响。

（3）产品和服务知识。员工必须对企业的产品和服务了如指掌，否则就不能有效地向顾客解释产品或服务的属性，将其产品与竞争对手的产品进行比较，并帮助顾客做出正确选择。很多时候，知识丰富的员工是影响服务质量的关键一环。

培训的最终目的是使员工达到和维持理想的工作表现。为了达到这一目的，实践和提醒是必不可少的。监督者可以与员工一起探讨近期的顾客抱怨和表扬并总结经验。培训和学习使一线员工更加专业化。一个知晓食物、料理、品酒、用餐礼仪，以及能与顾客（甚至是那些爱抱怨的顾客）进行有效互动的餐饮服务生是非常专业的，他们会表现出高度的自信，也会得到顾客的尊敬。因此，培训可以帮助员工减轻个人或角色压力。

## 3. 合理地授权

高授权与高顾客满意度相联系。[⊖] 事实上，几乎所有服务企业的员工都会面对同样的问题，如服务补救、步行数公里去访问顾客或者为顾客挽回重要损失。为了能顺利处理这些问题，员工需要获得授权。研究表明，授权在组织及其服务场景出现以下情形时显得最为重要。

- 企业提供个性化、定制化的服务，并致力于创造服务产品的竞争性差异。
- 企业拓展与顾客的伙伴关系，而非短期交易关系。
- 企业使用复杂多变的技术。
- 服务失败情形多种多样，且无法脱离系统加以改进，一线员工不得不快速反应，实施服务补救措施。
- 商业环境不可预知，且可能出现突发情况。
- 为了组织及其客户的利益，当前的管理者愿意放手让员工自行处理一些情况。
- 员工对于提升和强化其工作环境中的技术具有迫切的需求，愿意与他人合作，并掌握良好的人际和群体工作技巧。

---

⊖ Bradley, Sparks. Customer Reactions to Staff Empowerment: Mediators and Moderators[J]. *Journal of Applied Social Psychology*. 2000, 30(5):991-1012.

合适的授权可以为企业带来以下几项重大收益：

（1）迅速对顾客需求做出反应。在服务提供过程中，得到授权的员工在顾客需要帮助时能够更快地做出决策，从而避免冗长的命令链，不必过多地向上级请示。一旦识别到顾客的需求，员工可以迅速采取行动，为顾客提供个性化的服务。

（2）增加员工的工作满意度和角色自豪感。允许员工对他们的服务工作拥有更大的自主权，不仅可以提高员工的工作满意度，还可以增强他们的自信心。给予员工决策的权力会使员工感到自己可以对顾客的满意度负责并掌握服务过程的主动权，会产生角色自豪感，感到自己的工作有意义，而不仅仅是服务生产过程中的一个不知名的、被动的角色。

（3）员工更热情地对待顾客。由于员工得到授权，因而对自己和服务工作产生更好的感觉，他们会将这种感觉倾注到对顾客的感情之中。满意且拥有权力的员工会更多地表示出对顾客的关心。被授权的员工能独立解决那些曾经很可怕但又无法回避的问题，顾客不再被员工看作讨厌又必须忍受的人，而是真正像贵宾一样受到欢迎。

（4）激发服务创新思想。被授权的员工经常会及时地提出一些新思想和新建议，因为他们具备了强烈的主人翁意识。另外，由于被授权员工经常出现在一线岗位，他们是特别好的服务创新思想的来源。借助这些思想，服务企业可以改善对顾客的服务并提高服务生产效率。

（5）正面口碑与顾客的保留。通过授权而使员工表现出色，也能提高顾客对组织的忠诚度，并促使顾客正面宣传服务企业。顾客如果从被授权员工那里得到出色的服务，他通常会与其他人分享其经历，甚至有可能成为联系组织与其他顾客的纽带。

### 4. 建立高绩效的服务团队

团队被定义为"一小群具有互补性技能的个体，他们肩负着共同的目标，拥有一致的绩效目标，在工作中彼此支持"。一些服务需要人们的团队协作。为了实现良好的合作传递，通常需要进行跨职能协作，特别是当每一个个体都扮演着特殊角色时。研究表明，一线员工认为如果成员间缺乏相互的支持，将阻碍他们满足顾客的需求。在一些行业中，公司需要建立跨职能团队，并明确其权利与义务，从而给顾客提供连贯的服务。

### 5. 激励员工

不成功的服务企业通常未能有效利用各种奖励办法。仅以金钱的方式是不能实现有效奖励的——支付高于合理水平的工资只是一种短期激励方式。员工希望获得持续的基于绩效表现的奖励，因此，对员工的激励措施应该是持续性的。除了以金钱为主要形式的奖励外，企业可以采用的持续性奖励员工的手段还包括工作内容本身、反馈与认可以及目标的实现等。

### 6. 持续性的监督和评估

管理者应当对员工的表现进行连续不断的监督。监督包括指引和评估两个部分：一方面，服务企业可以通过设计服务蓝图、规定服务行为标准，对员工的服务工作提供指引；另一方面，服务企业可以选择正式或非正式的信息收集方法，对员工行为做出评估。顾客意见卡和"走动式"管理都是经常采用的评估方法。服务企业也可以通过"秘密采购"（委托调查人假扮顾客去评价服务人员的服务表现）、偷偷观察、顾客反馈电话等方式，尽可能运用多种信息来源评价员工的业务技能和社交技能。

#### 7. 重视员工着装

许多服务企业面临是否统一员工着装的问题。员工着装类似于制造品的包装，二者皆肩负着重要的信息传递任务。参照迈克尔·R. 所罗门（Michael R. Solomon）在1985年的论述，统一员工着装有以下好处。

（1）提供有形展示。在服务消费过程中，顾客可以获取的用于评估服务质量的有形展示明显少于有形产品。统一的工作服为服务企业提供了增加服务有形展示的机会。

（2）传递信息。通过塑造符合服务特征和顾客期望的形象，工作服可以为顾客传递一些信息。员工着装可表明服务企业及其提供的服务是正式的还是非正式的，是时髦的还是传统的，是狂放的还是文静的，是超出期望的还是与人们的期望相符的。因此，服务人员的着装也是服务企业表达其市场定位的重要工具。

（3）降低风险。统一的着装使服务人员易于辨认，从而增加服务企业的可信度。当顾客寻找提供服务的人员时，统一的工作服会降低寻找难度。统一的着装可以暗示服务企业提供服务的目的，进而降低顾客的可感知风险。

（4）保证统一的形象。统一制服的另一个功能是使服务企业的员工显得整齐划一。相似的款式、颜色和造型，能激发一种稳定和可信赖的感觉。

---

应用练习9-2

对那些参加勤工俭学或在外兼职的同学进行一项调查，了解促使这些同学在工作中表现得更好的因素有哪些，在此基础上提出企业管理员工的相应措施。

---

## 9.4 顾客行为管理

服务是典型的生产和消费同时进行的活动。在服务传递过程中，一定程度的顾客参与是必不可少的。顾客行为会对服务消费的过程和结果带来一定的影响。

### 9.4.1 服务传递中的顾客

在服务提供和传递的过程中，顾客将不同程度地参与其中，并通过自己的行为影响服务的过程和结果。根据服务的特点和顾客参与的水平，可将顾客参与服务传递的水平划分为三种类型，即低水平的顾客参与、中等水平的顾客参与和高水平的顾客参与。不同的参与水平有着不同的特点，如表9-1所示。

表 9-1　服务传递中的顾客参与水平分类及其特点

| | 低水平的顾客参与 | 中等水平的顾客参与 | 高水平的顾客参与 |
|---|---|---|---|
| 特点 | 产品标准化<br>服务提供时不考虑顾客购买与否<br>付款可能是唯一要求的顾客投入 | 顾客投入使标准产品定制化<br>提供服务要求顾客购买<br>顾客投入是必需的，但由服务企业提供服务 | 积极的顾客参与指导定制化服务<br>离开顾客的购买和积极参与不能完成服务<br>顾客投入是必需的，并由顾客来创造共同结果 |
| 服务举例 | 航空旅行<br>汽车旅馆<br>快餐店 | 理发<br>年度体检<br>提供全方位服务的餐厅 | 婚姻咨询<br>个人培训<br>减肥计划<br>重大疾病或手术 |
| 企业顾客举例 | 统一的清洁服务<br>虫害控制<br>室内草木维护服务 | 创造性的广告代理活动<br>工资代发<br>货物运输 | 管理咨询<br>行政管理培训<br>计算机网络安全 |

资料来源：Hubbert A R. Customer Co-creation of Service Outcomes: Effects of Locus of Causality Attributions[D]. Doctoral Dissertation, Arizona State University, Tempe, Arizona, 1995.

## 9.4.2　在场的其他顾客

在大多数服务中，顾客或者与在场的其他顾客同时接受服务，或者与其他顾客先后接受服务。在这两种情况下，其他顾客有可能影响服务过程或结果，并对顾客的服务体验产生积极或消极影响。

有时，某些顾客的行为可能会对接受服务的顾客产生积极影响，即"其他顾客"的出现就会增加现有顾客的服务体验。例如，在体育比赛现场、电影院和其他一些娱乐地点，体验真正的娱乐，其他顾客的出现是必需的。在某些情况下，其他顾客为服务体验提供了一个积极的空间。在健康俱乐部、教堂，其他顾客提供了社交和建立友谊的机会，通过老顾客为新顾客讲授有关的服务和如何使用服务，可以使新顾客更快地适应。在一些情况下，如教学、小组评议和减肥计划，顾客实际上应彼此相互帮助，达到服务的目的和效果。

但是，其他顾客也可能引发破坏性行为、服务耽搁、过度拥挤、明显不兼容的需要，从而对服务体验造成消极影响。在餐厅、饭店、飞机和其他的环境里，顾客接受服务时紧挨在一起，哭泣的婴儿、抽烟的同伴及高声喧哗不守秩序的群体，都会破坏或减损其他顾客的服务体验。服务提供商没有直接的过错，但顾客是失望的。另外，如果服务人员满足部分顾客的过分要求，或者在某位顾客身上花费太多时间，将导致其他顾客觉得自己被忽视而产生不满。此外，当不同类型的顾客同时接受服务时，由于顾客对服务的需求和口味差异很大，会产生众口难调的局面。例如，在习惯被动听课和喜欢积极发表意见的学生面前，教师往往感到难以同时兼顾。

## 9.4.3　顾客的重要角色

在服务传递的过程中，顾客通常扮演的角色是生产资源、服务质量和满意的贡献者、竞争者等。

### 1. 顾客作为生产资源

如果顾客为服务提供付出了努力、时间或其他资源，他们应该被认为是生产资源的一部分。他们的付出使服务企业节省了本来应该雇用的员工，所以也可以视之为"兼职员工"。

通过把顾客当作生产资源的各种安排，服务企业可以提高服务生产力。美国西南航空公司依靠顾客扮演的重要角色，全面提高了公司的服务生产力。该公司要求顾客在乘坐其航班时，自己搬运行李，自带食物，按登机先后顺序就座。

由于顾客行为的难以控制，顾客参与服务生产也引起了一些争议，因为顾客的表现可能会对服务产品的质量和数量造成影响。一些学者甚至认为，顾客是服务结果不确定性的一个重要来源。

### 2. 顾客作为服务质量和满意的贡献者

服务质量和满意的贡献者是顾客在服务的生产过程中所扮演的另一角色。顾客也许不关心他们的参与是否有助于提高服务企业的生产力，但是，他们可能非常在意自己的需要能否得到充分满足，而有效地满足顾客需要必须依赖于顾客的积极参与。例如，提供保健、教育和减肥等服务的企业，要想获得良好的结果就必须高度依赖顾客的参与，即顾客必须有效地扮演其角色，否则，顾客就不可能得到预期的服务结果，其满意度也不会得到提高。

相关研究表明，以下三种顾客的态度和参与行为对感知服务质量和满意度的贡献较大。[⊖] 一是向服务企业或服务提供人员提问的顾客。顾客提问主要是因为自己对"做什么"和"怎么做"不清楚。而确定顾客在服务中应该做什么（顾客投入的技术质量）和怎么做（顾客投入的功能质量）是顾客参与的核心问题，它直接关系到服务质量。二是表现出对服务质量有责任感的顾客。责任感强的顾客，对服务失误带来的不满意程度较低。一般情况下，顾客的责任感与服务企业或服务人员的责任感有一定的关系。三是有抱怨行为的顾客。顾客抱怨对服务企业在保证和改进感知服务质量和顾客满意度等方面具有重要的价值。服务企业的产品改进、创新，服务质量的保证和提高大多源于顾客抱怨。

### 3. 顾客作为竞争者

顾客扮演的第三个角色是服务企业的潜在竞争者。在某些情况下，顾客可以部分或者全部为自己提供服务以满足自身需要，而无须通过服务企业或服务人员。这样，在一定程度上，顾客就成为提供服务的企业的竞争者。顾客经常面临这样的选择，是自己为自己服务（内部交换），如照顾孩子、维修房屋、修理汽车等，还是请他人为自己提供这些服务。

企业组织也经常面临这类的抉择，是选择企业内部完成服务生产还是外包。一般而言，企业更倾向于集中精力做好核心业务，而把一些基本的辅助性服务工作交给具有更强专业知识的个人或组织。

---

⊖ 瓦拉瑞尔 A 泽丝曼尔，玛丽・乔・比特纳，等. 服务营销（原书第 6 版）[M]. 张金成，白长虹，等译. 北京：机械工业出版社，2014.

> **小案例 9-4**　　　　　　　　**iPrint = 在线自助印刷**
>
> 　　在当前在线经营和以互联网为基础的服务环境下，顾客扮演着更加积极的新角色，顾客可以自行生产服务产品，而和服务供应商没有或仅有很少的个人接触。例如，iPrint 正在改变顾客和印刷公司之间交易互动的方式，这种改变导致顾客为自己提供服务，而传统模式下一砖一瓦都是由印刷公司来提供。iPrint 是一家以网络为基础的定制化印刷服务企业，标榜自己提供"行业内所能见到的最全面的自助式在线创制、在线订购的商务印刷环境"。
>
> 　　1996 年 iPrint 的网上商店开业，成为最早提供线上印刷服务的公司之一。在过去许多年中，iPrint 在电子商务创新、网站设计及顾客服务等方面赢得了众多行业奖项。它的成功主要归于它的商业运营模式。这种商业运营模式为顾客提供了一种容易的、可连续交易的途径，使其能够自行创制和订购所需的印刷服务。有时，这种方式仅以相当于传统印刷一半的成本提供。用一位满意顾客的话来说："自己设计印刷品本身就很有趣，更何况其质量还这么棒！你们是我在网络世界里最喜爱的公司！" iPrint 的顾客通过参与定制化印刷服务的生产创造了他们自己的价值。几乎没有什么图形设计知识的顾客都可以简单、快捷而方便地在家里或办公室完成范围广泛的产品设计。iPrint 的产品包括商务名片、笔记本、文具、各种各样的赠品和促销品。
>
> 　　创造性的图形设计是一个高度复杂的过程，需要考虑上百个变量的变化，iPrint 创造了一个简单的、分步递进的过程帮助顾客创造个性化的产品。顾客首先选择符合自己要求的现成的设计模板，再挑选纸张、字体、大小和颜色以及裁剪技术或商业标识，可供选择的范围相当广泛，然后检验完成的作品。除了通过说明书来一步步地教会顾客如何使用，iPrint 还通过邮件和电话提供服务。
>
> 　　尽管 iPrint 通过电子邮件通知顾客订单何时排印、何时印毕，顾客在订购后仍然可以通过跟踪整个订购、印制和发送过程，积极参与服务过程。iPrint 提供了 30 天的完整质量保证，以消除顾客定制线上打印材料时感到的风险。
>
> 　　iPrint 网上业务除了通过详细的提示说明进行广泛的顾客辅导，还提供了容易接入的常见问题页面。如果顾客认为需要，也可以通过电子邮件、电话和传真联络服务供应商。顾客参与设计自己的产品，印刷服务收费相应地大大低于他们通常需要支付的水平。iPrint 成功地把一个劳动密集型的手工操作的服务模式转变为自动化的具有自我服务功能的模式，这一模式使顾客得以自行创造价值和满意。由于顾客做了大量的工作，他们必然成为服务的"共同生产者"，提高了 iPrint 的生产力，降低了公司的成本。通过有效的共同生产服务，顾客也可以获得奖励、个性化服务以及更低的价格等好处。
>
> 　　资料来源：瓦拉瑞尔 A 泽丝曼尔，玛丽·乔·比特纳，等.服务营销（原书第 6 版）[M].张金成，白长虹，等译.北京：机械工业出版社，2014：216.

### 9.4.4　增强顾客参与的策略

　　服务企业在制定顾客参与策略时，应重点考虑参与服务生产的顾客类型及目前顾客参与的水平。一般来说，服务企业增强顾客有效参与服务生产和传递的营销策略主要有：①发展顾客自助服务；②选择、教育和奖励顾客；③管理顾客组合。

### 1. 发展顾客自助服务

顾客自助服务是指服务完全由顾客自行生产，没有公司员工的直接介入或与公司员工之间的互动。也就是说，服务企业通过向顾客提供某些服务设施、工具或用品来让顾客自行生产和消费其所需的服务。科学技术的迅速发展，特别是信息技术的发展，为服务企业更大范围地开发顾客自助服务提供了技术支持和保证。许多企业为了提高生产效益或满足自助顾客群体的需要，都或多或少地制定和实施顾客自助服务策略，如超市、便利店、自助餐厅、公交车的无人售票及银行的自动取款机等。

### 2. 选择、教育和奖励顾客

（1）定义顾客的角色。要使顾客参与更有效，服务企业应确定参与的顾客类型、参与水平和顾客承担的工作。顾客承担的工作包括帮助自己、帮助他人和为企业促销。如果顾客的角色在某些方面被定义为服务企业的"兼职员工"，服务企业就可以用类似针对正式员工的做法来影响顾客。

（2）让顾客预知自己的角色和责任。服务企业应该在外部营销沟通中，界定希望顾客扮演的角色和相应的责任。比如，减肥俱乐部在招收成员时，传达了顾客必须节食以配合减肥过程的信息。顾客通过预知他们的角色和在服务过程中对他们的要求，可以自主选择是否接受服务。顾客的自主选择减少了服务过程的不确定性，有利于企业吸引到符合角色要求的顾客。

（3）向顾客提供服务预览。服务预览是指事先向顾客传递有关服务过程和结果的信息。服务预览可以降低顾客的焦虑和担忧，增强顾客对服务过程的控制感。例如，医疗机构通过音像资料和图片，向患者介绍某种脑科手术的过程和治理效果，降低顾客对手术风险的担忧，并促使顾客对服务形成合理的期望。

（4）教育顾客。教育顾客能有效地使顾客扮演在服务中的角色。大学 MBA 班常对新生进行入学教育，使其预知学校的文化、规则、对学生的期望。健身中心配备专业教练，训练顾客如何跳健身操，并向他们示范如何正确地使用健身器材。

（5）在服务过程中为顾客提供指引。在服务现场，顾客需要方位指引（如我在哪里，我怎么从这里到那里）和功能指引（如服务过程是什么及我应该做什么）。

（6）对顾客的贡献进行奖励。对有效参与的顾客给予回报，以激励其继续积极参与。一些会计师事务所在客户和会计师会面之前，让客户填写各种表格。对于正确完成这些表格的顾客，事务所将减少服务收费作为回报。

（7）避免不恰当的顾客参与带来的消极后果。如果顾客对服务系统或服务传递过程不了解，就会导致服务过程缓慢，对自己、服务人员和其他顾客产生消极影响。例如，顾客第一次去西餐厅，由于对西餐品种和用餐器具不了解，导致点菜过程大费周折。顾客甚至可能因为挫折而对一线员工发泄不满，对员工情绪造成消极的影响。顾客不能有效地完成自己的角色，也会导致服务人员无法提供令顾客满意的服务结果。例如，如果民事诉讼委托人不能向律师提供必要的真实信息和证据，就可能影响诉讼的结果。

### 3. 管理顾客组合

管理顾客组合，有时也被称为"顾客兼容性管理"。"兼容性管理首先是一个吸引同类型顾客进入服务环境的过程；其次，对有形环境及顾客之间的接触进行主动管理，以此来增加令人满意的服务接触，减少令人不满意的服务接触。"⊖

对顾客组合进行有效的管理，也是加强和激励顾客有效参与服务生产和传递的重要策略之一。由于服务的生产与消费的同步性，顾客作为服务生产的合作者，更多地出现在服务过程中。因此，同时接受服务的顾客之间，以及接触服务的顾客与等待接受服务的顾客之间在很大程度上存在着相互影响，他们之间的相互影响或积极或消极。针对一些消极影响现象，如果服务企业或服务人员不能有效地加以控制和管理，势必降低顾客服务接触的感知质量，最终可能降低顾客的满意度。

实现顾客组合有效管理的方法之一是求同存异。所谓"求同"，就是服务企业通过认真的市场细分，最大限度地确定相似的顾客群体，以增加顾客间的兼容性。求同策略类似于传统营销中的市场细分策略。所谓"存异"，就是服务企业或服务人员把具有相似性的顾客群体安排在一起接受服务，或把差异性大的顾客分开接受服务。

对顾客组织实施有效管理的另一种方法是服务企业通过顾客"行为规则"，约束某些顾客行为，减少顾客彼此之间的消极影响。例如，在医生为顾客提供服务时，要求顾客积极与医生配合。另外，提高服务提供人员的组织和协调能力也是有效管理顾客的一种方法。服务提供人员在服务的生产和传递过程中，要具有对不同顾客需要进行观察和协调的能力。一线服务员必须善于观察顾客之间是否兼容或相互影响，并对潜在的顾客冲突具有敏感性，这样才能协调好顾客之间的关系，并在特定的服务环境下主动促进顾客间的积极接触。

## 9.5 人工智能机器人对服务人员的影响

科技发展的步伐无人能挡，以前在科幻电影中才能看到的科技元素正逐渐走入人们的日常生活。在服务业中使用人工智能机器人的热潮正席卷而来。随之而来的是人工智能对服务人员的影响问题，即未来是否会因服务业企业大规模采用人工智能技术，导致人类劳动力大规模被机器取代而失业。英国《经济学人》(*The Economist*) 于 2016 年发布了调查报告《真实世界的人工智能：商业案例正在形成》(*Artificial Intelligence in The Real World:The Business Case Takes Shape*)，该报告是 Wipro Limited⊖ 资助，由《经济学人》

---

⊖ Martin C I, Pranter C A. Compatibility Management: Customer-to-customer Relationships in Service Environments[J]. *Journal of service marketing*, 1989, 3(8):5-15.

⊖ Wipro Limited 是印度领先的完整服务解决方案供应商，也是印度领先的有价值的信息科技外包和业务流程外包企业。

专门从事预测、经济议题研究分析的经济学人智库（Economist Intelligence Unit, EIU）完成。该报告以全球金融服务业、制造业、零售业、健康与生命科学产业的 203 位高级主管为调查对象，其中 48% 的厂商为全球营业额超过 10 亿美元的大型企业。同时为补充问卷调查结果，还深度访谈了产业界的人工智能专家，包括 IBM、知名网络销售公司与人工智能研究中心的行政人员或专家等共 16 人。⊖ 对于人工智能对员工的影响，报告显示（见图 9-4）有 65%（含非常同意与部分同意）的受访高阶主管认为在未来五年内人工智能将取代人类的某些工作职位。

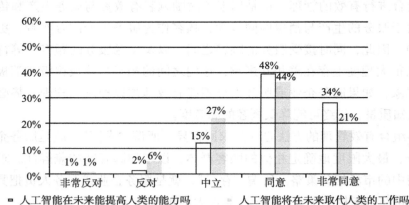

图 9-4　产业界对人工智能于未来工作影响的看法调查

资料来源：Matteo Berlucchi, et al. Artificial Intelligence In The Real World:The Business Case Takes Shape[R]. The Economist Intelligence Unit, https://www.eiuperspectives.economist.com/sites/default/files/Artificial_intelligence_in_the_real_world_1.pdf.2016.

该调查结果指出，产业界人士认为未来人工智能对人们的工作或职业生涯将带来许多便利，能提高工作效率，使工作变得更为简单。但同时，人工智能也可能使部分工作机会消失，或是原本由两个人才能完成的工作变成由一个人配合人工智能设备就能完成，这将引发失业的现象。

《日本经济新闻》和英国《金融时报》合作，针对制造、管理、医疗、教育、交通运输等 23 个产业领域中共 2000 项工作或业务，调查人工智能将带来的冲击（见表 9-2）。⊜ 调查结果显示，人工智能的最新进展使它在技术上可以自动完成许多以前只能由人类完成的任务，未来有超过三成比率的工作或业务存在被机器人取代的风险，其中以制造业的工作或业务被取代的比率最高。在制造业的 688 项工作或业务中，有 552 项能够被人工智能技术取代。这表示有高达 80.2% 的工作或业务在未来都不需要人类员工，包括焊接、装配组装、裁缝、制鞋等原本需要大量人力的工作，在未来均可由机器人或自动化设备完成，因此制造领域的劳动力是未来最有可能因人工智能技术引进导致失业的重灾

---

⊖ Matteo Berlucchi, et al. Artificial Intelligence in The Real World:The Business Case Takes Shape[R]. The Economist Intelligence Unit, https://www.eiuperspectives.economist.com/sites/default/files/Artificial_intelligence_in_the_real_world_1.pdf.2016.

⊜ Shotaro Tani. Is Your Job Robot-Ready? [J/OL]. Nikkei Asian Review [2017-04-22]. https://asia.nikkei.com/Features/AI-now-and-tomorrow/Is-your-job-robot-ready?page=2.

区。被取代比率次高的是餐饮业的 68.5%，该产业被调查的 140 项工作或业务，有 96 项可以被自动化取代，这类工作包含服务员、柜台点餐、食材准备、食物与饮料服务、餐桌与餐具摆设等工作。未来，厨师必须精进烹饪技巧，强化料理难度。

表 9-2　不同产业被自动化取代的比率

| 产业类型 | 多少比率的工作业务会被人工智能取代（%） |
| --- | --- |
| 制造业 | 80.2 |
| 餐饮业 | 68.5 |
| 交通运输业 | 48.4 |
| 建筑和开采业 | 42.5 |
| 农林牧渔业 | 41.0 |
| 医疗保健业 | 25.2 |

资料来源：Shotaro Tani. Is Your Job Robot-Ready? [J/OL]. *Nikkei Asian Review* [2017-04-22]. https://asia.nikkei.com/Features/AI-now-and-tomorrow/Is-your-job-robot-ready?page=2.

Carl Benedikt Frey 和 Michael A. Osborne 共同发表的报告《未来的就业：哪类工作容易被计算机化》(*The Future of Employment: How Susceptible are Jobs to Computerisation*)[1]，提及类似出租车司机、资料输入人员、银行柜台窗口服务人员、零售业店员、服务生等工作，被人工智能抢走工作的概率将高达 99%；而需要创意或高度沟通技巧的工作如医生、教师、作家、导游、律师等被抢走工作的概率则低很多。

---

**小案例 9-5　　　　　　　机器人带你入住阿里无人酒店**

2018 年 12 月 18 日，筹备两年的阿里首家未来酒店菲住布渴（FlyZoo Hotel）开业。这家酒店位于杭州西溪园，最大的特点在于依托阿里强大的技术与生态支持，实现了全场景身份识别响应和大面积的 AI 智能服务，是真正的无人酒店。不仅没有服务柜台和客服经理，甚至连清洁人员也没有。房客抵达酒店后，一个 1 米高的机器人取代了传统的人工接待，它会通过人脸识别系统记住客人的相貌。

登记入住时，房客只需在大堂自助机刷一次脸，后端就会对接公安系统确定住户身份信息。随后，房客的个人信息就会覆盖酒店的所有系统。就是说，房客的脸就是酒店内的通行证，只需"刷脸"就能享受酒店所有服务。

登记完毕后，电梯会启动等候系统，此时机器人引领房客去房间可直接乘坐电梯。电梯通过无感体控系统，识别房客身份即可判断需要送至哪个楼层。到达房间门口后，摄像头完成身份识别后，房门会自动开启。

相较于传统酒店进门必须插卡才能通电，阿里巴巴的未来酒店则令一切"反人类"的东西统统消失了。进门无须插卡，灯光会自动进入欢迎模式，电视机也会自动开启。房间内的空调、灯光、窗帘等设备全都不需要手工操作，房客只要对着语音助理"天猫精灵"下达指令，一切就可以动口不动手。

---

[1] Carl Benedikt Frey, Michael A Osborne. The Future Of Employment: How Susceptible Are Jobs To Computerisation? [R]. University of Oxford, UK, 2013.

> 由于登记入住时酒店系统已记住房客身份，因此入住后无论是去餐厅用餐、去健身房、游泳池，只要靠着自己的一张脸就行。例如，当房客走进餐厅，人脸识别系统就会识别出身份和房间号，所点的餐品将自动记录到消费列表。用完餐或健完身房客不需要再结账或签单，直接离开即可。
>
> 传统酒店退房时，柜台会派服务员查房，但在未来酒店，房客只需在手机上退房，系统就会弹出房客的所有消费金额，点击确认后就能离开。而在房客离开房间的一瞬间，电梯也已经启动等候程序。此时，房间会自动生成一张打扫订单，酒店附近的清洁人员接到订单就会前来打扫房间，因此酒店无须聘用固定的清洁人员。
>
> 资料来源：政军．体验阿里首家无人酒店：全部服务交由人工智能完成 [N/OL]. https://tech.sina.com.cn/roll/2018-11-04/doc-ihmutuea6857887.shtml. 有改编。

但是这些预测或评估都将随着人工智能技术的精进及改良带来更多的可能性，让这类预测充满变数。而且，也有一些研究认为，人工智能对服务人员的影响并不见得是负面的。前述《经济学人》发布的调查报告中，有82%（含非常同意与部分同意）受访的高阶主管认为人工智能在未来的5年内能帮助人们把工作做好，并改善工作效率（见图9-4）。日本富士通公司(Fujitsu)也于2017年完成了一份《全球数字转移报告》(*Global Digital Transformation Survey Report*)，针对信息科技对未来商业及社会的冲击做了一个全球性的调查，以15个国家的中型及大型企业或组织共1614位高阶主管及决策者为在线问卷发放对象，调查数字转型现状、数字业务的共同创造以及受访者对人工智能的看法等项目。富士通调查报告显示出与前述《经济学人》报告相近的结果，即大部分的产业界高阶主管多认同人工智能技术在未来可以提高人类的能力，并将人们从枯燥乏味的工作中解放出来，转而投入更有意义的工作或事务上。同时人类经由人工智能技术的协助，能完成许多过往无法完成的工作，这会大幅提高人类的能力。

创新工场创办人暨CEO李开复认为，在科技快速发展的情况下，部分工作将被人工智能取代；不过，强调人际情感的服务业，是人工智能替代不了的。李开复强调，随着人工智能到来，职场金字塔结构将会重组，顶端属于创新者，虽然人工智能可优化特定领域的精确度，但人工智能"不会创新"，因此，从事创新型工作的人几乎不可能被人工智能所取代。

位于金字塔第二层的是各行各业的专家。人工智能或许可在炒股方面打败多数股市名师与名嘴，却无法取代创新工场对趋势的预测，以及早期投资的眼光；同样地，顶尖律师也不容易被人工智能取代，人工智能可以搜寻数据、筛选证据，甚至梳理辩证逻辑，但在展现绝佳口才、犀利审问证人等方面，人工智能仍无法做到。

至于金字塔底层，将有80%～90%的就业机会落在服务业。服务业从业人员在人类生活中扮演不可或缺的黏合剂角色，服务、参与、联系、情感，这些都是人工智能做不了的。

近期一些机器人被炒鱿鱼也能说明目前人工智能并不能非常可靠地替代服务业员工完成工作。日本Henn-na酒店在2015年开业时，以机器人服务员作为卖点，不过事隔三年多，酒店发现机器人的表现不如预期。每个房间内的Churi娃娃造型语音助理原本用来减少酒店人手，但它们无法像 Siri、Google Assistant 般回答旅客有关当地商号营业时间的查询。至于负责为旅客办理入住手续的两个速龙造型机械人，则因为无法影印住客的护照，需要人类员工帮手而被解雇。两个行李搬运机器人则因为行动力有问题，只能够前往 100 间房中的 24 间，加上在下雨或落雪时无法工作而被炒鱿鱼。就连原本在酒店大堂负责迎宾的机器人，亦因无法解答旅客有关航班时间表和旅游景点的问题而被解雇。机器人员工被炒鱿鱼后，它们的工作则被人类员工取而代之。类似的机器人被炒鱿鱼现象在广州一些采用机器人的大众餐饮企业也曾出现过。因此，即使人工智能的发展趋势无法改变，但至少在目前，人工智能只能从事一些机械而简单的工种，服务业中很多具有"人性"需求的工作尚无法胜任。

## 本章小结

对于服务企业而言，由于服务自身特性的存在，使服务过程中的人员也显得异常重要。在成功的服务企业中，员工被视为企业的内部顾客而受到重视和对待。顾客是企业的"外部员工"，员工则是企业的"内部顾客"，只有兼顾内外，不顾此失彼，企业才能获得最终的成功。

基于内部顾客的视角，内部营销的概念应运而生，其实质是在企业能够成功地达到有关外部市场的目标之前，必须有效地运作企业和员工间的内部交换，使员工认同企业的价值观，使企业为员工服务。内部营销有助于激发创新精神、减少内部矛盾、提高工作效率，也有助于推进企业文化建设。在内部营销的实施过程中，对服务人员进行管理也是服务企业必须考虑的重要问题。采取有效的措施管理企业的服务人员，是关注顾客营销体验的有效手段，也是服务企业成功的重要保障。

服务是典型的生产和消费同时进行的活动。在服务传递的过程中，一定程度的顾客参与是必不可少的。顾客行为会对服务消费的过程和结果带来一定的影响。因此，为了提升服务的效果，服务企业也有必要采取措施管理顾客行为。

人工智能的发展方兴未艾，科技的进步大大提高了我们的生产效率，通过机器人来完成某些工作时，它的准确度与效率是非常有优势的。但在服务业，一些需要与顾客进行较为复杂的互动或者处理突发状况，人工智能依然无能为力。总而言之，人工智能是否会取代服务业的员工，主要取决于它能带来的顾客体验。

## 思考题

1. 服务人员的重要性体现在哪些方面？
2. 什么是跨边界的角色？跨边界角色的压力有哪些？如何克服这些压力？
3. 什么是内部营销？内部营销的重要性体现在哪些方面？
4. 服务企业在哪些情况下应该引入内部营销？
5. 对服务人员进行管理可以采取哪些策略？
6. 在服务营销中，应该如何管理顾客行为？
7. 人工智能在未来将如何影响服务业的员工？

 案例分析

### 感动员工比感动顾客重要：海底捞的制胜之道

火锅在我国已有1700多年的历史，但在海底捞出现之前，可能你很少听说过路人皆知的火锅连锁品牌。创办海底捞的张勇仅仅是技校毕业，成功后他登上了北京大学的讲台。"靠双手改变命运"是张勇常说的话之一。这位出生在四川简阳的70后，儿时最深刻的记忆就是贫穷。初中毕业后，他在父母的要求下，进了简阳一所包分配的技工学校学电焊。这件事让张勇很不高兴，时至今日，他仍然以初中毕业来介绍自己。1988年，18岁的张勇技校毕业，被分配到了他父亲当厨师的国营四川拖拉机厂。但在他眼里，父亲辛苦了一辈子也没能改变贫穷的命运，工厂显然不是他施展抱负的地方。1994年，经历了几次"走捷径"失败后，张勇决定正规开家火锅店，就在他为取名而烦恼时，一旁打麻将的老婆正好和了把"海底捞"，于是一家具有传奇色彩的火锅店诞生了……1994年，第一家"海底捞火锅"正式开业。经过二十多年的发展，海底捞已成长为中式餐饮行业中增长快速并极具特色标签的火锅连锁品牌。截至2018年海底捞在香港证券交易所上市，这家企业的全球门店数量已超过360家，年服务顾客超过1亿人次，这意味着每年有上亿人选择在海底捞吃火锅。海底捞凭什么能获得大量吃货？秘诀之一就在于公司所形成的良好的企业与员工之间的关系。

网上流传着很多关于海底捞为顾客服务的故事，甚至有人用"地球人无法阻止海底捞了""人类不可战胜的海底捞"造句，创造各种夸张的"海底捞体"。海底捞的特色服务贯穿于顾客进店到离店的整个过程中：在顾客等候过程中有免费上网、棋牌、擦皮鞋、美甲等服务，以及免费饮料和免费的水果、爆米花、虾片等；就餐过程中，服务员发自内心的微笑和为顾客擦拭油滴、下菜捞菜、递发圈、擦眼镜布、15分钟一次的热毛巾、续饮料、帮助看管孩子、喂孩子吃饭，拉面师傅现场表演；店里还设有供小孩玩耍的游乐园；洗手间增设了美发、护肤等用品，还有免费的牙膏牙刷。甚至顾客打个喷嚏，就有服务员送来一碗姜汤。服务的关键在于人，海底捞是如何让员工发自内心地主动为顾客提供个性化服务体验的呢？海底捞创始人张勇曾说过，人心都是肉长的，你对人家好，人家也就对你好；只要想办法让员工把公司当成家，员工就会把心放在顾客上。这些道理可能很多人都懂，但真正能实践的企业却寥寥无几。海底捞在员工管理方面的做法很值得管理者细细品味。

#### 1. 把员工当人看

把人当人看，看似简单，但却知易行难。如此朴素的话是海底捞创始人张勇总结出来的，可见这句话在海底捞员工管理中的地位。那么，海底捞是如何践行的呢？海底捞的员工绝大部分来自农村，背井离乡，渴望过上和城里人一样的生活，这一点绝大多数服务行业都是一样的。在具体做法上，海底捞有的形成了制度，有的融入了企业文化，比如新员工入职关爱、高标准的宿舍和员工餐、各种各样的后勤和福利保障，就是用制度的形式固化下来。而上级对下属的关爱、工作上的指导帮助及支持，以及员工培训、内部晋升、一线员工授权等都是通过企业文化传承下去了。以住宿为例，海底捞规定必须给所有员工租住配有空调的正式住宅小区的两居室或三居室，不能是地下室，而且距离门店走路不能超过20分钟，每套房子还配有上网的计算机和负责卫生的宿舍管理员。其实一些餐饮企业和海底捞有同样的认识，并且认为这么做虽然要多付出成本却是非常值得的，但真正做下去的企业还是非常少，正所谓

知易行难。

### 2. 让员工能赚到钱

很多人发现，海底捞的员工是发自内心地有热情，很用心地工作，都感到非常神奇，认为海底捞有比较神秘的企业文化，对员工洗了脑，于是很多人去学海底捞的企业文化，去了解海底捞员工的工作氛围，但其实让员工赚到钱才是基础。没有这个基础，所有的企业文化、工作氛围等都难以长久。海底捞的餐厅开在一二线城市，但大多数服务人员来自三四线城市及农村，海底捞给员工的工资确实按照一二线城市的标准来的，并且比餐饮同行稍高一些，即海底捞是在用一线城市的中等工资，吸引四线城市的农民打工者。根据马斯洛的需求层次理论，在第一层需求没有满足以前，第二层次、第三层次需求的意义是非常有限的。可以说，比一般餐饮同行高的工资，是海底捞招工最直接的号召力之一。另外，海底捞建立起了完善的内部员工晋升机制，员工层层提拔，随着职级的提升，员工的收入肯定也随之水涨船高，更为重要的是满足了员工向更高层级发展的需求。

### 3. 激发员工主动性

海底捞的一位管理人员说过，海底捞的文化跟麻将很像。比如，打麻将的时候没有人愿意迟到，并且打麻将的人也从来不挑环境，坐在哪都能打；更重要的是，真正常打麻将的人，没有抱怨人的，牌不好都怪自己点背。积极主动，任劳任怨，这是所有工作的理想状态，而这在麻将桌上是常态。那么，海底捞这种麻将文化的背后是什么呢？是激发员工的主动性，甚至上升到激发员工的自我管理。比如，为了激励员工的工作积极性，海底捞每个月会给大堂经理、店长以上干部、优秀员工的父母寄几百元钱。更为重要的是，在保证员工能挣钱的基础上，海底捞做了另外一个事情：公平。服务人员大多在农村长大，家境不好、读书不多、见识不广、背井离乡，在大城市容易受人歧视、心理自卑。公平公正的工作环境和双手改变命运的价值观激发了员工主人翁意识和创新精神，让每一个去海底捞的顾客享受到了发自内心的微笑和真诚的服务。海底捞北京北奥店大堂经理吴娇娣自豪地分享如何在海底捞改变自己的命运："我是张大哥（张勇）的老乡，以前想都不敢想的名牌，我现在也可以消费了，以后还打算在北京买房。"为了确保文化的传承，海底捞很早就强调在开新店时必须有30%的老员工压阵。

但海底捞鼓励员工和食客交流，提供个性化的服务，并且运用互联网技术，让食客对服务人员的服务进行评价打赏。这让海底捞的员工感受到了食客的尊重和肯定，更激发出员工提供更好服务的动力和热情，而员工提供更好的服务，又使得海底捞的服务口碑声名远播。

### 4. 基于用户导向的员工绩效考核

海底捞非常重视客户的满意度以及口碑，并且海底捞是少有的把用户满意当作核心战略的。它把客户的满意度纳入员工的考核体系，不仅当作核心战略，还当作行动战略来考核。海底捞对每个店长的考核只有两项指标：一是顾客的满意度，二是员工的工作积极性。员工的积极性高，顾客的满意度肯定也不会低，但如何衡量顾客的满意度却是服务行业面临的大问题。这两项指标没有量化的标准，一般都是由分区总经理到店里转10分钟来做出基本判断。当然，海底捞也积极运用现代化的技术来完善员工的绩效评价，如海底捞通过云软件平台，根据员工获得客人的评价、打赏、投诉等进行积分排名，把顾客满意度纳入员工的绩效考核，这些数据在提升服务管理方面有着不可或缺的作用。

### 5. 把管理搬到手机上

海底捞董事长张勇认为，顾客满意度是由员工来保证和实现的，而无论顾客还是员工，手机及移动互联网都成为一个必备的东西。因此，海底捞除了率先将互联网创新引入餐饮行业，创造出个性化的特色服务外，还将企业的管理搬到了手机上，实现了移动办公。目前，海底捞通过微信可以实现业务报表的汇总、查阅，以及工作进度的跟踪，并且员工可以自助进行工资、考试成绩、电子名片、个人信息的查看及设置。另外，通讯录、新闻、知识库、会议室管理等通过手机也可实现。还有，通过手机端进行员工互动，如意见调查、问卷调查、报名、投诉、咨询、内部招聘、创新提报等。而且，很多办公事项可通过手机端操作，如财务报销、任务管理、在线培训、考试等。比如，海底捞开发了一个"电子名片"的应用，两万多员工每个月居然有好几千人在使用。而通过把管理搬到手机上，海底捞平均每月能收到几万条员工意见反馈，实现了企业与员工之间的良性互动。

总之，传统服务行业一定要开阔眼界，不断创新。伴随着移动互联，企业与消费者、与员工的接触场景都在发生变化。社交、互动、个性化、娱乐化这些概念只有真正抓住年轻人的需求，在各种场景提供他们喜爱的选择，才能留住消费者，才能提升管理水平，最终在竞争中领先一步。

### 6. 大胆授权

海底捞公平公正对待员工的一个体现就是信任和尊重员工。在海底捞，副总、财务总监和大区经理有100万元以下开支的签字权，大宗采购部长、工程部长和小区经理有30万元的审批权，店长则有3万元以下的签字权。而对于海底捞的一线员工来说，他们也同样有着比同行大得多的权力，那就是免单权——他们只要认为有必要，就可以给顾客免费送一些菜，甚至有权免掉一餐的费用。海底捞的创始人张勇曾说："海底捞现在十几个亿的产值，你不可能每个东西都自己去买，即使都自己去买也难免有错。每个决策，不管谁做，其实都有风险。企业犯错很正常，我们能容忍，而且必须容忍。如果没有安全感，通常是因为过于看重自己了。""如果亲姐妹代你去买菜，你还会派人跟着监督吗？当然不会。"把解决问题的权力交给一线员工，才能最大限度地、最快速地消除顾客的不满意。

### 7. 创建创新委员会和奖励创新

在海底捞，员工只要有新想法、新点子都可以上报，只要门店试用就可立即获得50～100元不等的奖励。为鼓励创新，海底捞在总部还专门设置了创新管理委员会，负责评选各门店筛选后提交上来的创意，确定哪些创意可以在区域或全国推广。

在海底捞火锅店，员工的服务创意或菜品创意一旦被采纳，就会以员工的名字来命名，并根据产生的经济效益给予一定数额的奖金。

"包丹袋"就是典型的一例。这是一个防止顾客手机被溅湿的塑封袋子。由于是一名叫包丹的员工最早提出了这个创意，即用该员工的名字命名。

如此一来，海底捞的员工不但得到了尊重，还得到了鼓励。张勇曾说："创新在海底捞不是刻意推行的，我们只是努力创造让员工愿意工作的环境，结果创新就不断涌出来了。"

海底捞每天都会涌现出大量的新点子，小到如何区分红酒和酸梅汤，大到牛肉丸、万能架等菜品、服务工具、服务方式的创新。

### 8. 积极倾听员工的心声

为了倾听员工心声、维护员工权益，公司成立了员工调用中心，员工可以拨打 24 小时免费热线电话向公司反映问题，并有专人解决、回复。与此同时，公司早在 2008 年就组建了工会组织，各片区、各门店都设有工会专员。张勇认为，"每一个工会会员都必须明白一个基本道理，我们不是在执行公司命令去关心员工，而是真正意识到我们都是人，每个人都需要关心与被关心，而这个关心基于一种信念，那就是'人生而平等'。"

因此，解决员工困惑，关心员工成长成为工会工作的重中之重。另外，创办多年的《海底捞文化月刊》也致力于"暴露管理问题，维护员工权益"，切实为员工服务。

资料来源：1. 第一商业网. 海底捞让员工死心塌地卖命的五大法宝 [N/OL]. http://www.topbiz360.com/web/html/newscenter/Catering/245194.html?fx=2491.
2. 扫文资讯. 海底捞：极致的个性化服务是这样炼成的 [N/OL]. https://hk.saowen.com/a/2bd33a5f4d30acaec472e13e4e9f95717c0e251d807ecc98ab4d9947f8fd6917.
3. 海底捞董事长张勇：我们的核心竞争力从来都不是服务 [J]. 现代营销（经营版），2017（12）：42-43.

**案例思考**

1. 海底捞的员工策略对公司的发展起到了什么样的作用？
2. 结合海底捞的案例，谈谈新技术对于服务人员的管理有哪些帮助。
3. 你认为海底捞对于服务人员的管理策略有何优劣势？

## 实践活动

### 一、实训目的

通过实践活动，加深学生对人员招聘理论的理解，使学生掌握应聘的技巧，增强学生的沟通能力与应变能力。

### 二、实训内容

两组同学配对，分别扮演招聘方工作人员和求职者，对企业的人员招聘活动进行情景模拟。

### 三、实训组织

1. 教师提前一周布置表演任务，说明实训要求与注意事项。
2. 把教学班同学分成不同的小组，每组 4～6 人，并选出一位组长。
3. 以小组为单位组织实训，由组长带领分工协作。
4. 由教师根据情况安排部分小组在班级内表演。

### 四、实训步骤

1. 各小组根据实训目的与内容进行准备。
2. 由组长负责组织小组讨论，撰写脚本。
3. 安排小组成员分别扮演不同的角色（如招聘方工作人员、求职者、其他角色），并进行排练。
4. 教师组织部分小组在班级内表演。
5. 未参与表演的小组代表对各组表现进行打分和评价。
6. 教师综合各组表现进行总结，记入平时成绩，并梳理本章知识。

# 第10章 服务供需管理

## 学习目标

本章主要介绍一系列使服务供需相匹配的管理策略,以及排队管理的策略。通过本章学习,你应该能够:

1. 认识服务能力及其限制因素。
2. 理解服务需求的波动性。
3. 掌握服务能力管理与需求管理的策略。
4. 掌握排队管理的策略。
5. 了解排队结构与排队规则。

## 本章结构

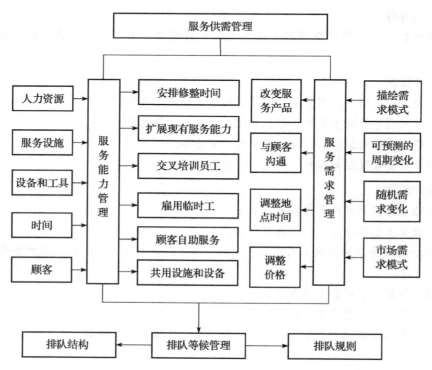

## 导入案例

### 夏季真的是滑雪胜地的淡季吗

一旦冰雪融化就无雪可滑，滑雪胜地往往会暂停营业，直到来年冬天。然而，一些滑雪运营商意识到夏季的高山也可以娱乐，所以他们开始为徒步旅行者和郊游者提供食宿。有些运营商甚至修建了高山滑道，让轮式平底雪橇可以从山顶滑向山底，从而为滑雪缆车创造收益。

山地自行年热潮的到来为租赁设备和乘坐缆车创造了机会。有些度假胜地一直鼓励游客在夏季骑行去山顶观光，并在山顶的餐厅用餐。目前，山地自行车和相关设备如头盔的租赁业务也在盈利。

冬天，可以在山脚旁的旅馆租赁滑雪设备，如今夏季可以在这里选择山地车。一般来说，骑行者用特殊配备的缆车把他们的山地自行车运到山顶，再从标记好的道路骑行下山。曾经有位骑行者倒转了行程，他选择骑行上山。一些热情的徒步者也做了同样的决定，他们沿着道路爬到山顶，在餐厅补充能量之后，乘坐缆车下山。

在夏季，很多滑雪胜地为了吸引游客光顾酒店，正在开发各种各样的娱乐方式。有些度假胜地除了游泳和其他水上运动以外，也为游客提供高尔夫球、网球、旱冰鞋和儿童专项运动等服务。这是一个如何为闲置服务产能进行服务开发和产生营销需求的经典案例。

资料来源：约亨·沃茨，克里斯托弗·洛夫洛克.服务营销（原书第8版）[M].韦福祥，等译.北京：中国人民大学出版社，2018：242-243.有改动。

## 引言

由于服务的易逝性和需求的波动特性，服务企业的生产能力与服务需求难以匹配。生产能力的闲置意味着利润的减少，而超负荷使用服务企业的生产能力不仅会使员工和设备超负荷运转，而且会影响服务质量，因此，服务企业存在一种内在的平衡供需的动力。本章讨论了服务能力的概念和限制因素、服务需求的波动性和需求模式等问题，进而介绍了一系列使服务供需相匹配的管理策略，也涉及排队管理的策略。

## 10.1 服务能力管理

### 10.1.1 服务需求与服务能力的关系

在很多情况下，服务的供给能力是固定不变的或者在短期内很难改变，而顾客获取服务的需求却经常波动，总是难以准确预测。当顾客的需求不足时，服务企业的供应能力得不到充分的应用，资源闲置，出现浪费；而当顾客的需求超过企业提供服务的能力时，服务业中特有的排队等待现象就出现了。因此，服务企业应该关注服务能力与服务需求的均衡匹配问题，从而提高服务质量和服务效率。

服务具有无形性、生产与消费同步性的特征，这使得服务供给与需求管理因缺乏库存能力而成为服务供应商面临的一个基本问题。不同于制造业，服务企业无法在需求淡季建立库存以备需求陡增时使用。例如，某一航班上未被销售出去的座位不可能在第二天继续出售。

服务库存能力的缺乏与需求的波动导致了潜在结果的变化,如图10-1所示。图中水平线表示服务能力,曲线表示顾客对服务的需求。许多企业的服务能力是固定的,服务能力在一定时间内用水平线表示,而服务需求却是经常变化的,如图中曲线所示。最上面的水平线代表最大能力,第二条水平线与第三条水平线之间的区域代表最佳能力,第三条水平线以下代表对服务的利用率较低。服务需求与服务能力的关系可能出现四种情况:需求过剩、需求超过最佳供给能力、供需平衡以及能力过剩(见图10-1)。

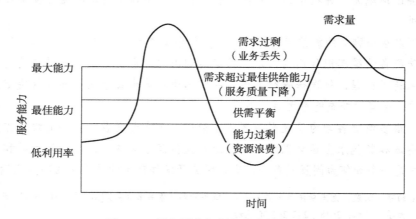

图10-1　服务需求与服务能力的关系图

(1) 需求过剩。当需求远远超过最大生产能力的时候,需求过剩的现象便会发生。在服务行业,当这种情况出现时,一些顾客因得不到服务而离开,从而导致服务企业的业务丢失。同时,服务质量也会因为顾客过多和服务设施的超负荷运行而无法达到事先承诺的水平,引起接受服务的顾客的不满。这种现象在服务的高峰期,如餐厅的就餐高峰期、旅游旺季的酒店等,表现得尤为突出。

(2) 需求超过最佳供给能力。当需求超过服务最佳供给能力但还在最大供给能力范围之内时,虽然不会出现顾客离开的情况,但是由于设备被过度使用,顾客拥挤或者员工过于忙碌,会导致服务质量下降。

(3) 供需平衡。服务的供需平衡是一种最理想的状态,服务设施和员工均处于理想水平,没有超负荷运转。此时顾客不需要等待,并且得到高质量的服务。

(4) 能力过剩。当需求低于最佳能力时就会出现能力过剩的现象。此时服务人员、设施和设备等生产资源未得到充分利用,导致生产力和利润都降低。对顾客而言,他们不需要等待就可以得到服务,也可以自由地使用设备。但是,如果服务质量与其他顾客有关,顾客可能会不满意。例如,顾客到达一个冷冷清清的游乐场后可能会觉得玩得没劲。

许多服务企业都面临着供给与需求管理的挑战,但并不是所有的服务企业都是如此,这主要取决于需求波动的程度以及供给受限的程度。有些类型的服务企业面临广泛的需求变化,如电信、医院、交通运输和餐厅等;而另一些类型的服务企业的需求变化比较微弱，如保险、洗衣店及银行等。在一些服务企业，即使需求发生变化，在需求高峰期，顾客也可以得到满足，如供电、电话等；而其他服务企业的需求高峰可能会超过其供给能力，如电影院、餐厅、旅游景点等。

### 10.1.2 服务能力的概念

服务能力也称为"服务生产能力"，是指一个企业能够拥有的用来创造产品和服务的资源或资产。服务能力包括三方面的内容：一是服务设施，如银行、酒店、飞机场等；二是劳动力，如医生、发型师、教师等；三是工具和设备，如手术刀、计算机、电影放映设备等提供服务所必需的工具与设备。

服务企业的总体服务能力依其所具备的相应有形设施、服务人员和工具设备而定。一架飞机，仅能负载一定数量的旅客；一间旅馆，仅能同时供有限数量的旅客居住；一名医生，仅能为有限的患者提供诊疗服务。也就是说，在服务生产过程中，场地、支持性的设备和服务人员的能力通常是固定的。

确定合理的生产能力包含以下两个层面。一是较长期的、重大的生产能力扩大。当需求持续超过企业的服务能力时，企业需要考虑能力扩大问题。长期的能力扩大是由最高管理者决定的，它涉及多个方面的费用开支，对企业的战略和竞争力有直接影响。二是采取一些短期措施来提高服务企业的生产能力。在服务需求周期的高峰期，企业经常采取加班、倒班、临时修改作业计划等措施。这些措施只适用于短期内使用，可以在几周内制定好，只牵涉有限的资金问题，通常由运作部门层次的人员来决策。

### 10.1.3 服务能力的限制因素

服务企业可以在短期或者长期内扩展或收缩服务能力，但在某一给定的时刻，其服务能力是固定的。服务生产能力的限制因素有人力资源、服务设施、设备和工具、时间、顾客，如表10-1所示。

**表 10-1 服务能力的限制因素**

| 限制因素 | 服务示例 |
| --- | --- |
| 人力资源 | 咨询公司、医疗诊所、律师事务所、会计师事务所 |
| 服务设施 | 酒店、餐馆、剧院、电影院、医院、学校 |
| 设备和工具 | 快递服务、通信服务、网络服务、公共事业服务 |
| 时间 | 咨询服务、会计服务、法律服务、医疗服务 |
| 顾客 | 自助餐厅服务、ATM机服务、自动售货服务 |

**1. 人力资源**

人力资源与服务总产出有直接的关系。服务人员的数量、技能以及相互之间的技能整合是人力资源的主要因素，它对高接触服务或低接触服务的生产能力都有重要影响，是限制服务能力的根本因素。专业性服务和基于信息与知识的服务产出尤其依赖具有高技术水平的专业人员。

有效整合高技能的服务人员，形成高效的团队，同时配备先进的设备，这对服务企业的服务能力会产生极大的影响。如果服务企业领导有方并形成良好的员工激励机制，将能进一步提高服务生产能力。此外，人力资源也是一个具有高度灵活性的能力要素。员工可以是专职的、兼职的，也可以要求员工加班加点，或通过培训使员工具备多种技能，可适应不同的工作。

### 2. 服务设施

服务设施是指安置设备、容纳员工和顾客的场所。设施的限制是造成服务生产能力有限的重要因素。服务设施主要包括几个方面：①基础设施。许多服务企业依靠其基础设施为顾客提供服务，因此，基础设施的能力决定了服务企业的生产能力，如酒店的容量、高速公路可容纳的交通流量等。②用于容纳顾客和提供服务的物质设施。该设施主要用于传递实体服务或精神服务，如医疗诊所、飞机、剧院、大学教室等，其生产能力的限制主要表现为设施数量有限，如床位、座椅、房间的数量等。③用于储存或处理货物的物质设施，如超市货架、仓库、停车场等，它们往往有一定的容量限制。

### 3. 设备和工具

设备和工具是服务过程中用于处理人、物和信息的实体设备。如果没有设备和工具，服务可能无法进行。

虽然在服务供给系统的设计阶段已经决定了大部分的设备购置计划，但一些简单的、花费不多的设备的添置和调整还是可以提高生产能力，进而增加企业的服务规模。例如，我国每年春运期间旅客陡增，铁路运输部门对于客流量较大的线路会增开一些临时列车，以保证旅客的出行需求。

### 4. 时间

大多数服务企业的主要限制因素是时间，如心理咨询师、律师和理发师等服务人员出售的就是他们的时间。如果这些服务人员的时间不能得到充分利用，将会使企业利润减少。相反，如果需求过剩，时间也无法被创造出来以满足更多客户的需求。从这些服务提供者的角度来看，时间成为限制性因素。

时间对服务生产能力的限制表现在两个方面：第一，改变时间的配置或者改变服务的时间，可能会改变服务的供给量，在服务需求的高峰期尤其如此；第二，从广义来说，延长服务时间可以在一个特定的时段增加总的供给量。

### 5. 顾客

在一些服务领域，服务的完成依赖顾客在服务提供期间的参与，因此顾客参与成为服务能力的重要影响因素。例如，顾客从ATM机中取款的工作全部由自己完成，在自助餐厅中顾客会参与部分服务，许多场景顾客参与的效率和质量会影响上述服务的生产能力。

**小案例 10-1　　　　　　24 小时书店遭遇四大"难"**

2014 年，三联韬奋书店开始 24 小时运营。目前，除三联韬奋书店宣称盈利外，全国各地其他试水 24 小时的书店，如郑州的书是生活、杭州的悦览树等则普遍日子难过。夜间销售的空白期、选址的艰难、配套服务的尴尬等都成为 24 小时书店模式面临的难题。

**销售空白期难熬**

或许在部分人看来，书店实行 24 小时营业后就意味着每时每刻都能有生意上门，但实际上书店在夜间运营过程中至少有 6 个小时是处于空白期，没有销售的。

据三联韬奋书店总经理张作珍介绍，24 小时的运营模式确实满足了部分读者夜间逛书店及购书的需求，也使得书店的图书销量大幅增加，但读者一般在 23 时前完成购买，此后的时段里书店销售额极低。

事实上，18～20 时，即很多读者刚刚下班后，是书店夜间销售额较高的时间段，但这一时间段的销售额远远无法与白天相比。而在 20～23 时，由于大部分读者回家，书店销售额持续降低。最终在 23 时以后，留在书店的基本都是看书的读者。

而随着最初的新鲜劲过去，夜晚来到书店的读者逐渐减少，但书店仍需承受因 24 小时运营带来的成本上的增加。嘉汇汉唐书城的工作人员表示，如果书店想要达到收支平衡，夜间则需有 2 万～3 万元的销售额，但实际根本无法达成。而陕西万邦图书城则已经因为成本高、收益低而取消了 24 小时运营。

**书店选址难定**

记者采访了解到，24 小时书店的选址也极大影响其生存状况。目前运营情况较好的 24 小时书店大都位于一线城市。比如在北京的三联韬奋书店，营业利润同比增长 130%；另外深圳中心书城的 24 小时书吧也已持续运营 8 年，并能一直维持业绩的发展。

"北上广这类一线城市的读书氛围是其他城市无法相比的，而买书这种习惯则与当地人均收入息息相关，如果一个城市的居民大都在承受巨大的经济压力，那还能有多少人愿意去买书？"书是生活负责人李伊宁表示。

然而，即便在北上广这样的一线城市，24 小时书店的选址也很有学问。三联韬奋书店在选择分店地址时就将第二家分店建在高校云集的清华同方科技广场，因为看中这里的人流、交通和配套设施及服务。相反地，如果将书店开在一个较为荒僻、交通不方便的地区，尽管是一线城市也难有读者上门。

**衍生服务难卖**

由于夜间图书销售额不高，为了维持店内的运营，众多 24 小时书店都将咖啡、文创产品等内容作为书店另一项主力业务。

但《北京商报》记者采访多家 24 小时书店后发现，读者对于这类产品的购买欲望似乎并不如预期那样强烈，甚至有读者晚间来书店会自带饮品。

对此，1200bookshop 店长说，为了吸引读者，店内不仅会举办各种活动，还提供饮品、花卉等产品出售，但实际上读者对此类产品的消费水平并不高。除此以外，悦览树负责人蒋瞰也表示，很多读者晚间来到书店后只是找一个地方看书，并不在店内消费。

**橱窗效应难逃**

图书电商出现后，以其超低折扣以及便捷性从实体书店截获无数读者，让书店成为图书电商的展示平台，而这种橱窗效应在 24 小时书店更为明显。

有业内人士透露，读者晚间来到 24 小时书店大都是在选择一本或多本图书后，就会坐在位置上阅读，过一段时间后再将刚刚阅读的图书放回原位；如果遇到感兴趣的，则会一直阅读下去，直至读完，但仍不会选择购买。"我到书店就是想看一看内容，除非遇到特别爱不释手的才会现场购买，大都还是会选择回家上网购买，毕竟价格更加便宜。"读者宋女士表示。

事实上，如今 24 小时已经成为实体书店的一个新潮流，未来想必还会有更多书店去尝试，但不可否认的是，如果书店无法突破以上四个难关，24 小时运营不仅不能带来业绩的提升，反而会使书店陷入更深的困境中。

资料来源：卢扬，郑蕊 . 24 小时书店试水遇难题，未来何去何从 [N]. 北京商报，2015-04-08.

### 10.1.4 服务能力管理策略

服务企业要实现供给与需求相匹配的目标，可以通过调整能力来满足顾客需求的变化。服务营销学者泽丝曼尔指出，在服务需求的高峰期，服务企业应当尽可能地扩大其服务生产能力；在服务需求的低谷，服务企业应当努力压缩服务能力，避免造成资源的浪费。服务能力管理的具体方法如图 10-2 所示。

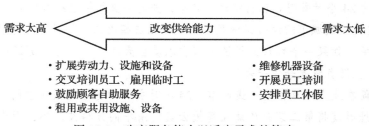

图 10-2　改变服务能力以适应需求的策略

服务企业可以从时间、劳动力、设施和设备等方面来调节服务生产能力的总体水平，以适应顾客需求的变化。一般来说，服务能力管理的策略主要有以下几种。

**1. 需求低迷时安排修整时间**

在服务需求的低谷期，服务企业可以充分利用这段时间，进行机器设备的保养、维修和更新等工作，以保证这些资源在需求高峰期处于最好的状态。在此期间，企业也可以安排员工培训或休假。

## 2. 扩展现有服务能力

在需求高峰期，服务企业使劳动力、设施和设备工作时间更长、强度更大来适应增加的需求，这样可以在不增加资源的情况下提高服务能力。服务企业在高峰期往往要求员工延长工作时间、增大工作强度。例如，餐厅在高峰期会要求服务人员加班。延长服务设施或设备的操作时间也是服务企业应对需求高峰期的一个常见方法，例如，使电脑、网络设备和通信设备在最大能力范围内短期增加负荷，可以满足顾客在高峰期增加的需求。

## 3. 交叉培训员工

一些服务系统由多个服务环节构成，当其中一个环节繁忙时，另一个环节可能处于闲置状态。交叉培训员工让其能从事多种工作，当某个服务环节的顾客需求过多时，可以将他们转移到服务的瓶颈点，从而提高整个服务系统的能力。例如，当超市的收银台前排起了长队，超市经理会让负责管理货架的员工临时充当收银员，以缩短顾客的等待时间。当结账的顾客不多时，一些收银员被要求帮忙整理货架。这种方法有助于建立团队精神，还可以将员工从单调乏味的工作中解脱出来。

## 4. 雇用临时工

在服务需求的高峰期，很多企业会使用临时工。如果要求的技能和培训是很少的，那么就很容易找到合适的临时工，比如有些企业雇用勤工俭学的大学生来做兼职，这样能帮助企业应付节假日的需求高峰期。

## 5. 鼓励顾客自助服务

在旺季，企业可以鼓励顾客自行完成某些工作。在服务过程中，顾客作为生产合作者会增加服务能力。例如，餐厅可以请顾客自己取餐具、倒茶、取菜，以及在用餐后将餐具放到指定的地方，这样减轻了餐厅服务员的劳动负担，服务企业也能从中受益，可以减少服务人员，从而降低成本。在顾客参与的情况下，服务企业的服务能力不再是固定不变的，而是会随着需求的变化而改变。

## 6. 租用或共用设施、设备

租用或共用设施、设备可以扩展服务能力。例如，在节假日，一些酒店之间互借房间或者设备。在高峰期，服务传递系统的设施和设备往往显得不足，难以满足顾客需求。如果要购买这些设施或设备，服务企业通常需要大量的投资。为了减少在这些资产上的投资，服务企业可以在高峰期间向其他企业租用设施和设备，或者与相关企业签订协议，彼此共享服务场地和机器，这样既能应对旺季增加的需求，又不需要大量采购。

---

**小案例 10-2　　网约车、共享单车日均使用人次达千万级**

2019 年 2 月 28 日，国新办举行"深化改革推动交通运输高质量发展"发布会，交通运输部部长李小鹏、副部长刘晓明介绍了"深化供给侧改革、推动交通运输高质量发展"

的情况。交通运输部和相关部门研究制定交通运输新业态用户资金管理办法，进一步细化用户押金管理，保证押金专款存放、专款专用、不得挪用。

网约车作为交通运输新业态之一，是运输服务方式的一种创新，带来很多好的出行体验。目前，我国网约车平台的日均使用量达到 2000 万人次，共享单车约 1000 万人次；全国已经有 247 个城市发布了网约车规范发展的具体办法和意见，已有 110 多家网约车平台公司获得经营许可，全国已经发放了 68 万本网约车驾驶员证、45 万本车辆运输证，新业态的出现完善了服务、提供了方便，受到了群众的欢迎。

资料来源：人民日报，2019-03-01. http://www.gov.cn/xinwen/2019-03/01/content_5369467.htm.

## 10.2 服务需求管理

服务需求与生产能力之间的不匹配问题普遍存在，这是由于服务的不可储存性和需求的波动特性造成的。如何调节服务需求以适应服务生产能力，是服务企业获取竞争优势的关键所在。

### 10.2.1 服务需求的波动性

在服务业，服务消费需求的波动性较大。服务需求的波动特性主要由以下几方面的因素造成。

（1）服务的易逝性。大多数服务具有易逝性，同时服务的生产与消费又是同步进行的，这使得服务提供商无法用存储的方法来平衡供给。例如，一些热门旅游景点的酒店，在旅游旺季总是游客爆满，以至于无法满足部分未预订到客房的游客；在旅游的淡季，酒店的空房率则较高。

（2）服务企业的最大供应量无弹性。宾馆、餐厅、剧院、医院等有生产能力限制的服务企业，在生产能力饱和的情况下，即使加班加点地工作也很难增加服务供给能力。

（3）服务需求难以预测。服务需求的变化大，且大都在短时间内发生，随机性较强。例如，突然生病看医生、外出就餐等服务活动经常是临时发生的。

（4）服务时间具有不确定性。服务时间的不确定性是由服务提供的多样性、服务的个性化以及顾客需求的多样性造成的，因此，预测为一定数量的顾客提供服务所需的时间是很困难的。

（5）大多数服务的提供受到地域的限制。服务大多不可运输，因此只能在一定的时间和地点提供服务。多地点服务提供商往往会遇到某一地点的服务供不应求，而另一地点无人问津的状况，此时无法像实体产品那样，将服务由一地运往另一地来满足不平衡的需求。

### 10.2.2 了解需求模式

有效管理服务需求波动的前提是了解需求模式，这就需要描绘需求模式，明确其属于何种变化及变化原因，分辨出各细分市场的需求模式。

### 1. 描绘需求模式

服务企业需要描绘相关时间段的需求水平。那些拥有良好计算机系统的组织可以较好地完成这项工作，其他组织则只能粗略地描述需求模式。企业可跟踪并描绘不同时段内的需求水平曲线，如年度、季度、每月、每周、每天甚至每小时。有些服务企业的需求模式非常明显，有些则不明显，只有描绘出来后模式才可能显露出来。

### 2. 可预测的周期变化

观察需求水平曲线是否存在有规律的周期变化。如果存在周期，则要看需求周期是属于以下哪种：小时周期（变化按小时计）、日周期（变化按天计）、周周期（变化按周或日计）、月周期（变化按月计）、季周期（变化按月或季度计）或年周期（变化按年计）。例如，零售行业和电信服务业在假期、每周的某些天、每天的某一特定时段可能会处于需求高峰期。在某些情况下，可预计的规律可能在任何时刻发生。例如，餐馆的需求每月、每周、每天甚至每小时都可能发生变化。

当存在可预测的周期变化时，要弄清变化的原因。例如，酒店的需求变化与季节性、假期和气候变化有关。不同的服务行业需求波动的原因可能不同，同一行业在不同时间周期内的需求变化也有其特定的原因。例如，公共交通一天内需求周期性波动是由不同人群的上下班或上下学时间的差异造成的，如早8点、晚5点是上下班的高峰期，易引起交通堵塞；而在一周内需求周期性波动的原因则可能是由于工作日和公休日、郊区住户等造成周五下班后开往城外和周一开往城内，易引起交通堵塞。

### 3. 随机需求的变化

有时候，需求的变化是随机的，其周期不可预测。在这种情况下，服务营销者应尽可能找到原因。例如，天气变化可能会影响娱乐、商场或休闲设施的业务。然而对于长期的天气状况，服务企业是无法预测的，仅可能预测短期内的天气情况及其对相关服务业务的影响。自然灾害，像洪水、暴风雨、火灾等可能突然发生，会使人们对保险、医疗等服务的需求增加。服务企业可以通过组织控制、人力资源的开发和采用先进的信息控制技术使顾客变动的需求与受限制的能力相匹配，现在如火如荼的快递行业正是基于这一点获得了快速的发展。

### 4. 各细分市场的需求模式

如果企业有相关的顾客交易的详细记录，就可以识别出不同细分市场的需求，揭示出细分市场的需求模式。有些细分市场的需求是可以预测的，有些细分市场的需求可能是随机的。例如在银行业中，企业账户的服务需求可以预测，个人账户的服务需求却是随机的；医院经常发现未预约的患者或者急诊病人会集中在星期一就诊，根据这种需求模式，医院可以将预约安排在一周的其他几天内。

### 10.2.3 需求管理策略

面对服务需求的波动，服务企业可以改变需求来适应现有的服务能力，即管理需求水平。需求管理包括降低顾客的服务需求与增加顾客的服务需求。在需求过高与需求过低时改变需求以适应能力的具体方法如图 10-3 所示。

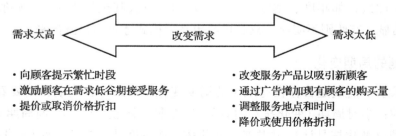

图 10-3　改变需求以适应能力的策略

总体而言，服务企业可以采用营销组合要素来调节需求，通过对价格、产品、配送和沟通等一个或多个要素的使用，在产能不足时降低需求，在产能过剩时刺激需求，从而实现服务的供需平衡。常见的需求管理策略包括改变服务产品、与顾客沟通、调整服务地点与时间、使用价格来改变需求。

#### 1. 改变服务产品

服务企业可以通过改变服务产品或创新服务来吸引新顾客，从而促进对非高峰期服务能力的创造性使用。例如，航空公司为满足不同细分市场的需求而改变飞机上的设施，一些院校除了为全日制在校生开课外，还为成年人提供短期培训。在服务需求的淡季开发一种新的服务产品提供给另一细分市场的顾客，有利于提高服务设施的利用率，避免资源的闲置和浪费，同时也使服务企业更好地保持正常运转。

服务企业可以根据一年中的某个季节、一周中的某一天、一天中的不同时刻来改变服务供给。例如，滑雪场在冬天作为滑雪的场所，在夏天则可成为滑草场，或者将其场地改为飞行跳伞表演的场所。餐馆可以在一天中的不同时段提供不同的菜单和服务水平，除中午和傍晚的几小时正餐服务外，早上还可以提供早点，下午可以提供茶点服务等。

此外，提供多功能服务也能刺激顾客需求。例如，加油站除了提供加油服务外，还提供商品零售和餐饮服务，这种多功能服务可以刺激和满足顾客的多种服务需求。

#### 2. 与顾客沟通

与顾客沟通也能调整需求。通过信息沟通预先提醒顾客企业的繁忙时段，促使顾客选择其他时段获得服务，以均衡不同时段的服务需求。标识、广告、宣传和销售信息都可以用来告知顾客高峰期的情况，鼓励他们将需求转移到其他时段。例如，超市、游乐场和剧院等通过各种形式的信息沟通来强调顾客在非高峰时期接受服务会有很多好处，包括不拥挤、更舒适地乘坐或观赏等，有助于引导顾客在非高峰期接受服务。当然，营销沟通也可以伴随其他的优惠和推广活动，以激励顾客在需求低谷期接受服务，如网店在淡季向老顾客发送电子折价券。此外，通过有效的广告宣传，还可以增加现有顾客的购买量。

### 3. 调整服务地点和时间

服务企业也可以通过改变提供服务的地点和时间来应对市场需求，有以下三种策略。

（1）改变服务地点。在靠近顾客的新地点提供服务，将服务带给顾客。例如，移动快餐车、移动图书馆、上门定做衣服等都属于这种情况。另外，生产设备可移动的服务企业可以随市场而移动。例如，汽车租赁公司在旅游胜地建立季节性的分支机构，以使乘坐飞机、火车和游船到达的顾客能够租赁到汽车。

（2）调整服务时间。服务企业可以根据服务需求状况，改变提供服务的时间来应对顾客对不同季节、不同时间的偏好。例如，剧院可以在周末的白天举行音乐会，因为周末人们有一整天的休闲时间；咖啡馆和餐厅可以将夏季营业时间延长到很晚，因为夏季人们更愿意享受户外的夜晚。

（3）同时调整地点与时间。服务企业可以利用新技术同时改变提供服务的时间和地点。例如，无论顾客身在何处，银行都可以利用互联网为顾客提供24小时的服务。

### 4. 使用价格来改变需求

服务企业可以直接使用价格来调整服务需求，以降低服务供需不平衡的程度。服务企业可以在需求高峰期提高服务的价格或减少服务优惠，在需求低谷期降价或者打折。例如，酒店在国庆节期间提高房价，航空公司在旅游淡季为乘客提供低价机票。

为了达到预期的效果，采用价格策略调整需求时，要对产品需求曲线和顾客对价格的敏感度有所了解。例如，个人休闲旅行者比商务旅行者的价格敏感度要高。对高档商务型饭店而言，在需求低谷期的价格折扣几乎不会增加商务旅行者的需求，却会吸引大量的个人旅游者，他们能以较低价格享受到高档豪华的服务。

过分依赖价格策略来调整需求会带来风险：一是易引发价格战，使整个行业利润下降；二是会让顾客习惯于低价格，使顾客在其他时间只愿意支付同样的低价；三是可能会对企业形象和目标市场造成潜在风险。

---

应用练习 10-1

选择一家你熟悉的服务机构，思考下列问题：
1. 该服务机构服务能力的限制因素有哪些？
2. 该服务机构已经使用的平衡服务供求的策略有哪些？
3. 根据服务能力管理策略与需求管理策略，你认为该服务机构还可以采用哪些策略？

## 10.3 排队等候管理

### 10.3.1 排队管理策略

在服务需求大于服务能力或平衡两者的成本过高的情况下，企业需要对排队等待进行管理。当到达服务设施的顾客数量超过该设施的系统处理能力时，就会出现排队。从根本上看，排队是产能管理问题未被解决的表现。现实生活中的排队等待随处可见，如超市里的顾客等待结账、银行里的人群等待办理金融业务、医院里的病人等待就诊等，等候已经成为服务业中的一种普遍现象。

对于服务企业来说，顾客等待可以让有限的服务能力得到更充分的利用，因此，可以将顾客等待视作对生产力的贡献。顾客排队接受服务的情况类似于制造企业的在制品存货，在服务企业中就是将顾客作为存货来提高服务过程的整体效率。例如，在大医院这一利用率高的机构总是会排着长长的队伍。但是，对于顾客而言，等待的成本则是放弃在此期间可做的其他事情，以及焦虑和其他心理方面的成本。

顾客等待经常不可避免，因此，服务企业要采取有效的措施解决顾客排队等待的问题，具体策略如图10-4所示。

| 策略1：<br>建立预订系统 | 策略2：<br>区分排队等候的顾客 |
|---|---|
| 策略3：<br>使排队等候变得有趣<br>或者至少可以忍耐 | 策略4：<br>采用运营原理 |

图10-4　排队管理策略

**1. 建立预订系统**

当顾客等候不可避免时，服务组织可以利用预订系统来管理服务需求。医院、餐厅、电影院、运输公司和其他服务提供商都可以通过预订系统来避免排队等候。预订服务具有下列优点。

（1）可以避免顾客因过度等待而引发不满。预订系统可以通过减少等候时间和保证顾客在到来时获得及时的服务而使顾客受益。

（2）预约使得需求控制与调节更容易实施。预订系统可以将服务需求从高峰期转移到其他适宜的服务时段，从顾客选择的地点转移到其他地点。

（3）有助于管理收入。预订系统可以将需求转移到低谷期而获得潜在利润，还可以向不同的顾客群体预售服务以增加收入。

（4）预订系统的数据能为服务企业今后的服务运营和财务保障提供参考。

然而，如果顾客未能履行服务预订，问题就会出现。面对顾客爽约的情况，有些服务企业会采用超额预订（overbooking）的方法解决。例如，宾馆就经常遇到一些爽约的顾客，它就会接受超过其客房数量的预订客户，以减少宾馆客房空置率等。但是，如果企业接受了太多的预订，也可能出现已经预订的顾客无法得到服务的风险。这时企业可能需要向那些已经预订却未得到服务的顾客提供补偿，如将顾客安排到其他宾馆并免费送达。因此，一个好的超额预订策略应该既能最大限度地降低由服务设施空闲产生的机会成本，又能最大限度地降低由于未能提供预订服务而带来的成本。总之，在顾客未能履行服务预订或者企业超额预订的情况下，可以采用的营销策略包括预交保证金、超过规定时间未付款即取消预订、对因超额预订给顾客造成的损失提供补偿等。

> 应用练习 10-2
> 请根据你自身的经验，举一个服务预订的例子，说明其成功或失败的原因，并提出改进预订系统的相关建议。

### 2. 区分排队等候的顾客

服务企业可以根据顾客需求或顾客优先级将其分成不同的群体，允许一些顾客等候的时间比其他顾客短。服务企业可以按照以下标准来区分顾客群体。

（1）顾客的重要程度。对那些经常光顾企业的老顾客或对企业经营有重要贡献的顾客，服务企业可以为他们提供特殊的排队区域并予优先处理。例如，银行为一些大额存款的顾客办理贵宾卡，持贵宾卡的顾客可以不用排队而直接去专门的窗口接受服务。

（2）服务需求的紧迫性。对急需获得服务的特殊顾客可以优先安排。例如，医院优先为急诊病人治疗。

（3）服务时间的长短。对于那些所需服务时间较短的顾客，服务企业可以开辟专门的区域为他们服务，减少这些顾客的等待时间。在零售服务领域，有些企业为服务时间更短、不复杂的需求设立了快速通道。

（4）支付价格的高低。那些支付高价的顾客可以享受优先服务，如航班的头等舱旅客比经济舱旅客享有优先权，有专门的检票窗口为他们服务。

服务企业的排队系统可以根据市场细分进行研究调整，但要注意的是，在为优先级别高的顾客提供优先服务时，要将服务柜台设在远离普通服务队列的地方，以隐藏这种优先对待，否则可能引起正常排队顾客的不满。

### 3. 使排队等候变得有趣或者至少可以忍耐

当一项服务的提供要求顾客必须等候时，服务企业最好使等候时间成为顾客的一段愉快经历，至少是可以容忍的。顾客在等候期间的满意度主要取决于顾客对等候的心理感受，它比顾客等候的实际时间长度更重要。因此，服务营销者要了解顾客在等待过程中的心理特点，并采取有效的应对措施。

（1）空闲时间比忙碌时间感觉要长。当人们无所事事时，就会感觉时间过得很慢。顾客在空闲时间很容易产生厌倦心理，因此，服务企业的任务就是在等待期间给顾客一些事做或分散他们的注意力，以使等待显得不那么漫长。填充空闲时间的方法很多，如读物、电视、Wi-Fi、广告、玩具、镜子、饮料和水果等。例如，银行可以提供财经类的报纸和杂志供顾客阅览，这些活动可以分散顾客的注意力，有助于改善等候顾客的服务感知。

> **应用练习 10-3**
>
> 在班级中找两个同学来做排队等候的实验,在给定的几分钟时间内,其中一个可以与别人聊天或者讲笑话,另一个人只能独处且不允许与其他人说话。从计时者宣布开始到停止,让两人猜猜自己等待的时间有多长。

(2)服务前的等待比服务过程中的等待感觉时间更长。等待买票进入公园与在公园内等待坐车,两者的感觉是有所不同的。如果等候时间被与服务相关的活动所占用,顾客可能会感觉服务已经开始,这会使顾客感到等候的时间更短。因此,服务企业可以通过尽快地与顾客沟通并尽早让顾客进入"服务过程"来缩短其感觉到的等待时间。例如,餐厅将菜单或者饮品递给等候的顾客,让他们感觉进入了服务过程。

(3)焦虑使等候时间看起来更长。顾客感觉被遗忘、不确定的或未做解释的等待时间都会让顾客感到焦虑。不知道对方是否接到订单、不知道所排队列是否正确、不知道排到自己时是否还能得到服务等,这些担心都会使顾客感到等待更漫长。服务企业可以通过员工、显示屏和指示牌等各种形式来提供关于等候时间长度的信息,或者使用单队列排队,以减轻顾客的焦虑情绪。

(4)不确定的等候时间比确定的等候时间感觉更长。当顾客不清楚还要等候多长时间时,会紧张不安甚至很愤怒。因此,服务企业应该及时与顾客沟通,向他们提供关于预期等待的时间长度或在队列中的相关位置等信息。

(5)没有解释的等候比有解释的等候时间更长。当顾客能理解等候原因时,将有更大的耐心等候,尤其是等候理由合情合理时。相反,不知等待原因的顾客会感到无助、沮丧甚至被激怒。因此,在需要顾客等候时,服务企业要及时向顾客说明等候的原因。

(6)不公平的等候时间比公平的等候时间更长。不公平的等候(如优先接待其他人)将会使顾客感觉等候时间更长,这通常发生在没有明确规则的等待场所以及有大量顾客都在等待服务的情况下。合理的排队结构与排队规则是处理不公平服务的最好办法,区分不同顾客群体并"隐藏"优先对待也是可行的解决办法。

(7)服务越有价值,顾客愿意等候的时间越长。获得的服务越有价值,顾客愿意等待的时间也越长。因此,服务企业要了解所提供的服务对于顾客而言价值有多高,并不断提高服务价值。

(8)单独等候的时间比集体等候的时间感觉更长。一群人等候时,可以通过交谈来消磨时间。例如,购买电影票的顾客彼此虽然是陌生人,但是因为共同的兴趣爱好而开始交谈,这种等候体验可以使等候变得有趣,并成为顾客服务体验的一部分。

---

**专栏　　　　　如何降低顾客等候时的焦虑**

人一生中大半的时间都在等待中度过,不是吗?我们在消费一些服务的时候往往不得不等待。中国人口多是出了名的,当服务机构的服务能力不能同时满足大量的需求时,想想医院永远忙碌的窗口、加油站等待加油的长龙，等待就成为这个时候你唯一可以做的事情。谁都希望自己是第一个被服务的对象，但不幸的是，除非你愿意付出更高的代价，否则无望获得这样的优先权，大多数状况下我们认为是不划算也不必要的，还是等等吧！

那么是因为等的时间太长我们才感觉无法忍受的吗？不全是，通过对顾客心理的研究，我们会发现，其实是我们对等待的感觉和在等待时候的感受，让我们对服务满意、接受或者抱怨。服务机构是不是可以考虑能否让我们的等待变得更轻松或者至少是可以忍耐的呢？

### 1. 无聊让我们度日如年

当你对等待没有什么心理准备的时候，你当然不会带上可以打发时间的装备了。在不得不坐在椅子上或者站立等待的时候，手边连个报纸都没有，除了左顾右盼外，还真没有什么事情做，无聊呀，5分钟跟听了一堂课似的。如果给我们可爱的顾客找点事情做，时间就没那么难熬了，特别是这些事情如果跟服务机构提供的服务有关联就更好了，顺便把顾客也教育了。

### 2. 到我了吗

如果在餐厅等了30分钟才有人来招呼我们，20分钟后菜就上齐了；又或者刚坐下就能点菜，10分钟后上了第一个菜，40分钟后才上其他的，你会感觉哪个时间更长一些？估计通常情况下我们都不会忍受入座后没有人接待的服务。为什么会有这样的感觉？因为在上了一个菜后我们觉得服务已经开始了，在期盼中不知不觉过了40分钟，下一分钟就到我了，是不是经常有这样的自我对话？顾客会更容易忽视在服务过程中的等候。也有例外的情况，比如提供的服务出现了状况，顾客希望的是快速得到处理，这个时候等待的感觉就完全不同了。

### 3. 我是不是被遗忘了

每个人都认为自己是最重要的，当我们感觉自己已经被遗忘或者不知道还要等待多久，焦虑是我们最可能出现的情绪，我们会想："唉！我怎么又站错了队，这该死的地方一动不动，早知道站那一队了，现在都到我了。"银行的排号系统是很多服务机构应该学习的地方，每个窗口都是单队列，知道有多少人在前面，当然要竖起耳朵免得错过了。生意好的酒店为等位的客人提供饮料和水果，甚至承诺超过半个小时可以打八折，都是在告诉顾客：你们没有被遗忘，非常感谢您的光顾。瞧瞧，本来让人焦虑的事情变得不那么难受了。我看到竟然还有酒店提供麻将和扑克牌！

### 4. 不知道还有多久

对未知的东西人们最容易产生焦虑，当顾客不知道要等待多久时，焦虑就会更严重。就像我们和客户预约那样，如果你比预约的时间早到，那你不得不耐心等待，直到预约的时间才能会面。在约定的时间以前，等多长时间你是知道的，过了这个点，什么时候会面就不知道了，一旦原先的时间过去，焦虑也就相应增长，所以为等候的顾客提供明确的等待时间和相关的信息,将使顾客获得较为积极的感受,能有效地降低顾客的焦虑。当顾客能够理解等待原因时,他们经常表现出更大的耐心和更少的焦虑,尤其当这种等待合情合理时;不知道等待原因的顾客会因无力感而被激怒。

**5. 小子,别插队**

当有人插队的时候,平静的队伍就会混乱,排队的顾客心理会非常不平衡。这种明显的不公平将使等待时间显得更长,通常这种情况发生在没有明显规则或者许多顾客都在等待获得服务的场所。医院的就诊或畅销楼盘的开盘常常需要维持秩序的程序,以保证公平。先来后到是永远流行的规则,除非先把优先的规则清楚地告诉顾客才能挑战这个规则。例如,在急诊科中病情最重或者受重伤的人通常会第一个看病。

**6. 精彩值得等待**

如果你能把产品和服务搞得非常有价值,恭喜你,你的顾客通常愿意等下去,好多奢侈品就是这样干的。爱马仕的皮包一个15万美元,想要啊?对不起,两年后给你,这个就叫"等候式营销",人家最长的纪录是等5年,等的人不但没脾气,还觉得有面子。

总之,要让顾客在等候的时候有分散注意力的活动,顾客不爽当然会影响到生意。能让顾客等,说明营销做得不错,或者像三级甲等医院,永远不愁没有病人,如果是因为流程和工作效率的原因而导致排队,那就是另外一个话题了。希望生意长久不衰吗?那么请善待你的顾客。

资料来源:http://info.txooo.com/College/2-2023/1350506.html。

**4. 采用运营原理**

如果顾客等待的情况很普遍,那么服务企业首先应当分析运营过程以消除所有无效率的工作。服务企业可以重新设计服务系统或服务流程,以缩短服务交易的时间,使顾客能尽快获得所需的服务。例如,在芝加哥第一国民银行,为减少顾客排队等待和改善服务,该银行开发了基于计算机的顾客信息系统,以便出纳员能够更加快速地回答问题。该银行实施了电子排队系统,加雇"高峰期"出纳员,延长服务时间,同时为顾客提供可选的服务传递渠道。这些措施共同减少了顾客的等待时间,增加了生产力,提高了顾客满意度。

### 10.3.2 排队结构

排队结构是指排队的数量、位置、空间要求及其对顾客行为的影响。研究表明,合适的排队形式对顾客满意度十分重要。在服务业,诸如在银行、邮局或机场的检票口等可设置多个服务柜台的地方,常见的三种排队结构如图10-5所示。

**1. 多队列**

服务供应商提供多个服务柜台,顾客从多个队列中自由选择要等待的队伍。大型超市收银台和售票处通常采用这种排队结构。在多队列结构中，到达的顾客需要考虑加入哪一条队伍。多队列的缺点是各条队伍的移动速度可能不同，先到的顾客不一定能先得到服务。看到自己排的这条队伍不如旁边的队伍移动得快，顾客可能会转移到另一条队伍的尾端。多队列的排队结构具有以下优点。

（1）可以提供差别服务。例如，有些飞机场为头等舱与经济舱的乘客设置不同的柜台。

（2）顾客可以选择自己喜欢的某一特定服务台。

（3）有助于减少顾客不加入队伍的现象。若顾客到达时，看到只有一个服务台并排了一条长队，他们会认为要等待很长时间而决定不加入队伍，这样无疑会因顾客流失而使企业的利益受损，而多队列分散了排队人群，更能留住等待的顾客。

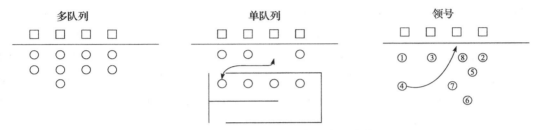

图 10-5　等待区域排队结构的备选方案

资料来源：詹姆斯 A 菲茨西蒙斯，莫娜 J 菲茨西蒙斯 . 服务管理：运作、战略与信息技术（原书第 7 版）[M]. 张金成，等译 . 北京：机械工业出版社，2013：273.

### 2. 单队列

虽然有多个服务柜台，但顾客排成一条蛇形的长队，一旦某个服务柜台出现空闲，队首的第一位顾客就上前接受服务。这种排队方式在游乐场或邮局很常见。这种排队结构的优点在于：

（1）所有顾客都遵循先到先服务的规则，保证了公平性。

（2）在只有一条队伍的情况下，顾客不会因为其他队伍移动得更快而着急。

（3）只在队伍的尾端有一个入口，这使得插队和退出队伍变得困难。

### 3. 领号

到达的顾客领取一个号码，这样顾客无须站着排队就可以按照号码的先后顺序来接受服务。领号常见于银行和医院门诊处。顾客可以在等候期间坐在椅子上休息或者做其他事。但是，顾客需要随时警觉自己的号码被叫到，否则就有可能错过接受服务的机会。

总之，服务企业需要选择最合适的排队形式。服务企业对排队方案的选择取决于业务的性质、服务效率、顾客偏好和经营者的观念。例如，许多银行以前大都采用多队列，现在开始使用领号的排队结构，这在很大程度上缓解了顾客等待的心理压力和体力消耗，也提升了银行自身的服务效率。又如，不同快餐店的管理者理念有差异，导致选择不同的队伍结构。如麦当劳、肯德基等快餐店，它们选择多队列的排队结构，其管理者认为这样能有效地减少顾客的等待时间，提高其服务效率；但汉堡王等快餐店认为单队列结构能使顾客订餐和取食的地点分开，更能提升服务效率。另外，服务企业要利用具有指示作用的道具或标识，使顾客知道排队方案并维持排队秩序。例如，可以用索链连接在铜柱之间形成队列区域；在大厅入口处放置取号机；在各个窗口标明业务类型来区别单队列或多队列等。

### 10.3.3 排队规则

排队规则是由服务企业制定的从排队顾客中挑选下一位顾客接受服务的管理规则。根据服务营销领域知名学者菲茨西蒙斯的理论，排队规则可以分为两大类：静态规则和动态规则。静态规则是以固定规则选择接受服务的下一位顾客，它不考虑排队的状况或顾客特征，如先到先服务便属于静态排队规则。动态规则是根据顾客某一特征或等待队伍的状况选择接受服务的下一位顾客的规则。这种规则的一般做法是：先根据顾客的某一特征对到达的顾客进行优先级的分类，再在每个优先级别中使用"先到先服务"的规则。例如，某些银行将存款达到一定金额的顾客定为 VIP 客户，持 VIP 卡的客户不需要排队，有专门的单独窗口和客户经理为其服务，但是同为持 VIP 卡的客户也需要根据先来后到的顺序接受服务。一般常见的排队规则有以下几种。

#### 1. 先到先服务

先到先服务规则是指先到达服务窗口的顾客先获得服务的排队规则。它是根据顾客在队伍中的位置确定接受服务的顾客，而不需要其他信息，因此它是一种静态规则。先到先服务的规则是服务企业最常用的排队规则，即通常所说的"先来后到"。

#### 2. 后到先服务

后到先服务是指后来者先获得服务的排队规则。这一规则恰好与先到先服务相反，在许多库存系统中会出现这种情况。例如，在搭乘长途汽车时，最后存放行李在存储仓的顾客会先取到行李。

#### 3. 紧急优先

紧急优先是指根据服务的紧急程度提供服务的规则。紧急服务通常有最高优先级，一项正在进行中的服务会被中断，为刚刚到达但有最高优先级的顾客服务。例如，消防车在执行救援任务时不受红灯限制，优先通行。

#### 4. 最短服务时间

最短服务时间规则是指服务企业为服务时间较短的顾客单独设立队列。例如，有些超市为购物量不超过 5 件的顾客设立专门的快速通道。

#### 5. 预约优先

预约优先是指优先服务之前已经做过预约的客户原则。这一规则在酒店等服务组织中常常被用到，酒店会为预约的顾客预留客房或座位，在顾客到达时优先为其提供服务。

### 6. 最大盈利顾客优先

这一规则是指对那些能给服务企业带来最大盈利的顾客提供优先服务。例如，银行为大额存款客户、航空公司为头等舱顾客提供优先服务。

### 7. 随机服务

随机服务是指对到达服务场所未形成队伍的顾客，随机选取一位提供服务的无秩序排队规则。在这种规则下，每位等待的顾客被选取的概率都相等。例如，程控交换机系统接通呼叫电话是随机的，没有优先次序。

## 本章小结

由于服务的易逝性和需求的波动特性，服务企业的生产能力与服务需求难以匹配。平衡能力与需求有两种方法：一是调整服务能力来适应需求的波动。服务能力管理的策略主要有需求低迷时安排修整时间、扩展现有服务能力、交叉培训员工、雇用临时工、鼓励顾客自助服务，以及租用或共用设施、设备等。二是改变需求来适应现有的服务能力。常见的需求管理策略包括改变服务产品、与顾客沟通、调整服务地点和时间，以及使用价格来改变需求等。很多服务企业同时使用两种方法来实现供需平衡。

在服务需求大于服务能力或平衡两者的成本过高的情况下，企业需要对排队等待进行管理。排队管理的策略包括建立预订系统、区分排队等候的顾客、使排队等候变得有趣或至少可以忍耐、采用运营原理等。服务企业还要选择合理的排队结构和排队规则，有效设计排队系统。排队结构是指排队的数量、位置、空间要求及其对顾客行为的影响，有单队列、多队列和领号三种排队结构可供选择。排队规则会影响等待中的顾客离开队伍的可能性，因此服务企业应当根据实际情况选择合适的排队规则，最大限度地留住等待的顾客。

## 思考题

1. 服务能力的限制因素有哪些？
2. 服务能力管理的策略有哪些？
3. 造成服务需求波动性的原因是什么？
4. 服务需求管理的策略有哪些？
5. 试述排队等待策略的基本内容。
6. 如何让顾客等待变得更有趣或至少可忍耐？
7. 排队规则有哪些？

## 案例分析

### 芝加哥第一国民银行减少顾客等待时间

芝加哥第一国民银行面临日益激烈的竞争和提高顾客服务质量的挑战。它试图增加顾客的方便。方便不仅意味着顾客导向,也意味着服务过程更有效率。一种主要的做法就是减少在银行零售分支机构办理业务的等待时间——顾客经常抱怨的问题。芝加哥第一国民银行通过一系列行动,提高了效率,为顾客节省了时间。

(1)系统改变。银行开发以计算机为基础的顾客信息系统,使用中央系统,允许出纳员迅速回答问题。同时,银行使用电子排队系统,向员工和顾客反映当前等待时间的长短,通过灯的闪烁,自动引导顾客到下一位空闲的出纳员那里。这一系统还为监管人员提供在线信息,根据需求模式指出对员工的要求。银行还使用自动取款机,每笔交易都可以节省至少30秒,使顾客不用再等待出纳员。

(2)人力资源的改变。银行设置了一个新的工作岗位:出纳负责人,他们负责管理排队,促进交易尽快完成。银行开创了"今天的长官"活动,任命一个长官,为其配备通信设备以解决可能慢下来的交易。在"高峰时期",对出纳员给予现金激励,使其能获得更高的工资。用餐时间也进行了调整,在繁忙时将出纳员午餐时间减少到半个小时,在特别忙的日子里,银行为其提供受欢迎的午餐。

(3)服务传递围绕顾客进行改进。顾客可以有很多选择,比如,在繁忙的日子设置"快速投递"的通道,提供排队的信息,管理简单的需求。"快速投递"的设立是为那些仅仅取款或存款的顾客提供的服务。银行开放时间每周延长到38~56个小时,包括星期天。客户宣传册《怎样缩短等待时间》改变了顾客高峰期的光顾,并提出了避免拖延的建议。

后来,银行内部评估和顾客调查表明,不仅在减少顾客等待时间上很成功,增加了顾客的本地区"最好银行"的感知,还可以提高出纳员的生产率,扩充生产能力,扩展需求。随着这些变化,顾客满意度在稳步提高。

资料来源:1. 克里斯托弗·洛夫洛克,约亨·沃茨. 服务营销(原书第7版)[M]. 韦福祥,等译. 北京:机械工业出版社,2014:212.
2. 瓦拉瑞尔 A 泽丝曼尔,玛丽·乔·比特纳,等. 服务营销(原书第7版)[M]. 张金成,白长虹,译. 北京:机械工业出版社,2018:372.

**案例思考**

1. 在该案例中,芝加哥第一国民银行所采取措施的理论依据是什么?
2. 你对国内银行中的顾客等待问题有什么建议?

## 实践活动

### 一、实训目的

1. 通过体验,理解排队等待对顾客情绪的影响。
2. 感受等待的心理学规则是否实际发生作用。
3. 体会并解决排队等待给服务企业带来的负面影响。

### 二、实训内容

1. 以自己的开户银行、美发店、餐厅或其他服务企业为对象,选择高峰时段前往体验排队等待。
2. 访问、观察其他顾客的排队等待体验,并做好记录。
3. 访问该服务企业的管理者、员工,了解他们对顾客排队等待的看法,所采取的解决措施及其效果。

4. 对该服务企业的现行排队等待策略做出评价，并提出你的改善建议。

5. 完成一份书面报告，并制作演示文稿。书面报告应包含以下内容：①所选定的服务企业及其业务简介；②该服务企业的排队等待系统及你的体验、观察和访问情况总结；③你对该服务企业的排队等待系统、规则及其效果的评价；④你的建议方案；⑤说明你完成本次实训的时间、地点。

### 三、实训组织

1. 提前一次课布置任务，在学生进行充分的课外准备的基础上，根据本课程课时总量安排1～2个课时进行课堂讨论。

2. 在班级内，以学生个体为单位发表体验报告。

3. 鼓励学生使用任何能够充分表现其服务等待体验的方式进行展示、发言。

### 四、实训步骤

1. 根据可安排的课时量，确定在班级内发言的学生数量。

2. 依次安排上述学生在讲台上面对全班同学发言。

3. 对每一轮发言，教师应鼓励并安排具有不同见解的同学或小组之间展开相互质询。

4. 教师评价发言过程和观点、证据，并根据学生在整个讨论过程中的表现记录一次平时成绩。

# 第 11 章
# 服务分销、定价与促销

### 学习目标

本章介绍服务分销渠道、服务定价和服务促销。通过本章的学习,你应该能够:
1. 认识服务分销渠道的特点与类型。
2. 明确服务位置的选择。
3. 掌握服务定价方法和策略。
4. 明确服务促销的挑战及应对策略。
5. 知晓如何拟订服务促销计划。

### 本章结构

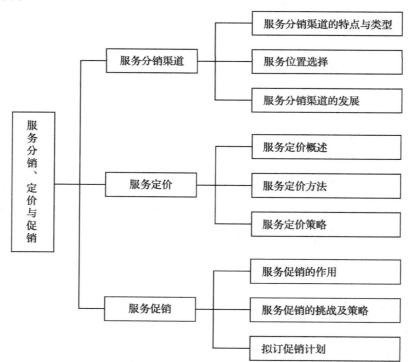

## 导入案例

### 新东方的变革

**优能中学**

早在 2009 年，北京新东方优能中学部就已招兵买马，意欲打造一个优秀的数学教师团队，一举拿下北京的数学培训市场。然而现实非常残酷，2010 年的暑假，北京学而思的初一数学课程招生接近 3000 人，而优能中学的同类课程只有 60 多人。到了秋季，学而思的初一数学课程学员人数 2000 多人，优能中学却只有 50 多人。

通过对中学课外辅导领域的深入研究，新东方团队发现，中学课程有种特殊性，学员一旦选择了某个机构或者某位老师的课程，一般会自动续读下去，直到中学毕业。这样一来，初一阶段的课程就成为整个中学阶段学习的入口，如果能在入口期抓住学生，后面的生源也就自然而然有了保证。自 2011 年暑期开始，新东方打出了免费入口班策略，即优能中学的初一数学暑假课程都以免费班的形式向全北京市的小学毕业生开放，学费近 2000 元的班级只象征性地收 50 元资料费，但教师的课酬分文不减。这项举措当时在新东方内部遭到了强烈的反对，争议不断，在新东方的对手眼里，这种策略也不值一提。但是，在一片质疑声中，初一数学暑假班免费开放还是一年又一年地执行下去了。

2011 年暑假，优能中学初一数学免费班一共招收了 2000 个学生，其中有 400 人续入秋季数学的收费班级，是 2010 年秋季的 8 倍。2012 年暑假，优能中学初一数学免费班一共招了 3200 个学生，其中有 800 人续入秋季数学的收费班级。2013 年暑假，优能中学初一数学免费班共招生 5000 人，其中 1400 人续入秋季数学的收费班级。部分没有续班的暑假学员并非彻底离开优能中学，而是选择在寒假或春季再度回到优能的课堂。这使得优能中学 2014 年春季的初一数学招生人数达到 2000 人，几乎与同期学而思初一数学班的人数持平。历经三年，第一批免费班学员已经中考结束升入高中，优能中学在北京初中全科辅导市场深入人心，再加上新东方英语学科本身的优势，市场份额已与学而思难分伯仲。2014 年暑假，优能中学的初一数学免费班招生超过 7000 人，2100 人续入当年秋季班。至 2017 财年，优能中学、K12、泡泡少儿业务等已经取代留学培训业务，成为新东方最为强劲的增长引擎。

**O2O 双向互动学习平台**

2014 年，新东方 O2O 双向互动学习平台正式建立。平台主要有两大功能：私播课和进步可视化教学系统。线上模式的出现，帮助新东方解决了传统线下培训的很多弊端。首先，线下培训课程的时间和空间成本高。其次，线下培训教师的价值变现难，老师工作积极性较低。当然，纯线上的教学也有很多问题。第一，线上教培产品对学生的学习效果落实差。第二，绝大部分互联网在线课程内容的针对性弱。第三，由于效果落实差、内容针对性弱，学生和家长对在线课程普遍持谨慎观望态度，信任度较低。因此，新东方觉得将线上和线下相结合，或许才能打造出在线教育的最佳产品。私播课仅仅运行了一个春季，新东方就取得了招生 4300 人次、收入 500 万元的佳绩。由于课程采取和教师四六分成的收入体制，这也导致机构教师在春季直接增收 300 万元。2016 财年，私播课实现了 2000 万元营收，付费用户 17 000 人次，教师最高单季度增收超 30 万元，开通私播课的教师比率高达 25%。

目前国内在线教育的流行模式是纯线上的直播名师课程。新东方推出了一个一反常态的在线教育产品——私播课，即 SPOC（small private online course，小规模限制性在线课程）。

这个概念最初由哈佛大学和加州大学伯克利分校提出，与 MOOC（massive open online course，大型开放性在线课程）相反。小规模指的是每个班级限额为 50 人；限制性指的是只有就读新东方线下课程的学生才能报名私播课。私播课的老师均是学员线下的授课老师，每节私播课的时间为 20 分钟，内容和线下课题相关联，更像是一个作业，并不是独立的课程，更容易让学生接受。同时由于私播课的内容可以灵活调节，能起到既拔高优等生又促进后进生的作用。仅一个私播课就解决了其他在线教育以及新东方传统线下培训所面临的多个挑战。前优能中学的主管朱宇说过，也许在不久的将来，新东方的盈利模式会发生更多的改变。目前多数的互联网营销策略都是通过线上免费将流量导入线下收费的产品当中，然而，新东方未来甚至可以采取线下免费、线上收费的模式。学员在线上免费和线下免费的抉择中，选择线下免费的可能性或许更大。

进步可视教学系统的出现，让学生可以直接、立刻、生动地看到自己努力的成果，令学生、家长和老师三方面均能清晰地看到学生每一次的学习进步。优能中学自主研发的课本、练习册，以及网站、App 等都围绕进步可视教学体系展开，所有这一切都为了实现"打通线上、线下"的教学设想。优能中学进步可视化教学系统的调研数据，反映出教学目标在教学模式中的重要性，以及学生在这一教学模式下取得进步的可视性。在受访的 859 名接受了进步可视化教学体系的学员中，93% 的学生明晰自己每堂课的学习目标与所处等级，同时能够更直观地看到自己的进步（进步可视），从而产生了更强的学习意愿。

2017 年财年，新东方 K12 业务营收增长 44.2%，占全部业务营收 55%。针对 O2O 双向互动平台的成功，俞敏洪表示："通过对 O2O 双向互动教学系统的改善，我们持续地在优能中学及泡泡少儿两大业务板块中提升客户的回头率，并有效吸收新的客户。目前主要面对 K12 业务的 O2O 双向互动教学系统，已成为驱动 2017 财年收入和报名人数加速增长的主要动力。在未来，O2O 双向互动教学系统会打通留学语培等其他业务。"

资料来源：郑刚，胡佳伟. 新东方的互联网转型与变革 [J]. 清华管理评论，2018 (6).

## 引言

在服务营销中，分销渠道关系到企业是否能将服务顺利地传递给顾客，而价格和促销则是导致服务供应商差距四出现的关键因素，两者都有可能通过提高顾客期望而加大顾客差距。因此，企业要对服务的分销、定价和促销进行有效的管理。虽然实体商品的分销策略、定价策略与促销策略也可用于服务之中，但是，服务毕竟不同于实体商品，服务的分销、定价与促销有其特殊性，本章便主要介绍服务的定价、分销与促销。

## 11.1 服务分销渠道

### 11.1.1 服务分销渠道的特点

**1. 服务分销渠道较短**

在大多数情况下，由于服务生产与消费同时进行，通常需要顾客参与服务过程，很多人员提供的服务大都由企业直接提供给顾客，因而服务分销主要是采用直销的形式来实现服务的直接传递。即使是使用服务中间商来分销服务，服务分销渠道也很短。

### 2. 服务分销渠道不涉及所有权的转移

在商品的分销过程中，商品所有权往往在不同渠道成员之间转移。然而，由于服务具有无形性的特征，顾客无法获得服务的所有权，企业或服务中间商也只能转移服务的使用权，因此，服务分销渠道并不涉及所有权的转移，实际上是将服务传递给顾客。

### 3. 管理中间商面临的特定问题

如果企业使用中间商来分销服务产品，与服务中间商有关的主要问题包括对各商店质量控制的困难、授权和控制之间的紧张关系，以及渠道冲突等问题。企业需要对中间商进行管理，可以使用渠道控制、向中间商授权、与中间商合伙等管理措施，使其能将服务有效地提供给消费者。

## 11.1.2 服务分销渠道的类型

服务分销渠道是指促使某种服务产品能够被消费的一系列相互依赖的组织。根据企业是否使用中间商，可以将服务分销渠道划分为直接渠道和间接渠道（见图11-1）。

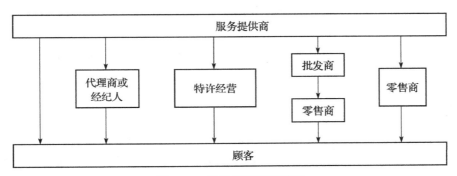

图 11-1 服务分销渠道类型

### 1. 直接渠道

直接渠道是指企业直接将服务产品销售给顾客的渠道模式，最适合服务产品的分销。企业采用直接渠道具有以下营销优势：

（1）对分销渠道的控制性强。企业使用自有渠道，可以自主决定聘用、激励、解雇员工，可以对服务质量保持较好的控制以实现服务供给的一致性，还可以完全控制顾客关系。

（2）能及时获取市场信息。在与顾客接触时，企业可以直接了解顾客的需求及其变化趋势，以及顾客的意见和竞争者的信息，使企业能快速响应市场需求。

（3）有助于实现服务差异化。企业直接向顾客提供服务，对顾客的了解较为深入，可以根据顾客的需求偏好灵活地提供真正个性化的服务，形成服务差异化，与竞争者区分开来。

企业使用直接服务渠道的劣势如下：

（1）需要大量投资。向顾客直接销售服务，需要由企业自筹资金开设或增加店面。对于大多数企业而言，这不但加重了负担，还需要为此承担所有的财务风险。

（2）地域的局限性。在人的因素占比重较大的服务产品中，如著名律师提供的法律服务，服务提供者的不可复制性使得企业难以开拓新的市场，直销可能意味着企业会局限于某个地区性市场。

---

**知识链接**　　　　　　　　**顾客需要的便利**

贝里等人认为，顾客所强调的便利包括服务进入便利和服务交易便利。服务进入非常重要，因为服务的特性决定了顾客必须参与服务的生产，而且服务的生产过程就是服务的消费过程。他们认为，可以通过以下方式来改进服务进入的便利性：

- 为顾客提供不同的服务接受方式，包括自助服务技术。
- 对很多过去必须到柜台办理的服务进行改革，如为顾客提供网上预订服务。
- 把服务传递给顾客，而不是让顾客来接受服务。
- 通过为顾客提供支持性服务和便利性服务来强化核心服务。如顾客购买房屋时，为顾客提供贷款和保险服务等。

交易的便利性也非常重要，因为顾客会将时间的耗费视为一种成本或投资，过长时间的等待无疑会降低顾客的满意度。

资料来源：汉斯·卡特帕尔，等.服务营销与管理：基于战略的视角（原书第2版）[M].韦福祥，译.北京：人民邮电出版社，2008：14.

---

### 2. 间接渠道

间接渠道是指企业通过服务中介机构向顾客提供服务的渠道模式。服务中介机构的形式有很多，常见的中介机构类型如表11-1所示。企业可以使用一种服务中间商销售服务，也可以综合使用多种服务中间商来分销服务。

表 11-1　中介机构类型

| 中介机构 | 含义 |
| --- | --- |
| 代理商 | 根据合同规定代表委托人从事某项服务活动的一方，如保险代理人 |
| 经纪人 | 为促进他人交易并收取佣金的组织或个人，如房地产经纪人、证券经纪人 |
| 特许加盟商 | 专门提供一项服务，然后以特许权的方式销售该服务，常见于快餐行业 |
| 批发商 | 从事批发业务的服务中介机构，如旅游承办商、投资银行等 |
| 零售商 | 直接向顾客提供服务的中介机构，如电影院、干洗店 |

## 11.1.3　服务位置选择

### 1.顾客与企业的互动方式和服务位置的关系

服务位置选择是企业对在什么地方经营与服务人员身处何地做出的决策。服务位置会对企业的服务营销产生影响，不少零售店非常强调店面的位置。位置的重要性主要取决于顾客与企业相互作用的类型与程度,而二者相互作用的类型、程度与服务的性质有关。顾客与企业相互作用的方式有三种,如表 11-2 所示。

表 11-2 顾客与企业的互动方式和服务位置的重要性

| 顾客与企业的互动方式 | 常见例子 | 服务位置的重要性 |
| --- | --- | --- |
| 顾客亲临服务场所 | 电影院、理发店、快餐店 | 最重要 |
| 服务提供者前往顾客所在地 | 家政服务、快递服务 | 较不重要 |
| 远距离完成服务传递 | 电话公司、信用卡公司 | 最不重要 |

(1)顾客亲临服务场所。当顾客必须亲自到服务场所才能获得服务时,服务位置就显得特别重要,如餐馆所在地点的便利性就是顾客光顾的一个主要理由。因此,企业选择合理的服务位置非常关键,开展行人调查或交通调查可以更好地确定店面的位置。

(2)服务提供者前往顾客所在地。如果企业的员工能够到顾客所在地为其提供服务,那么服务位置就不是很重要了。在下列情况下,服务提供者适合到顾客所在地提供服务:一是服务对象无法移动,如需要装修的房屋、需要清洁的门窗;二是顾客愿意支付更高的服务费,企业可以从中获得更多的收益,如为高端人士提供的量身定制裁缝服务。

(3)远距离完成服务传递。当顾客与企业不直接接触而是彼此相距一段距离时,服务位置是最无关紧要的。顾客与企业在不需要相互接触的情况下通过电话或互联网就能完成服务交易,顾客不会与服务人员面对面地交流,也不会关心服务提供者的实际位置。

**2. 服务位置选择的策略**

(1)集中策略,即企业设立众多提供相同服务服务点的策略。餐饮业、汽车维修业的企业常用这一策略。这是根据顾客会在许多相互竞争的企业之间选择时表现出的消费者行为而总结得出的。在同行业企业集中的地方开店,方便顾客识别与选择,容易实现共赢。例如,小吃一条街汇集了各种特色小吃,不同商家集中在一起生意反而会更好。

(2)分散策略,即企业使其服务网点广泛分布,采用多店面与多地点的策略。例如,某药店在各个社区建立连锁店,某零售商在汽车站、火车站、加油站等处设立零售店。使用分散策略时,企业通过建立众多的服务点,可以提高知名度,扩大市场覆盖面。

(3)替代策略,即企业利用第三方的网点或技术手段来替代自身的服务网点。这种策略的本质在于利用网点获得市场先机,以最低成本为最大范围的顾客服务。企业可以通过与竞争者或服务中介合作,利用对方的网点来提供服务。例如,ATM 机联网使各银行都能更大范围地为顾客提供便利的服务。企业还可以通过通信和运输替代网点,如急救中心无须多处布点,只需通过电话就能调遣急救车送患者就医。

## 11.1.4 服务分销渠道的发展

随着社会的进步和发展,最近几年服务分销的方法有了许多创新,下面做简要的介绍。

### 1. 综合服务渠道

综合服务是服务业增长的一个现象,即综合公司体系与综合性合同体系持续发展,已经开始主宰某些服务业领域。在观光旅游方面，许多服务系统正在结合两种或两种以上的服务业，如航空公司、大饭店、汽车旅馆、汽车租赁、餐厅、订票及订位代理业、休闲娱乐区、滑雪游览区、轮船公司等进行合作联盟，一起为顾客提供旅游服务。目前有些大型的服务业公司，通过垂直和水平的服务渠道系统控制了整体的服务组合（package）。以前，综合服务渠道一直被视为制造业的体制，现在已经变成许多现代化服务业体系中的一种重要特色。

### 2. 自助服务渠道

自助服务渠道是指顾客自己就可以完成相关服务产品的购买，不需要企业相关人员的参与。在银行旁边使用自动取款机、在加油站自己加油、在地铁站通过自动售票机购买车票，这些都是自助服务。科技进步、自助服务的低成本和低价格、自助服务给顾客带来的便利性、社会对自助服务的认可等因素促进了顾客自助服务趋势的形成，使现在自助服务越来越多了。但自助服务的潜在危险是可能会使企业与顾客之间的关系疏远，顾客与员工之间互动的缺乏会导致顾客忠诚度降低。

---

**应用练习 11-1**

相对实体店而言，你所购买的通过互联网传递的服务（如手机费）有哪些优势？

---

### 3. 网络服务渠道

网络服务渠道是指企业利用互联网与顾客进行交易并向顾客提供服务，如网络订餐服务、飞机票与火车票的网络购票服务等，以及中国移动的网上营业厅、短信营业厅、掌上营业厅等电子服务。网络服务渠道的优势包括较强的互动性、成本低、服务更多顾客。网络服务渠道消除了时空限制，减少了市场交易壁垒，使交易更具公平性，同时还使顾客拥有更多的选择权，为其带来更大的便利。但网络服务渠道也存在一些问题：如网络信息安全问题，有时顾客会担心银行账户信息泄露、黑客攻击事件发生等；企业初期投资成本高；网络的虚拟化导致市场分析难度大等。目前，信息化和高科技正在从根本上改变服务分销渠道，网络营销渠道成为传统实体渠道的补充或替代性选择。

---

**专　栏**　　　　　　　　**技术推动服务传递方式变革**

不久前，服务企业的管理者开始利用互联网优势来传递服务，其中四种创新引人注目：
- 开发新型的智能手机和掌上电脑，以及随时随地都可以连接的无线高速互联网技术。
- 使用语音识别技术，让顾客对着电话或麦克风讲话就能获得相关信息和所需服务。
- 建立网站提供信息、处理订单，甚至成为提供信息服务的供货渠道。
- 智能卡的商业化，卡里含有微型芯片。自助银行的最终目标是顾客不仅能像用电子钱包一样用智能卡完成各种交易，而且能通过与个人电脑相连接的读卡器进行充值。

> 无论是单独使用还是综合使用，在提供信息服务方面，电子渠道是传统实体渠道的补充或替代性选择。
>
> 资料来源：克里斯托弗·洛夫洛克，约亨·沃茨.服务营销（原书第7版）[M].韦福祥，等译.北京：机械工业出版社，2014：105.

## 11.2 服务定价

### 11.2.1 服务定价概述

由于服务产品的特殊性，它的定价比有形产品的定价困难得多，需要考虑的因素也多。服务企业定价是给服务产品制定一个合理的价格，更是给顾客一个识别服务质量的信号，因此要重视服务产品的定价。

---

应用练习 11-2

给出两张图片，并完成以下内容：
1. 给出一张瓶装水的图片，请你猜测价格。
2. 给出一张女士发型的图片，请你猜测价格。

---

**1. 服务定价的特点**

服务作为一种可供交换的无形产品，其价格既是服务产品所有者与购买者之间相互交换的媒介，也是反映生产这种服务产品劳动量耗费与产品效用程度的一个重要标志。服务的无形性等特点决定了服务价格与一般有形产品的价格有着特殊的差异。

（1）服务的无形性使服务产品的定价比有形产品更困难。顾客在购买有形产品时，可以根据产品的外观、做工的精致程度、产品的包装等方面判断产品的质量价格比；而在消费服务产品时，由于服务产品具有无形性，实物产品只是服务这种特殊产品赖以存在的载体，顾客在购买之前是看不到、听不到、尝不到、摸不到、闻不到的，只有一个抽象的概念，难以对服务产品形成一个准确的认识。为了减少消费的不确定性，他们将从看到的服务环境、服务人员、服务设备、企业宣传资料和企业标识等与服务产品相联系的实体要素，来判断服务产品价格合理与否，从而在心目中形成一个模糊的价值概念，并将这个价值同企业确定的价格进行比较，判断是否物有所值。因此，所含实物成分越低的服务产品，在制定价格时就越需要更多地考虑顾客对该产品的心理评价，这就加大了服务企业的定价难度。

（2）服务的易逝性及服务需求的不稳定性导致服务价格的差别性较大。服务的易逝性使服务的供求始终难以平衡。当需求小于供给时，服务企业可能会更多地使用优惠价、降价等促销方式，以充分利用富余生产资源。例如，在旅游淡季，酒店和航空公司实行折扣价、提供更多的服务内容等来吸引更多的顾客。当需求大于供给时，服务企业可能更多地制定相对较高的价格，以调节过量的需求。但是，服务企业如果经常使用这种方式，会强化顾客对降价的心理预期，使他们故意延迟对某种服务的消费。

（3）更为激烈的价格竞争。服务产品的同质性以及经营中存在的不规范化，导致了更为激烈的价格竞争。市场竞争状况直接影响企业定价，一般来说，越是独特的服务产品，企业越具有定价的主动权。但服务市场上，许多同行业的企业提供的服务产品差异化程度较小，在这种情况下，顾客不太关心服务产品的提供者是谁，他们会从众多的服务企业中进行选择，此时价格就成为影响顾客购买决策的主要因素。

（4）每一次服务的质量价格比各不相同。服务与服务提供者的不可分离性，使每一次服务的质量价格比各不相同。服务产品的质量很难以一个固定的标准来衡量，它要受到服务设备和服务提供者的技能、技术及情绪等因素的影响，这又增加了服务产品定价的不可确定性。

### 2. 服务定价的主要影响因素

影响服务产品定价的因素主要有成本、需求和竞争，此外，政策法规也不可忽视。成本决定了服务产品价格的下限，市场需求决定了服务产品价格的上限，而竞争者同类服务的价格则决定了企业应该在服务价格的上限和下限之间如何确定价格水平。

（1）成本因素。一般来说，服务产品的成本可以分为三个部分，即固定成本、变动成本和准变动成本。

1）固定成本是指基础设施、折旧费、房租、利息、管理人员工资等相对固定的开支，一般不随服务产量的多少而变动。

2）变动成本则随着服务产出的变化而变化，如员工工资、低值易耗品、电费、运输费、物料消费等。变动成本在总成本中所占的比重往往很低。比如，飞机未满员但仍要起飞时，再增加一位旅客在人力资本、资源消耗等方面增加的成本就很小，有时甚至接近于零，如电影院。

3）准变动成本是介于固定成本和变动成本之间的那部分成本，它既与顾客的数量有关，又与服务产品的数量有关，如清洁服务的费用、员工的加班费等。

在服务产出水平一定的情况下，服务产品的总成本等于固定成本、变动成本和准变动成本之和。服务企业在制定定价战略时必须考虑不同成本的变动趋势（见表11-3的酒店成本示例）。

（2）需求因素。服务企业在制定服务产品的价格时要考虑市场需求，而市场需求会受到价格的影响。需求的价格弹性是指因价格变动而相应引起需求变动的比率，它反映了需求量对价格的敏感程度。需求的价格弹性通常用弹性系数来表示，该系数是需求量变动的百分比与价格变动的百分比的比值。

表11-3 酒店的成本构成

| 成本 | 内容 |
| --- | --- |
| 固定成本 | 建筑与设施的折旧（自有） |
|  | 建筑与设施的租金（租用） |
|  | 管理人员的酬金 |
| 变动成本 | 食品消耗 |
|  | 易耗品的维修 |
|  | 水电的消耗 |
| 准变动成本 | 员工的加班费 |
|  | 清洁费用 |

资料来源：根据相关资料整理。

当弹性系数小于1时，表示缺乏弹性；当弹性系数大于1时，表示富有弹性。

价格弹性对服务企业收益有着重要影响。通常服务企业销售量的增加会产生边际收益，而边际收益的高低又取决于价格弹性的大小。在现实生活中，不同服务产品的需求弹性是不同的。例如，在某些市场上需求受到价格变动的影响很大（如市区公共交通服务、旅游、娱乐等），而有些市场则影响较小（医疗、中小学教育等）。

（3）竞争因素。所有服务企业都受整个竞争态势的影响，服务企业要考虑竞争对手之间的力量对比，这样才能制定出合理的价格。一般来说，在服务产品之间区别很小而且竞争较强的市场，可以制定大体相似的价格。此外，在某些市场背景之下，传统和惯例可能影响到定价（如广告代理的佣金制度）。

（4）政策因素。由于服务产品价格涉及服务企业和顾客的利益，同时对服务企业的健康发展产生重要影响，所以政府会通过一些法律法规对某些服务产品价格实行政策干预。因而服务企业在制定价格时，应该把政策法规纳入决策的范畴。服务企业的定价还必须遵守国家的有关政策法规。

## 11.2.2 服务定价方法

### 1. 成本导向定价法

成本导向定价法是指企业以其提供服务的成本为主要依据的定价方法。这是一种最简单的定价方法，即在服务产品单位成本的基础上，加上预期利润作为服务产品的销售价格。成本导向定价法主要有成本加成定价法和目标利润定价法两种。

（1）成本加成定价法。成本加成定价法是指在计算出服务产品的成本后，再加上若干百分比的毛利，然后计算出服务产品的价格。

（2）目标利润定价法。目标利润定价法的要点是使服务产品的售价能保证服务企业达到预期的目标利润率。服务企业根据总成本和估计的总销售量，确定期望达到的目标收益率，然后推算价格。

成本导向定价法存在一定的局限。它的基础是提供服务产品的价值消耗，而对于同一服务产品而言，其价值消耗在特定服务企业、特定配置下（生产能力、人员）往往不具可比性，不宜作为定价的基础。成本导向定价法强调供给方的价值消耗的补偿和获利，忽略了对需求方利益的关注，不符合互利双赢的发展理念。

成本导向定价法是一种卖方定价导向，它忽视了市场需求、竞争和价格水平的变化，在有些时候与定价目标脱节。此外，运用这一方法制定的价格建立在对销量预测的基础上，从而降低了价格制定的科学性。因此，在采用成本导向定价法时，企业还需要充分考虑需求和竞争状况来确定最终的市场价格水平。

### 2. 需求导向定价法

需求导向定价法就是以顾客对服务产品价值的理解和市场需求强度差异为主要依据的定价方法，主要包括感知价值定价法和需求差异定价法两种。

（1）感知价值定价法。顾客购买服务产品时总会在同类服务产品之间比较，选购那些既能满足消费需要，又符合支付标准的服务产品。顾客对服务产品价值的理解不同，会形成不同的价格限度。这个限度就是顾客宁愿付款也不愿失去这次购买机会的价格。如果价格刚好定在这一限度内，顾客就会顺利购买。

（2）需求差异定价法。需求差异定价法以同种服务产品因条件变化而产生的需求强度差异作为定价的基本依据。引起需求强度变化的条件可能是销售时间、地点及对象的改变。以酒店服务产品为例，酒店可以按不同的时间（周末、节假日）甚至不同的钟点规定不同的价格；由于有的顾客喜欢高楼层，有的顾客喜欢低楼层，可以根据酒店客房所处楼层不同而制定不同的价格。采用需求差异定价方法需要注意差价的大小要适当，并且要顾客相信这些差价是合理的，物有所值。

服务的需求导向定价法关注顾客需求，试图使价格与顾客的价值感受相一致，这一点与制定商品价格的原则相同。但是，服务与商品的需求导向定价法又有所不同，这表现在以下两方面：一是服务企业定价时必须考虑非货币成本，据此对货币价格进行调整。当顾客购买服务需要花费大量的时间、精力和体力时，企业应下调价格以补偿顾客。二是顾客不太了解服务的成本，因此，在初次购买服务时价格并不像购买商品那样重要。

### 3. 竞争导向定价法

竞争导向定价法是指以竞争者的价格作为定价的主要依据。这种定价方法适用于以下两种情况：一是服务供应商提供标准化服务，如干洗业；二是行业中只有少数大型企业，如航空业。

竞争导向定价法也存在一定的局限性。竞争导向定价法体现了同行业竞争者类比的思想，价格通常随竞争对手的价格变动而变动，从观念上已经超越了服务企业"自我"的范围。这种方法仅适用于对同质服务产品进行定价，并不适合寻求发展特色、提供特色服务产品的服务企业，因为特色服务产品的价格往往不具有可比性。

以上三种定价方法都有局限性，各个服务企业应该根据自己的实际情况选择自己的定价方法。

---

应用练习 11-3

从日常光顾的小店（如餐馆、干洗店和理发店）中，找出三种服务的价格表，说明每种服务的定价方法及其所采用的定价策略，以及你的看法与建议。

---

## 11.2.3 服务定价策略

### 1. 新产品定价策略

新服务产品定价的难点在于确定顾客对于新产品的理解价值。如果价格定高了，难以被顾客接受，影响新产品顺利进入市场；如果价格定低了，则会影响服务企业的经营效益。新产品定价一般具有不确定性的特点。

（1）撇脂定价。撇脂定价是为新产品制定高价，以获得最大利润的定价策略。这种定价策略类似于从鲜奶中撇取奶油（精华），故而得名。撇脂定价策略是指服务产品上市之初，服务企业利用部分顾客的求新心理、炫耀心理，以高价刺激顾客，以便在短期内尽量获得最大利润。这种定价策略适用于初期没有竞争对手，而且容易开辟市场的新服务产品。采用这种定价策略时必须以服务产品的高质量为基础，如果质量差、定价高，会给顾客留下不好的印象，有损服务企业的良好形象，不利于服务企业的长远发展。

（2）渗透定价。渗透定价是将新产品价格定得相对较低，以吸引顾客，提高市场占有率。渗透定价需要具备以下条件：顾客对服务产品的价格非常敏感，低价可以带来市场需求的迅速增长；服务企业的生产成本和经营费用会随着生产经营经验的增加而下降；低价不会引起实际和潜在的过度竞争。

（3）满意定价。满意定价是一种介于撇脂定价和渗透定价之间的价格策略。撇脂定价的价格较高，对顾客不利，易引起顾客的不满；渗透定价的价格较低，对顾客有利，但不利于服务企业初期获取利润。满意定价介于二者之间，在新服务产品投放市场时制定适中的价格，既能保证服务企业获得一定的初期利润，又能为广大顾客所接受，可以使服务企业和顾客都较为满意。

### 2. 心理定价策略

心理定价策略是针对顾客心理而采用的一种定价策略。企业在定价时可以利用顾客心理因素，有意识地将产品价格定得高些或低些，以满足顾客生理的和心理的多方面需求，通过顾客对企业产品的偏爱或忠诚，扩大市场销售，获得最大效益。心理定价策略的形式主要有以下几种。

（1）尾数定价。尾数定价是指企业利用顾客数字认知的心理为服务产品定一个以零头结尾的价格。这种定价策略会使顾客心理上产生便宜的感觉，还会认为服务企业较为认真而对其价格产生信任感。

（2）整数定价。整数定价与尾数定价正好相反，企业有意将产品价格定为整数，以显示产品的质量。整数定价多用于价格较贵的耐用品或礼品，以及顾客不太了解的产品。对于价格较贵的高档产品，顾客对质量较为重视，往往把价格高低作为衡量产品质量的标准之一，容易产生"一分价钱一分货"的感觉，从而有利于服务产品的销售。

（3）声望定价。即对在顾客心目中享有一定声望，具有较高信誉的服务产品制定高价。"借声望定高价，以高价扬声望"是声望定价的基本要领，这种定价方法主要抓住了顾客崇尚名牌的心理。该定价方法主要有两个目的：一是提高服务产品的形象；二是满足某些顾客对地位和自我价值的追求。这种定价策略既补偿了提供优质服务产品的服务企业的必要耗费，也有利于满足不同层次的消费需求。

（4）习惯定价。某些服务产品需要经常购买，这类服务产品的价格在顾客心理上已经定格，成为一种习惯性的价格。以理发服务为例，如果某个理发店突然提高价格，会瞬间失去大量顾客，因为提高价格打破了这些顾客的心理平衡，让他们产生了不满情绪，导致购买的转移。

（5）招徕定价。这是利用顾客"求廉"的心理，将产品定在较低的价格，以吸引顾客、扩大销售的一种定价策略。采用这种策略,虽然几种低价产品不赚钱甚至亏本,但从总的经济效益看,由于低价产品带动了其他产品的销售,企业还是有利可图的。

**3. 折扣定价策略**

折扣定价策略是指服务企业在基本价格的基础上,根据交易对象、成交数量、交货时间、付款条件等情况采用不同方式给购买者一定比例的价格减让,以促进服务产品销售的一种策略。

(1) 现金折扣。现金折扣是指服务企业为了鼓励顾客及时付清货款而采取的一种定价策略。这种定价策略可以鼓励顾客尽早付款,可以加速服务企业的资金周转率,降低财务风险。

(2) 数量折扣。数量折扣是企业给大量购买某种服务的顾客的一种价格折扣。它通常包括累计数量折扣和一次性数量折扣。累计数量折扣规定顾客在一定的时间内,购买服务产品若达到一定数量或金额,则按其总量给予一定折扣,其目的是鼓励顾客经常向本企业购买,成为可信赖的长期客户。例如,某旅游酒店规定对累计入住 8 次(含 8 次)以上的顾客给予房价 9 折的优惠待遇。一次性数量折扣通常是规定一次购买某种服务产品达到一定数量或购买多种服务产品达到一定金额,则给予折扣优惠,其目的是鼓励顾客大批量地购买,促进产品多销、快销。

(3) 季节折扣。季节折扣是指服务企业在淡季时给顾客的一种减价。季节折扣比例的确定应考虑成本、储存费用、基价和资金利息等因素。季节折扣有利于迅速收回资金,促进服务企业均衡生产,充分发挥生产和销售潜力,避免因季节需求变化所带来的市场风险。

**4. 收益管理**

收益管理是以市场为导向,通过市场细分和建立实时预测模型,分析和预测各个子市场的需求行为,确定最优价格和最佳存量,实现收益最大化的过程。收益管理的目的是以合适的价格,分配最佳服务能力给最适合的顾客,进而实现最大的财务回报。收益管理的评估方法是特定时期内实际回报与潜在回报的比值,其公式为:

$$收益 = 实际回报 / 潜在回报$$

式中,实际回报 = 实际使用能力 × 实际平均价格;潜在回报 = 全部能力 × 最高价格。

可见,收益是价格与实际使用能力的函数,本质是企业的资源能力获得全部潜在回报的程度。通常情况下,企业短期内潜在回报是不变的,当实际使用能力提高或者对给定能力收取更高的价格时,收益则会上升。收益管理的复杂性在于价格的变化会同时影响实际使用能力的变化,因此往往要借助复杂的数学模型和计算机程序。随着大数据、机器学习、人工智能等技术的发展,收益管理在航空、零售、电商等领域得到了广泛应用。

> **小案例 11-1**　　　　　　　　　　**如何给产品定出最优价格**
>
> 　　价格优化是一项重要而复杂的工作。随着内外部数据越来越容易获得，机器学习持续发展，运算速度不断加快，价格优化法可以得到更广泛的应用。
>
> 　　Groupon 每天都会限时推出成千上万种新优惠。一方面是庞大的产品数量，另一方面是有限的销售时间，这两者的结合使得需求预测异常困难。为解决这个问题，当公司网站推出一个新的优惠商品时，我们做出多种预测，然后在学习阶段采用测试价格，观察消费者的决定。学习阶段结束时，我们知道了具体的销量，从而可以识别出与测试价格的销售水平最接近的需求函数。实测结果显示，降价对于销量低的商品影响巨大：对于每天订购额低于一般水平的商品而言，降价带来的平均收入增幅达到 116%；而对于每天订购额高于一般水平的商品而言，收入增幅仅有 14%。
>
> 　　B2W Digital 是巴西的一家大型网上零售商，竞争对手包括亚马逊和沃尔玛。这家公司拥有海量产品，其历史销售数据可以查询，同时具备一天之内多次调价的能力，这样我们就可以将预测、学习和优化三个阶段有效结合起来。当我们为期数月的研究测试结束后，B2W 公司反映，新的价格优化技术不仅提高了收入、利润和市场份额，而且拓展了销售产品的种类。和对照组相比，测试组不仅卖出了更多的产品，而且卖出了更多独特的产品。
>
> 　　在以上两家零售电商关于定价技术的测试中，每家电商的收入、市场份额以及指定产品的利润都实现了两位数增长。价格优化法不仅适用于网上零售商，也适用于实体零售商。
>
> 资料来源：西姆奇-莱维.如何给产品定出最优价格 [J]. 商业评论，2018(1).

## 11.3　服务促销

在服务促销过程中，企业可以利用人员沟通、服务承诺等可控因素来缩小实际传递的服务与宣传的服务之间的差距，并对顾客期望和顾客感知产生正面影响，从而达到缩小顾客差距的目的。

### 11.3.1　服务促销的作用

对于服务产品来说，促销还具有增加服务价值、传递服务定位与差异、强化顾客的参与及调节服务供需等特殊作用。

#### 1. 增加服务价值

从服务之花模型的角度来看，服务企业所提供的信息服务和咨询服务都能为顾客带来额外的价值。对于服务企业来说，新服务面市之初或进入新市场时，服务企业会开展各种促销活动，向顾客提供服务的特点、服务的时间地点、服务成本以及可获得的服务利益等一系列信息与建议，因此，服务促销可以增加服务本身的附加价值。

## 2. 传递服务定位与差异

服务企业可以通过服务促销活动，向顾客介绍本企业的服务特色和优点，传达服务定位，说明本企业与竞争者的不同之处。在激烈的市场竞争中，类似的服务很多，顾客很难区分具体服务的优势。服务企业在促销中可以利用各种线索向顾客宣传本企业的服务特色，使顾客相信本企业在服务重要属性上所具有的优越性，促使顾客形成品牌偏好。这些线索包括企业获得的荣誉，服务人员的资质证明、工作经验、敬业精神，以及设备设施的质量等。例如，医院可以通过宣传医生的专业性和医疗设备的先进性来证明医院能提供高质量的医疗服务，打消患者的顾虑。

## 3. 强化顾客的参与

顾客往往会参与服务的创造过程，他们的参与会影响服务效率与服务质量。服务企业通过各种宣传教育活动，可以让顾客明白在服务过程中他们应该扮演的角色和相应的行为规范，从而使企业获得良好的业绩。尤其是当企业采用新技术的服务系统或自助服务时，通常需要对顾客进行培训，这样顾客才能有效地参与服务过程。广告专家认为，通过电视、视频向顾客展示动态的服务过程是培训顾客的一种有效方法。

## 4. 调节服务供需

服务具有无形性、同步性和易逝性等特点，使得大多数服务产品不可储存。例如，酒店未出售的床位无法在第二天继续销售。在淡季，服务企业开展促销活动给予顾客一些优惠，可以刺激顾客的服务需求，如淘宝的"双十一"促销活动；而在旺季，广告宣传则可以引导顾客在非高峰期接受企业所提供的服务。因此，企业利用服务促销，可以刺激低峰时段的服务需求或转移高峰时段的服务需求，从而有助于企业实现服务的供需平衡。

### 11.3.2 服务促销的挑战

由于服务本身所具有的特性，与实体商品的促销相比，服务促销面临着以下挑战。

#### 1. 服务的无形性带来的问题

服务是一种绩效或行为，而不是实物，因此，服务企业无法像展示有形商品一样展示服务，很难将服务的利益传达给顾客。例如，医生不可能在手术前就向顾客展示手术的效果，让顾客体验到手术带来的好处。服务的无形性给营销者在促销服务的属性和利益时带来了很多问题，米托和贝克将服务无形性所导致的问题归纳为以下五个方面：①无形的存在。服务产品不是物体，不会占据物理空间，于是服务企业要向顾客展现服务的内涵就会面临很大的困难。②抽象性。安全、健康等服务概念都比较抽象，缺乏具体的对象与内容，使得顾客难以理解。③一般性。一般性是指同一类型的人员、物体与事件。同一行业中的很多企业在宣传时大都是以一般性的言辞来描述服务和服务承诺，这使得企业很难与竞争者区分开。例如，很多主题公园都宣称能为顾客创造"难以忘怀的体验"，这样的宣传没有形成特殊性和差异性，难以引起顾客的注意。④不可搜寻性。由于服务的无形性，顾客在购买之前通常无法预览或预先检查。例如，向某培训机构交费学习英语，只有在亲身参与之后才能判断该机构的教学质量。⑤难以理解性。由于很多服务是复杂的、多方面的或者非常新颖的，那些初次接触或缺乏相关知识的顾客往往很难理解服务的好坏与差异。

### 2. 市场沟通中存在过度承诺

为了吸引顾客购买，很多服务企业会向顾客做出过度承诺，这些承诺甚至已经远远超出企业的能力范围。过度承诺是指承诺的内容是企业无法兑现的。虽然过度承诺可以在短期内增加企业的销售额，但是也会提高顾客期望。如果服务承诺不能兑现，顾客就会感到不满意，甚至会出现负面口碑，还会使员工产生受挫的感觉，低落的员工士气又会对顾客满意产生负面影响，形成恶性循环。即使服务承诺最终得以兑现，企业也会因此付出较高的服务成本，最终可能会得不偿失。例如，某餐厅为了促销菜品，向顾客承诺如果菜品不好吃双倍返还餐费，这无疑是一种过度承诺，因为每个顾客的口味和爱好都不尽相同，没有一家餐厅能完全迎合所有顾客的口味，无论这家餐厅是否兑现承诺，都会给餐厅带来不利的影响。

### 3. 顾客教育不充分

服务人员与顾客之间存在信息的不对称性，前者掌握的服务信息比后者多。很多顾客在接受服务前并不清楚自己可以获得什么样的服务，以什么样的方式获得服务，自己应该在服务过程中扮演什么样的角色，服务潜在的风险有哪些，以及如何去判断自己是否获得了优质的服务。当遇到上述问题时，顾客往往会感到失望，他们会将服务中出现的一些失误归咎于服务企业，即使是他们自己的原因也是如此。出现这种情况的一个主要原因是缺乏对顾客的教育。顾客教育的缺失会对服务质量带来很大的影响。如果顾客在接受服务的过程中不知道如何配合服务人员，服务人员就无法从顾客那里获得所需要的信息，服务质量也就会大打折扣；如果顾客不了解服务可能带来的风险，对服务效果盲目乐观，一旦在接受服务的过程中出现问题，就容易产生受挫心理甚至难以接受，尽管服务人员已经尽力了，也仍然不满意。

### 4. 企业内部沟通不足

为了向顾客提供服务，服务企业中的各个职能部门需要共同合作。在服务企业，营销部门向顾客做出承诺，人力资源部门负责人员的管理，运营部门负责提供服务，要实现预定的目标，服务企业中各部门就需要保持经常的沟通。但是，在现实中有不少服务企业存在内部沟通不足的情况，这主要表现在两个方面。一是纵向沟通不足，即上下级之间沟通不够。一般来说，一线服务人员与顾客接触最多，对顾客最了解，如果管理者与一线服务人员很少沟通，管理者就无法及时获得顾客的相关信息，也就很难制定出有效的促销策略。二是横向沟通不足，即企业内部水平沟通不够。在企业内部，各个部门之间存在一定的差异，如果营销部门与运营部门、人力资源部门缺乏沟通或沟通不充分，就容易出现向顾客宣传的服务与企业实际传递的服务不一致的情况。

### 11.3.3 应对服务促销挑战的策略

面对服务促销带来的一系列挑战,为了确保企业传递的服务不低于服务承诺,服务企业可以根据具体情况采用以下策略。

#### 1. 增加服务的有形性

服务的无形性增加了顾客购买服务的不确定性,提高了顾客的购买风险,因此,应对服务的无形性所带来的挑战是服务促销非常重要的内容。表11-4展示了服务营销者在应对服务无形性问题上可以采取的广告策略。一般来说,增加服务有形性的方法主要有下列几种:

(1)使用有形线索。在促销时,服务企业可以使用品牌标识、人物形象、象征、有形资产、实物、服务手册、服务人员、服务流程展示、成功案例、证明、客观数据、企业声誉和服务保证等有形线索来使服务有形化。

(2)使信息有形化。在服务广告中,以讲故事的形式描述服务经历,对信息进行加工使其生动化,使用比喻等都可以加深顾客对服务的理解和印象,拉近顾客与服务品牌之间的距离。

(3)采用多种媒体传播信息。企业可以综合使用创造性的广告、充分利用社交媒体、鼓励顾客进行口碑传播以及通过员工进行口头传播来提高信息传播的有效性。

表11-4 应对服务无形性的广告策略

| 无形性导致的问题 | 广告策略 | 具体内容 |
| --- | --- | --- |
| 无形的存在 | 实体展示 | 服务实体要素的呈现 |
| 抽象性 | 服务消费片段 | 顾客获得服务利益的介绍 |
| 一般性<br>● 客观声明<br>● 主观声明 | 服务绩效证明<br>服务系统证明<br>服务表现片段 | 以往服务绩效的证明与例子<br>有形系统的服务能力的证明<br>实际服务传递片段的展示 |
| 不可搜寻性 | 企业声誉<br>证明<br>消费<br>证明 | 第三方独立审计证明的提供<br>证书、奖状的展示<br>让顾客现场体验<br>企业绩效的证明 |
| 难以理解性 | 服务消费片段<br>服务流程片段<br>成功案例片段 | 生动地描述顾客的服务体验<br>通过纪录片来展现服务过程<br>向顾客提供以往的成功案例 |

资料来源:Banwari Mittal, Julie Baker. Advertising Strategies for Hospitality Services [J]. *Cornelt Hotel and Restaurant Administration Quarterly*, 43, April 2002, 53.

#### 2. 管理服务承诺

服务承诺会影响顾客期望,广告、个人销售以及其他促销方式中的过度承诺都会使顾客对服务产生不切实际的期望,最终影响顾客对服务的满意程度,因此要审慎管理服务承诺。

(1)确保承诺具有可行性。很多企业为提高知名度而在营销传播中宣称拥有优质的服务,这种做法往往会提高顾客期望。顾客期望越高,要求企业提供的服务水平也越高,当实际服务水平达不到顾客期望时,企业则难以自圆其说。因此,在营销传播中所做的承诺应该是可行的、合理的,一定要在企业的能力范围之内。为了确保做到这一点,营销部门在做出承诺之前应该了解企业提供服务的实际水平,在传播时要准确地说明顾客在服务接触中实际能得到的服务及其质量,并尽量向顾客提供正式的服务保证。

(2)整合外部营销传播。整合营销传播(integrated marketing communication,IMC)是由美国营销学家舒尔茨率先提出的,他认为整合营销传播的核心是向顾客传递一致的信息。美国广告协会认为,"整合营销传播是一个营销传播计划概念,要求充分认识用来制订综合计划时所使用的各种带来附加值的传播手段,如普通广告、直接反映广告、销售促进和公共关系,并将之结合,提供具有良好清晰度、连贯性的信息,使传播影响力最大化。"施特劳斯(Strauss,2010)给出了整合营销传播的定义,"整合营销传播是指企业为了品牌沟通规划<sup>⊖</sup>、实施和监督所进行的跨部门合作,目的是吸引客户、维系客户、扩大客户规模,最终为企业创造收益。"他认为,整合营销传播包括协调一致的促销组合和跨部门合作。从上述定义来看,营销者在进行服务整合营销传播时应该注意以下几个方面:一是要整合各种传播媒体,尤其是在目前各种新媒体不断涌现的情况下;二是要进行跨部门合作,服务企业中的各个职能部门应该相互协作,在与顾客沟通时发出同一个声音;三是对促销组合进行设计,运用多种促销方式来传递一致的信息或形象。

### 3. 加强顾客教育

顾客教育的缺乏或不充分会影响顾客对服务质量的感知和顾客满意度。因此,服务企业在向顾客传播信息时要强化对顾客的教育。

(1)让顾客为服务过程做好准备。在服务购买或者提供之前,企业向顾客介绍相关情况或提供服务手册,使顾客知道自己应该扮演的角色和遵守的行为规范,明白在服务过程中每一步骤自己应该做的事情,这样有助于顺利提供服务和提高顾客满意度。

(2)使顾客得到的服务符合服务标准与顾客期望。这就要求营销人员必须将实际服务接触时的情况准确地传递给顾客,而服务人员也必须按营销沟通时的承诺来提供服务。同时,在向顾客提供所承诺的服务后,服务企业还要与顾客进行适当的沟通,以提高服务的感知质量。当顾客缺乏专业知识而难以评估服务的有效性时,要尽量使用顾客易于理解的语言或方式来传递信息,并告知顾客判断服务质量的标准。服务企业还要使顾客了解服务标准或为提供服务所做出的努力,以使企业的服务举措得到顾客的好评。

(3)销售服务时阐明承诺。当服务涉及运营与销售之间的配合时,服务人员在传递服务时应该向顾客说明企业的承诺,让顾客自行决策是否购买,以避免顾客将来失望。

(4)教育顾客不要选择在高峰期接受服务。这种顾客教育主要是为了平衡服务供需,通过广告、销售促进等促销方式,引导顾客在非需求高峰期接受服务,或者让顾客做好在高峰期等待与面临服务质量下降的心理准备。

### 4. 做好企业内部沟通

为确保传递的服务与宣传的服务相一致,在进行外部营销沟通之前,企业必须先管

---

⊖ 品牌沟通规划是指企业专门针对品牌沟通而需要执行的管理职能,如规划、实施和监督等。

理好内部沟通。服务企业可以从纵向与横向两个方面来加强沟通。

（1）进行有效的纵向沟通。在向下沟通的情况下，上级要及时通过会议、电子邮件、企业内部宣传刊物等向下级传达各种信息。其中，让一线员工了解企业在外部营销沟通中向顾客传递的信息很重要，如果缺乏这种沟通，就很容易使顾客与员工在服务过程中受挫。此外，还要向员工提供相关信息和支持以帮助员工做好顾客服务工作。向上沟通也可以弥合沟通差距。一线员工与顾客接触多，更清楚顾客想了解的信息内容、偏好的传播方式以及服务失误的情况，因此，向上沟通可以增强促销的有效性和尽量防止服务失误发生。

（2）实施有效的横向沟通。横向沟通是企业各职能部门之间的沟通。做好部门之间的沟通，一方面要加强运营部门与营销部门的沟通，使企业传递的服务符合所承诺的服务，从而缩小实际服务与顾客期望之间的差距。另一方面要加强营销部门与人力资源部门的沟通，以便提高服务人员的能力，使其成为优秀的营销人员。进行横向沟通可以采取多种形式。例如，企业召开例会，让各部门的人有机会聚在一起共同研讨问题；进行培训，使各部门的人员一起学习，增加部门之间的沟通与了解；举办一些友谊赛或联谊活动，增加接触机会，拉近彼此之间的距离。

---

应用练习 11-4

浏览视频网站，选择一家服务企业的广告，对其进行评价，并指出包含在广告中的信息是什么。企业希望由该信息激起的顾客反应是什么？

---

### 11.3.4 拟订促销计划

为了提高促销的有效性，服务企业应该拟订相应的促销计划。这一计划至少包括以下内容：向谁传递信息，要达到什么目标和传递什么信息，应该如何传递信息。

#### 1. 界定促销对象

服务企业首先要确定向谁传递信息。从广义的促销对象来看，服务企业的顾客、员工和中间商都是服务促销活动的受众；就狭义的促销对象而言，仅指顾客，包括潜在顾客与现有顾客。对于潜在顾客，服务企业通常使用广告、公共关系、人员推销和销售促进等传统的促销手段来吸引并了解他们的基本情况；对于现有顾客，服务企业则可以通过一线员工或服务网点向他们传递信息。如果企业采用会员制并且建立了顾客数据库，企业就可以实现精准营销，通过短信、邮件或者电话的方式向老顾客传递高度定制化的信息。

#### 2. 制定促销目标

在清楚了促销对象之后，服务企业需要确定所要达到的促销目标。有了明确的促销目标，服务企业才能选择合适的信息内容和传播工具。一般来说，服务企业的促销目标主要有：

（1）建立顾客对新服务的认知及兴趣。

（2）教育顾客如何使用服务。
（3）让顾客事先了解服务过程。
（4）降低顾客的感知风险。
（5）提供服务保证。
（6）鼓励顾客试用服务。
（7）识别并奖励重要的顾客。
（8）沟通服务的差别化利益。
（9）传递服务产品（重新）定位。
（10）建立顾客的品牌偏好。
（11）塑造品牌或企业形象。
（12）刺激或者转移服务需求。

### 3. 设计促销组合

在进行服务促销时，服务企业可以采用各种促销方式，这些促销方式的选择与运用统称为"服务促销组合"。一般情况下，服务促销组合包括人员沟通、广告、销售促进、宣传和公共关系、指导材料以及企业形象设计等促销方式，具体内容如表11-5所示。

表11-5　服务促销组合

| 人员沟通 | 广告 | 销售促进 | 宣传和公共关系 | 指导材料 | 企业形象设计 |
| --- | --- | --- | --- | --- | --- |
| 销售 | 印刷品 | 优惠券 | 新闻稿 | 网站 | 企业/品牌标识 |
| 顾客服务 | 广播 | 价格促销 | 媒体报道 | 宣传册 | 形象设计 |
| 培训 | 户外广告 | 试用 | 新闻发布会 | 服务手册 | 室内装潢 |
| 电话销售 | 直邮广告 | 注册返利 | 赞助 | 软件 | 交通工具 |
| 口碑 | 互联网广告 | 礼品赠送 | 展销会、展览会 | 光盘 | 设备和设施 |

### 4. 选择传播媒体

在对服务进行促销时，服务企业可以选择电视、广播、报纸和杂志等传统的大众媒体，也可以使用微博、微信、QQ等社交媒体。按照营销者对传播媒体的控制程度，可以将其划分为以下几种类型。

（1）大众媒体。大众媒体是指那些具有大众传播作用但企业没有完全自主使用权的信息载体，如广告、公共关系和销售促进等。其中，广告需要付费使用，媒体报道企业也难以控制，销售促进则取决于时间、价格和顾客群体。

（2）自媒体。自媒体是指具有媒介性质且能够掌控的信息载体，如企业网站、内部刊物、手册和光盘等指导材料，以及微博、微信等社交媒体。官方网站作为一种自媒体，在进行信息传播时，要注意导入明确的品牌形象，使网页具有美观性和趣味性，还应该鼓励顾客参与互动。现在，越来越多的企业使用社交媒体进行信息传播，可以采用的方式有博客、网络百科全书（如百度百科）、内容社区（如豆瓣网与优酷）、社交网络（如Facebook与人人网）、虚拟游戏等。在利用社交媒体时，巧用免费模式、抓住意见领袖、提供优秀的内容和鼓励顾客参与都可以提高传播的有效性。

（3）非媒体。非媒体是指那些本身并非作为传播媒介使用却具有传播信息的重要作用的信息载体，如企业家、员工、企业/品牌标识、室内装潢、交通工具、办公用品、设备和设施等。其中，企业家作为传播媒体，其个人形象会对企业形象产生影响。企业家传播的方式包括新闻报道、广告代言、事件营销、公共关系以及社交媒体等，如陈欧为聚美优品进行代言曾取得了良好的传播效果。

> **知识链接　　　　传统媒体与新媒体整合传播模式**
>
> 1. 传统媒体引爆，传统媒体跟进，口碑扩散，现场高潮
>
> 具体指某一项目或活动被传统媒体报道后受到传统媒体的跟进采访，在大众范围实现了口碑扩散，进而在活动现场达到高潮。
>
> 2. 传统媒体引爆，新媒体跟进，传统媒体扩散，传统媒体揭秘
>
> 具体指某一项目或事件被传统媒体报道后受到新媒体的关注，进而传统媒体对事件进行了扩散，最后由传统媒体对事件进行揭秘。
>
> 3. 新媒体引爆，新媒体跟进，传统媒体扩散，传统媒体揭秘
>
> 具体指某一项目或事件被新媒体报道后受到新媒体的持续关注，进而由传统媒体扩散事件，最后由传统媒体对事件进行揭秘。
>
> 资料来源：戴鑫. 新媒体营销：网络营销新视角[M]. 北京：机械工业出版社，2017：204-207.

 **本章小结**

服务分销渠道是指促使某种服务产品能够被消费的一系列相互依赖的组织。与有形产品的分销渠道相比，服务分销渠道的特点是：分销渠道相对较短，分销渠道不涉及所有权的转移，管理中间商时面临着特定的问题。服务分销渠道的主要类型包括直接渠道和间接渠道。服务位置选择策略包括集中策略、分散策略和替代策略。服务分销渠道的发展主要有综合服务渠道、自助服务渠道和网络服务渠道等，随着社会的不断发展，以后还会涌现出更多、更好的服务分销渠道。

服务定价方法包括成本导向定价法、需求导向定价法和竞争导向定价法。每种定价方法都有其优劣势，服务企业要选择适合自己的定价方法，以取得长期的发展。服务定价策略主要包括新产品定价策略、心理定价策略、折扣定价策略和收益管理等。

对于服务产品来说，促销还具有增加服务价值、传递服务定位与差异、强化顾客的参与及调节服务供需等特殊作用。服务促销面临的挑战有：服务的无形性带来的问题、市场沟通中存在过度承诺、顾客教育不充分和企业内部沟通不足。面对服务促销所带来的一系列挑战，为了确保企业传递的服务不低于服务承诺，服务企业可以采用增加服务的有形性、管理服务承诺、加强顾客教育和做好企业内部沟通等策略。为了提高促销的有效性，服务企业还应该拟订相应的促销计划，该计划包括界定促销对象、制定促销目标、设计促销组合和选择传播媒体等内容。

**思考题**

1. 服务分销渠道的特点是什么？
2. 服务位置选择策略有哪些？
3. 服务定价方法包括哪些？
4. 简述服务定价策略。
5. 论述服务促销的挑战及其应对策略。

 **案例分析**

**拼多多的成功之道**

拼多多在不到3年时间里，不仅在淘宝、京东、苏宁等电商巨头的夹击下开创了一个新的细分商业模式，并迅速突围，坐拥"3亿活跃用户"，成为电商三强之一，还在美国纳斯达克成功上市，其成功之道值得借鉴。

**首创电商拼团模式，一炮走红**

首先得说的是，拼多多的拼团模式是首创，在此之前，中国电商行业还没有这样的模式。不要小瞧这个小小的创新，这可是促使拼多多快速成长的重中之重。若有人陪你网上购物、砍价，那岂不是很有意思？拼多多的购物逻辑主要就是围绕拼团模式设计，用户既可以选择一键开团也可以单独购买，单独购买的优惠力度肯定没有拼团大；若是选择多人合伙买东西，价格就优惠不少。因此拼多多价格上的对比鼓励用户选择拼团模式。它的特色是：每次有人开团，在App界面左上角的位置都会显示"×××1秒前开团了"的通知，这样实时显示开团信息可以营造团购气氛，增加买家"剁手"的欲望。

拼多多就是不一样，所以几乎没人会选择单独购买。本来就已经比市面普通价格便宜的大蒜，在拼团后居然又便宜了1元。还犹豫什么，当然是凑热闹，拼啊！若无法满足拼团要求，则拼团失败，付款金额将返回用户，没什么损失的。

**帮砍价，实现"0元购"，小钱换取超大流量**

拼多多切入电商时，推出了一个"内行人"看起来挺"Low"挺俗的团购模式："0元购"。初入拼多多的新用户有两三次的"0元购"机会，只要凑齐一定数量"帮我砍价"的微信朋友，就能获得免费且包邮的货品，拥有一份心仪的商品，金额从几元到几千都有，能不心动吗？

当初推行时，有很多人都不相信"0元购"，说这是骗局、病毒链接。但事实是0元真的能拿到东西，还是包邮的，就是过程有些劳心劳力了，你需要拉一定量的微信朋友帮你砍，而且是拼多多的App新开户者。不过，过程虽辛苦点，但也有点刺激，能赢得一两百元礼物还算不错。

"0元购"很明显是一笔赔本的买卖啊——但拼多多不这样看。以小钱换取大流量，通过社交网络实现了流量的裂变和变现，这是拼多多低价团购的核心价值所在。如果团购成功了，用10元的成本换来上百位帮忙砍价的新用户，当然值得。即使团购失败了，至少也可以换来几十个用户。"0元购"的本质就是吸引用户注意，为未来的流量变现筑好护城河。而拼多多只用短短 3 年，就拼来 3 亿多的活跃用户，这个数量淘宝、京东要用 10 年才能达到。

### 目标用户超级精准，超低价打赢三四线中低端市场

时下中国的人口增长逐年下降，老龄化社会近在咫尺，电商巨头日感焦虑，包括阿里、京东、苏宁、网易等巨头以为中低端的消费客群增长很难持续，中低端市场已经饱和，要进行消费升级才对，所以都往高端走。阿里开始专注天猫，京东搞起了会员 PLUS。

然而所谓"失之毫厘，谬以千里"。这些巨头的判断出现了重大错误，中低端消费市场仍是当前中国真正的消费主流。CNNIC 的数据显示：第一，80% 的中国家庭，人均月收入不超过 3000 元；第二，贫困地区人口，穷得超乎想象；第三，拥有大学本科学历的中国人，不超过 6%。拼多多不同于阿里、京东、苏宁、网易等巨头对中低端日益不适，而是非常看重中低端市场的巨大空间与潜力。

这两年时间，拼多多剑走低价偏锋，全力瞄准三四线中低端的消费客群，把营销重心放在三四线及以下的乡镇市场，以低价大量拉取用户。超低价 + 精准目标用户 + 拼团式裂变，让拼多多两年零三个月就拿下电商老三的位置，以几乎梦幻的速度走完了淘宝、京东苦心经营了十多年才走完的路。拼多多 2019 年三季报数据显示：活跃买家数已近 4 亿！如今对于三四线城市甚至乡镇的中老年人来说，是拼多多让他们蹭上了网购的快车。拼多多功劳不小！

### C2M 极致压缩供应链条，短平快取胜

传统电商在杀伐中用重资产、重配套运营构筑了自身的护城河，拼多多没有重复同样的打法，而是用更加轻量的方式，绕开与头部竞争者的迎面相撞。在制定"少 SKU、高订单、短爆发"的模式中，机器和算法将巨量用户的需求映射到有限的 SKU 上来，进行主动推送，提升客户浏览商品和下单的效率，从而摆脱了依赖于搜索而去搭建海量 SKU。对流量并不占优势的拼多多来说，这是很巧妙的一个路径。

而目前这套高效的方法论已让拼多多更加深入地渗透到它连接的两端——用户和商家中。对它来说，不只局限于提供买卖交易的线上平台，还要搭建一个优化供需的端口，通过向上游产业链赋能，极致压缩供应链条，提高资源的配置能力。在过去 3 年时间里，拼多多已经用这套模式为自己贴上了电商领域内独一无二的 C2M 标签。

拼多多的超级供应链可以概括如下：①打造 Costco + 迪士尼结合体，在供应端通过 C2M 极致压缩供应链条，省去中间环节；在消费端，人以群分，打造边逛边买、社交拼单的乐购方式。②打造柔性供应链。平台数据赋能工厂，提升库存周转率，数据指导供应商提供更懂消费者的"爆款"商品，提前调整产能。③进行颗粒度运营。首页展示商品流，少 SKU、高订单、短爆发，工厂更注重库存深度，集中资源打造"爆款"；而分布式 AI，利用商品流模式，将分散需求用社交拼单连接集合，让商品卖得更快更好。

值得指出的是，为了吸引商家入驻，拼多多同样用了很多办法。免佣金、免费上首页，这些都是现阶段淘宝、京东给不了的优惠，于是大量的商家涌入拼多多平台。比如拼多多平台与江西可心柔的合作。拼多多团队给可心柔的建议是——缩减产品线，主打爆款商品，把运营成本降下来，后者随即推出"28 包售价 29.9 元"规格的商品，而在流量方面，拼多多将可心柔推上首页，这让产品在上线当天就实现了 300 万元的销售额，快速引爆市场。

3 年时间，从无到有，在商业文明中，拼多多只是一个 3 岁的"孩子"，身上有很多显而易见的问题，眼前充斥着可见的危险与挑战。然而在一片红海的电商领域，它也确确实实仅

用3年的超短时间就证实了自身模式的可塑性、可行性。年轻的拼多多未来成长的空间还有多大？在变幻的市场中还能保持高速增长，继续改写格局吗？让我们拭目以待吧。

资料来源：吴勇毅.拼多多何以能在寡头垄断的红海中突围？[J].销售与市场（管理版），2019（2）.

**案例思考**

1. 拼多多的分销有何特点？
2. 拼多多采用了什么定价策略？
3. 拼多多是如何进行促销的？开展这些促销活动有什么作用？

## 实践活动

### 一、实训目的

1. 了解服务企业分销渠道。
2. 了解服务企业定价。
3. 了解服务企业促销。

### 二、实训内容

选择一家服务企业（如文具店、便利店、打印店、餐馆、酒店等），就分销、定价和促销策略访谈店主和营销人员，再访问消费过该企业服务的五位顾客对其策略的意见，并完成以下任务：

1. 总结出该服务企业的分销、定价与促销策略。
2. 根据服务分销、定价与促销理论，评价该服务企业的相关营销策略。
3. 根据顾客意见与相关理论，为该服务企业提出改进营销策略的建议。

### 三、实训组织

1. 教师提前1～2周布置实训项目，说明实训要求及注意事项。
2. 把教学班同学分成几个组，每组4～6人，并选出一位组长。
3. 由组长带领组员分工协作，共同完成实训任务。
4. 教师组织部分小组在课堂上交流，并予点评。

### 四、实训步骤

1. 各小组按照实训目的与内容做好准备。
2. 各小组收集和整理相关资料，讨论并制作报告和演示文稿。
3. 教师安排一个课时，由部分小组的代表向全班同学交流成果。
4. 在各小组陈述完毕后，教师可组织其他同学发表意见与建议。
5. 教师进行点评。
6. 各小组根据教师、同学的意见进一步修改报告和演示文稿并提交，教师记录实训成绩。

# 第 12 章
# 服务营销发展的新趋势

## 学习目标

本章主要讨论服务营销发展的趋势，重点介绍了电子服务营销和体验营销。通过本章的学习，你应该能够：

1. 认识电子服务营销的主要形式。
2. 掌握电子商务与网络营销的基础知识及理论。
3. 掌握体验营销的基础知识及基本理论，能用于分析实际问题。
4. 了解服务营销研究的发展历程及主要进展。

## 本章结构

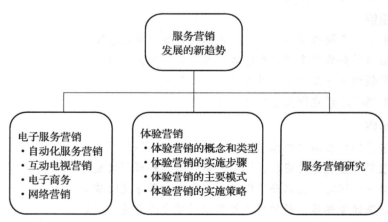

## 导入案例

### 饿了么：基于场景的服务营销

饿了么最早在向商家推广时，在用户认知层面懵懵懂懂地遇到了三个细分市场：一是轻度解释的用户认知，即商家已经有外卖业务，且有外卖服务团队；二是重度解释的用户认知，即商家是夫妻店，店内连个电脑都没有，更没有使用电脑的需求和预算；三是中度解释的用户认知，即介于轻度与重度之间的用户。

这时，饿了么做了两件事：第一件是短期和长期都正确的事；第二件是短期正确、长期不正确的事。短期和长期都正确的事是给重度解释的商家做电脑服务商。当时的电脑价格大概是 3000 元一台，饿了么自己组装，把价格降低到 1500 元，降低商家的购买成本。每周都给商家复制一些盗版电影，帮助安装软件，定期杀毒，极大地降低了商家使用成本，提升电脑的附加收益。因此，饿了么先做电脑服务商，后做外卖服务商，做基于场景的服务营销来持续不断地拓展 B 端市场。而短期正确、长期不正确的事，就是放弃自建物流。轻度解释的商家，往往都有物流合作伙伴。于是，饿了么一段时间之内放弃了自建物流。这虽然降低了运营成本，同时也降低了护城河的高度。

现在美团主攻"美团外卖，送啥都快"，这是因为本地生活服务商的第一核心竞争力就是 30 分钟送达的物流能力。直到美团大举进入外卖后，饿了么才意识到商家开发不是最主要的问题，物流能力才是核心，于是开发了蜂鸟物流平台。竞争结果是：最终，饿了么以 95 亿美元的价格被阿里巴巴收购。也许，饿了么管理团队包括张旭豪在内，没人意识到：电脑服务商，曾经是饿了么 B2B 营销的一个经典。

资料来源：http://www.100ec.cn/detail-6468486.html.

## 引言

随着 21 世纪知识经济时代的来临，科学技术的迅猛发展，服务业将成为主导性的产业经济形态。借助于当代以信息技术为核心的新科技革命提供的便捷服务方式，打破商务活动时空限制、有效满足个性化消费需求的电子服务营销异军突起；同时，当今消费者需求也越来越趋于理性，更注重满意的服务体验，这极大地改变了传统的营销理念和模式。可以说电子服务营销、体验营销已经成为当前服务营销发展的重要趋势。

## 12.1 电子服务营销

千禧年前后，随着经济全球化和信息技术革命的发展深化，以半导体、计算机与网络通信技术为代表的信息技术（IT）迅速成为现代服务业发展的重要推手，催生了众多可称为"电子服务"（electronic services）的新型服务营销业态，如自动化服务营销、互动电视营销、电子商务与网络营销（包括博客、微博和网络视频营销等）。当前，满足电子服务客户的需求已成为越来越多企业的营销战略选择。

### 12.1.1 自动化服务营销

随着科技的进步和人工成本的不断上升，很多标准化程度高的服务领域，集成了光机电一体化技术的自动化智能机器设备取代了人工服务，比较典型的就是人们常见的银行自动柜员机（ATM）、自动售票机和自动售货机。因而，所谓"自动化服务营销"是指运用智能自动化设备向顾客提供直接服务的营销方式。当然，这里的自动化服务并非纯粹的，必须有人工的后台干预。[⊖]

---

⊖ 陈信康. 服务营销 [M]. 北京：科学出版社，2006:255.

自动化服务营销的优势是显而易见的，主要是能够突破时空局限，提供 24 小时不间断服务，通常在需要大量营销网点的密集型分销服务领域采用。应该指出的是，对于顾客的个性化需求突出、服务接触点较多且不易标准化的服务领域，不适宜采用自动化服务营销。

### 12.1.2 互动电视营销

随着数字智能电视的全面普及、5G 时代的来临以及"三网合一"的实现，互动电视营销也方兴未艾。互动电视营销是指建立在数字化电视媒体平台上，能够实现观众和电视媒体双向交互的营销方式。一般情况下，观众通过电视遥控器、家庭媒体中心（如机顶盒等）与播出的电视节目进行实时交互。

目前的互动电视营销主要表现为两种营销形态。其一为当前广泛采用、以提供信息内容为主的营销形态，如节目点播、电视购物和天气预报等较为简单的互动，这其实是传统电视节目与图文电视和互联网信息的简单融合。其二是以娱乐为主、具备更多交互功能的更高层次的互动电视营销形态，这种形态建立在开放式结构的基础之上，提供给观众尽可能大的空间来参与交互，十分强调观众的个人体验，观众对电视节目发挥决定性影响。

### 12.1.3 电子商务

21 世纪已进入电子商务时代，顾客将别无选择地拥抱电子商务。如何适应数字化生存并积极投身电子商务与网络营销时代的竞争环境，是每个营销人、企业、政府部门及国家都必须直面的事关生存与发展的重大问题，尤其是企业的营销管理职能更应该围绕电子商务与网络营销进行积极主动的战略转型。

电子商务（electronic commerce），从字面意义上理解，其内核应包含两个方面：一是技术上的电子方式，二是经济上的商务（或商贸）交易方式，两者融为一体。电子商务的参与对象可以包括金融机构、生产企业、中间商、网络服务提供商、个人消费者、政府部门、非营利组织和事业单位等，范围非常宽泛。通过网上银行实现的转账、汇款、缴费是电子商务，我们在网上购物是电子商务，政府通过网络面向企业采购招标也是电子商务……可以说当今世界电子商务已无处不在。通过以上实例，我们可以发现电子商务有三个共同点：以互联网为基础开展；双方不见面即可实现交易；所涉及事件均属商业和贸易活动。所以，电子商务是指在以互联网为主的开放的网络环境下，基于浏览器/服务器应用方式，通过在线电子支付，实现顾客或组织相互间的网上交易的一种新型商业运营模式。

电子商务的关键组成要素有信息流、资金流、商流和物流。要实现一个完整的电子商务流程，除了买卖双方外，还会涉及很多参与方，如网络服务商、在线银行或金融机构、政府机构、认证机构、物流配送公司等。由于参与电子商务的各方往往是互不谋面的，因此整个电子商务过程并不是传统商贸活动的翻版，商务网站、网上银行、在线

电子支付等基础条件和数据加密、电子签名等安全技术在电子商务中发挥着不可或缺的作用。[一]

### 1. 电子商务的优点

电子商务向企业提供虚拟的全球性贸易环境，大大提高了商务活动的活跃水平和服务范围。全球新兴的电子商务活动的优越性是无可比拟的，主要如下：

（1）大大提高了交易速度。尤其是跨国交易的响应速度。

（2）节省了交易成本。例如，电子邮件节省了邮费，而电子数据交换则大大节省了管理和人员环节的费用。

（3）提供了交互式的营销环境。例如，电子商务网站使得客户和厂商均能了解对方的最新数据，厂商能及时得到市场信息反馈，改进产品和服务。

（4）提高了服务的便利性。电子商务能以快捷方便的渠道向顾客提供信息、产品和服务。

（5）极大地突破了服务营销的时空限制。电子商务可以提供全球全天候的实时服务，顾客的服务消费行为选择更加多元化。

（6）最重要的一点是，企业通过电子商务可以有效整合企业资源，更好地满足顾客需求，提升顾客满意度，从而增强企业的竞争力。

### 2. 电子商务的主要模式及其分类

按照交易对象，电子商务可分为五类模式。

（1）B2C 模式，即商业机构对消费者的电子商务，基本等同于电子零售商业。例如，企业对消费者、商家对个人客户或商业机构对消费者都属于这种模式。目前，互联网上已经遍布各种类型的购物网站，提供各种商品和服务，主要有二手货、鲜花、书籍、计算机、汽车和家政等商品和服务。

（2）B2B 模式，即企业对企业（也称为商家对商家或商业机构对商业机构）的电子商务，指商业机构（或企业、公司）使用互联网或各种商务网络向供应商（企业或公司）订货和付款。商业机构对商业机构的电子商务已经有多年的历史，近年发展加快，特别是通过增值网络（value added network，VAN）上运行的电子数据交换（EDI），使这类电子商务得到了迅速扩大和推广。公司之间可以使用网络开展信息交互环境下的订货和接受订货、退货、跟踪服务，以及确定合同和付款等业务。

（3）C2C 模式，即消费者与消费者之间的交易模式，如在线竞价、网上拍卖等。

（4）B2G 模式，即企业对政府机构的电子商务，可以覆盖公司与政府组织间的许多事务。目前我国比较常见的是政府推行的网上招标采购。

（5）G2C 模式，即政府机构对消费者的电子服务，政府可以把电子服务扩展至公共服务领域，如户籍管理、福利费发放、自我估税及个人税收的征收方面。

---

[一] 张润彤. 电子商务 [M]. 2 版. 北京：科学出版社，2009:3-18.

### 12.1.4　网络营销

当前，随着企业网站的迅速普及，网络商务应用的不断发展，网络营销服务市场初步形成，电子邮件营销市场日益扩展，搜索引擎向更深层次发展，网上营销环境已日趋成熟。网络营销（on-line marketing，cyber marketing）是企业营销战略中的一个子系统，是指企业基于现代通信技术、计算机及网络技术，以互联网特性为基本手段来达成一定目标的营销活动。广义的网络营销是指企业利用一切计算机网络（包括企业内部网、EDI行业系统专线网及国际互联网）进行的营销活动；而狭义的网络营销专指国际互联网络营销。对于网络营销概念的把握，应注意网络营销不是网上销售，也不仅限于网上在线环节。网络营销是建立在基础营销学理论基础之上的。首先网络营销是一种营销行为，是一条营销渠道；其次，网络营销的基础平台是互联网，没有互联网，网络营销就无从谈起；最后，网络营销侧重点在营销，但不单纯是"卖东西"，网络营销的目的在于通过各种营销手段和方法促进企业实现营销职能战略，除了产品的直接销售外，还包含企业品牌提升、客户关系管理、客户服务等内容。

电子商务和网络营销都是基于互联网开展的，但电子商务侧重电子化的商务过程，而网络营销侧重营销渠道拓展，是为促进电子商务实现而使用的手段和方法。电子商务和网络营销的目的都是实现企业经营战略目标，电子商务包含网络营销，网络营销促进电子商务的发展。

**1. 网络市场的特点**

（1）网络市场极大地突破了商务活动的时空限制，可以实现全球市场的实时交易。
（2）网络市场拥有海量信息，通过多媒体交互，可以实现交易便捷化。
（3）网络市场的交易实现了虚拟化、透明化和标准化。
（4）网络市场采用数字化流程，环节少，成本低。
（5）网络市场一般采用电子支付手段。
（6）网络市场的消费者需求更趋个性化和多元化。

表 12-1 是网络营销与传统营销的比较。

表 12-1　网络营销与传统营销的比较

| 对比内容 | 传统营销 | 网络营销 |
| --- | --- | --- |
| 消费主体 | 普通消费者 | 年轻化、知识化、个性化人群 |
| 购买力 | 平均收入相对较低 | 平均收入相对较高 |
| 购买欲望 | 传统消费者购买动机 | 突出购物的便利性 |
| 营销渠道 | 批发商→零售商→消费者 | 电子渠道 |
| 媒体选择 | 多种传媒（电视、报刊等） | 互联网 |
| 营销对象 | 有需求共性的大众 | 个性化消费者 |
| 营销理念 | 4P | 4C |
| 营销网点 | 百货商场、超市等 | 虚拟网店 |

**2. 网络营销的基本流程**

网络营销实现了整个交易流程的数字化，基本流程由网上市场调研，网络产品、服

务与价格，网络推广与促销，网络渠道管理四大环节构成（见图12-1）。○

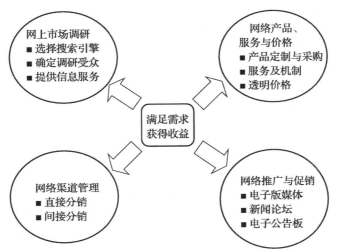

图 12-1 网络营销基本流程

### 3. 近年我国网络营销的发展情况

根据相关数据分析，我国的网络营销在经过高速发展之后，网购规模持续增大，但网购增长速度逐渐减缓，具体如表12-2所示。

表 12-2 2014～2018年中国网络购物市场发展趋势及预测

| 年份<br>相关数据 | 2014年 | 2015年 | 2016年 | 2017年 | 2018年 |
| --- | --- | --- | --- | --- | --- |
| 网购规模（亿元） | 27 898 | 38 773 | 51 556 | 71 751 | 90 065 |
| 网购增长率（%） | 49.7 | 33.3 | 26.2 | 32.2 | 23.9 |

资料来源：根据国家统计局2014～2018年国民经济和社会发展统计公报的数据整理。

### 4. 网络营销的常用技术工具及其分类

网络营销的开展必须依托一定的技术工具，常用工具及其分类如表12-3所示。

表 12-3 网络营销技术工具及其分类

| 分类标准 | 种类 | 应用技术工具 |
| --- | --- | --- |
| 按信息在传递过程中是否互动划分 | 直接互动技术工具 | BBS、电子邮件、新闻组、在线聊天室等 |
|  | 间接互动技术工具 | 网络广告、搜索引擎、跟踪分析工具、网站流量统计工具 |
| 按信息传播方式划分 | 同步传播网络营销工具 | 网络游戏、即时通信工具、网络电视、网络会议等一对一或一对多的同步传播工具 |
|  | 异步传播网络营销工具 | 电子邮件、电子公告板、新闻讨论组群和网页等 |
| 按信息在使用过程中的主辅作用划分 | 主要网络营销工具 | 电子邮件、网络广告、搜索引擎、网站、网页、网络社区、常见问题解答、呼叫中心、交换链接等 |
|  | 辅助网络营销工具 | 电子邮件自动答复机、电子邮件群发器和电子邮件地址搜索器等 |
| 按网络信息的移动过程划分 | 网络营销信息发布工具 | 网络广告、论坛、新闻组、聊天室、电子邮件等 |
|  | 网络营销信息收集工具 | 各种搜索引擎、计数器、网站流量分析工具和定制邮件列表等 |

---

○ 吴健安. 市场营销学 [M]. 4版. 北京：高等教育出版社，2011:392.

### 5. 网络营销的主要方式及策略

新一轮科技革命的迅速发展，尤其是信息技术的突飞猛进，为服务营销方式创新提供了技术支撑。利用网络信息技术平台来开展服务营销，已成为企业营销创新的必然选择。服务内容与计算机、网络通信技术的结合，为企业提供了虚拟化、人性化的营销模式，丰富了企业服务营销的策略和模式。

企业的网络营销方式及策略可以视为企业合理使用网络资源和相关技术工具实现营销目标的过程，其在企业总体战略和营销职能战略中的地位日益彰显。常用的企业网络营销方式及策略主要如下。

（1）企业网站营销

网站（website）是指在国际互联网上，依据相关规则，运用超文本链接语言（HTML，构建网页文档的主要语言）等工具编制的用于展现特定内容的网页集合。依据企业使用的网站资源的所有权状况，网络营销可以划分为基于企业内部网站和基于外部网站（也称无站点营销）两种方式。企业的网站营销策略主要有：

1）域名策略——注册网站域名，树立企业品牌形象。一个与网络上的数字 IP 地址相对应的字符型地址即为"域名"。IP 地址用二进制数来表示，每个 IP 地址长 32 比特，由 4 个小于 256 的数字组成，数字之间用点间隔，如 166.111.1.11 表示一个 IP 地址。由于 IP 地址是数字标识，使用时难以记忆和书写，因此在 IP 地址的基础上又发展出一种符号化的地址方案，来代替数字型的 IP 地址。每一个符号化的地址都与特定的 IP 地址对应，以方便访问网络上的资源。按等级划分，域名分一级域名或二级域名。一级域名即顶级域名，其域名中只含有一个"."，如"baidu.com"。很多网站提供二级域名，二级域名是一级域名的下一级域名，整体包括两个"."，如"www.edu.cn"。大部分免费二级域名是指除了"www"前缀的，只含有两个"."的二级域名。

---

**知识链接**　　　　　　　　　**常见域名**

　　.com 用于公司，它是最常见的顶级域名。
　　.net 最初是用于网络组织，广泛被提供网络服务和产品的企业采用，例如互联网服务商和维修商。
　　.org 是为各种组织包括非营利组织而设的。
　　.edu 为教育机构使用。
　　.gov 为政府机构专用。
　　.mil 为国防部专用。
　　.com.cn 为中国的商业组织。
　　.org.sh 为上海的组织。
　　.net.hk 为香港的网络。

在选取域名的时候要遵循两个基本原则：一是域名应醒目易记，便于输入；二是域名要有一定的内涵和意义。域名选取的基本策略可以归纳如下：
- 用企业名称的汉语拼音作为域名。
- 用企业名称的英文作为域名。
- 用企业名称的缩写作为域名。
- 用汉语拼音的谐音形式给企业注册域名。
- 以中英文结合的形式给企业注册域名。
- 在企业名称前后加上与网络相关的前缀和后缀。
- 用与企业名不同但有相关性的词做域名。
- 不要注册其他公司拥有的独占商标名。
- 应该尽量避免 CGI 脚本程序或其他动态页面产生的 URL。
- 注册 .net 域名时要谨慎。

2）企业网站推广策略——内容制胜，精心维护，发掘网上推销优势。网站推广主要是指企业通过一些特定的方法来提高网站流量。目前的网站推广策略主要通过网站优化手段来实现。网站优化是指通过对网站结构、网站功能、网页布局、网站内容、外链质量等各要素的合理规划，使得网站相关产品关键词在搜索引擎里排名靠前。经过优化后的网站一般会在多个搜索引擎排名靠前。所以，网站优化是网站推广的基本内容。企业通行的网站推广策略如下。

第一，关键词策略。"关键词"就是用户在使用搜索引擎查找信息时输入搜索框中的文字。为了让用户通过搜索引擎的查询能到达企业网站，企业就得设法让网站在搜索引擎结果的排名中靠前，越靠前则点击进入网站浏览的用户就越多。关键词在网站推广中居于重要地位。因为企业理所当然地期望更多的潜在客户通过某种形式的沟通渠道在最短的时间找到自己，而这在使用网络搜索引擎时，则反映为企业所选择的关键词是否正好迎合了用户特定的搜索词目标。用户在查找产品或服务信息时，通常会以产品、服务的特有名称、行业名称和功能特点，甚至是公司、商品名称等为条件进行搜索，而这些搜索条件正是要求关键词所要涵盖的营销诉求点。因此可以说，在某种程度上，关键词是决定企业网站推广成败的关键。

在绝大多数情况下，要充分发挥关键词的作用，必须明确搜索引擎对用户搜索做出反应的前提条件是网站和网页中存在与搜索关键词匹配的内容，即必须保证将事先确定的对应关键词使用、出现在网页文字中，同时还要注意运用关键词的策略和技巧。

关键词的选择策略主要包括以下几种：
- 选择与网站内容相关的关键词。即便是一个对关键词选择技巧一无所知的人，常识也会让他避免在浏览家电时却选择诸如"食品"之类的毫不相干的关键词。同理，如果以不相关的关键词来对待用户，对企业产品、服务的销售起不到任何作用。
- 选择具体的关键词。关键词的覆盖范围并不是越宽越好，因为意义越宽泛的关键词，其对应的信息需求种类也越多。用户以该关键词搜索的目的可能是要购买相关的产品，但更多的也许是其他方面的需求，如货比三家，并不一定导致购买行为，因此，关键词的外延要适当界定。
- 注意关键词的投资回报率。对搜索引擎了解不多的人可能并未意识到，即使是同一类关键词，其投资回报率也是有差别的。这方面除了有一个特定的基本标准外，还要靠我们在实践中进行科学的分析、调整和总结。有时候，尤其是在商业活动中，数据分析往往比任何概念和理论都更具说服力。

另外，关键词的位置策略也十分重要，主要有：其一，宜将关键词或描述性的语言插入网页代码中的 Title 和 META 标签中；其二，宜将关键词插入超链接文本（锚文本）中；其三，宜将关键词插入 Header 标签中；其四，宜将关键词插入图片的 ALT 属性中；其五，宜将关键词插入网页正文最吸引注意力的地方。

第二，标题策略。用户使用搜索引擎的习惯都是希望能直接命中搜索目标。因此，在标题策略上，一是要考虑用户使用搜索引擎急于快速命中目标的特性；二要切实为用户解决问题，从而提高网站访问者向有效客户的转变。因此，网站文章的标题最好带有明确的信息字符，并考虑搜索引擎对此类文章标题的偏好，以充分保证在搜索引擎结果中的排名位置靠前。

第三，网站内容黏合策略。网站内容的黏合性就是指网站文章与文章之间要保持相对紧密的联系，特别在相关延伸信息的内容选择上，要尽可能地具有相关性。

第四，网站栏目导航策略。网站内容如何分类是一个关键的问题，好的分类就是让用户不要晕头转向，栏目名称要和涵盖的内容吻合。在这方面，亚马逊堪称经典。

第五，软性广告链接策略。当网站有了合理的内容，文章之间也能建立合理的关联，文章标题足够吸引人，栏目清晰明了，那就容易让网站访客转化为客户。百度网站多次提出过"软性"广告要比直接叫卖的效果好得多。文章内容最好于无意中向用户提及你的产品，或从侧面证明企业产品的质量等，其中可穿插一些指向产品的链接，以将网站的流量真正地转化为交易。

（2）数据库营销

随着关系营销理论的兴起，尤其是客户关系管理（CRM）理论的不断发展完善，一种新的市场营销方式也随着信息网络和数据库（database）技术的应用和成熟出现了，这就是数据库营销。在营销的实践中，CRM 与数据库营销是紧密地联系在一起的。数据库营销作为一种营销方式，反映了企业经营理念的时代演化，而这种演化的理论核心就是 CRM。数据库营销为企业提供了一种新的营销方式，通过改变企业的经营理念改变了企业的营销模式。由于数据库营销能够不断更新、不断改善，能够及时反映市场的实际状况，因此，数据库营销是实施服务营销的重要工具。

数据库营销就是企业通过收集和积累客户（一般以会员形式）信息，经过分析筛选，有针对性地采用电子邮件、短信、电话、信件等方式，进行客户深度挖掘与关系维护的营销方式。可见，数据库营销的目标在于与顾客建立、维系一对一的互动沟通关系，并依赖庞大的顾客信息库进行长期促销活动的一种全新营销方式，是一套涵盖现有顾客和潜在顾客，可以随时更新的动态数据库管理系统。数据库营销的核心是数据挖掘技术的有效运用。营销数据库建设一般有数据采集、数据存储、数据处理、寻找目标消费者、数据使用、数据完善六个基本运作流程。

1）数据库营销的主要优势。通过收集、处理客户的数据资料（企业、个人、交易记录等信息），构建营销数据库，为企业的营销活动提供科学依据。

数据库营销有利于企业精确地选择目标市场，降低营销成本，提高营销效率。企业通过有针对性地选择多样化的分销渠道、沟通和促销方式，开展基于营销数据库平台的整合营销传播，向客户提供直接的、可控的和个性化的互动服务，实现快速的营销效果反馈，并据此改进营销策略，优化营销活动的短期和长期效果。例如，数据库营销可以根据消费者的日常作息，选择在上下班途中以短信、电子邮件和移动网络促销广告等形式开展基于手机媒体的营销沟通活动。

数据库营销有助于企业开展关系营销，提升客户关系管理水平，有效地提高企业在客户中的知名度、美誉度和忠诚度。

数据库营销有利于企业构建竞争优势。营销数据库可以分析竞争者的顾客、资源能力等竞争力特征，找出竞争者的优劣势，提供反击利器，改进营销策略，提供比竞争者更好的产品和服务，增强与顾客的关系。同时，数据库环境下的企业—客户闭环信息系统，还可以使竞争隐形化，不易被竞争对手及时察觉。

2）数据库营销运营方式及策略。根据企业所处行业的不同、企业产品生命周期的不同、企业经营战略与营销策略的不同，企业可以量身定制一套适合自己的运营方式。

①基础运营方式：企业建设自己的数据库营销运营平台，对企业已有数据进行集中建设、管理，通过自身网站获取潜在目标客户，通过一系列的策略开展营销活动，与目标客户建立起基于信任与忠诚的双向互动关系，为企业的发展创造长期价值。

②数据库租赁运营方式：这种运营方式是利用专业公司提供的潜在目标客户数据，向潜在客户传播品牌、产品信息，实现高效的促销。数据租赁方式可以为企业进行精准的市场定位，提升目标客户对企业品牌与产品的关注，为建立客户关系管理、营销诉求数据挖掘、品牌推广与促销等活动提供平台支撑。

③数据库购买运营方式：这种方式通过一系列的、符合法律程序的形式获取潜在目标客户数据，然后通过企业的数据库营销部门开展针对性的营销活动。这一方式一般要和基础运营方式协同运用。这种方式的效果主要依赖两个因素：一是基础运营方式中是否搭建了适合企业的数据库营销平台；二是企业是否已经具备了开展数据库营销所要求的资源能力条件和建立相应的营销运营机制。

总之，三种数据库营销运营方式的有机结合是迈向成功的重要策略。

（3）搜索引擎营销

搜索引擎营销（search engine marketing，SEM）就是企业根据顾客使用搜索引擎的方式，利用用户检索信息的时机，运用一定的技术工具和方法、策略，尽可能将营销信息传递给目标用户的过程。简单来说，搜索引擎营销就是基于搜索引擎平台的网络营销方式，利用人们对搜索引擎的依赖和使用偏好，在人们检索信息的时候尽可能将营销信息

传递给目标客户。[脚注]

传统营销需要经过市场细分、选择目标市场、市场定位以及营销策略组合的实施，通过创造和传播优质的客户价值，获得、保持和发展优质客户。而在互联网时代，网站由于其内容丰富、查阅方便、不受时空限制、成本低等优势，深受广大网民和商家的喜爱，成为传播价值的主要手段，并在获得、保持和发展客户方面呈现强大的潜力。所以，围绕网站的营销活动越来越丰富。互联网的绝大多数用户使用搜索引擎，因此衍生了巨大的商机。搜索引擎也收录了商家网站，当有网民搜索相关信息的时候就可以展现出来，感兴趣的用户点击搜索结果页上的链接，进入商家的网站，浏览产品信息，注册成为会员，留下联系方式，定制感兴趣的资料列表，甚至通过网页注明的销售电话或在线购物完成购买。

企业搜索引擎营销的最主要工作是扩大搜索引擎在营销业务中的比重，通过对网站进行搜索优化，更多地挖掘企业的潜在顾客，帮助企业实现更高的顾客购买率，有效地转化潜在顾客为现实顾客。进行搜索引擎营销可以有效地开发潜在市场，且成本费用低、效率高。目前，搜索引擎营销已成为互联网营销的重要发展趋势。

搜索引擎营销包括五个层次的营销目标：①被搜索引擎收录；②在搜索结果中排名靠前；③增加用户的点击（点进）率；④将浏览者转化为顾客；⑤使之成为企业的忠诚客户。

在这五个层次中，前三个可以理解为搜索引擎营销的过程，而只有将浏览者转化为顾客才是最终目的。在一般的搜索引擎优化中，通过设计网页标题，META 标签中的描述标签、关键词标签等，通常可以实现前两个初级目标（如果付费登录，当然就可以直接实现这个目标了，甚至不需要考虑网站优化问题）。实现高层次的营销目标，还需要进一步优化设计搜索引擎，或者说，需要从整体上设计对搜索引擎友好的网站。

搜索引擎营销主要的实现方式包括竞价排名（如百度竞价）、分类目录登录（开放目录——www.dmoz.org）、搜索引擎登录、付费搜索引擎广告、关键词广告、TMTW 来电付费广告、搜索引擎优化、地址栏搜索、网站链接策略等。

搜索引擎优化的具体方法分为两大类：①"白帽"法（white hat），指使用正规方法，使网站排名自然上升的 SEO 技术，也是搜索引擎厂商自身认可的一些手段；②"黑帽"法（black hat），指专门用作弊手段取得排名的 SEO 方法，如隐藏文笔、链接工厂、桥页、跳页等。

### 小案例 12-1　搜索营销带来的"平等革命"

在区域经济发展不平衡的背景下，技术进步为企业营销创新提供了新的驱动力。中小企业是中国经济最活跃的部分，网络营销可以帮助它们解决市场开发难度大、营销费用有限等问题，在降低营销费用的情况下取得更好的营销效果，进而扩大规模和升级转型，带动社会就业和经济增长。网民数量的增加以及媒介平台的扩展，推动搜索营销快速发展。尽管在网络与中小企业之间，出于认知、技术以及对互联网营销的理解等，依然有许多软

---

[脚注] 莫兰．搜索引擎营销：网站流量大提速（原书第 2 版）[M]．董金伟，译．北京：电子工业出版社，2009:25-58.

硬障碍，但百度帮助中小企业营销转型的案例在各行各业仍然不胜枚举。正如百度副总裁王湛所说："这是一个新的开端，百度希望与百度平台上的所有用户都成为互联网新型营销的领潮者。"

从海南的"蕉急"，到内蒙古的土豆滞销，供需信息的隔阂频频让农民"受伤"。而同样是受节气影响较大的山东临沂南高庄，依靠黑松、侧柏苗木的致富之路却走得顺利得多。在苗木销售旺季，南高庄苗农足不出户就能日销 20 万元，走出了一条依靠信息化网络技术的致富之路。

早在 2004 年，南高庄通过一些传统的销售渠道进行苗木外销，如展销会、报纸、邀请函等，但由于销售费用过高，获利不多。而帮助他们突破销售瓶颈的正是百度搜索营销。现在全村 400 多户农户拥有 100 多个网站，大部分苗木依靠网络销售。

北京雾灵山梦缘民俗客栈像南高庄一样，在接触了百度推广之后，打开了城市消费者需求的大门。梦缘民俗客栈老板李振新说："是搜索引擎让我了解了城市游客的喜好，更是搜索引擎让我连接上了广阔的城市消费市场，铺设起农村与城市对接的桥梁。"据他介绍，他的客栈一年毛利超过了 100 万元，而大多数游客是通过百度推广来的。

传统的农林渔业企业更偏重于立足本地及周边经济的发展，业务开展经常遭遇瓶颈。尽管在中国农村家用电脑的拥有率已达 31%，但对众多农林渔企业而言，互联网依然是个新事物。"我是种花的，大棚里没有电脑。无意中从路边看到了大篷车，这才知道了搜索营销原来那么实用。"山东潍坊青州迎富花卉公司经理李广富无意间走进了一辆"搜赢天下·智引未来"的百度信息化营销体验大客车，开始认识到网络的重要性。之后，李广富的花卉业务开始在各地推广。

资料来源：于文. 搜索营销带来的"平等革命"[J]. 新营销，2011（11）：8-9.

（4）Web 2.0 营销

Web 1.0 是指单纯通过网络浏览器浏览 HTML 网页的技术模式。Web 2.0 则是以 Blog（博客）㊀、Tag（网标）㊁、SNS（社会化网络）㊂、RSS（简易信息聚合）㊃、Wiki（维基）㊄等技术工具应用为核心，运用相关新理论及技术实现的新一代互联网在线服务营销模式，其内容更丰富、关联性更强、功能更强大。Web 2.0 营销是新一代互联网在线服务技术、

---

㊀ Blog（博客）最初的英文是 Weblog，源于 web 和 blog 两词，意为"网络日记（志）"。
㊁ Tag 多称为"分类""开放分类"或"大众分类""标签"，是一种更灵活的日志分类方式，通过为日志添加一个或多个 Tag（标签），就可看到 Blog Bus 上所有使用了相同 Tag 的日志，并可由此和其他用户产生更多的联系和沟通。
㊂ SNS 全称 Social Network Site，即"社交网站"或"社交网"。
㊃ RSS 的缩写可以指 Really Simple Syndication、RDF（Resource Description Framework）Site Summary 或 Rich Site Summary。三者都指同一种 Syndication 的技术。意为"简易信息聚合或聚合内容"，是一种描述和同步网站内容的格式。RSS 目前广泛用于网上新闻频道、Blog 和 Wiki，主要的版本有 0.91、1.0、2.0。使用 RSS 订阅能更快地获取信息，网站提供 RSS 输出，有利于让用户获取网站内容的最新更新。网络用户可以在客户端借助于支持 RSS 的聚合工具软件，在不打开网站内容页面的情况下阅读支持 RSS 输出的网站内容。
㊄ Wiki 原意为"快点快点"，译为"维基"或"维客"，指一种多人协作的写作工具，也指一种超文本系统，这种超文本系统支持面向社群的协作式写作，同时也包括一组支持这种写作的辅助工具。

理论的综合应用载体，核心是注重用户的交互作用，让用户既是网站的浏览者，也是网站内容的建设者。由于用户能够便捷地进行信息沟通，因此这些信息内容先天具备了开展营销活动的价值，从而受到企业的重视。

Web 2.0 营销的意义在于其提供了一种创新的大众媒体及营销信息传播形式，建构了一个集中的社群环境，开发了一套全新的营销理念及模式。企业主要的应用模式为博客营销和微博营销，下面分别介绍。

1）企业博客营销。企业博客营销就是营销者通过博客网站或博客论坛接触博客作者（博主）和浏览者，利用博客的群聚性、互动性、知识性、自主性和共享性特点及其运行的网络环境，以拥有相关知识资源的人为基础，将企业及其产品或服务等信息向潜在客户传播，以达成满足客户需求的营销活动。博客营销是一种基于知识资源（包括思想、体验等表现形式）的网络信息传递形式。成功开展博客营销的前提条件是博主必须对某个领域的知识能有所掌握和运用。博客营销的本质在于通过原创内容进行知识分享、争夺话语权、建立起信任权威、影响品牌，进而影响相关群体的思维和购买行为。

企业博客营销的特点是：

第一，信息传播便捷，目标市场选择明确，可以直接达到潜在用户。博客拥有个性化的分类属性，读者是相关特定群体，定位的程度远远超过了其他形式的媒体。有价值的博客内容会吸引大量潜在用户浏览，从而达到向潜在用户传播营销信息的目的。用这种方式开展网络营销，是博客营销的基本形式，也是博客营销最直接的价值表现。

第二，可有效降低网站推广费用。通过博客的方式，在博客内容中适当加入企业网站的信息，如某项热门产品的链接、在线优惠券下载网址链接等，是成本较低的网站推广方法；口碑传播的成本就更低，且往往事半功倍。

第三，互动性强、信任度高、口碑效应好。博客在传播过程中，既是媒体（blog）又是人（blogger），既是传播渠道又是受众群体，能够很好地把媒体传播和人际传播结合起来，通过博客与博客之间的网状联系扩散开去，放大传播效应。博客的相互影响力很大，可信程度相对较高，因此可以创造巨大的口碑效应和品牌价值。权威博客形成的影响力越来越大，渐渐成了网民们的"意见领袖"，引导着舆论导向，能在极短的时间内在互联网上迅速传播，给企业带来轰动效应。利用博客新媒体吸引大范围的社会人士关注，引发大媒体的跟踪报道，这种广告效果好于单纯的广告。

第四，博客让企业营销从被动的媒体依赖转向自营媒体。在传统营销模式下，企业往往依赖媒体发布企业信息，不仅受到较大局限，而且费用相对较高。博客的出现给营销观念和营销方式带来了重大变化，企业拥有了自主经营媒体，可有效地为企业营销战略服务。

博客营销的主要策略有：

第一，选择博客托管网站、注册博客账号。选择功能完善、稳定，适合企业自身发展的博客营销平台，获得发布博客文章的资格。应选择访问量比较大而且知名度较高的博客托管网站，可以根据全球网站排名系统等信息进行分析判断。对于某一领域的专业博客网站，不仅要考虑其访问量，还要考虑其在该领域的影响力，影响力较高的博客托管网站其博客内容的可信度也相应较高。

第二，打造知名博主。在营销的初始阶段，用博客来传播企业信息的首要条件是拥有写作能力良好的博主，博主在发布自己的生活经历、工作经历和某些热门话题的同时，还可附带宣传企业，如企业文化、产品品牌等。特别是当发布文章的博客在某领域有一定影响力，所发布的文章更容易引起关注，吸引大量潜在用户浏览，于是通过个人博客文章为读者提供了了解企业信息的机会。

第三，坚持博客的定期维护更新，不断完善内容和形式。企业应坚持长期利用博客，不断地更新内容，发挥长期价值，吸引更多有效受众。企业可以采用合理的激励机制，激发互动，使企业博客有持续的创造力和生命力。

第四，协调博主与企业营销策略之间的分歧。企业应该使博主既要反映企业，又要保持自己的独特性，这样才会获得潜在用户的持续关注。

第五，建立自己的博客系统。当企业在博客营销方面开展得比较成功时，则可以考虑使用自己的服务器，建立自己的博客系统，向员工、客户以及其他外来者开放。如果使用自己的博客系统，则可以由专人管理，定时备份，从而保障博客的稳定性和安全性。开放博客系统将引来更多同行、客户来申请和建立自己的博客，使更多的人加入企业的博客宣传队伍中来，在更大的层面上扩大企业影响力。⊖

---

**小案例 12-2　　　　　你相信能用博客卖出葡萄酒吗**

一个叫马尔的英国人，于 2004 年年底在南非的 Doolhof 山谷买下 0.8 平方千米葡萄园，专门酿制葡萄酒。他的小公司名叫 Stormhoek，品牌为 Freshness Matters。因公司没有多少钱，无力在英国投放任何广告，虽然马尔相信肥沃的土壤一定能生产出好酒，但酒厂的位置偏僻，他的品牌怎样才能越过南非的崇山峻岭赢得英国消费者的关注，并与超市签订大宗销售合同呢？马尔想到了用博客来营销。

2005 年 5 月，马尔给英国最热门的 150 名博主每人寄送了一瓶中等价位的葡萄酒。马尔挑选的博主满足两个条件：①必须住在英国、爱尔兰或法国，之前三个月内一直在写博客，博客的读者多少不限；②已过了法定的饮酒年龄。马尔跟这 150 个博主说，收到葡萄酒并不意味着你有写博客的义务——你可以写，也可以不写；可说好话，也可说坏话。并且，马尔给他的一份公告起了一个吓人的题目——"Stormhoek：微软真正的竞争对手"。他还写道，如果你口袋里装着 400 美元无所事事，你可以有多种选择：你既可以买一台微软的 Xbox360 主机，又可买一箱葡萄酒。这些博主收到葡萄酒品尝后，便在自己的博客里品评葡萄酒的优点。写酒的博主中包括了伦敦皇家学院的天体物理学家安德鲁·亚弗博士和微软的技术专家罗伯特·斯考伯。一个名不见经传的葡萄酒品牌就此出名了。在两个月里，估计有 30 万人通过博客知道了 Stormhoek 公司。另外，Stormhoek 登陆美国的时候也开展了一系列针对美国博主的活动，以激起美国人的消费热情。公司通过向 100 个参加晚餐聚会、对自己的葡萄酒提出反馈意见的博主免费发放葡萄酒，并利用这些博客与他人互

---

⊖ 刘建昌. 网络营销：理论·方法·应用 [M]. 北京：清华大学出版社，北京交通大学出版社，2010：279-296.

动,迅速吸引了公众注意,从而以 100 瓶葡萄酒的极低代价成功打入了美国市场,营销费用仅为几千美元。从 2005 年 6 月起,公司的葡萄酒开始投放市场,不到一年销量就暴增翻倍,达到 10 万箱,得到了包括 Sainsbury 超市和 Majestic 葡萄酒公司的订单;互联网上的互动对话也引爆了零售市场的巨大需求,零售商 Asda 和 Threshers 都和马尔进行网络互动,两者也在销售 Stormhoek 的产品。马尔说博客不仅使销量飙升,而且彻底改变了公司的经营方式。现在,Stormhoek 的公司网站本身就是一个博客,主要发布一些关于 Stormhoek 葡萄酒的产品信息和最新的市场活动信息。例如,当 Stormhoek 决定改变商标时,就把这个消息发到了博客上,公司还通过博客举行评酒会。

Stormhoek 的不凡之处在于通过虚拟世界的博客引发了实际销量的攀升,博客营销正源源不断地为它带来客户。Stormhoek 公司极好地诠释了博客营销的巨大价值——它能帮助小企业以极低的成本迅速扩大产品知名度。

资料来源:http://www.nsw88.com/Article/05233618156510422816_1.html,http://www.292775.com/yingxiao/201106/204474.html。

2)企业微博营销。美国《时代》周刊形容微博强大的信息传播功能时,曾称"微博是地球的脉搏"。微博是一种通过关注机制分享简短信息的公开社交网络平台,具有以下内涵:关注的机制可单向可双向;需要实名认证,内容 140 字以内;公开的社交网络信息平台。随着微博的火爆,企业可以借助微博平台开展营销活动。企业注册微博后,可以发布企业信息、开展互动交流和促销等。微博已经成为企业树立形象、开展产品或服务营销的平台。

微博营销的特点主要有:①信息发布简单快捷,只需简单构思,就可以完成信息发布;②互动性强,能与粉丝沟通交流,及时获得用户反馈;③成本低,微博营销的成本比博客营销或数据库营销的成本更低;④针对性强,关注企业或者产品信息的受众基本都是消费者或潜在消费者。

当然,微博营销也存在一些局限:①受众关注度不确定性大,这直接影响营销传播效果;②由于微博里新内容产生速度快,所以受众若未及时跟进关注,所发布信息就很可能被埋没于海量信息中;③微博信息容量小,传播力一般较为有限,除非是影响力大的名博,否则很难大范围传播。

企业开展微博营销的基本策略如下。

第一,账号认证与打造名博的策略:针对企业微博账号,企业领袖、高管的账号,行业内有影响力人物的账号,要获得认证;认证可形成较权威的良好形象,易被外部搜索引擎收录,更易于传播。企业微博营销最重要的就是博主资源,通过专注某个领域的分类传播将有助于打造行业、名人微博,为企业开展营销活动打下坚实的基础。

第二,内容发布与更新的策略:微博的内容与形式应尽量多样化,宜采用文字、图片和视频等多媒体信息,以形成良好的浏览体验;微博内容应尽量包含合适的话题或标签,以利于搜索;发布的内容要通过提供特别信息,如限时、特价或打折等促销信息,以引起关注;微博信息应及时更新,形成自己的规律,短时间内尽量不要连发多条信息,应抓住高峰发帖时间更新信息。

第三，积极互动的策略：多参与转发和评论，主动搜索行业相关话题，主动去与用户互动。定期举办有奖活动，提供免费奖品鼓励，能够带来快速的受众增长，并增加其忠诚度。

第四，标签设置的策略：合理设置标签，推荐有共同标签或共同兴趣的人加关注。

第五，赢得高质量受众的策略：关注行业名人或知名机构；善用交友功能；提高转发率和评论率。信息发布的内容主题要专一，内容要附带关键字或网址，以利于用户搜索。

第六，微博托管的策略：企业也可将官方微博委托外包给"大户牛博"（拥有很高人气的微博博主）或专业提供微博营销解决方案的公司等第三方来经营，以迅速打开局面。○

因微博营销尚处于发展阶段，理论和实践都还处于探索中，较不成熟，所以，其企业运作原理、特点和规律等还有待于进一步研究总结。

**小案例 12-3　　从"支付宝锦鲤"事件看微博营销的三大价值**

2018 年真当之无愧为互联网中的拜锦鲤元年。转发锦鲤已经成为社交场景中的一种流行趋势。而将这种趋势推向顶点的便是支付宝国庆期间在微博发起的"祝你成为中国锦鲤"（见图 12-2）。

图 12-2　支付宝的锦鲤微博

这次活动也成为微博有史以来势头最大、反响最激烈的营销活动之一，可以说重新定义了社交营销。据微博实时数据统计，"支付宝锦鲤活动"上线 6 小时，微博转发便破百万，成为微博史上转发量最快破百万的企业微博，最终这条微博共收获了 400 多万转评赞、2 亿曝光量。

当前，时代不断进化，传播途径、用户习惯、商业环境都有了翻天覆地的变化，如何进行营销创新，如何吸引用户参与，品牌营销不断面临新的难题。在多重的营销挑战中，

---

○ 王弘张.玩转微博：个人、企业、政府微博实用指南[M].北京：机械工业出版社，2012:1-28.

支付宝利用微博打造了一场教科书级别的营销案例，为行业树立了标杆。为什么是微博？为何能实现病毒式社交传播？为何还能超预期实现营销效果？这次"支付宝锦鲤"营销事件透露出微博平台营销的三大价值。

### 1. 天然的流量池，引爆用户实现社交互动

微博作为开放的社交平台，是天然的流量池，也是互联网热搜内容的风向标。据2018年Q2财报显示，微博月活跃用户已达4.31亿。这一庞大的用户群体是帮助品牌引爆用户社交互动行为、实现社会化传播的有效保障。此次支付宝事件，是在没有任何提前预热的情况下，在微博进行冷启动，却凭借当下年轻人语境中的关键热词，通过微博转发抽奖、联动传播的形式上了微博热搜，最终活动收获了400多万转评赞、2亿多曝光量。这背后离不开微博的整体传播语境所带来的巨大流量和聚合能力，凭借大流量基础，活动引发用户不断互动参与，持续放大活动声量。这足以说明，微博作为互联网中热搜内容的聚集地，其释放出的营销价值不容小觑，依托庞大的用户群体和内容生态，微博能为品牌提供优质的营销土壤，成为品牌营销的标配。

### 2. 强大的平台聚合力，助力品牌联动营销

微博高级副总裁王亚娟认为，此次支付宝锦鲤事件中，最大的爆点是那个花10分钟都看不完的锦鲤清单。我们发现，支付宝发起活动后，并没有直接公布奖品，而是让参与者查看评论区。这就预埋了评论区变身品牌广告位的隐形线。除了提前精心安排的品牌蓝V之外，其他品牌也看到了评论区的聚合能力，纷纷在微博下面发起评论，异常精彩。在活动推文发出后的一个小时内，200多家品牌纷纷完成评论，迅速占领评论区。支付宝搭台，200多家品牌共同唱戏，上演了国庆期间最慷慨激昂的品牌集体演出。品牌之间的联动营销不仅放大了活动声量，而且参与活动的大量蓝V都获得了远超自己日常推文的点赞和评论量，收获了增量级曝光。

品牌通过评论区联动营销，这种玩法及释放出的影响力也只有在微博平台才能够做到。在微博开放的社交环境中，任何一个品牌都可以在微博建立自己的存在感和影响力。"海尔"作为最早一批蓝V的典型代表，最先带领品牌玩起联动营销，在消费者心中树立起年轻化的品牌形象。2017年感恩节，杜蕾斯在微博以感谢信的形式一口气"调戏"了13个品牌，各大品牌纷纷加入互动，使品牌获得了量级曝光，最终上演了堪称教科书式的互动营销范本。不难发现，每一次品牌间的联动营销玩法都比品牌单独作战更容易传播，各个品牌聚合发力会释放出更大影响力。

### 3. 打造品牌与用户的深度链接

"现如今，消费者与品牌的关系悄然发生变化，微博为激活二者之间的通路提供了全新的路径：Social First（社交为先）。"王亚娟如是说。微博作为一个开放平台，为品牌和用户建立起直接对话的桥梁。Social Frist的营销理念能够帮助品牌打破原有企业只在营销和销售过程当中接触到最终消费者的模式，在产品的研发、产品设计、生产、市场、销售、服务的完整价值链中全方位触达客户。

在支付宝锦鲤的活动中,各个品牌蓝 V 通过评论区直接与消费者沟通,搭建了直接对话的桥梁,建立了情感链接,最终,众多品牌合力,在与用户的深度链接中实现了传播裂变。

微博平台的社交媒体价值对于品牌而言不可或缺,能够助力品牌快速释放营销影响力;品牌也能利用该价值进行全量打通,进一步积累社交资产。

资料来源:https://mp.weixin.qq.com/s/Wo1kFJk65uJFvVDEzabrpg.

与传统方式相比,互联网超越时空限制,具备传送文字、声音、动画和影像的多媒体能力,表现的可能性和丰富性突出。网络营销可由基础的信息交互延伸至服务的售前、售中和售后全过程,因此,它也是一种新兴的营销渠道。互联网作为多种营销社会关系的联系渠道,已成为当今服务营销不可或缺的工具。鉴于网络技术的飞速发展及其与企业营销的迅速有机结合,将催生众多的新方式,未来的服务营销理念、方法和模式更会层出不穷。○

**专栏　　　　　　　网络视频营销将成为市场营销新趋势**

网络视频营销是通过数码技术将产品或服务的实时视频图像信号和企业形象视频信号传输至互联网上(一般为视频短片),以促成交易,达到企业特定营销目标的手段。网络视频营销是"视频"与"互联网"的结合,这种创新营销形式综合了两者的优点。2006 年被公认为我国网络视频元年,经过五年的发展,目前走上了加速发展之路,各网站无论在视频形式的探索上,还是在广告促销模式的尝试上,都获得了不同层次的认可。2009 年的行业研究显示,视频网站中独立用户数最高的媒体只有 7900 万个,而尼尔森调研公司发布的报告指出,目前这一数据已达到 1.5 亿个。另外有调查表明,2011 年的网络视频用户接近 4 亿,2012 年可能会达到 4.45 亿,2013 年可能达到 4.83 亿。另外,手机视频用户 2011 年达到 1.13 亿,2013 年有望翻一番,达到 2.82 亿。可见,网络视频产业未来的发展形势一片大好。结合我国的具体市场营销环境分析,从 2012 年开始,将迎来网络视频营销的高速发展,其主要原因如下:

其一,网络视频营销拥有独特优势。视频相对于其他传播内容来说,无论是作用受众的深度,还是内容的容量,都是其他广告形式无法相比的。网络视频可以做得非常生动,用画面(动画)来打动网络顾客;网络视频营销可以在前期通过详细调研,精准定位,提高传播促销效率,促成交易,有效降低营销成本;网络视频能提供强效的互动措施,在观看过程中可以顺访了解更多的内容,更好地满足顾客的多元需求;网络视频营销还能对其投放效果进行实时动态跟踪,让企业掌握营销效果并适时改进。

其二,网络视频可成为传统电视广告的有力补充。首先,随着互联网的不断发展,网民不断增多,网络视频营销将获得更大的发展。传统电视的收视群体相对在逐步收缩,网

---

○ 电子服务营销的进一步学习可参阅:汉斯·卡特帕尔,等.服务营销与管理:基于战略的视角(原书第 2 版)[M].韦福祥,译.北京:人民邮电出版社,2008:235-245.

民更偏好通过互联网来获取信息和收看节目；其次，网民人群中，支付力更强、乐于尝试和分享的年轻人口构成了主力，他们恰恰又是当前企业品牌和产品、服务推广中，极力争取的目标客户群；最后，国家广播电影电视总局对于电视台颁布的"禁娱令""禁广令"，限制了播放电视广告的时间，再加上不菲的成本因素，促使部分企业广告主选择电视广告以外的促销方式，而网络视频营销无疑将会成为优先选择的对象。

其三，SNS 社会化大众媒体的发展，加速了网络视频营销的发展进程。SNS 的发展，特别是博客、微博等新的社会化大众媒体的出现，使网络视频的扩散传播不再限于"一对多"的形式，"一对一""一对多""多对多"的传播形式让网民成为营销传播链的有机组成部分，口碑推荐让网民成为主动而有效浏览视频的受众。具体而言，当用户在微博平台评价某一微视频的时候，同时也传播了微视频的内容，让其他网友"所见即所得"。这种"口碑+内容+快速"的传播组合形式，很容易诱发其他网友的主动观看：点击一下就可以了解大致内容，有兴趣可以接着看，当前页面不理想可以直接链接到视频网站上，多元化选择为网友提供了良好的体验。网络视频被传播得越广，其营销价值功能就越明显，其发展也就必然提速。

另外，从互联网企业各巨头对于视频网站的态度及动向，也能窥探出其发展的前景。现今，优酷、搜狐视频、百度奇艺、迅雷（微博）、酷 6 等多家网站，都已瞄准了视频网站这一"香饽饽"。另外，有新的竞争者不断加入其中：腾讯高价购买《宫 2》；网易也拟以 2 亿元投入视频领域；据悉凤凰网在 2012 极力打造自己的网络新闻视频营销。

资料来源：根据 http://www.sootoo.com/content/217735.shtml 改写。

## 12.2 体验营销

### 12.2.1 体验营销概念

体验营销（experiential marketing）是指企业通过让目标顾客观摩、聆听、尝试、试用等方式，使其亲身体验企业提供的产品或服务，让顾客实际感知服务的品质或性能，从而促使顾客认知、形成偏好并购买的一种营销方式。这种方式以满足顾客的体验需求为目标，以服务为平台，以有形产品为载体，生产、经营高质量产品，拉近企业和顾客之间的距离。体验营销要求企业必须从顾客的感觉（sense）、情感（feel）、思考（think）、行动（act）、关联（relate）五个方面重新定义、设计营销策略。

> **专　栏**　　**服务营销研究最前沿：科特勒首倡"心灵营销"**
>
> 2012 年 3 月 1 日，在孟加拉国首都达卡举办了第一届世界营销峰会（World Marketing Summit）。首届世界营销峰会以"营销让世界更美好"为主题，吸引了来自 32 个国家的 94 位专家和跨国企业 CMO 与会，孟加拉国总理哈西娜出席并为峰会揭幕。与会者围绕主题，

就如何创新营销理念、工具和方法,以解决目前世界面临的各种营销挑战,进行了深入探讨。

81岁高龄的现代营销学之父、美国西北大学凯洛格管理学院终身教授菲利普·科特勒提出了全新的"心灵营销"(marketing for share of soul)理论。科特勒教授在主旨演讲中指出,企业可以通过营销传播积极的信息,解决社会问题,树立社会责任,从而赢得人们的心灵。心灵营销就是指企业通过履行自己的社会责任,获得人们认同,从而提升品牌价值。他在讲演中特别提到,美国的Facebook、中国的百度都营造了极具影响力的新的营销土壤,帮助企业获得了人们的心灵。例如,著名运动品牌耐克利用百度平台展开的整合创新营销,便是通过与百度贴吧、百度知道等产品的全方位合作,包括联手打造特色贴吧等一系列市场推广方式,更为精准、立体化、全方位的合作来获取人们的心灵。更值得关注的是,国际知名公司宝洁、宝马,甚至很多奢侈品牌如LV、卡地亚(Cartier)等都已经开始通过百度树立品牌形象。

科特勒咨询集团中国区总裁曹虎博士解读为,心灵份额(soul share)是基于企业通过履行社会责任而获得的公众认可,比传统的市场份额(market share)、印象份额(mind share)具有更高层次的营销意义。百度作为全球最大中文搜索引擎,覆盖95%的中国网民,每天响应数十亿次的搜索请求,创造了贴吧、百科、知道等优秀的知识产品,为中国企业打造了一个创新营销和获取消费者心灵的平台。过去两年来,41%的中国创业板企业通过百度提升竞争力,实现创业梦想。百度所营造的心灵营销的土壤,正在为越来越多中国企业的发展提供良好环境和创新动力。

资料来源:根据 http://www.sootoo.com/content/249855.shtml 整理。

### 12.2.2 体验营销的类型

由于顾客体验的形式非常复杂,表现也十分多样,一般可将不同的体验形式称为"战略体验模块",具体可将其分为如图12-3所示的五种类型。[注]

#### 1. 知觉体验

知觉体验即感官体验,是将视觉、听觉、触觉、味觉与嗅觉等知觉器官应用在体验营销上。感官体验可区分为公司与产品(识别)、引发顾客购买动机和增加产品的附加价值等。

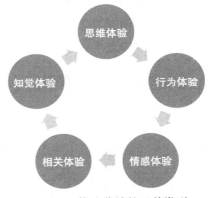

图 12-3 体验营销的五种类型

#### 2. 思维体验

思维体验即以创意的方式引起顾客的惊奇、兴趣,对问题进行集中或分散的思考,为顾客创造认知和解决问题的体验。

---

[注] 伯恩德 H 施密特. 体验式营销 [M]. 张愉, 等译. 北京: 中国三峡出版社, 2001: 8.

### 3. 行为体验

行为体验是指通过增加顾客的亲身体验，指出他们做事的替代方法、替代的生活形态与互动，丰富顾客的生活，从而使顾客被激发或自发地改变生活形态。

### 4. 情感体验

情感体验即体现顾客内在的感情与情绪，使顾客在消费中感受到各种情感，如亲情、友情和爱情等。

### 5. 相关体验

相关体验即以通过实践自我改进的个人渴望，使别人对自己产生好感。它使顾客和一个较广泛的社会系统产生关联，从而建立对某种品牌的偏好。

## 12.2.3 体验营销的实施步骤

### 1. 识别目标客户

企业应针对目标顾客提供购前体验，明确顾客范围，降低成本；同时还要对目标顾客进行细分，对不同类型的顾客提供不同方式、不同水平的体验。企业在运作方法上要注意信息由内向外传递的拓展性。

### 2. 认识目标顾客

企业应深入了解目标顾客的特点、需求，知道他们担心什么、顾虑什么。企业必须通过市场调查来获取有关信息，并对信息进行筛选、分析，真正了解顾客的需求与顾虑，以便有针对性地提供相应的体验手段，来满足顾客的需求，打消他们的顾虑。

### 3. 从目标顾客的角度出发提供体验

企业要清楚顾客的利益点和顾虑点在什么地方，根据其利益点和顾虑点决定在体验式销售过程中重点展示哪些部分。

### 4. 确定体验的具体参数

企业要确定产品的卖点在哪里，让顾客从中体验并进行评价。譬如理发，可以把后面的头发修得是否整齐、发型与脸型是否相符等作为体验的参数，顾客体验后，就容易从这几个方面对产品（或服务）的好坏形成一个判断。

### 5. 让目标对象进行体验

在这个阶段，企业应该预先准备好让顾客体验的产品或设计好让顾客体验的服务，并确定便于达到目标对象的渠道，以便目标对象进行体验活动。

### 6. 进行评价与控制

企业在实行体验式营销后，还要评估前期的运作。评估总结要从以下几个方面入手：

①效果如何；②顾客是否满意；③是否让顾客的风险得到了提前释放；④风险释放后是否转移到了企业自身，转移了多少；⑤企业能否承受。通过这些方面的审查和判断，企业可以了解前期的执行情况，重新修正运作的方式与流程，以便进入下一轮的运作。

> **小案例 12-4**　日本 Maison IÉNA 集合店打造"生活方式"场景体验
>
> 　　主打"生活方式"的集合买手店，更倾向于将陈列场景化，打造消费者向往和具有认同感的场景，将产品布置在当中，推行"所见即所得"的购物模式。"你理想的美好生活可能就缺这件小物品"的暗示，让消费行为在场景体验中自然而然地形成。
> 　　日本女装品牌 IÉNA 专注于为白领女性提供 OL 服饰，在考虑自身增长受限及品牌形象发展之后，于 25 周年之际推出集合店 Maison IÉNA，这座占地 990m² 的三层建筑里竟设计了 16 个场景！
> 　　围绕优雅独立女性的生活场景，包括从早上起床、烘焙蛋糕、煮咖啡、白天交友、看电影、约会，一直到晚上沐浴更衣，商品品类都按照这 16 个场景进行搭配。
> 　　除了品牌自身服饰的展示空间以外，店内还规划了不少"店中店"，包括首次登陆日本的面包店、日本花艺设计师滨村纯的花店、杂货店"木村硝子店"等，在三楼还有开放式露天阳台，可供顾客休憩、品尝一楼贩售的面包糕点。
> 　　不同于 MUJI（无印良品）的泛生活方式模式，Maison IÉNA 围绕"女性每日的实际生活场景"形成主题及产品体验，让生活方式的体验变得更加专注和日常。
> 　　资料来源：https://mp.weixin.qq.com/s/VjSFlgqJNlVrWByL0KW1Zg.

### 12.2.4　体验营销的主要模式

体验营销的目的在于促进产品销售，通过研究顾客状况，利用传统文化、现代科技、艺术和大自然等手段来增加产品的体验内涵，在给顾客心灵带来强烈的震撼时促成销售。体验营销主要有以下八种实施模式。

#### 1. 节庆模式

每个民族都有自己的传统节日，传统的节日观念对人们的消费行为发挥着无形的影响。这些节日在丰富人们精神生活的同时，也深刻影响着消费行为的变化。随着节假休闲日的不断增多，出现了新的消费现象——"假日消费"，企业如果能把握好商机，便可以大大提升销量。

#### 2. 感情模式

通过寻找消费活动中导致顾客情感变化的因素，掌握消费购买行为规律及有效的营销心理方法，可以激发顾客积极的情感，促进营销活动顺利进行。

#### 3. 文化模式

利用传统文化或现代文化，使企业的服务与顾客的消费心理形成一种共情气氛，从而有效地影响顾客的消费观念，进而促使顾客自觉地接近与文化相关的商品或服务，促成消费行为的发生，甚至形成一种消费习惯和传统。

#### 4. 美化模式

人们在消费行为中求美的动机主要有两种表现：一是商品能为顾客创造出美和美感；二是商品本身存在客观的美学价值。这类商品能给顾客带来美的享受和愉悦，使顾客体验到美感，满足其审美需求。

#### 5. 服务模式

对企业来说，卓越优质的服务模式可以征服广大顾客的心，取得他们的信任，同样也可以使产品的销量提升。

#### 6. 环境模式

顾客在感觉良好的听、看、嗅等场景中易形成特殊偏好。因此，良好的购物环境不但迎合了现代人文化消费的需求，也提高了服务感知的外在和主观质量，还使商品与服务的形象更加完美。

#### 7. 个性模式

为满足顾客个性化的需求，企业可开辟富有创意的、双向沟通的分销渠道。在提升顾客忠诚度之余，也能满足消费大众参与的成就感，从而促进销量上升。

#### 8. 多元化经营模式

现代营销场所不仅装饰豪华，环境舒适典雅，装备现代化，而且往往集购物、娱乐、休闲为一体，使顾客在购物过程中也可娱乐休闲。顾客在悠然地调节身心的同时，往往会出现更多的购买行为。

### 12.2.5 体验营销的实施策略

#### 1. 设计好体验项目

企业着力塑造的顾客体验应该是经过精心设计和规划的，即企业提供的顾客体验是对顾客有价值的并且与众不同的。也就是说，体验必须具有稳定性和可预测性。此外，在设计顾客体验时，企业还须关注每个细节，尽量避免疏漏。

#### 2. 为顾客量身定制产品和服务

当产品和服务被定制以后，其价值就得到了提升，提供的产品与顾客的需求也最接近。大规模定制可将商品和服务模块化，从而更有效地满足顾客的特殊需求，为其提供物美价廉、充满个性化的服务。此外，电子邮件、网站、在线服务、电话、传真等通信手段，使公司可以迅速地了解客户的需求和偏好，为定制化创造了条件。

## 3. 在服务中融入更多的体验成分

科学技术的发展使得产品同质化越来越严重，而服务更容易模仿，所以在服务中增加体验成分可以更好地突出个性化和差异化，更强烈地吸引消费者。

## 4. 突出以顾客为中心

以顾客为中心是企业实施体验营销的基本指导思想。体验营销首先要考虑体验消费的环境，然后才考虑满足这种消费环境的产品和服务，这是一种全新的营销思路，充分体现了顾客至上的思想。

## 5. 注重顾客心理需求分析和服务心理属性的开发

当人们的物质生活水平达到一定程度以后，其心理方面的需求就会成为影响购买行为的主要因素。因此企业营销就应该重视顾客心理需求的分析和研究，挖掘出有价值的营销机会。为此，企业必须加强服务心理属性开发，重视产品的品位、形象、个性、感性等方面的塑造，营造出与目标顾客心理需求相一致的心理属性。

## 6. 构造基于体验的服务价值链

企业应将产品的研发拓展到相关领域中去，形成完整的价值链（见图12-4）。

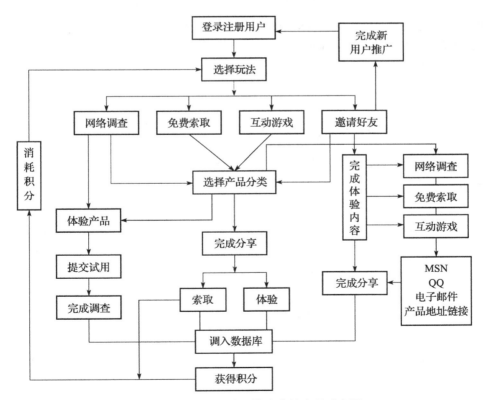

图 12-4　某网络游戏的体验营销流程示意图

总之，体验营销方式突破了"理性消费者"的传统假设，认为顾客的消费行为除了包含知识、智力、思考等理性因素以外，还包含感官、情感、情绪等感性因素。顾客在消费时是理性与感性兼具的，顾客在消费前、消费中和消费后的体验才是购买行为决策与品牌管理的关键。体验营销以拉近企业和顾客之间的距离为重要经营手段，成为企业获得竞争优势的新武器。但体验营销并不适合所有行业和所有产品，当产品具备其品质必须通过使用、感知才能判断的特性时，才可以有效运用这一策略。在体验营销模式中，企业就是通过各种互动要素，如沟通（含广告）、识别、产品、品牌、环境、网站和顾客，刺激顾客的感官和情感，引发顾客的认知、思考和联想，促成其体验消费行为，并不断地传递品牌或产品、服务的价值。

---

**小案例 12-5　　无印良品是如何把体验营销做到极致的**

在国内经济减速、电商冲击的背景下，各零售业态竞争加剧，处境艰难，但日本快时尚品牌无印良品（MUJI）在2015年跨界不断，业绩向好。据其母公司良品计划发布的数据，无印良品2015年在华销售额为112亿日元，大涨94%，全球市场80%的利润增长来自以中国为主的东亚地区。

2015年年底，无印良品在上海开设了全球最大的"世界旗舰店"——无印良品淮海755旗舰店，这已是在中国开设的第152家店铺。与早前在成都远洋太古里的"世界旗舰店"相比，上海旗舰店除汇聚Café&Meal MUJI餐厅外，还开设了日本本土外首家MUJI BOOKS书店、中国内地首家Open MUJI、AROMA Labo香薰工坊、MUJI to Go。

没有LOGO、广告、代言人、设计风格极简……一系列出位的标签，让无印良品成为线下零售业的一朵奇葩。这朵奇葩与其他品牌一大波的关店潮相比，为啥还能热火朝天地开更多的店铺呢？其实这与无印良品注重推动店铺用户体验是分不开的。下面我们来分析一下无印良品是如何把店铺体验营销做到极致的。

**1. 注重消费者线下到店体验感**

正如无印良品官方说的一样："一个品牌要深入人心，就不能拘泥于商品本身，我们要用更完备的顾客体验推动一场零售变革。"注重消费者线下到店体验感就是让店铺做得更有体验感，而让店铺做得更有体验感与店铺的陈列密不可分！以MUJI的店铺为例：

①书店。2015年年初，无印良品建成了第一家书店——无印良品博多店。在此后的几个月里，无印良品的店铺陆陆续续开始有了书店区。无印良品的书店陈列做得很独特。店铺的书籍陈列都是按特殊的方式来分类，努力为顾客营造出场景化的阅读体验，从而增加店铺的体验感。值得一提的是，店铺里的3万本书都是由无印良品精选出来的，涵盖多个品类。

②香薰工坊。顾客在这里可找到最适合自己的香味，无印良品每一个广受好评的超声波香薰机，都喷散着不同气味的香薰，顾客只要凑近轻闻，即刻可找到自己钟爱的芳香。更贴心的是，无印良品还可为每位有需求的顾客调制专属香薰。

综上不难看出，无印良品所做的一切其实只是在尽力让顾客更便捷：你买旅行用品的时候顺带就能看到与旅行相关的书；你喜欢颜色、偶像，你就能快速找到相应的书类；你不用担心太多的书让你没有目标，无印良品已经为你筛选了一遍，它家的书都是畅销的精品；你能够直观地感受香薰的气味，更可以 DIY。这一切都只是为你提供了更大的便利，而你在享受完这一切便利的时候，你只有一个"爽"字，在这里购物太贴心了！这就是无印良品打造的线下到店体验感的方式。

**2. 注重消费者线上互动体验感**

在无印良品的官网有这么一个模块，名字叫"生活良品研究所"，其实这是无印良品通过实体商铺和网络实现与顾客交流的一个非正式研究所。它的存在解决了无印良品产品和顾客体验的意见交流，也成为顾客需求和商品开发的中转站。生活良品研究所还采纳过顾客制作双层饭盒的建议，做过适合单人的不同尺寸床垫，为优良产品做长期的实验和改良。

通过在线上的及时互动，近距离倾听顾客的心声，了解他们的麻烦才能做出更好、更有温度的产品。

就这样无印良品将用户体验和服务纳入 O2O 中，与咖啡餐饮、文化艺术、时尚美容等跨界融合，为消费者打造全新一站式体验性的社交化场所。这正是当下实体店铺的发展趋势，也印证着他们的那句话：一个品牌要深入人心，就不能拘泥于商品本身。

资料来源：https://mp.weixin.qq.com/s/3AKCqdYlQZScJ2lbT1GzXA。

## 12.3  服务营销研究概况

随着经济全球化的迅速发展和服务竞争的日趋激烈，服务驱动的产业在国民经济中的比重不断增长，但同时也出现了与传统农业、制造业差异明显的营销发展环境和市场竞争压力。服务营销发展所出现的新现象、新问题，以及本身所具有的特性，使得专门针对服务营销的理论、方法和行为过程所进行的研究已成为营销学科研究的重要方向和新兴领域。目前，世界各国政府、学术界和企业都十分关注并大力开展服务营销的理论与应用研究。营销学界探索以问题导向、前瞻视野不断创新服务营销理论，探讨优质高效的服务营销模式和方法。当今，加快对服务营销的研究具有深远的战略意义和重要的现实意义。

### 12.3.1  国内外服务营销研究综述

20 世纪 40 年代中后期，一些发达的工业化国家开始向服务经济过渡，随之开始了服务经济及服务营销的探索研究。1974 年，美国学者约翰·拉思梅尔（John Rathmal）专门研究服务营销的第一本专著面世，标志着服务营销学的诞生，北美地区成为服务营销研究的发源地。后来，北欧学派迅速崛起，提出的顾客感知、服务质量理论及关系营销理论成为服务营销学的重要理论支撑。国外学者将服务营销研究发展划分为三个阶段：

1980 年前的起步阶段，1980～1985 年的探索阶段，1986 年后的挺进阶段。㊀ 20 世纪 70 年代后期，营销学者重点研究了有形产品与服务的区别，以贝特森、肖思塔克、贝里等为代表的学者研究、归纳并界定了服务的特性：不可感知性、不可分离性、不可储存性、差异性、缺乏所有权等。㊁

  20 世纪 80 年代，对服务营销的研究重点转向服务的特征对消费者购买行为的影响。同时，不少学者还探讨了服务的分类问题，针对不同类型的服务，营销人员需要采用不同的营销战略和行为在营销界已达成共识。90 年代前后，关系营销、服务系统设计、服务质量、服务接触的研究都取得了长足进展。在传统营销组合 4P 的基础上，又增加了"人员""有形展示""服务过程"三个变量，从而形成了服务营销的 7P 组合。之后，研究领域又扩展到内部营销、服务企业营销、员工满意、顾客满意和顾客忠诚、顾客资产管理、全面质量管理、服务组织核心能力等领域。㊂

  我国的服务营销研究自 20 世纪 90 年代才逐步发展起来，但进展迅速。随着我国服务经济的迅速发展，服务业在国民经济发展中的地位日益上升，而微观层面的服务市场竞争也日益激烈，我国服务企业进行了一系列的服务营销，以满足顾客多而易变的需求，如发展多样化服务、开发新的服务、提高服务质量、改善服务包装、调整服务时间、提供服务承诺等。由于顾客对价格较为敏感，服务企业在差价策略和调价策略方面都进行了很多尝试，并取得了一定的经验。在服务渠道方面，对于网点的空间布局和不同行业间渠道的相互依托，我国企业依靠扩展服务网点、竞争型布局、聚集性布局和渠道渗透等方式予以解决。促销作为一种立竿见影的提高销售量和销售额的方法，被我国服务企业普遍采用。服务营销研究在这种大的时代背景下蓬勃兴起，研究领域不断拓宽、深化，研究成果在服务业有不同程度的应用。随着我国面向服务营销对象、行为过程和方法技术研究的兴起，我国学者二十余年的主要研究领域为：对服务营销观念和国内外服务业的研究；服务竞争问题研究；服务品牌研究；服务质量、顾客满意度与服务绩效评估研究；通过中间商和电子渠道的服务传递研究；企业服务营销管理问题研究；建立顾客关系与关系营销研究；服务的顾客感知与顾客满意研究；服务的国际化、全球化及跨国服务企业研究等。

  21 世纪以来，虽然国内外服务营销的整体发展状况和研究水平不同，但相互联系、相互影响日益加强。国内外服务营销研究的共同命题主要涵盖了服务的顾客感知与顾客满意，服务质量、顾客满意度与服务绩效评估、服务营销的国际化与全球化等方面。除此之外，国外还对服务中的消费者行为与服务购买决策、服务营销调研、服务传递中的员工角色与内部营销、服务承诺与整合服务营销沟通、服务与实物产品的经济属性等研究主题给予了重点关注；国内主要对服务业与国民经济关系、服务营销与企业发展，建立顾客关系与关系营销，通过传统分销渠道和电子渠道传递服务，服务需求和服务能力以及排队管理和收益管理、服务行业、服务竞争、服务品牌，服务营销管理等主题进行

---

 ㊀ 田志龙，戴鑫，戴黎，樊帅.服务营销研究的热点与发展趋势 [J].管理学报，2005（2）：220-225.
 ㊁ 杨春江，马钦海.服务管理国内外研究现状和发展趋势分析 [J].科技进步与对策，2011（9）：150-153.
 ㊂ 刘大忠，陈安，黄琨.服务营销研究综述 [J].科技与经济，2006（9）：36-42.

了重点研究。这些研究方向作为热点领域将会持续相当长的一段时间。

## 12.3.2 服务营销研究的交叉融合发展新趋势

当今，服务营销研究出现了与其他新理论、新概念和新模式的交叉、融合发展新趋势，除了前面提到的网络营销、体验营销以外，还有以下几种。

**1. 服务关系营销**

关系营销是指以建立、维护、经营、改善、调整各种关系为核心，对传统的市场营销理念进行全新的阐释，其理论核心是关系管理，基础是客户关系管理（CRM），其有效实施的前提条件是内部营销或内部控制。由于服务是生产和消费同步进行的企业—客户互动行为过程，服务营销具有天生的关系营销属性。服务营销的基本目标就是通过提供优质服务使企业和顾客构建并保持良好的长期关系，实现客户满意，提高企业的知名度、美誉度和顾客的忠诚度。

（1）服务业的发展凸显了关系营销的重要性，推动其向更多领域渗透。当代关系营销是在服务业的迅猛发展和服务中顾客的地位不断提高的背景下产生的。企业服务观念的强化是关系营销的内在要求。能够提供优质的服务才能同顾客建立良好的伙伴关系，才能使顾客接受企业服务，实现关系营销的目标。

（2）关系属性是服务的内在属性。如果顾客在与企业的服务接触中能感受到服务的差异性而且有价值，顾客就会与服务企业形成长期的互动关系。

（3）关系营销是服务营销的基本手段。服务营销的手段在发展过程中不断变化。20世纪90年代后，关系营销把服务营销推向了新的发展阶段。服务依靠关系营销来建立持续的差异化竞争优势。服务营销的核心是如何将服务的生产过程与消费过程有机地结合起来，并将营销职能融入其中，即关系营销和服务营销是相辅相成的。关系营销当前已成为引导服务企业发展的主要思想精髓，而 CRM 更是成了服务企业开展关系营销的基本工具。

**2. 服务品牌营销**

品牌营销的目的是使企业的产品或服务区别于其他竞争者。在服务营销中，企业品牌是体现服务特色、谋求竞争优势的利器。服务品牌营销是指从服务品牌定位开始，经过品牌设计、组合、延伸、传播、保护和管理运营，使顾客感知和认同品牌，进而形成品牌忠诚，从而不断创造品牌价值，并实现品牌资产增值的全过程。由于服务的无形性特征，无法给服务贴上实体品名、商标或特色包装，因此在服务营销领域，服务品牌的有形展示十分重要，它是服务品牌塑造中的重要因素。服务品牌营销可以为提供优质服务的企业树立良好的形象，但不能挽救劣质服务。同时，企业所提供的服务内容、质量、品牌以及价值是影响服务品牌的四大因素。企业形象及高质量服务内容应成为服务品牌的核心，顾客对优秀服务品牌的追求将影响其消费选择。品牌营销策略的合理运用将有效提升服务企业的竞争力，品牌管理已成为服务营销的重要内核。

### 3. 服务营销管理

因服务营销和有形产品营销明显不同，随着服务重要性的不断上升，服务营销管理在金融业、保险业、非营利机构、餐饮业、旅游业、教育和文化创意产业等行业得到了广泛的运用，不仅服务企业注重服务营销管理，就连生产制造型企业也开始关注所谓的生产性服务，并尝试以此形成竞争优势。服务营销管理在当前企业管理中的地位显得日益重要。随着航空、金融和电信等服务市场竞争的加剧，企业基于服务的特性，注重通过营销管理来实现企业的营销目标及职能，其中，服务质量成了管理的焦点问题。随着服务营销管理研究的深化，现阶段呈现出多学科（社会学、心理学等）渗透的态势。从现有的研究成果来看，服务营销管理主要涉及与企业提供服务相关的顾客感知价值、顾客感知质量、服务承诺、顾客忠诚、服务情绪与行为、顾客保持、服务失败后的顾客反应、顾客满意、服务提供者—顾客关系管理以及顾客信任等方面。近年来，服务营销管理研究的主要领域有以下两块。

（1）网络营销管理。随着互联网在全球的普及，基于互联网的服务营销也得到了极大的发展。传统服务企业竞相开展网络营销，诸如网站、网店等新兴的网络服务也正在迅猛发展，并对传统服务业产生了很大的冲击。

21世纪以来，国外网络营销管理研究主要集中在以下领域：①互联网背景下的顾客忠诚及其影响因素和网络服务的信任与忠诚问题；②网络营销的顾客质量感知和自助性问题；③对网络营销中顾客参与、自助服务感知和服务接触等的研究；④基于网络的自助服务营销研究。

国内有关互联网环境下的服务营销管理研究主要涉及：①网购顾客满意度的影响因素；②企业网上交易服务质量测量及影响因素研究；③顾客的关系利益；④网上零售业服务补救策略；⑤网购的影响因素研究。

（2）服务体验的顾客社会问题。服务体验中相关顾客社会问题的研究主要综合运用管理学、社会学、心理学和工效学等学科的相关理论来探讨服务经历中顾客社会规范行为问题，国内外在此方面的研究方兴未艾。主要研究领域有：①服务顾客的社会规范行为分类及性质；②消费伦理；③顾客社会规范行为与服务传递效率和服务体验的关系；④服务经历中顾客社会规范的价值观；⑤服务产品的顾客社会规范行为控制；⑥服务体验中顾客社会权力的影响；⑦在完全竞争的服务市场中，顾客转换行为的影响因素等。[⊖]

当前，除以上的营销新概念、新趋势外，服务营销发展还与定制营销、整合营销传播、心理行为科学等密切关联。

### 12.3.3 服务营销研究展望

从探索性研究到现在的理论基本成熟，服务营销研究已走过了半个世纪。未来的研究对象将主要在服务设计与传递，服务接触与体验，服务质量与顾客满意，服务补救，内部营销与服务支持，生产性服务营销，模型化测量工具，IT技术工具的嵌入及其营销

---

⊖ 杨春江，马钦海. 服务管理国内外研究现状和发展趋势分析[J]. 科技进步与对策，2011（9）：150-156.

影响，在线服务营销，消费者行为，服务整合营销传播，国际化、全球化和网络化环境下的服务营销，服务营销策略等领域不断拓展深化。而在研究方法方面，则会注重案例分析、实验研究、计量研究、比较研究、定量定性有机结合研究。相信随着未来服务经济的发展，服务的科技化、内生化成长，学科的交叉和整合，未来的服务营销研究将在更深、更广的层面上不断前行。

## 本章小结

随着新科技革命的突飞猛进，消费者服务需求的多样化、个性化，服务经济的异军突起，服务营销在理论和实践中的新理念、新方法、新技术和新模式也层出不穷。本章主要探讨了服务营销当今发展的两大新趋势：电子化服务营销和体验营销，概括总结了服务营销研究的发展历程。鉴于电子信息技术对企业服务营销产生的革命性影响，本章重点介绍了电子商务、网络环境下的企业网站营销、数据库营销、搜索引擎营销和Web2.0中的博客营销、微博营销等新趋势。满足消费者体验需求日益成为服务营销的重要内容。体验营销的概念、类型、步骤、模式和策略等是开展体验营销的重要理论基础，掌握相关知识并能运用也体现了服务营销发展的新趋势和新要求。为了把握国内外服务营销研究的发展状况，本章又概要性地总结了服务营销的发展历程，介绍了服务关系营销、服务品牌和服务营销管理等重要的研究新领域，并展望了未来的研究前景。

## 思考题

1. 电子服务营销的常见形式有哪些？
2. 电子商务与网络营销的相互关系是什么？
3. 企业开展网络营销的主要方式及策略有哪些？
4. 简述体验营销的含义及类型。
5. 论述当今服务营销发展的交叉融合新趋势。

## 案例分析

### 营销创造《捉妖记》票房新纪录

2015年7月，中国内地电影的单月票房达54.9亿元，刷新了中国电影市场的月度票房纪录。这也意味着这个暑期档的电影竞争异常惨烈，想在与虎视眈眈的同时期上映的电影竞争中分得一杯羹，必然离不开有效的营销策略。

电影是门艺术，而营销是种手段，过去简单的"海报+售票窗"的模式显然已不适应目前网络繁荣的环境。互联网对传统电影的宣传和发行有着推波助澜的作用，那些令人记忆犹新的轻松过亿的电影，很大一批是来自新生代跨界导演的作品，而他们凭借的是粉丝经济、互联网营销等，让更多的电影人越来越意识到使用互联网的重要性。

暑期档是中国内地电影除了贺岁档之外，竞争最激烈、跨时最久、发展空间最大的电影档期，自然也就成为众多电影争夺票房市场份额的白热化时期。当我们还在惊叹暑期档上映的《捉妖记》轻松打破《泰囧》的13亿元的高票房时，7月内地电影的单月票房冲到54.9亿元，成为史上单月票房最高的一个月，制造出了一个"现象级暑期档"。截至9月，《捉妖记》的票房已经突破24亿元，超越好莱坞电影《速度与激情7》，成为中国电影市场的票房冠军。

虽然出品人江志强称《捉妖记》在经历"柯震东吸毒后换角重拍"一事后，本片因此多花7000万元，总投资高达3.5亿元，但是在宣传发行上《捉妖记》仍然不含糊。

腾讯视频的多档自制节目都配合制作了视频推广，腾讯娱乐等腾讯网门户渠道也策划了大量相关内容，以最核心、最重磅的硬广资源全面铺陈推荐《捉妖记》。据了解，在电影公映当天，腾讯视频App还发送全量推送，当天《捉妖记》专辑播放量爆表，刷新院线预告片单日流量纪录。

其次是通过微信、微博上的"大V"发布与电影相关的评论，通过明星提高电影的知名度，这已经成为电影宣传中司空见惯的手段。在网络社交媒体中，信息接收者与传递者所面临的信息更加迅速与碎片化，只需要意见领袖稍加"引导"，就会形成热议的舆论，很容易出现自发式的病毒传播，这相比费用高昂的广告推广，效果更突出。

最近几年，营销可以说是中国电影产业中发展最迅速的环节之一，而随着移动互联网的发展和互联网行业向电影产业的渗透，营销策略的更新也随之加速。张文伯说："'营'更多的是宣传推广，'销'更多的是去转化，当前中国电影营销水平的提升最重要的就是通过一些线上、线下的具体手段，实现从'营'到'销'的有效转化。"

显然，《大圣归来》的众筹正是借助互联网平台实现营销有效转化的一次有效尝试，而在2014年，阿里巴巴、百度、腾讯等互联网公司也都推出了电影众筹项目，收效却不明显。业内人士认为，新型营销方式的技术环节还有待探索。

与此同时，电商在电影营销中的作用则越来越明显。2015年暑期，淘宝、京东、微信电影、格瓦拉等电商均推出优惠方式参与售票，提前购票、在线选座在为电影观众提供方便的同时，也有效提升了电影市场的热度。"在市场理念和操作层面，互联网还会为中国电影带来更多机遇。"一位业内人士说。

资料来源：根据以下资料改写：http://culture.people.com.cn/n/2015/0917/c87423-27598433.html；http://www.tmtpost.com/1379144.html。

**案例思考**

1. 电影《捉妖记》营销的成功之道是什么？
2. 从体验营销的角度分析该电影的营销策略。

## 实践活动

### 一、实训目的

1. 通过感性实践环节提升学生对服务营销新趋势的理性认识。
2. 通过实训，激发学生的营销创新激情，使学生理解服务营销新趋势的重要性，强化学生对服务营销发展新趋势相关知识和技能的掌握与运用。

### 二、实训内容

请同学结合校园周围一家熟悉的超市，围绕其如何面向周围社区客户开展网络营销、体验营销，设计一个相关的解决方案。

为设计该方案应做好以下准备工作：①超市的市场现状分析；②网络营销项目的具体实施内容和技术工具；③实体及虚拟超市的体验营销项目的具体实施内容和要点；④如何实现网络营销与体验营销的结合；⑤可能的备选方案。

### 三、实训组织

1. 将教学班级同学分为若干小组，每组五人左右，并推选其中一位担任项目经理，负责全程组织工作。

2. 由项目经理指定或抽签决定每组成员的角色、任务，并各自做相应准备，形成书面方案。

3. 由部分小组同学现场向全班说明展示解决方案，其余学生现场打分，并开展师生互动点评。教师要鼓励学生参与，以提高知识综合运用能力为导向，肯定成绩，发现不足，有针对性地提出建议。

### 四、实训步骤

1. 各组独立准备。

2. 教师指定部分小组现场进行说明演示。

3. 学生现场打分（占本次实训成绩的50%），教师进行点评。

4. 各组撰写实训总结（概况、解决方案、优势及特色、实训心得体会和评价），再由教师评定成绩（占本次实训成绩的50%）。

# 参考文献

［1］瓦拉瑞尔 A 泽丝曼尔，玛丽·乔·比特纳，德韦恩 D 格兰姆勒. 服务营销（原书第 7 版）[M]. 张金成，白长虹，等译. 北京：机械工业出版社，2018.

［2］克里斯托弗·洛夫洛克，约亨·沃茨. 服务营销（原书第 7 版）[M]. 韦福祥，等译. 北京：机械工业出版社，2014.

［3］詹姆斯 A 菲茨西蒙斯，等. 服务管理：运作、战略与信息技术（原书第 9 版）[M]. 张金成，等译. 北京：机械工业出版社，2020.

［4］克里斯廷·格罗鲁斯. 服务管理与营销：服务竞争中的顾客管理（原书第 3 版）[M]. 韦福祥，等译. 北京：电子工业出版社，2008.

［5］克里斯托弗·洛夫洛克，等. 服务营销精要 [M]. 李中，等译. 北京：中国人民大学出版社，2011.

［6］K 道格拉斯·霍夫曼，约翰 E G 彼得森. 服务营销精要：概念、策略和案例（原书第 3 版）[M]. 胡介埙，译. 大连：东北财经大学出版社，2009.

［7］森吉兹·哈克塞弗，巴里·伦德尔，罗伯特 S 拉塞尔. 服务经营管理学（原书第 2 版）[M]. 顾宝炎，时启亮，译. 北京：中国人民大学出版社，2005.

［8］汉斯·卡特帕尔，等. 服务营销与管理：基于战略的视角（原书第 2 版）[M]. 韦福祥，译. 北京：人民邮电出版社，2008.

［9］艾德里安·帕尔默. 服务营销原理（原书第 5 版）[M]. 刘安国，等译. 北京：世界图书出版公司，2012.

［10］B 约瑟夫·派恩，詹姆斯 H 吉尔摩. 体验经济 [M]. 夏业良，鲁炜，等译，北京：机械工业出版社，2002.

［11］伯恩德 H 施密特. 体验式营销 [M]. 张愉，等译. 北京：中国三峡出版社，2001.

［12］菲利普·科特勒，凯文·凯勒. 营销管理（原书第 13 版）[M]. 王永贵，等译. 上海：上海人民出版社，2009.

［13］吴健安. 市场营销学 [M]. 4 版. 北京：高等教育出版社，2011.

［14］韦福祥，等. 服务营销学 [M]. 2 版. 北京：电子工业出版社，2013.

［15］许晖. 服务营销 [M]. 北京：科学出版社，2011.

［16］郭国庆. 服务营销管理 [M]. 北京：中国人民大学出版社，2005.

［17］吴晓云. 服务营销管理 [M]. 天津：天津大学出版社，2006.

［18］李晓. 服务营销 [M]. 武汉：武汉大学出版社，2004.

［19］李雪松. 服务营销学 [M]. 北京：清华大学出版社，北京交通大学出版社，2009.

［20］蔺雷，吴贵生. 服务管理 [M]. 北京：清华大学出版社，2008.

［21］许德昌，王谊. 服务营销管理 [M]. 成都：西南财经大学出版社，2005.

［22］陈信康. 服务营销 [M]. 北京：科学出版社，2006.

［23］叶万春. 服务营销学 [M]. 2 版. 北京：高等教育出版社，2007.

［24］王永贵. 服务营销 [M]. 北京：北京师范大学出版社，2007.

［25］阳林，等. 服务营销 [M]. 北京：电子工业出版社，2008.

［26］孙恒有. 服务营销实战 [M]. 郑州：郑州大学出版社，2004.

［27］周明. 服务营销 [M]. 北京：北京大学出版社，2009.

［28］ 张月莉，郭晶. 服务营销 [M]. 北京：中国财政经济出版社，2002.
［29］ 梁彦明. 服务营销管理 [M]. 广州：暨南大学出版社，2004.
［30］ 安贺新，邢丽娟. 服务营销实务 [M]. 北京：清华大学出版社，2011.
［31］ 王海忠. 高级品牌管理 [M]. 北京：清华大学出版社，2014.
［32］ 杜兰英，芦琼莹. 服务营销 [M]. 武汉：华中科技大学出版社，2011.
［33］ 吕红军. 服务营销 [M]. 北京：首都经济贸易大学出版社，2010.
［34］ 刘建昌. 网络营销：理论·方法·应用 [M]. 北京：清华大学出版社，北京交通大学出版社，2010.
［35］ 张润彤. 电子商务 [M]. 2版. 北京：科学出版社，2009.
［36］ 王晓晶. 电子商务与网络经济学 [M]. 北京：清华大学出版社，2011.
［37］ 马连福. 体验营销：触摸人性的需要 [M]. 北京：首都经济贸易大学出版社，2005.
［38］ 杨丽华，邓德胜. 服务营销理论与实务 [M]. 北京：北京大学出版社，中国农业大学出版社，2009.
［39］ 王成慧. 体验营销案例研究 [M]. 天津：南开大学出版社，2012.
［40］ 陈信康. 服务营销创新研究专论 [M]. 上海：上海财经大学出版社，2011.
［41］ 温碧燕，汪纯孝. 服务公平性、顾客服务评估和行为意向的关系研究 [J]. 中山大学学报（社会科学版），2002,42(2).
［42］ 张雎. 论服务业中的顾客需求管理 [J]. 内蒙古财经学院学报，2004(4).
［43］ 叶军，周昆山. 顾客流失原因的分析 [J]. 商业研究，2000(10).
［44］ 张月莉，史天林. 服务产品定价策略研究 [J]. 价格理论与实践，2008(3).
［45］ 杨春江，马钦海. 服务管理国内外研究现状和发展趋势分析 [J]. 科技进步与对策，2011(9).
［46］ 田志龙，等. 服务营销的热点与发展趋势 [J]. 管理学报，2005(3).
［47］ Rust, Oliver. Service Quality: New Directions in Theory and Practice[M]. California: Sage Publications, 1994.
［48］ Robert Camp. Benchmarking: the Search for Industry Best Practices that Lead to Superior Performance [M]. Oxford: Taylor & Francis Group, 2006.
［49］ A Parasuraman, Leonard L Berry, Valarie A Zeithaml. Understanding Customer Expectation of Service [J]. *Management Review*, 1991, 32 (3).
［50］ Brady Michel, K Cronin Jr, J Joseph. Customer Orientation: Effects on Customer Service Perceptions and Outcome Behaviors [J]. *Journal of Service Research*, 2001, 3(3).
［51］ S L Deibler. Consumers' Emotional Responses to Service Encounters [J]. *International Journal of Service Industry Management*, 1995, 6(3).
［52］ Itamar Simonson, Ziv Carmon, Ravi Dhar, Aimee Drolet, Stephen M Nowlis. Consumer Research: In Search of Identity[J]. *Annual Review of Psychology*, 2001(52).
［53］ D J McCort, N K Malhotra. Culture and Consumer Behavior [J]. *Journal of International Consumer Marketing*, 1993(2).
［54］ T Levitt. Production-line Approach to Service[J]. *Harvard Business Review*, 1972, 50(5):42.
［55］ Michael K Hui, John E G Bateson. Perceived Control and the Effects of Crowding and Consumer Choice on the Service Experience [J]. *Journal of Consumer Research*, 1991 (18).
［56］ L L Berry. Cultivating Service Brand Equity [J]. *Journal of the Academy of Marketing Science*, 2000, 28(1).
［57］ Jukka Ojasola. Quality Dynamics in Professional Service [D]. Helsingfors: Swedish School of Economics and Business Administration, 1999.
［58］ Raymond A Bauer. Consumer Behavior as Risk Taking, in R S Hancock[C]. Dynamic Marketing for a Changing World, Chicago: American Marketing Association, 1960.